《新民事诉讼法适用指导丛书》

编委会

新民事诉讼法适用指导丛书

总主编 | 姜建初

新民事诉讼法
理解与适用

汤维建/主编

中国检察出版社

《新民事诉讼法理解与适用》

主　编　汤维建（中国人民大学法学院教授、博士研究生导师）

撰稿人（按姓氏笔画排序）

于　静　吴小英　张永泉　张海燕
李先伟　邹　建　常廷彬　黄俊阳
温　军　谭秋桂

序　言

姜建初[*]

2012年8月31日，第十一届全国人大常委会第二十八次会议通过了全国人民代表大会常务委员会《关于修改〈中华人民共和国民事诉讼法〉的决定》，这是《民事诉讼法》自2007年之后的又一次重大修订。这次修改完善了检察制度，强化了法律监督，为民事检察的发展打下了坚实基础。首先是明确了检察监督的范围，具体规定了检察机关对于民事生效判决、裁定、调解、审判人员违法行为和民事执行活动的法律监督；其次是增加了检察监督的方式，检察机关不但可以依法提出抗诉，还可以依法提出检察建议；再次是强化了监督手段，检察机关为了履行法律监督职责，除了进行审查外，还可以调查核实有关情况；等等。全国检察机关要认真学习、准确理解、全面贯彻新《民事诉讼法》，忠实履行法律监督职责，保证新《民事诉讼法》的统一正确实施。

这次《民事诉讼法》修改的内容很多，不但为检察工作的发展提供了机遇，也对民事检察工作提出了新的要求。根据新《民事诉讼法》的规定，民事检察监督的方式将由单一的以抗诉为中心的监督转变为对诉讼程序、诉讼结果、执行活动的全面监督，这要求我们必须相应地转变执法理念、工作机制和办案模式，要求我们完善工作机制和提高办案效率，才能在保证办案质量的前提下按期结案。这次《民事诉讼法》对于民事诉讼制度的许多修改内容，都是检察监督的新领域，这需要检察人员具有丰富的法律专业知识和实践经验，对检察人员的执法办案能力也提出了更高要求。因此，对于民事检察工作发展而言，这次《民事诉讼法》修改既是重大的

---

* 最高人民检察院副检察长。

机遇，也是严峻的挑战。

我们要以学习贯彻新《民事诉讼法》为契机，进一步深化对民事检察职能的认识，正确定位，切实解决好民事检察干什么、怎么干的问题。为此，首先要准确把握民事检察的监督范围和对象，明确民事检察在性质上是对公权力的监督，明确监督对象是人民法院确有错误的生效裁判、调解以及在审判、执行活动中已经发生的违法情形，而不是任何一方当事人的诉讼活动；对于当事人的违法诉讼活动，检察机关可以通过监督人民法院的审判活动进行间接监督。其次要准确地把握民事检察的监督方式和手段。检察机关要依照法律规定正确使用检察建议，认真调查核实案件事实，综合运用不同的监督方式，促进各种监督措施的有效衔接，增强监督的针对性和有效性。最后要准确把握民事检察的作用和效力，检察机关既不能代行审判权、执行权，也不能代行对违法人员的处分权。要处理好检察监督与当事人自力救济、审判自身救济的关系，把重点放在通过法院自我纠错程序未能解决和法院存在严重错误的问题上，不能把监督数量多少作为评价工作成效的唯一标准，应促进监督数量、质量、效率、效果的有机统一。

为了方便广大检察人员全面深入地学习贯彻新《民事诉讼法》，最高人民检察院组织编写了《新民事诉讼法适用指导丛书》。这套丛书的内容可以基本满足广大检察人员学习掌握新《民事诉讼法》的需要，并可以通过广大检察人员的民事检察实践活动推动民事检察工作的发展。

2012 年 12 月 21 日

目　　录

第一章　全国人民代表大会常务委员会关于修改《中华人民共和国民事诉讼法》的决定

（2012 年 8 月 31 日第十一届全国人民代表大会常务委员会第二十八次会议通过）

第十一届全国人民代表大会常务委员会第二十八次会议决定对《中华人民共和国民事诉讼法》作如下修改：

一、第十三条增加一款，作为第一款：“民事诉讼应当遵循诚实信用原则。”

二、将第十四条修改为：“人民检察院有权对民事诉讼实行法律监督。”

三、删去第十六条。

四、将第二十五条改为第三十四条，修改为：“合同或者其他财产权益纠纷的当事人可以书面协议选择被告住所地、合同履行地、合同签订地、原告住所地、标的物所在地等与争议有实际联系的地点的人民法院管辖，但不得违反本法对级别管辖和专属管辖的规定。”

五、增加一条，作为第二十六条：“因公司设立、确认股东资格、分配利润、解散等纠纷提起的诉讼，由公司住所地人民法院管辖。”

六、将第三十八条改为第一百二十七条，增加一款，作为第二款：“当事人未提出管辖异议，并应诉答辩的，视为受诉人民法院有管辖权，但违反级别管辖和专属管辖规定的除外。”

七、将第三十九条改为第三十八条，第一款修改为：“上级人民法院有权审理下级人民法院管辖的第一审民事案件；确有必要将本院管辖的第一审民事案件交下级人民法院审理的，应当报请其上级人民法院批准。”

八、将第四十五条改为第四十四条，修改为：“审判人员有下列情形之一的，应当自行回避，当事人有权用口头或者书面方式申请他们回避：

“（一）是本案当事人或者当事人、诉讼代理人近亲属的；

“（二）与本案有利害关系的；

“（三）与本案当事人、诉讼代理人有其他关系，可能影响对案件公正审理的。

“审判人员接受当事人、诉讼代理人请客送礼，或者违反规定会见当事人、诉讼代理人的，当事人有权要求他们回避。

“审判人员有前款规定的行为的，应当依法追究法律责任。

“前三款规定，适用于书记员、翻译人员、鉴定人、勘验人。”

九、增加一条，作为第五十五条：“对污染环境、侵害众多消费者合法权益等损害社会公共利益的行为，法律规定的机关和有关组织可以向人民法院提起诉讼。”

十、第五十六条增加一款，作为第三款：“前两款规定的第三人，因不能归责于本人的事由未参加诉讼，但有证据证明发生法律效力的判决、裁定、调解书的部分或者全部内容错误，损害其民事权益的，可以自知道或者应当知道其民事权益受到损害之日起六个月内，向作出该判决、裁定、调解书的人民法院提起诉讼。人民法院经审理，诉讼请求成立的，应当改变或者撤销原判决、裁定、调解书；诉讼请求不成立的，驳回诉讼请求。”

十一、将第五十八条第二款修改为：“下列人员可以被委托为诉讼代理人：

“（一）律师、基层法律服务工作者；

“（二）当事人的近亲属或者工作人员；

“（三）当事人所在社区、单位以及有关社会团体推荐的公民。”

十二、将第六十三条修改为：“证据包括：

“（一）当事人的陈述；

“（二）书证；

“（三）物证；

“（四）视听资料；

“（五）电子数据；

“（六）证人证言；

“（七）鉴定意见；

“（八）勘验笔录。

“证据必须查证属实，才能作为认定事实的根据。”

相应地将第一百二十四条、第一百七十一条中的“鉴定结论”修改为“鉴定意见”。

十三、增加二条，作为第六十五条、第六十六条：

“第六十五条　当事人对自己提出的主张应当及时提供证据。

“人民法院根据当事人的主张和案件审理情况，确定当事人应当提供的证据及其期限。当事人在该期限内提供证据确有困难的，可以向人民法院申请延长期限，人民法院根据当事人的申请适当延长。当事人逾期提供证据的，人民法院应当责令其说明理由；拒不说明理由或者理由不成立的，人民法院根据不同情形可以不予采纳该证据，或者采纳该证据但予以训诫、罚款。

“第六十六条　人民法院收到当事人提交的证据材料，应当出具收据，写明证据名称、页数、份数、原件或者复印件以及收到时间等，并由经办人员签名或者盖章。”

十四、将第六十七条改为第六十九条，修改为：“经过法定程序公证证明的法律事实和文书，人民法院应当作为认定事实的根据，但有相反证据足以推翻公证证明的除外。”

十五、将第七十条改为三条，作为第七十二条、第七十三条、第七十四条，修改为：

“第七十二条　凡是知道案件情况的单位和个人，都有义务出庭作证。有关单位的负责人应当支持证人作证。

“不能正确表达意思的人，不能作证。

“第七十三条　经人民法院通知，证人应当出庭作证。有下列情形之一的，经人民法院许可，可以通过书面证言、视听传输技术或者视听资料等方式作证：

“（一）因健康原因不能出庭的；

“（二）因路途遥远，交通不便不能出庭的；

“（三）因自然灾害等不可抗力不能出庭的；

“（四）其他有正当理由不能出庭的。

“第七十四条　证人因履行出庭作证义务而支出的交通、住宿、就餐等必要费用以及误工损失，由败诉一方当事人负担。当事人申请证人作证的，由该当事人先行垫付；当事人没有申请，人民法院通知证人作证的，由人民法院先行垫付。”

相应地将第六十二条中的“意志”修改为“意思”。

十六、将第七十二条改为三条，作为第七十六条、第七十七条、第七十八条，修改为：

“第七十六条　当事人可以就查明事实的专门性问题向人民法院申请鉴定。当事人申请鉴定的，由双方当事人协商确定具备资格的鉴定人；协商不成的，由人民法院指定。

“当事人未申请鉴定，人民法院对专门性问题认为需要鉴定的，应当委托具备资格的鉴定人进行鉴定。

“第七十七条　鉴定人有权了解进行鉴定所需要的案件材料，必要时可以询问当事人、证人。

“鉴定人应当提出书面鉴定意见，在鉴定书上签名或者盖章。

“第七十八条　当事人对鉴定意见有异议或者人民法院认为鉴定人有必要出庭的，鉴定人应当出庭作证。经人民法院通知，鉴定人拒不出庭作证的，鉴定意见不得作为认定事实的根据；支付鉴定费用的当事人可以要求返还鉴定费用。”

增加一条，作为第七十九条：“当事人可以申请人民法院通知有专门知识的人出庭，就鉴定人作出的鉴定意见或者专业问题提出意见。”

十七、将第七十四条改为第八十一条，修改为：“在证据可能灭失或者以后难以取得的情况下，当事人可以在诉讼过程中向人民法院申请保全证据，人民法院也可以主动采取保全措施。

“因情况紧急，在证据可能灭失或者以后难以取得的情况下，利害关系人可以在提起诉讼或者申请仲裁前向证据所在地、被申请人住所地或者对案件有管辖权的人民法院申请保全证据。

“证据保全的其他程序，参照适用本法第九章保全的有关规定。”

十八、将第七十九条改为第八十六条，修改为：“受送达人或者他的同住成年家属拒绝接收诉讼文书的，送达人可以邀请有关基层组织或者所在单位的代表到场，说明情况，在送达回证上记明拒收事由和日期，由送达人、见证人签名或者盖章，把诉讼文书留在受送达人的住所；也可以把诉讼文书留在受送达人的住所，并采用拍照、录像等方式记录送达过程，即视为送达。”

增加一条，作为第八十七条：“经受送达人同意，人民法院可以采用传真、电子邮件等能够确认其收悉的方式送达诉讼文书，但判决书、裁定书、调解书除外。

“采用前款方式送达的，以传真、电子邮件等到达受送达人特定系统的日期为送达日期。”

十九、将第八十二条改为第九十条，修改为：“受送达人被监禁的，通过其所在监所转交。

“受送达人被采取强制性教育措施的，通过其所在强制性教育机构转交。”

相应地将第二十三条第三项修改为：“（三）对被采取强制性教育措施的人提起的诉讼”。

二十、将第九章的章名、第九十六条、第九十九条、第一百四十条、第二百五十六条中的“财产保全”修改为“保全”。

二十一、将第九十二条改为第一百条，修改为：“人民法院对于可能因当事人一方的行为或者其他原因，使判决难以执行或者造成当事人其他损害的案件，根据对方当事人的申请，可以裁定对其财产进行保全、责令其作出一定行为或者禁止其作出一定行为；当事人没有提出申请的，人民法院在必要时也可以裁定采取保全措施。

“人民法院采取保全措施，可以责令申请人提供担保，申请人不提供担保的，裁定驳回申请。

“人民法院接受申请后，对情况紧急的，必须在四十八小时内作出裁定；裁定采取保全措施的，应当立即开始执行。”

二十二、将第九十三条改为第一百零一条，修改为：“利害关系人因情况紧急，不立即申请保全将会使其合法权益受到难以弥补的损害的，可以在提起诉讼或者申请仲裁前向被保全财产所在地、被申请人住所地或者对案件有管辖权的人民法院申请采取保全措施。申请人应当提供担保，不提供担保的，裁定驳回申请。

“人民法院接受申请后，必须在四十八小时内作出裁定；裁定采取保全措施的，应当立即开始执行。

“申请人在人民法院采取保全措施后三十日内不依法提起诉讼或者申请仲裁的，人民法院应当解除保全。”

二十三、将第九十四条改为二条，作为第一百零二条、第一百零三条，修改为：

“第一百零二条　保全限于请求的范围，或者与本案有关的财物。

“第一百零三条　财产保全采取查封、扣押、冻结或者法律规定的其他方法。人民法院保全财产后，应当立即通知被保全财产的人。

“财产已被查封、冻结的，不得重复查封、冻结。”

将第九十五条改为第一百零四条，修改为：“财产纠纷案件，被申请人提供担保的，人民法院应当裁定解除保全。”

二十四、增加二条，作为第一百一十二条、第一百一十三条：

“第一百一十二条　当事人之间恶意串通，企图通过诉讼、调解等方式侵害他人合法权益的，人民法院应当驳回其请求，并根据情节轻重予以罚款、拘留；构成犯罪的，依法追究刑事责任。

“第一百一十三条　被执行人与他人恶意串通，通过诉讼、仲裁、调解等方式逃避履行法律文书确定的义务的，人民法院应当根据情节轻重予以罚款、拘留；构成犯罪的，依法追究刑事责任。”

二十五、将第一百零三条改为第一百一十四条，第一款第二项修改为：“（二）有关单位接到人民法院协助执行通知书后，拒不协助查询、扣押、冻结、划拨、变价财产的”。

将第一百零四条改为第一百一十五条，第一款修改为：“对个人的罚款金额，为人民币十万元以下。对单位的罚款金额，为人民币五万元以上一百万元以下。”

二十六、将第一百一十条改为第一百二十一条，第一项改为二项，作为第一项、第二项，修改为：

“（一）原告的姓名、性别、年龄、民族、职业、工作单位、住所、联系方式，法人或者其他组织的名称、住所和法定代表人或者主要负责人的姓名、职务、联系方式；

“（二）被告的姓名、性别、工作单位、住所等信息，法人或者其他组织的名称、住所等信息”。

将第一百一十三条改为第一百二十五条，修改为：“人民法院应当在立案之日起五日内将起诉状副本发送被告，被告应当在收到之日起十五日内提出答辩状。答辩状应当记明被告的姓名、性别、年龄、民族、职业、工作单位、住所、联系方式；法人或者其他组织的名称、住所和法定代表人或者主要负责人的姓名、职务、联系方式。人民法院应当在收到答辩状之日起五日内将答辩状副本发送原告。

“被告不提出答辩状的，不影响人民法院审理。”

二十七、增加一条，作为第一百二十二条：“当事人起诉到人民法院的民事纠纷，适宜调解的，先行调解，但当事人拒绝调解的除外。”

二十八、将第一百一十一条改为第一百二十四条，其中的“人民法院对符合本法第一百零八条的起诉，必须受理；对下列起诉，分别情形，予以处理：”修改为：“人民法院对下列起诉，分别情形，予以处理：”。

第二项修改为：“（二）依照法律规定，双方当事人达成书面仲裁协议申请仲裁、不得向人民法院起诉的，告知原告向仲裁机构申请仲裁”。

第五项修改为：“（五）对判决、裁定、调解书已经发生法律效力的案件，当事人又起诉的，告知原告申请再审，但人民法院准许撤诉的裁定除外”。

二十九、将第一百一十二条改为第一百二十三条，修改为：“人民法院应当保障当事人依照法律规定享有的起诉权利。对符合本法第一百一十九条的起诉，必须受理。符合起诉条件的，应当在七日内立案，并通知当事人；不符合起诉条件的，应当在七日内作出裁定书，不予受理；原告对裁定不服的，可以提起上诉。”

三十、增加一条，作为第一百三十三条：“人民法院对受理的案件，分别情形，予以处理：

“（一）当事人没有争议，符合督促程序规定条件的，可以转入督促程序；

“（二）开庭前可以调解的，采取调解方式及时解决纠纷；

“（三）根据案件情况，确定适用简易程序或者普通程序；

“（四）需要开庭审理的，通过要求当事人交换证据等方式，明确争议焦点。”

三十一、将第一百二十四条改为第一百三十八条，第三项修改为：“（三）出示书证、物证、视听资料和电子数据”。

三十二、将第一百三十八条改为第一百五十二条，第一款中的“判决书应当写明:”修改为：“判决书应当写明判决结果和作出该判决的理由。判决书内容包括:”。

第一款第二项修改为：“（二）判决认定的事实和理由、适用的法律和理由”。

三十三、将第一百四十条改为第一百五十四条，第一款第九项修改为：“（九）撤销或者不予执行仲裁裁决”。

第二款修改为：“对前款第一项至第三项裁定，可以上诉。”

第三款修改为：“裁定书应当写明裁定结果和作出该裁定的理由。裁定书由审判人员、书记员署名，加盖人民法院印章。口头裁定的，记入笔录。”

三十四、增加一条，作为第一百五十六条：“公众可以查阅发生法律效力的判决书、裁定书，但涉及国家秘密、商业秘密和个人隐私的内容除外。”

三十五、将第一百四十二条改为第一百五十七条，增加一款，作为第二款：“基层人民法院和它派出的法庭审理前款规定以外的民事案件，当事人双方也可以约定适用简易程序。”

三十六、将第一百四十四条改为第一百五十九条，修改为：“基层人民法院和它派出的法庭审理简单的民事案件，可以用简便方式传唤当事人和证人、送达诉讼文书、审理案件，但应当保障当事人陈述意见的权利。”

三十七、增加一条，作为第一百六十二条：“基层人民法院和它派出的法庭审理符合本法第一百五十七条第一款规定的简单的民事案件，标的额为各省、自治区、直辖市上年度就业人员年平均工资百分之三十以下的，实行一审终审。”

三十八、增加一条，作为第一百六十三条：“人民法院在审理过程中，发现案件不宜适用简易程序的，裁定转为普通程序。”

三十九、将第一百五十二条改为第一百六十九条，第一款修改为："第二审人民法院对上诉案件，应当组成合议庭，开庭审理。经过阅卷、调查和询问当事人，对没有提出新的事实、证据或者理由，合议庭认为不需要开庭审理的，可以不开庭审理。"

四十、将第一百五十三条改为第一百七十条，修改为："第二审人民法院对上诉案件，经过审理，按照下列情形，分别处理：

"（一）原判决、裁定认定事实清楚，适用法律正确的，以判决、裁定方式驳回上诉，维持原判决、裁定；

"（二）原判决、裁定认定事实错误或者适用法律错误的，以判决、裁定方式依法改判、撤销或者变更；

"（三）原判决认定基本事实不清的，裁定撤销原判决，发回原审人民法院重审，或者查清事实后改判；

"（四）原判决遗漏当事人或者违法缺席判决等严重违反法定程序的，裁定撤销原判决，发回原审人民法院重审。

"原审人民法院对发回重审的案件作出判决后，当事人提起上诉的，第二审人民法院不得再次发回重审。"

四十一、将第一百六十条改为第一百七十七条，修改为："人民法院审理选民资格案件、宣告失踪或者宣告死亡案件、认定公民无民事行为能力或者限制民事行为能力案件、认定财产无主案件、确认调解协议案件和实现担保物权案件，适用本章规定。本章没有规定的，适用本法和其他法律的有关规定。"

四十二、在第十五章第五节后增加二节，作为第六节、第七节：

"第六节　确认调解协议案件

"第一百九十四条　申请司法确认调解协议，由双方当事人依照人民调解法等法律，自调解协议生效之日起三十日内，共同向调解组织所在地基层人民法院提出。

"第一百九十五条　人民法院受理申请后，经审查，符合法律规定的，裁定调解协议有效，一方当事人拒绝履行或者未全部履行的，对方当事人可以向人民法院申请执行；不符合法律规定的，裁定驳回申请，当事人可以通过调解方式变更原调解协议或者达成新的调解协议，也可以向人民法院提起诉讼。

"第七节　实现担保物权案件

"第一百九十六条　申请实现担保物权，由担保物权人以及其他有权请求实现担保物权的人依照物权法等法律，向担保财产所在地或者担保物权登记地基层人民法院提出。

"第一百九十七条　人民法院受理申请后，经审查，符合法律规定的，裁定拍卖、变卖担保财产，当事人依据该裁定可以向人民法院申请执行；不符合法律规定的，裁定驳回申请，当事人可以向人民法院提起诉讼。”

四十三、将第一百七十八条改为第一百九十九条，修改为：“当事人对已经发生法律效力的判决、裁定，认为有错误的，可以向上一级人民法院申请再审；当事人一方人数众多或者当事人双方为公民的案件，也可以向原审人民法院申请再审。当事人申请再审的，不停止判决、裁定的执行。”

四十四、将第一百七十九条改为第二百条，第一款第五项修改为：“（五）对审理案件需要的主要证据，当事人因客观原因不能自行收集，书面申请人民法院调查收集，人民法院未调查收集的”。

删去第一款第七项。

将第二款作为第十三项，修改为：“（十三）审判人员审理该案件时有贪污受贿，徇私舞弊，枉法裁判行为的。”

四十五、将第一百八十一条改为第二百零四条，修改为：“人民法院应当自收到再审申请书之日起三个月内审查，符合本法规定的，裁定再审；不符合本法规定的，裁定驳回申请。有特殊情况需要延长的，由本院院长批准。

“因当事人申请裁定再审的案件由中级人民法院以上的人民法院审理，但当事人依照本法第一百九十九条的规定选择向基层人民法院申请再审的除外。最高人民法院、高级人民法院裁定再审的案件，由本院再审或者交其他人民法院再审，也可以交原审人民法院再审。”

四十六、将第一百八十二条改为第二百零一条。将第一百七十七条、第一百八十三条、第一百八十五条、第一百八十九条改为第一百九十八条、第二百零二条、第二百零六条、第二百一十二条，修改为：

“第一百九十八条　各级人民法院院长对本院已经发生法律效力的判决、裁定、调解书，发现确有错误，认为需要再审的，应当提交审判委员会讨论决定。

“最高人民法院对地方各级人民法院已经发生法律效力的判决、裁定、调解书，上级人民法院对下级人民法院已经发生法律效力的判决、裁定、调解书，发现确有错误的，有权提审或者指令下级人民法院再审。

“第二百零二条　当事人对已经发生法律效力的解除婚姻关系的判决、调解书，不得申请再审。

“第二百零六条　按照审判监督程序决定再审的案件，裁定中止原判决、裁定、调解书的执行，但追索赡养费、扶养费、抚育费、抚恤金、医疗费用、劳动报酬等案件，可以不中止执行。

“第二百一十二条　人民检察院决定对人民法院的判决、裁定、调解书提出抗诉的，应当制作抗诉书。”

四十七、将第一百八十四条改为第二百零五条，修改为：“当事人申请再审，应当在判决、裁定发生法律效力后六个月内提出；有本法第二百条第一项、第三项、第十二项、第十三项规定情形的，自知道或者应当知道之日起六个月内提出。”

四十八、将第一百八十七条改为第二百零八条，修改为：“最高人民检察院对各级人民法院已经发生法律效力的判决、裁定，上级人民检察院对下级人民法院已经发生法律效力的判决、裁定，发现有本法第二百条规定情形之一的，或者发现调解书损害国家利益、社会公共利益的，应当提出抗诉。

“地方各级人民检察院对同级人民法院已经发生法律效力的判决、裁定，发现有本法第二百条规定情形之一的，或者发现调解书损害国家利益、社会公共利益的，可以向同级人民法院提出检察建议，并报上级人民检察院备案；也可以提请上级人民检察院向同级人民法院提出抗诉。

“各级人民检察院对审判监督程序以外的其他审判程序中审判人员的违法行为，有权向同级人民法院提出检察建议。”

四十九、增加二条，作为第二百零九条、第二百一十条：

“第二百零九条　有下列情形之一的，当事人可以向人民检察院申请检察建议或者抗诉：

“（一）人民法院驳回再审申请的；

“（二）人民法院逾期未对再审申请作出裁定的；

“（三）再审判决、裁定有明显错误的。

“人民检察院对当事人的申请应当在三个月内进行审查，作出提出或者不予提出检察建议或者抗诉的决定。当事人不得再次向人民检察院申请检察建议或者抗诉。

“第二百一十条　人民检察院因履行法律监督职责提出检察建议或者抗诉的需要，可以向当事人或者案外人调查核实有关情况。”

五十、将第一百八十八条改为第二百一十一条，修改为：“人民检察院提出抗诉的案件，接受抗诉的人民法院应当自收到抗诉书之日起三十日内作出再审的裁定；有本法第二百条第一项至第五项规定情形之一的，可以交下一级人民法院再审，但经该下一级人民法院再审的除外。”

五十一、将第一百九十四条改为第二百一十七条，修改为：“人民法院收到债务人提出的书面异议后，经审查，异议成立的，应当裁定终结督促程序，支付令自行失效。

“支付令失效的，转入诉讼程序，但申请支付令的一方当事人不同意提起诉讼的除外。”

五十二、将第二百零七条改为第二百三十条，第二款修改为：“申请执行人因受欺诈、胁迫与被执行人达成和解协议，或者当事人不履行和解协议的，人民法院可以根据当事人的申请，恢复对原生效法律文书的执行。”

五十三、增加一条，作为第二百三十五条：“人民检察院有权对民事执行活动实行法律监督。”

五十四、将第二百一十三条改为第二百三十七条，第二款第四项、第五项修改为：

“（四）裁决所根据的证据是伪造的；

“（五）对方当事人向仲裁机构隐瞒了足以影响公正裁决的证据的”。

五十五、将第二百一十六条改为第二百四十条，修改为：“执行员接到申请执行书或者移交执行书，应当向被执行人发出执行通知，并可以立即采取强制执行措施。”

五十六、将第二百一十八条改为第二百四十二条，修改为：“被执行人未按执行通知履行法律文书确定的义务，人民法院有权向有关单位查询被执行人的存款、债券、股票、基金份额等财产情况。人民法院有权根据不同情形扣押、冻结、划拨、变价被执行人的财产。人民法院查询、扣押、冻结、划拨、变价的财产不得超出被执行人应当履行义务的范围。

“人民法院决定扣押、冻结、划拨、变价财产，应当作出裁定，并发出协助执行通知书，有关单位必须办理。”

五十七、将第二百二十三条改为第二百四十七条，修改为：“财产被查封、扣押后，执行员应当责令被执行人在指定期间履行法律文书确定的义务。被执行人逾期不履行的，人民法院应当拍卖被查封、扣押的财产；不适于拍卖或者当事人双方同意不进行拍卖的，人民法院可以委托有关单位变卖或者自行变卖。国家禁止自由买卖的物品，交有关单位按照国家规定的价格收购。”

五十八、删去第二百四十二条、第二百四十三条。

五十九、将第二百四十五条改为第二百六十七条，第六项修改为：“（六）受送达人所在国的法律允许邮寄送达的，可以邮寄送达，自邮寄之日起满三个月，送达回证没有退回，但根据各种情况足以认定已经送达的，期间届满之日视为送达”。

增加一项，作为第七项：“（七）采用传真、电子邮件等能够确认受送达人收悉的方式送达”。

第七项改为第八项，修改为：“（八）不能用上述方式送达的，公告送达，自公告之日起满三个月，即视为送达。”

六十、删去第二十六章“财产保全”。

民事诉讼法的有关章节序号及条文序号根据本决定作相应调整。

本决定自2013年1月1日起施行。

《中华人民共和国民事诉讼法》根据本决定作相应修改，重新公布。

第二章　调解与诉讼衔接机制的完善

调解是我国司法的优良传统，诉讼调解与非讼调解共同构建的立体调解模式在全方位、多元化解决社会矛盾的过程中发挥着不可替代的作用。为了适应我国当前社会发展和司法现状的需要，重视诉讼调解，建立调解和诉讼的有机衔接显得尤为迫切，这些都成为了本次《民事诉讼法》修改的重要内容。

第一节　诉讼调解制度

诉讼调解，又称法院调解，是指在法院审判人员的主持下，双方当事人就民事权益争议进行平等协商，自愿达成协议，解决纠纷并结束诉讼程序的诉讼活动。它不同于其他类型的调解，是人民法院行使审判权的方式之一，是我国民事诉讼的重要制度。

一、我国民事诉讼调解制度的历史沿革

在我国民事诉讼发展历史中，诉讼调解一直扮演着重要的角色，是司法解决纠纷的重要手段和方式。虽然在不同的历史时期，由于我国法治发展水平的不同，对诉讼调解的定位不尽相同，但是从立法到司法政策，一直没有放松对诉讼调解的重视，在相当长的一段时期内甚至超过对审判的强调。我国现代民事诉讼调解制度经历了四个阶段的演变：

（一）“调解为主”阶段

这个阶段的开始可以追溯到新民主主义革命时期，并持续到20世纪80年代初。解放前，陕甘宁边区诞生的“马锡五审判方式”是这一时期诉讼调解制度演变形成的一个重要标志。它形式灵活，贴近群众，以化解群众之间的矛盾纠纷为根本目的，用群众乐于接受的调解方式解决纠纷，成为当时法院用调解的方式解决纠纷的成功经验。当时的司法工作指导方针也被确定为“调解

为主，审判为辅”。[①]新中国建立后，诉讼调解被延续下来，成为基层人民法院解决纠纷的重要方式。坚持群众路线和加强调解工作成为建设中国特色社会主义司法制度的重要内容，司法工作指导方针也从“依靠群众，调查研究，调解为主”的12字方针，演变成“依靠群众，调查研究，调解为主，就地解决”的16字方针。这些方针在当时颁布的《人民法院暂行组织条例》和《人民法院审判民事案件程序制度的规定（试行）》等法律中都有充分的体现。

（二）“着重调解”阶段

这个阶段基本贯穿了整个20世纪80年代。1982年，我国颁布了第一部民事诉讼法，即《中华人民共和国民事诉讼法（试行）》，该法在总结我国以往民事审判工作经验的基础上，将诉讼调解确定为民事诉讼的正式制度。该法第6条规定：“人民法院审理民事案件，应当着重进行调解；调解无效的，应当及时判决。”该条款将“着重调解”作为一项民事诉讼原则加以确立，体现了调解制度对以往传统审判方式的继承和发扬，标志着我国对诉讼调解的定位由“调解为主”改为“着重调解”。之所以作这样的改变，其意图在于优化调解与审判的关系，避免造成审判与调解的对立，让诉讼调解在新的轨道上得以进一步发展。

（三）“自愿调解”阶段

这个阶段从20世纪90年代初一直到21世纪初。这期间，中国社会发展迅速，民众权利保护意识提高，导致诉讼案件激增，诉讼调解长期以来广受支持的社会环境发生了很大的变化，人少案多形成的“诉讼爆炸”使社会对审判效率的要求远远大于化解矛盾的需要，法院面临很大的审判压力。同时，对程序的重视开始影响我国司法界，公平与效率成为人们对审判工作新的诉求。而调解在程序性上的不足既不能满足对效率的要求，又容易滋生司法腐败、案件积压等问题，从而备受冷落。随着对审判和调解两种诉讼方式的不断反思和认识，尤其是举证责任等制度的建立，我国对传统的民事审判方式进行了改革，1991年修订《民事诉讼法》时，对我国的诉讼调解原则作出了重大调整，将此前规定的“着重调解”原则明确地修改为“自愿合法调解”原则。这一原则不再强调调解的优势地位，显示了对调解和审判的同等重视，也被称为“调判并重”阶段。而在实践中，人们对程序公正的追求达到前所未有的高度，法院的职责被重新定位，法官对调解的态度也发生了根本的改变，为了避

① 李浩：《理性地对待调解优先——以法院调解为对象的分析》，载《国家检察官学院学报》2012年第1期。

免被看做“和稀泥”，法官主动减少使用诉讼调解的方式，更倾向于程序性特征明显的判决方式。法院的案件调解率也急转直下，民事案件调解结案率从20世纪80年代的70%～80%下降到2002年的31.9%。[①] 这表明诉讼调解呈逐年萎缩的发展态势，地位大幅下降，曾一度形成了“重判轻调”的局面。

（四）“调解优先”阶段

这一阶段从21世纪初一直延伸到当下。21世纪初，随着“构建社会主义和谐社会”战略目标的提出，诉讼调解再度被重视，呈现出了明显的回归态势。司法界认识到，在我国现有司法资源不足和当前的社会背景下，要想彻底解决纠纷，实现社会和谐稳定，发挥司法在社会高速发展的转型期的良好作用，必须重视诉讼调解制度，解决好调解中现存的问题，充分发挥诉讼调解的独特作用。2003年最高人民法院把诉讼调解规范化作为专门问题提上工作议程，随后《关于人民法院民事调解工作若干问题的规定》[②]（以下简称《调解规定》）明确提出“能调则调，当判则判，调判结合，案结事了”的审判工作方针，到了2008年，这一方针转变为“调解优先，调判结合，案结事了”，首次提出了“调解优先”原则。2010年最高人民法院发布了《关于进一步贯彻“调解优先、调判结合”工作原则的若干意见》[③]（以下简称《调解优先若干意见》），新《民事诉讼法》增加的第122条规定：“当事人起诉到人民法院的民事纠纷，适宜调解的，先行调解，但当事人拒绝调解的除外。”由此，从立法角度进一步确立了先行调解的精神，即调解优先原则，成为新时期人民法院审判工作遵循的诉讼调解新模式。

二、我国民事诉讼调解制度的优势

我国的法院诉讼调解制度是一种独特的诉讼制度，是长期以来民事审判工作的成功经验，被国际司法界称为“东方经验”。在多年的实践中，诉讼调解发挥了巨大的优势，主要表现在以下几个方面：

（一）调解有利于提高诉讼效率

与审理判决相比，调解程序灵活、简便省时、直奔主题，能提高诉讼效率，节约司法资源。由于没有严格的程序规则制约，诉讼调解在很多方面不受

---

① 汤维建主编：《民事诉讼法学》，北京大学出版社2008年版，第387页。

② 2004年8月18日由最高人民法院审判委员会第1321次会议通过，自2004年11月1日起实施。

③ 2010年6月7日最高人民法院发布《关于进一步贯彻“调解优先、调判结合”工作原则的若干意见》。

时间和形式的限制，可以以案件需要为中心，结合实际情况适时适地地进行调解。像审前调解和简易程序中的调判结合等程序，还可以实现案件的繁简分流，有利于法院资源的合理分配。另外，由于双方当事人在自愿合法原则下达成合意，纠纷解决较为圆满，避免了上诉、申诉、重审、再审和上访的大量发生，减少了当事人的诉累，降低了诉讼成本，也解除了法院的后顾之忧，减轻了工作负担，提高了法院的工作效率。

（二）调解有利于解决“执行难”问题

“执行难”作为民事诉讼的突出问题长期困扰法院，影响司法的权威和当事人权利的实现，因而得到司法界的关注。形成执行难的原因很复杂，要解决也不是一蹴而就的，它是一个长期的系统的工程，而调解就是其中较为有效的手段。诉讼调解能够达成是双方当事人在自愿平等的基础上积极参与诉讼的结果，诉讼调解的方式有利于双方当事人在解决纠纷的过程中充分交流、友好协商、有限妥协、互谅互让，减少了相互的对抗性，因此双方合意达成的结果很容易被当事人完全认可、自觉履行，从而避免发生上诉程序，减少执行程序，有利于彻底解决民事纠纷，维护当事人合法权利，解决执行难问题。

（三）调解有利于和谐社会建设

建设和谐社会离不开社会的稳定，而社会稳定离不开司法的有效运作。众所周知，审理民商事案件是我国法院工作的主要内容，这些案件数量繁多、范围广泛，涉及人民生产生活的方方面面。伴随着社会的高速发展和加速转型，纠纷的类型越来越新颖，复杂化程度越来越高。有些纠纷具有特殊历史背景和社会因素，有些纠纷涉及一些法律上难以调整的领域，有些纠纷涉及法律和习惯、民众和政府、个体与群体的冲突等。这些新型的纠纷成因复杂，影响力和示范性却很大，要圆满解决这些纠纷不但要充分考虑司法的法律效果，还要实现良好的政治效果和社会效果。维护社会稳定和谐，调解无疑是非常有效的方式。诉讼调解能有效避免判决的对抗性带来的负面效应，促使当事人在相对友好的氛围中协商解决纠纷，做到案结事了，有效化解矛盾，最大限度地避免后续司法程序继续发生，将当事人从诉累中及时解放出来，消除一些社会不安定因素。因此，诉讼调解对维护社会和谐稳定起到了至关重要的作用。

（四）调解有利于当事人充分行使诉讼权利

诉讼调解在审判人员的主持下进行，充分强调当事人的积极参与。当事人处分自己权利必须是完全自愿的，包括是否进行调解，何时进行调解，如何处分自己的实体权利。当事人自愿协商达成的调解协议只要不违背法律的强制性规定，法官都应当认可。法官应该尊重当事人的程序选择权和实体处分权，不得强制调解。这使当事人能够最大限度地参与到诉讼中，充分行使诉讼权利，维护合法权益。

（五）调解有利于实现司法公正

诉讼调解也有司法公开、透明的特点，遵循一定的程序，需要在相关法律框架下进行。审判人员起到居中调处的作用，促使当事人在友好协商的基础上达成调解协议。当事人自己最清楚纠纷的真相和他的利益所在，所以只要正确理解和适用调解制度，他们自愿选择的调解结果应当说是最符合他们的利益需求的，也最接近当事人追求的实体公正。

（六）调解有利于弥补法律规定不足

我国法治建设虽然迅猛发展、日新月异，但是还远不到成熟稳定时期，面对层出不穷的新情况、新问题，立法的不足不容回避，加上立法本来就有的“滞后性”特征，法律规定不足与法律实践需要之间的矛盾不可避免。由于我国法律体制和司法制度本身的特点，在判决中解决这种矛盾是不现实的，如果运用不当反而会冲击裁判的权威性，因此这个重担就落在诉讼调解制度上。通过诉讼调解的方式灵活地处理纠纷，通过当事人的处分行为弥补实体法依据上的不足。这样一方面较为圆满地解决了实践中急需解决的纠纷，另一方面为以后的立法和司法提供了宝贵的实践经验和研究范本。

三、我国现行民事诉讼调解制度的弊端

诉讼调解制度的优势显而易见，弊端也非常明显。由于长期受我国传统审判模式的影响，审判权一直处于优势地位，对它的制约和监督还很不够，法院调解的弊端也主要由此而生。

（一）容易引发强制调解

自愿原则是现行民事诉讼调解制度存在的基础，它体现在当事人的程序选择权和实体处分权上，不受任何第三方的影响。但在实践中，由于我国实行调审合一制，将调解与审判置于同一个诉讼进行过程中，特别是由同一法官来操作整个程序，审判员也是“调解员”，这使审判员在调解中具有潜在的强制力，为强制调解提供了可能。而民事调解案件不能上诉，缺乏监督，可以避免法官审判结案时需要面临的错判风险，因而成为法官首选的结案方式，所以以判压调、以拖压调、诱导调解等滥用审判权、强制调解的现象层出不穷。即使审判员主观上没有倾向于调解程序，但是调解中形成的“先入为主”的印象也很容易在审判中影响法官的判断，从而给当事人造成压力，不能充分自主地参与到调解过程中。这实质上是审判权的强大和当事人处分权的弱小所造成的

结果，从实质上违背了调解自愿的原则。

（二）弱化了诉讼程序的保障性

诉讼调解为了满足灵活、简便、高效、快捷的要求，对许多法定程序的规定进行了简化，但这并不是说诉讼调解没有或者不需要程序化，它依然是诉讼制度的一种，程序化是它的内在特征之一，诉讼调解程序的合法原则在实践中没有得到普遍遵守，这势必弱化了程序法的约束，造成法官行为失范和审判活动无序化，比如调解的启动由法官决定，启动的随意性较大。

（三）随意调解损害司法权威

我国对诉讼调解的适用范围规定得非常宽泛，只要当事人自愿，在任何审判阶段都可以依法进行调解。这样做的目的虽然是为了最大限度地发挥调解平息纷争的优势作用，但实质上调解的随意开启也隐藏着潜在的风险。当事人为了推翻一审中对双方当事人都不利，但却公正的判决，完全可以不受约束地在二审中通过调解实现。这是典型的恶意调解，不但有可能损害国家或者他人的合法权益，还会损害法院判决的权威性。因为法律设置二审、再审程序的目的是纠正一审或已生效裁判的错误，不是为了给当事人再提供一次调解从而规避法律的机会，这也违背了审级分工的职能要求。同时，对恶意诉讼的受害人也缺乏必要的救济手段。最终损害司法权威。

（四）对审判权的约束被软化

在调解过程中，由于诉权对审判权的制约能力有限，诉讼中本该处于主体地位的当事人对程序的控制能力非常有限，几乎完全听命于审判权，审判权在调解中几乎不受约束。虽然《民事诉讼法》为调解制度规定了“自愿、合法”等原则，但是由于调解制度“反程序性”的天然属性，这些原则的刚性要求不强，难于操作而易于规避，很难对法官产生实质的约束。所以法官的个人能力和品德成了调解制度能在多大程度上发挥积极作用的决定因素。

（五）监督机制尚待完善

现行的调解制度缺乏程序来严格监督和限制法官及诉讼当事人，容易让他们利用调解的程序特点钻法律的空子。实践中，不但对法官没有监督权，对调解协议的监督权也有限。本级法院和上级法院都无审判监督权，而当事人要提出再审，需要满足法律对证据的较高要求，这往往很难实现。另外，对当事人的恶意调解也缺乏监督机制，无法启动救济程序。

四、我国诉讼调解制度的改革和完善

尽管调解制度在实践中有很多弊端，但只要正确适用调解制度，它的优越性依然无法取代。因而我们要根据实际需要对诉讼调解制度进行改革和完善，使它发挥出自己应有的作用。具体可以从以下几个方面着手：

（一）设立调解前置程序

为了解决实际中诉讼爆炸、人少案多的现状，满足广大人民对民事诉讼程序高效率的要求，应该在立案之后，法庭审理之前，设置一个调解前置程序。该程序是专门的调解程序，除了法律明文规定不适宜调解的案件以外，其他案件都应该先经过庭前调解程序进行调解，调解不成的再进入庭审阶段，达到案件合理分流，节约诉讼资源的效果。当然，进入调解程序依然要遵从“自愿、合法”的原则，尊重当事人的程序选择权。进入庭审后的案件，一般不再组织调解，除非当事人合意书面申请，此阶段的调解也应从法官干预主义向当事人主义转变，即法官只主持调解，不提出自己对有关案件的主观意见，充分尊重当事人的意思自治和处分权，让他们自行协商，协商不成及时判决。从审级上说，调解前置程序应该只适用于一审。

（二）确立调审分离模式

调审分离的审判模式就是改变调审合一的现状，将调解程序与庭审程序分离开，成为从机构和人员上完全独立的两个程序。调解程序是前置程序，在双方当事人自愿的情况下启动，拒绝调解或者调解不成的直接转入庭审程序。调解法官与庭审法官相互独立，互不干涉，杜绝了审判和调解的相互影响，当事人就可以不受法官威慑力的影响，完全自愿地决定是否接受调解。

（三）深化理解调解原则

我国现行民事调解制度的原则有三个：一是当事人自愿原则；二是合法性原则；三是查明事实，分清是非原则。当事人自愿原则是民事诉讼调解制度的基础，是调解制度能否充分发挥优势作用的前提和保证，必须要强化对这一原则的认识和实施，真正实施当事人的处分权，实现程序上和实体上的自愿。合法性原则应该丰富其内容，加强实践中的可操作性。而查明事实，分清是非原则本身有待商榷，这一原则本身与调解的初衷相违背。调解的目的是为了更快更好地解决纠纷，只要是双方自愿行使处分权，不违反法律规定，是否需要将所有事实查清就显得不那么重要了，因此不宜把它作为调解原则加以规定。

（四）完善调解监督机制

应强化对诉讼调解的监督机制，将民事调解纳入检察机关的监督范围。赋予当事人相应的程序异议权，当事人可以在法官滥用审判权、违背当事人意愿进行强制调解时提出异议，终止调解程序。设立调解的司法救济程序，将民事调解书和调解协议纳入审判监督范围，将生效的民事调解书与民事裁判相并列。还应该设立第三人撤销之诉作为对恶意调解受害人的救济手段。这些监督机制可以及时纠正错误，为当事人寻求救济提供更多的合法渠道，更好地维护当事人的权利。法院应该建立错案追究制度，对调解人员进行约束。

（五）规范诉讼调解程序

审判实践中往往强调了调解的灵活性，而忽视了其程序性保障。调解程序性不强是它各种弊端产生的主要原因之一，为了有效贯彻调解原则，牺牲部分调解的灵活性而强化它的程序性和制度化是非常值得的选择。实际上调解作为一种诉讼活动仍然有其方式、步骤和顺序，有一整套的运作规程，应该逐步健全诉讼调解程序。在调解的案件适用范围、组织形式和生效时间等方面作出进一步规范、细致、可操作性强的规定，逐步形成调解程序富有特色的程序化特征。

第二节　调解优先原则

调解优先原则是关于调解制度的一个新原则，是指在民事诉讼中把调解置于优先选择的位置，当事人之间产生民事纠纷，起诉到法院后，适宜调解的，应该先行调解，不能调解的才进入审判程序。这相当于把调解程序作为民事案件审判的“前置程序”，更加突出和强调诉讼调解程序。

一、修改背景

调解优先原则最先是在2008年作为民事审判指导方针被首次提出来的，2010年最高人民法院发布了《调解优先若干意见》，该原则在司法中被进一步确立。调解优先是指调解程序相对于判决程序处于被优先选择的位置，这是对调解和审判关系的最新诠释和定位。

在我国民事诉讼法的发展历史中，立法和司法政策长期偏重于调解，在“调解为主”和“着重调解”的漫长年代里，调解一直处于绝对的优势地位，在实践中受到广泛欢迎，取得了很好的诉讼效果。进入20世纪90年代后，由于人们法律观念的变化，调解被作为反程序性的典范，越来越不受法官和当事人的重视，地位逐渐下降，在实践中已经存在“重判轻调”的现象了。在1991年修订《民事诉讼法》时，调解的基本原则被修改为“自愿、合法”，调解的地位不再被强调。

诉讼调解经过了短暂的沉寂，近10年来又重新获得重视，“调解优先”被明确提出，标志着调解制度的强势复兴。诉讼调解的经历可谓一波三折，能够再度复兴而处于优先地位，除了因为调解固有的种种优势以外，还离不开深刻的历史文化背景和难得的社会发展契机，主要包括：

（一）调解优先是传统法律文化和现代司法观念撞击后的必然选择

中国的“和”文化源远流长，形成了以“息讼”为核心的传统法律文化，这也是我国调解制度得以长盛不衰的文化土壤。近年来伴随着我国法治建设的快速进行，人们受现代司法观念影响，维权意识增强，对诉讼的程序主义寄予厚望。但是因为我国法治环境还不健全，现行法律的移植背景在解决纠纷的有效性上还不够，单纯依靠判决去解决纠纷，往往达不到人们心中的公平正义。人们意识到要适合我国国情，还是要依靠我们以往反复被证明的成功经验，诉讼调解制度成为必然选择。

（二）调解优先是法院实现新职能的必然选择

在转型期的中国社会，各种新观念不断冲突，各种新情况、新问题不断涌现，法院需要沟通法律与社会，发挥软化社会矛盾，维护社会稳定的新功能。这就要求法院在解决纠纷时要重视社会效果和法律效果的统一。调解在解决纠纷方面的柔性使调解优先成为必然选择。

（三）调解优先是法院彻底解决纠纷的必然选择

审判方式改革带来了诉讼制度的程序主义，也带来了诉讼调解10年的没落。审判的刚性需要司法的权威性来保护和展现，而我国司法的现状还不具备这种条件。一旦判决不能很好地执行，或者判决不能被当事人接受，案件虽然审结，但是纠纷依然存在，案结不能事了，起不到定分止争的作用，审判的权威性就会备受质疑。而优先使用调解程序则能极大地提高案件履行率，让当事人在调解过程中真正认同诉讼结果，从而彻底解决纠纷。

（四）调解优先是各级法院实践结果的必然选择

从首次提出“调解优先”原则以来，全国各级法院围绕该原则进行了很多有益的实践和探索，比如完善立案调解环节等，取得了很好的实践效果，从而为在立法上确定调解优先原则做好了实践上的准备。

（五）调解优先是消除调解制度顽疾的必然选择

诉讼调解制度有很多弊端，究其核心原因就是审判权不受监督，调审合一制度就是它的集中表现。调解优先虽然本身不能去除调解制度的问题，但是调解优先有效地拉开了调解程序和诉讼程序的距离，使审判程序与启动灵活的调解程序纠合交错地存在于整个诉讼过程中的情况得以改变，使调解程序具有了一定的独立性，从而为调审分离、完善调解的程序化提供了空间。这有可能从根本上去除诉讼调解弊端，持续保持调解的优越性。

二、修改内容

全国人民代表大会常务委员会《关于修改〈中华人民共和国民事诉讼法〉的决定》（以下简称《决定》）第27条在《民事诉讼法》中增加一条，作为第122条，规定为：

第一百二十二条　当事人起诉到人民法院的民事纠纷，适宜调解的，先行调解，但当事人拒绝调解的除外。

《决定》第30条在《民事诉讼法》中增加一条，作为第133条，规定为：

第一百三十三条　人民法院对受理的案件，分别情形，予以处理：

（一）当事人没有争议，符合督促程序规定条件的，可以转入督促程序；

（二）开庭前可以调解的，采取调解方式及时解决纠纷；

（三）根据案件情况，确定适用简易程序或者普通程序；

（四）需要开庭审理的，通过要求当事人交换证据等方式，明确争议焦点。

三、理解与适用

以上条文是这次《民事诉讼法》修改中新增加的两条，其中第122条被称为“调解优先”原则。因为这条规定在“起诉与受理”一节，也被称为立案先行调解。第133条第2项，规定了开庭前的调解，是“调解优先”原则在审判程序中的体现。上述规定确立了调解优先原则，主要包括以下几个方面的内容：

（一）调解优先更要严格遵循自愿合法原则

新《民事诉讼法》第9条规定：“人民法院审理民事案件，应当根据自愿和合法的原则进行调解；调解不成的，应当及时判决。”这一规定确立了诉讼调解“自愿、合法”的原则，是民事诉讼调解的基石。“调解优先”也是在“自愿、合法”基础上的优先，第122条规定的“当事人拒绝调解的除外”正是对自愿原则的尊重和继承。立案调解虽然从法律上保证了它程序的优先性，将调解作为审判的“前置程序”，但是如果不能保证充分尊重当事人的意思自治和处分权，实现其在程序上和实体上的自愿，那调解优先很容易演变成强制调解，违背立法初衷。

合法原则是诉讼调解的另一个重要支持，它主要包括以下三点内容：（1）程序合法，即调解必须依法定程序进行，保障调解的正当性和公正性。（2）调解协议的内容合法，不得违反国家实体法律的强制性规定。（3）遵守公共秩序和善良风俗，不得违反法律禁止性规定，不得损害国家、社会公共利益和他人的合法权益。这次《民事诉讼法》的修改专门增加了对虚假诉讼、恶意调解等妨碍民事诉讼的行为使用强制措施的规定。另外还专门增加了检察机关对损害国家利益、公共利益的调解书可以进行抗诉的规定，这是针对恶意调解等违背调解合法性原则的行为而采取的法律手段。

（二）调解优先不能忽略判决

我国现行的审判指导方针是“调解优先，调判结合，案结事了”。《民事诉讼法》第9条也规定“调解不成的，应当及时判决”。可见在调解优先的原则下，依然要充分发挥判决的功能，调解和判决相结合，才是解决纠纷的最佳方式。目前，审判方式改革暂时受到挫折，判决的优势不能完全发挥，相当一部分审判职能由柔性特征明显的调解制度承担。但是，审判的程序主义特征依然是未来诉讼制度发展的方向和趋势，对调解的严重依赖不会长期存在下去。调解优先不仅是为了有效解决社会纠纷，实施调解所积累的经验，也必能在完善审判程序中起到重要的作用。

（三）明确适宜调解的范围

所谓“适宜调解”的范围应该满足法律对适用调解的案件范围和程序范围的一般规定。

1. 可适用调解的案件范围。只要有调解可能的民商事案件几乎都可以调解，法律另有规定的除外。根据《调解规定》第2条，下列案件不适用调解：包括适用特别程序、督促程序、公示催告程序、破产还债程序的案件，婚姻关系、身份关系确认案件以及其他依案件性质不能进行调解的民事案件。

2. 可适用调解的程序范围。诉讼调解适用于诉讼程序的全过程，不论是一审程序（包括一审普通程序和简易程序）、二审程序还是再审程序都可以适用调解。

《调解优先若干意见》中，还区别案件实质情况，进一步规定了立案先行调解程序的适用案件范围。认为“对事实清楚、权利义务关系明确、争议不大的简单民事案件，在立案后应当及时调解”，同时还规定“案情复杂，争议较大的案件”应当及时移送审理。这一规定在实践中虽然有一定的指导意义，但是考虑到实际情况：立案时法官对案件的了解相当有限，没有经过法庭审理，是否事实清楚、权利义务关系明确、争议不大还很难判断，该规定就显得比较宽泛、柔性，可操作性不强，在立法上的意义不明显。不过从保护当事人诉讼权利，防止强制调解的角度去看，对不适宜进行立案调解的案件类型和实质情况作出一些规定还是有一定意义的，而进一步细化和列举适宜立案调解的案件类型和种类则大可不必。

（四）区别对待诉讼调解和非诉讼调解

在“调解优先”的方针指引下，诉讼调解的量能被最大化地发掘，其他调解方式也被重视起来，法院开展了委托调解和协助调解的模式，把非诉讼调解形式运用到法院解决纠纷的范畴内，形成“大调解”格局，非诉讼调解迅速发展起来，2010 年还颁布了《中华人民共和国人民调解法》（以下简称《人民调解法》），使人民调解等非诉讼调解被赋予了更多的期望。

但是，法院在积极利用各种调解方式综合解决社会纠纷的同时，也要清醒地认识到诉讼调解不同于其他调解方式，不能因为过于专注解决纠纷的终极目的而忽视了诉讼调解的司法属性，将诉讼调解与其他非讼调解程序混同。在诉讼调解过程中应该从调解方式、调解程序和调解效力等方面严格遵从法律的规定，区别对待诉讼调解和非诉讼调解。

（五）立案调解与调审分离

“调审合一”是我国调解制度广受诟病的顽疾，因为它极大地削弱了调解制度的优越性。在我国现有司法资源和诉讼体制下，彻底实现调审分离还很困难，但是立案先行调解制度却为部分或者阶段性实现调审分离创造了条件。调解程序的启动被提前到立案阶段，客观上拉开了调解程序和可能的审判程序之间的距离，为调审分离创造了空间和机会。立案调解由立案庭的法官主持，不能调解或调解不成的案件要移送审判庭进行审判，这就避免了法官既是调解者又是判决者的弊端，保持了法官的中立性和公正性，消除了当事人对法官的“合理”怀疑，真正实现调解自愿。反过来这也保证和提高了调解程序的正当性，极大程度上避免了非法调解、强制调解或久调不判的现象。

在实践中，法院和法官还应该把程序上的调审分离落实到实质上，如对一个调解不成进入审判程序的案件，立案调解法官和庭审法官应互相“回避”，对案情不过问、不讨论、不表态，各自独立认定案件事实、适用法律，避免相互之间的干扰。

对于审前调解，最高人民法院在《调解优先若干意见》中，鼓励“有条件的人民法院可以探索建立专门的庭前调解组织”，这也为审前调解程序实现调审分离预留了空间。

（六）立案调解程序是有限程序

创设立案调解程序的目的，是为了合理配置司法资源，提高纠纷解决的效率，避免案件在立案阶段积压。所以立案调解程序的“容量”应该是有限的，这表现在：一方面，立案调解程序在时间和次数上是有限的，比如《调解优先若干意见》中就规定："适用简易程序的一审民事案件，立案阶段调解期限原则上不超过立案后10日；适用普通程序的一审民事案件，立案阶段调解期限原则上不超过20日，经双方当事人同意，可以再延长10日。延长的调解期间不计入审限。"规定立案调解时间有限，可以防止立案调解向审判阶段扩张，从而拖延诉讼，降低审判工作的效率。另一方面，立案调解程序对案件事实的认定能力是有限的。因为立案调解程序的特点，决定了它更多的是尊重双方当事人的处分权，从而对达成的调解协议做合法性审查。它不可能像审判程序那样有足够的程序和方法去"查明事实，分清是非"，对这一点的要求可以低于审判程序。

第三节　《民事诉讼法》和《人民调解法》的衔接

司法确认是衔接司法和非诉讼调解的重要制度。司法确认是指当事人通过非诉讼调解达成的调解协议，由法院审查确认后赋予其强制执行的效力。司法确认能够有效实现诉讼和非诉调解的对接，促进非诉讼调解的不断完善，从而构建多元化的纠纷解决机制。

一、修改背景

在我国社会高速发展、加速转型的时代背景下，社会矛盾也不断增多，虽然诉讼调解作用显著，法院司法能力不断加强，但是依然难以解决案件数量激增与相对稀缺的司法资源之间的矛盾。一个和谐的社会需要一种多元化的纠纷解决机制，所以，充分发挥我国类型多样、覆盖全面的多种非诉讼调解方式就显得尤为重要。我国的调解历史悠久、源远流长，深刻继承了传统文化的精髓，是诉讼调解制度生长和发展的土壤，在长期的社会实践中发挥了巨大的作用。人民调解、行政调解、行业调解、商事调解等非诉讼调解方式和诉讼调解方式的协同发展，共同构成了我国的"大调解"格局。其中的非诉讼调解能够多层次、广角度、全方位解决纠纷、化解矛盾，提高了社会自我解决纠纷的能力，是社会文明进步的表现。所以随着诉讼调解受到重视，非诉讼调解也迎来了蓬勃发展。

非诉讼调解的发展很快遇到了瓶颈，那就是调解协议的法律地位尴尬。

《关于审理涉及人民调解协议的民事案件的若干规定》① 把人民调解协议的性质定位为“具有民事合同性质”。之后颁布的司法解释和《人民调解法》对各种非诉讼调解协议的性质所作的规定都没有突破民事合同的定位。这意味着非诉讼调解协议不具有法律强制力和执行力，反悔成本低，对当事人约束力不高。一旦当事人反悔或者拒不履行调解协议，原有的纠纷还是要进入诉讼程序，这使美好的“多层次”解决纠纷的愿望变成“多次”解决纠纷的尴尬。不但没有使纠纷得到及时有效解决，反而加深了原有矛盾，浪费了司法资源。另外，千辛万苦达成的调解协议却保障不力，非诉讼调解的公信度也受到破坏，陷入被动局面。所以，如何处理非诉讼调解协议与司法程序的衔接成为非诉讼调解发展的关键问题。

《人民调解法》明确规定了人民调解协议的司法确认制度，使人民调解协议的司法确认有了明确的法律依据。2011 年最高人民法院《关于人民调解协议司法确认程序的若干规定》②（以下简称《司法确认规定》）进一步明确了司法确认程序的申请主体、管辖法院、受案范围、审查程序、审查内容和法律后果等具体内容，增强了司法确认的可操作性。调解协议通过法院确认后具有了强制执行的效力，克服了调解协议效力的局限性，延伸了法院的审判职能，开创了诉讼和非诉讼调解有机衔接的新模式。但是仍然有两个问题存在：第一，涉及的范围有限，其只对人民调解作了比较全面的规定，其他非诉讼调解只在 2009 年最高人民法院《关于建立健全诉讼与非诉讼相衔接的矛盾纠纷解决机制的若干意见》③（以下简称《衔接意见》）中有所提及。第二，《人民调解法》是一般程序法，其他司法解释的法律位阶更低，所以由它们所提出的司法确认制度还需要在程序基本法中予以回应和确立。

二、修改内容

《决定》第 42 条在《民事诉讼法》第十五章第五节后增加一节，作为第六节，规定为：

第六节　确认调解协议案件

---

① 2002 年 9 月 5 日由最高人民法院审判委员会第 1240 次会议通过，自 2002 年 11 月 1 日起施行。

② 2011 年 3 月 21 日由最高人民法院审判委员会第 1515 次会议通过，自 2011 年 3 月 30 日施行。

③ 2009 年 7 月 24 日最高人民法院发布《关于建立健全诉讼与非诉讼相衔接的矛盾纠纷解决机制的若干意见》。

第一百九十四条 申请司法确认调解协议，由双方当事人依照人民调解法等法律，自调解协议生效之日起三十日内，共同向调解组织所在地基层人民法院提出。

第一百九十五条 人民法院受理申请后，经审查，符合法律规定的，裁定调解协议有效，一方当事人拒绝履行或者未全部履行的，对方当事人可以向人民法院申请执行；不符合法律规定的，裁定驳回申请，当事人可以通过调解方式变更原调解协议或者达成新的调解协议，也可以向人民法院提起诉讼。

三、理解与适用

本次《民事诉讼法》的修改新增加了一节，专门用来规定司法确认的程序性质和具体内容，主要包括以下几个方面：

（一）司法确认程序是特别程序

本次《民事诉讼法》的修改，第十五章特别程序中增加了独立的第六节——确认调解协议案件，这是专门关于司法确认的规定。这表明司法确认程序是特别程序的一种，应当符合特别程序的一般规定：（1）实行一审终审，不得提起上诉。（2）审判组织采用独任制。（3）审理期限较短，应当在立案之日起30日内或者公告期满后30日内审结。有特殊情况需要延长的，由本院院长批准。（4）没有原告和被告，只有提出申请的申请人，是典型的非讼程序。（5）不适用审判监督程序。（6）免交诉讼费。①

（二）调解协议的范围涵盖广泛

在现有法律和司法解释中，只有《人民调解法》规定了司法确认制度，但是本次《民事诉讼法》[illegible]确认调解协议案件”，意味着可[illegible]民调解协议，而是扩展到所有种[illegible]调解、商事调解、行业调解或者[illegible]协议。当然，作这样扩大化的理[illegible]对接引申到所有非诉讼类调解中，[illegible]审判的职能，加强了司法对调解[illegible]形成诉讼和非诉讼纠纷解决机制的有机衔接。

（三）确认调解协议案件依当事人共同申请启动

新《民事诉讼法》第194条规定：“申请司法确认调解协议，由双方当事

① 参见《司法确认规定》第11条。

人依照人民调解法等法律，自调解协议生效之日起三十日内，共同向调解组织所在地基层人民法院提出。”由此可见，调解协议的司法确认程序要“由双方当事人共同提出确认申请”的方式启动。这包含了两层意思：（1）确认程序只能依当事人的申请启动，而不能由法院依职权启动。（2）申请必须由双方当事人共同提出，只有一方当事人提出申请不能启动司法确认程序。这是因为司法确认的是调解协议，要双方当事人自愿达成才可以。当事人可以反悔，不同意司法确认达成的调解协议，转而通过诉讼解决纠纷，但是不能强制确认。另外，“双方当事人共同提出”不是要双方当事人同时提出，只要双方“提出确认申请”的意思表示一致就可以了。《衔接意见》第22条中提出“一方当事人提出申请，另一方表示同意的，视为共同提出申请”，应该是对启动条件外延作的合理化扩大。此外，如果一方当事人提出申请，法院司法审查时征求另一方当事人的意见，另一方当事人表示同意或不反对的，则也符合此要件。

（四）在指定期限内申请

申请司法确认调解协议，应该在调解协议生效之日起30日内进行，如果超过期限才提出申请，法院将不予受理。不过这时候双方当事人经调解组织调解自愿达成的调解协议还是有效的，仍然具有民事合同的性质，可以去法院起诉，但是它丧失了经过法院司法确认而获得司法强制执行的效力。

（五）由基层人民法院管辖

在司法确认案件的管辖方面，为方便当事人就近、及时申请司法确认，司法确认案件由主持调解的调解组织所在地基层人民法院管辖。根据《司法确认规定》的规定，我们还可以把管辖法院的范围进一步扩展到基层法院的派出法庭。如果人民法院在正式立案前委派调解组织调解并达成调解协议，当事人申请司法确认的，由委派的人民法院管辖。

（六）司法确认程序的审查内容

法院受理当事人申请后，要对调解协议内容进行审查，审查可以书面进行，必要的时候可以通知双方当事人同时到场，当面询问当事人。考虑到调解协议达成时的司法性不强，而确认后却具有很强的强制执行效力，应该在审查确认时尽量保证双方当事人同时在场，通过对他们的询问详细核实调解协议的内容，也让当事人充分了解司法确认后的法律后果。

对调解协议的审查包括程序审查和实体审查两部分。程序审查主要看调解协议是否符合法律规定的形式和要件。实体审查主要审查调解协议的合法性，包括：（1）调解协议要在当事人自愿的基础上达成。（2）不能违反法律、行政法规强制性规定。（3）不能侵害国家利益、社会公共利益。（4）不能侵害案外人的合法权益。(5) 不能损害社会公序良俗。(6) 内容明确，可以被确认。(7) 没有其他不能进行司法确认的情形。

(七) 司法确认的法律后果

当事人申请进行司法确认的调解协议书，经过法院审查后，会产生两种可能的法律后果：

第一种情况，调解协议没有通过法院审查，法院只能作出不予确认决定书。根据新《民事诉讼法》第 195 条的规定，不符合法律规定的，裁定驳回申请，当事人可以通过调解方式变更原调解协议或者达成新的调解协议，也可以向人民法院提起诉讼。这相当于宣布"调解协议无效"，当事人可以重新选择用调解或者诉讼的方式来解决纠纷。

第二种情况，调解协议通过了法院的审查，被裁定为有效，对其作出确认决定书，调解协议就通过司法确认程序获得了强制执行的效力。如果一方当事人不按调解协议履行义务，则另一方当事人就可以请求人民法院依调解协议强制执行。也就是说，经过司法确认的调解协议已经跟生效判决、裁定一样，确定了当事人之间的权利义务关系，具有法律强制约束力。司法确认强化了非诉讼调解的确定性，也保障了非诉讼调解的效果。

(八) 错误的司法确认及其救济

司法确认偏重于形式审查，因此确认错误在所难免，本次《民事诉讼法》的修改只规定了法院确认调解协议之后的法律后果，但是没有规定司法确认错误时该如何救济，这一点需要在以后的立法中继续完善。

对司法确认错误的救济主要针对案外人和当事人。首先，对案外人的救济，在《司法确认规定》第 10 条作了相关规定："案外人认为经人民法院确认的调解协议侵害其合法权益的，可以自知道或者应当知道权益被侵害之日起一年内，向作出确认决定的人民法院申请撤销确认决定。"这实际上是赋予了案外人申请撤销确认决定的救济权。其次，对当事人的救济，目前法律上没有明确的规定，考虑到司法确认程序的性质，建议也可以赋予当事人申请撤销错误确认决定的权利。决定书被撤销后，原来被司法确认的调解协议的强制执行效力归于消灭，已经据此被执行的财产可以申请执行回转。当事人之间的纠纷状态恢复原状，可以重新通过调解或者诉讼的方式解决纠纷。另外，为了遏制恶意调解、虚假调解造成的司法确认错误，应该完善对此行为的法律责任追究机制。

第三章　当事人诉讼权利保障的制度完善

诉讼权利是法律赋予当事人进行诉讼活动，实施诉讼行为的权能和依据。在民事诉讼活动中，法官的审判权力和当事人的诉讼权利相互结合、相互协调又相互制约，构成诉讼活动的整体，推动着诉讼的运行，决定着诉讼的结果。保障当事人诉讼权利是民事诉讼法的任务之一，是正确使用法律和维护司法公正的重要前提和坚实基础，也是切实推进和真正深化审判工作改革的现实需要和目标指向。同时，保障当事人诉讼权利也是法院坚持司法为民和公正与效率工作主题的必然要求，是民事诉讼活动的重要组成部分和诉讼活动有效运行的重要保证。因此，本次《民事诉讼法》修改将有效保障当事人的诉讼权利作为一个重要内容。

第一节　起诉权的保障

起诉权是指一方当事人就其与对方当事人之间发生的民事权益纠纷请求法院予以裁判的权利。起诉权又被称为裁判请求权，是当事人启动民事诉讼程序、打开司法之门的一项重要权利，是一项宪法性的权利，对于当事人寻求司法保护极为重要。当事人的起诉权对于民事诉讼而言至关重要，具体表现在：对于当事人而言，其是进行诉讼的前提，同时也是胜诉、败诉的关键；对于民事诉讼程序而言，其是民事诉讼启动、发展和终结的重要动力；对于审判权而言，其是审判权行使的条件，审判权则是当事人起诉权行使的结果。

一、修改背景

起诉是当事人为了解决民事纠纷进入民事诉讼的第一道程序。起诉的目的是要引起诉讼程序的开始，从而使自己被侵犯的合法权益或者发生争议的法律关系置于人民法院的司法保护或立法救济之下。保障民事起诉权的行使，使民众更加接近司法，从根本上讲，这是由当前我国社会经济发展的现实国情和保障当事人程序主体地位的客观需求所决定的，也符合人民法院司法为民的根本宗旨。我国2007年《民事诉讼法》第112条虽然对于原告的起诉和法院的立案作出了一些规定，其内容为："人民法院收到起诉状或者口头起诉，经审查，认为符合起诉条件的，应当在七日内立案，并通知当事人；认为不符合起诉条件的，应当在七日内裁定不予受理；原告对裁定不服的，可以提起上诉。"然而，该条的规定过于原则和笼统，不方便实际操作，也存在一定不合理性。这一问题反映在实践层面上便是"立案难"、"起诉难"问题，在我国一些地方尤其是在诸如强拆等所引起的案件方面表现得特别突出，而且，法院在接到当事人的起诉状后，既不给当事人立案，也不给其出具不予立案的裁定书，仅是口头告知当事人不收取其立案材料，以防止当事人向上级法院提起上诉。法院的这种做法不仅严重损害了当事人的起诉权，而且还剥夺了其对于不立案裁定进行上诉的这一救济性权利，最终结果是完全否定了当事人接近司法的权利。因此，鉴于起诉权对于民事主体的重要性以及我国民事起诉权在实践中存在的问题，这次《民事诉讼法》的修改针对当事人起诉权的保障作出了明确规定。

二、修改内容

为了突出对当事人起诉权的保障，《决定》对当事人的起诉权进行了明确规定和深化完善。

《决定》第29条将《民事诉讼法》第112条改为第123条，修改为：

第一百二十三条　人民法院应当保障当事人依照法律规定享有的起诉权利。对符合本法第一百一十九条的起诉，必须受理。符合起诉条件的，应当在七日内立案，并通知当事人；不符合起诉条件的，应当在七日内作出裁定书，不予受理；原告对裁定不服的，可以提起上诉。

三、理解与适用

《决定》对于当事人起诉权的修改，主要包括以下几个方面的内容：

（一）人民法院应当保障当事人依照法律规定享有的起诉权利

《决定》在新《民事诉讼法》第123条中首次通过条文形式明确规定人民法院应当保障当事人依照法律规定享有的起诉权利，这意味着保障当事人依法享有的起诉权是法院的一项法定职责。新《民事诉讼法》第3条规定："人民法院受理公民之间、法人之间、其他组织之间以及他们相互之间因财产关系和人身关系提起的民事诉讼，适用本法的规定。"根据该条规定，当事人依照法律规定享有起诉权利的范围是当事人就其与其他民事主体之间发生的以财产关系和人身关系为内容的纠纷，只要在此范围内，当事人就有权向人民法院提起诉讼。当事人起诉权的实现需要人民法院的有力保障，否则当事人的起诉权就仅是纸上谈兵，仅是理论上的权利，无法在实践层面得以实现。因此，新《民事诉讼法》第123条明确要求人民法院应当保障当事人依法享有的起诉权，“应当”一词的运用意味着人民法院此项职责的法定性和强制性。

（二）当事人起诉符合起诉条件的，人民法院必须受理

新《民事诉讼法》第119条规定，起诉必须符合下列条件：（1）原告是与本案有直接利害关系的公民、法人和其他组织；（2）有明确的被告；（3）有具体的诉讼请求和事实、理由；（4）属于人民法院受理民事诉讼的范围和受诉人民法院管辖。当事人起诉后，人民法院应当进行上述4个方面的审查，对于（1）和（2）的规定而言，人民法院仅需进行程序上的审查，即只需原告的起诉材料显示原告与本案有直接利害关系并有明确的被告；对于（3）的规定，人民法院需要审查原告起诉是否有诉讼请求以及支持诉讼请求的具体事实和法律理由；对于（4）的规定，人民法院需要审查原告起诉是否属于民事诉讼的审理范围以及该法院是否享有管辖权。如果当事人的起诉符合上述4个条件，人民法院必须受理，并且应当在7日内予以立案，通知当事人。需要注意的是，虽然新《民事诉讼法》第123条删除了2007年《民事诉讼法》第112条中的“经审查，认为符合起诉条件的……”等字样，似乎是消除了人民法院对于起诉条件的审查，但笔者认为只要法律明确规定原告的起诉条件，则人民法院在立案环节的审查就仍然存在，充其量只是朝着淡化的趋势发展。

（三）当事人起诉不符合起诉条件的，人民法院应当作出裁定书

当事人的起诉如果不符合新《民事诉讼法》第119条规定的4个条件，则人民法院应当在7日内作出不予受理的裁定书。需要注意的是，2007年《民事诉讼法》第112条虽然规定了人民法院对于不符合起诉条件的当事人的起诉应当在7日内裁定不予受理，但未明确规定裁定的具体形式，这导致实践中一些法院对于当事人符合起诉条件的起诉在法定期间内既不受理也不给出书面裁定情形的普遍存在，当事人面对此种局面，因为没有法院作出的书面裁定而无法向上级法院提起上诉，进而从根本上丧失了接近司法的权利。针对此，新《民事诉讼法》第123条便明确规定对于当事人提出的不符合起诉条件的起诉，人民法院必须要作出书面裁定，不能仅作出口头裁定，更不能不作任何裁定。

（四）原告对于人民法院作出的不予受理的裁定，可以提起上诉

原告向人民法院提起诉讼，旨在请求人民法院保护其合法的民事权益，如果其请求被法院拒绝，即人民法院认为其起诉不符合起诉条件，在法定期限内作出了不予受理的裁定书。至此，原告通过提起诉讼启动诉讼程序的努力便暂

告失败。又因当事人起诉权对于其合法民事权益保护的至关重要性，故应当给予原告对于人民法院作出的否定其起诉权行使的裁定书进行救济的权利，即应当允许其向上级人民法院提起上诉，由上级人民法院经过审查，以最终决定该方当事人行使起诉权的结果。

（五）针对人民法院既不立案也不出具裁定书的情形规定了救济之策

特别需要注意的是，本次《民事诉讼法》修改之前，我国民事司法实践中大量存在人民法院对于原告起诉既不立案也不出具裁定书的情形，这严重侵害了当事人依法享有的起诉权。针对此，新《民事诉讼法》第123条明确规定了救济之策，即对于不符合起诉条件的原告起诉，人民法院应当在7日内作出不予受理的裁定书，原告对该裁定不服的，可以提起上诉。根据该规定，人民法院在不予受理原告起诉时出具裁定书已成为其法定职责，其只能作出书面裁定而不能进行口头裁定。

第二节　公益诉讼制度

根据民事诉讼所保护利益的性质的不同，可以将民事诉讼分为私益诉讼和公益诉讼两种。从各国的情况看，私人为了公共利益而提起的诉讼近年来不断增加，这种状况被很多学者认为是民事诉讼今后最主要的发展趋势，然而，这种变化可能给民事诉讼的形式和特性带来巨大变化。在中国，自1996年1月出现第一起公益诉讼至今，我国公益诉讼的发展已逾10年。近年来，随着一些公益诉讼案例的出现并引起广泛的社会关注，公益诉讼逐渐成为理论界、司法界甚至市井百姓讨论的热点话题，并且日益频繁地出现于各种媒体的报道中。公益诉讼当前已经成为一个符号、一种大众性的话语机制，也为普通民众参与社会治理提供了一种合法的途径。

一、修改背景

近年来，随着我国经济社会的快速发展和变化，污染环境、损害众多消费者权益等侵害社会公共利益的现象较为严重，在很大程度上威胁到了我国经济的可持续发展和公众的健康安全，引起了全社会的广泛关注。环境污染和食品安全事故不断发生，出现了很多环境污染、损害众多消费者权益等一些严重损害公共利益的行为，前者如2011年康菲公司石油泄漏事件，后者如2008年三鹿毒奶粉事件。针对这些损害公共利益的行为，除了强化行政监管以外，还需要借鉴他国先进经验，赋予相关主体以提出公益诉讼的权利。然而，2007年

《民事诉讼法》没有规定公益诉讼制度，其关于民事诉讼原告资格的限制使得实践中不少组织（如环保组织）向人民法院提起的公益诉讼难以立案，更不用说公民个人了。当然，实践中也出现了一些公益诉讼取得成功的案例，比如，中华环保联合会和贵阳市公众环境教育中心就一起环境污染案件提起公益诉讼并被立案和审理，这被认为是中国首起被成功立案的环保基金资助的环境公益诉讼。最近一起成功立案的环境公益诉讼案件则为环保组织自然之友、云南省曲靖市环保局等提起的铬渣污染公益诉讼。此外，近几年以来，针对我国各地频发的环境污染、食品安全等问题，一些全国人大代表、全国政协委员和其他各界人士多次提出了建立公益诉讼的意见（国务院2005年在《关于落实科学发展观保护环境的意见》中专门提到“发展环境社会团体，促进环境公益诉讼研究”），在《关于印发国家环境保护“十一五”规划的通知》中也明确强调“开展环境公益诉讼研究”。因此，基于实践中的迫切需要以及一些法院的成功经验，新《民事诉讼法》就此作出了回应，增设了公益诉讼制度。

二、修改内容

《决定》第9条在《民事诉讼法》中增加一条，作为第55条，其内容为：

第五十五条　对污染环境、侵害众多消费者合法权益等损害社会公共利益的行为，法律规定的机关和有关组织可以向人民法院提起诉讼。

三、理解与适用

公益诉讼制度是本次《民事诉讼法》修改新增加的一项制度，是我国首次将公益诉讼制度写入《民事诉讼法》。对于民事公益诉讼制度，我们应当从以下几个层面予以把握：

（一）准确把握公益诉讼的基本内涵

何为“公益诉讼”？目前学术界和实务界还有不同的意见和理解。一种观点认为，为维护公共利益提起的民事诉讼，都是公益诉讼，既包括没有直接利害关系的组织提起的保护公共利益的诉讼，也包括有直接利害关系的自然人或者法人提起的保护公共利益的诉讼。另一种观点认为，与原告有直接利害关系的诉讼是普通民事诉讼，只有与自己没有直接利害关系的民事主体，为维护公共利益提起的民事诉讼才是公益诉讼。① 前一种观点是广义的公益诉讼，后一

① 黄金荣：《走在法律的边缘——公益诉讼的理念、困境与前景》，载《法制与社会发展》2011年第4期。

种观点是狭义的公益诉讼，但两种观点都揭示了公益诉讼的核心内涵，即民事主体为了维护公共利益可以提起民事诉讼。

（二）有权提起公益诉讼的主体为法律规定的机关和有关组织

有权提起公益诉讼的主体范围是公益诉讼制度的核心问题，也是这次《民事诉讼法》修改过程中争议非常大的一个问题。有学者认为，保护公共利益是全社会的共同职责，应当实行起诉主体的多元化，检察机关、社会组织和公民个人都可以成为起诉主体。有学者认为，在我国经济社会发展的现阶段，考虑到法治建设的现状，全面赋予公民提起公益诉讼的权利，可能事倍功半，诉讼效果不佳，还可能导致滥诉，因此主张目前还不宜赋予公民个人提出公益诉讼的权利。我们认为，从我国的现行管理体制和减少滥诉风险的角度看，为了使公益诉讼制度既能在我国适度开展，同时又能有序进行，目前提起公益诉讼的主体不宜过宽。新《民事诉讼法》第55条将公益诉讼的提起主体规定为法律规定的机关和有关组织。

1. 法律规定的机关

所谓“法律规定的机关”，顾名思义，就是指立法明确规定可以提起公益诉讼的国家机关。这里涉及的“机关”主要包括两类：

第一类是行政机关。行政机关作为公共利益的主要维护者和公共事务的管理者，作为提起公益诉讼的主体较为合适。这样既可以促使其依法积极行政，又可以利用诉讼救济的方式弥补其行政手段的不足。我国1999年12月通过的《海洋环境保护法》第90条第2款明确规定：“对破坏海洋生态、海洋水产资源、海洋保护区，给国家造成重大损失的，由依照本法规定行使海洋环境监督管理权的部门代表国家对责任者提出损害赔偿要求。”本条规定实质上已从立法层面认可了海洋环境管理机关的环境公益诉讼原告主体资格。提起公益诉讼的机关原则上应当与案件涉及的公共利益相关联，例如，对污染海洋行为提起公益诉讼的机关应当是环境保护部门、海洋主管部门等相关机关，工商管理部门等不涉及海洋环境管理的机关不能提起涉及环境污染的公益诉讼。

需要注意的是，考虑到我国的机关较多，为了避免引起混乱，本条规定“法律规定的机关”可以提起诉讼，也就是说，可以提起公益诉讼的机关，需要通过以后《消费者权益保护法》和《环境保护法》等专门性法律规范的修改来作出明确规定。

第二类是检察机关。目前我国理论界对检察机关能否作为原告提起公益诉讼尚未达成共识,[①] 实务界亦在尚无法律依据的背景下积极开展了相关实践探索，并取得了检察机关在环境公益诉讼领域全部胜诉的佳绩。从理论上说，主张检察机关作为公益诉讼适格主体的原因在于：检察机关的公共属性天然就是公益代表人；检察机关法律监督者的宪法定位决定其应当提起公益诉讼；检察机关的专业能力能够提起公益诉讼。[②] 但理论界也同时认为，检察机关应享有公益诉讼原告主体资格并不意味着其可以对所有公益纠纷提起诉讼，其只能在诉讼主体缺位的情况下提起公益诉讼，这是对当事人起诉机制受阻时的一种补充和救济。值得注意的是，目前立法对于检察机关能否提起公益诉讼，并无明文规定；因而尽管理论上有主张、实践中有探索，但立法上毕竟无依据，在有立法明确规定赋予检察机关以公益诉讼的原告资格之前，应当认为人民检察院不宜提起公益诉讼。

需要注意的是，考虑到我国的机关较多，为了避免引起混乱，本条规定“法律规定的机关”可以提起诉讼，也就是说，可以提起公益诉讼的机关，需要通过以后《消费者权益保护法》和《环境保护法》等专门性法律规范的修改来作出明确规定。

2. 有关组织

本次《民事诉讼法》修改一审稿和二审稿在规定公益诉讼的主体时使用的是“社会团体”而非“有关组织”的概念。那么，“社会团体”和“有关组织”之间的关系如何？全国人民代表大会常务委员会法制工作委员会有关负责同志就此解释说，修改的《民事诉讼法》之所以用“有关组织”取代了“社会团体”，主要是考量到我国社会组织的范围远远大于社会团体的范围这一现状，我国民政部门登记的社会团体只占社会组织的一部分。例如，根据2011 年的数据，民政部门登记的社会组织达 462000 多个，其中约 25 万个的名称为“社会团体”，还有约 20 万个为“民办非企业单位”，以及 2000 多个基金会。当然，至于哪些组织适宜提起公益诉讼，可以在制定或修改相关法律时进一步明确规定，比如，通过修改《消费者权益保护法》明确规定哪些消费者组织针对侵害消费者权益事件可以提起公益诉讼。[③] 对此，笔者认为，能够提起公益诉讼的有关组织原则上应当与所起诉的公益事项有一定关联，例如

---

① 蔡彦敏：《中国环境民事公益诉讼的检察担当》，载《中外法学》2011 年第 1 期。

② 贺恒扬：《检察机关是公益诉讼的适格主体》，载《检察日报》2007 年 5 月 13 日第 4 版。

③ 引自全国人大常委会办公厅 2012 年 8 月 31 日新闻发布会，载 http://www.npc.gov.cn/npc/zhibo/zzzb25/node_ 9634.htm，访问时间 2012 年 9 月 18 日。

对于污染环境的行为，原则上应当由环保组织提起；对于侵害众多消费者利益的行为，原则上应当由消费者组织提起。这种限制既可以利用现有社会资源有效保护公共利益，同时也可以有效控制“滥诉”和“恶意诉讼”。

3. 公民个人不是公益诉讼的提起主体

本次《民事诉讼法》修改工作启动伊始，很多人就呼吁将公民个人纳入到提起公益诉讼的主体范围中，但修改后的《民事诉讼法》却未将其纳入。其理由是：公民个人受到来自环境污染、消费者权益等领域的损害后或者有受到损害的可能性时，完全可以根据现有《民法》和《民事诉讼法》的规定启动私益诉讼程序，而无须提起公益诉讼。需要注意的是，公民可否为其他权益受到损害或者有受到损害可能却未提起或不能提起私益诉讼的公民提起公益诉讼？该问题需要日后立法予以明确。对此，笔者通过考察域外先进立法经验，认为公民个人是他国环境公益诉讼原告范围中的一个重要组成部分。比如美国1970年通过并经1990年修改的《清洁空气法》第304条（a）规定任何公民都可以提起环境公益诉讼，印度也在S. P. Gupta v. Union of India案中明确规定，即使没有专门损害，任何公民都有权提起环境公益诉讼。① 笔者认为，我国日后立法亦应将公民个人纳入环境公益诉讼原告的范围体系之中。当然，赋予公民环境公益诉讼原告资格，可能会在一定程度上导致诸如滥用或轻率行使诉权、浪费司法资源等消极后果的出现，对此我们可以通过告知义务、行政前置、保证金等制度安排来予以避免，但绝不能就此否定公民个人的环境公益诉权。

（三）公益诉讼的适用范围是污染环境、侵害众多消费者合法权益等损害社会公共利益的行为

因为社会公共利益向来是一个具有较大弹性、不断变化发展的开放性概念，不同国家、同一国家的不同历史阶段对其理解各不相同。修改后的《民事诉讼法》在增设公益诉讼制度时考虑到我国目前尚处于公益诉讼的初步形成阶段，为防止当事人滥诉，认为其适用范围不宜放得太宽。从我国当下与损害社会公共利益最为相关的案件来看，其多发生于污染环境和大规模损害消费者权益领域，故第55条明确规定公益诉讼的适用范围为污染环境和侵害众多消费者合法权益的行为。但该条关于公益诉讼适用范围的规定并不是一个封闭性的规定，而是一个开放性的规定，法条中的“等”字又向我们表达了公益诉讼在司法实践中可以根据现实需要而突破污染环境和侵害众多消费者合法权益行为的限制。

---

① 张海燕：《论环境公益诉讼的原告范围及其诉权顺位》，载《理论学刊》2012年第5期。

第三节　送达制度

送达制度是民事诉讼中的一项基础性诉讼制度，它在民事诉讼程序的有效运作中发挥着重要作用。送达是人民法院的一种诉讼行为，也是法院与被送达人之间、被送达的当事人及其他诉讼参与人之间信息沟通的过程。诉讼文书经送达后对法院与当事人及其他诉讼参与人都产生一定的法律效果，并推动诉讼继续向前发展。因此，确立科学合理的送达制度，对于保证程序公正和诉讼效率有着重要的意义。正确和及时的送达，既能使当事人及时获知诉讼文书内容，依法行使自己的诉讼权利，又能保证人民法院及时解决纠纷，保障民事审判程序的顺利进行。但是在我国现行民事诉讼制度下，送达却成了诉讼中的一个瓶颈，“送达难”问题不仅妨碍了人民法院民事裁判活动的正常开展，同时也影响了双方当事人对民事诉讼中程序权利和实体权利的有效实现，因此，有必要对其予以完善。

一、修改背景

2007 年《民事诉讼法》规定了直接送达、留置送达、邮寄送达、委托送达、转交送达和公告送达六种送达方式，最高人民法院也于 2004 年 11 月通过了《关于以法院专递方式邮寄送达民事诉讼文书的若干规定》的司法解释。各地人民法院尝试性的、促进送达的改革措施也不断涌现，对于解决司法实践中的“送达难”问题无疑起到了重要的推动作用。但是，因为现有法律规定过于原则，再加之送达过程中当事人非诚信行为难以杜绝，司法实践中存在“送达难”现象仍然是一个不争的事实。针对此种现象，本次《民事诉讼法》针对送达制度也进行了修改，内容集中在进一步放宽留置送达的适用条件、增加诉讼文书的送达形式等。

二、修改内容

《决定》第 18 条将《民事诉讼法》第 79 条改为第 86 条，修改为：

第八十六条　受送达人或者他的同住成年家属拒绝接收诉讼文书的，送达人可以邀请有关基层组织或者所在单位的代表到场，说明情况，在送达回证上记明拒收事由和日期，由送达人、见证人签名或者盖章，把诉讼文书留在受送达人的住所；也可以把诉讼文书留在受送达人的住所，并采用拍照、录像等方式记录送达过程，即视为送达。

《决定》第18条在《民事诉讼法》中增加一条，作为第87条，其内容为：

第八十七条　经受送达人同意，人民法院可以采用传真、电子邮件等能够确认其收悉的方式送达诉讼文书，但判决书、裁定书、调解书除外。

采用前款方式送达的，以传真、电子邮件等到达受送达人特定系统的日期为送达日期。

《决定》第19条将《民事诉讼法》第82条改为第90条，修改为：

第九十条　受送达人被监禁的，通过其所在监所转交。

受送达人被采取强制性教育措施的，通过其所在强制性教育机构转交。

《决定》第19条将《民事诉讼法》第23条相应地改为第22条，内容为：

第二十二条　下列民事诉讼，由原告住所地人民法院管辖；原告住所地与经常居住地不一致的，由原告经常居住地人民法院管辖：

（一）对不在中华人民共和国领域内居住的人提起的有关身份关系的诉讼；

（二）对下落不明或者宣告失踪的人提起的有关身份关系的诉讼；

（三）对被采取强制性教育措施的人提起的诉讼；

（四）对被监禁的人提起的诉讼。

三、理解与适用

新《民事诉讼法》对于送达制度的修改，主要涉及三个方面的内容：

（一）完善了对于诉讼文书留置送达的规定

1. 2007年《民事诉讼法》关于留置送达规定的不足

2007年《民事诉讼法》第79条关于留置送达规定了两项严格的适用前提，二者缺一不可：（1）受送达人或他的同住成年家属拒绝接收诉讼文书；（2）有关基层组织或者所在单位的代表到场见证。《民事诉讼法》修改过程中，各界普遍认为留置送达的适用条件过于严格，其在适用过程中表现出了三个方面的不足：第一，关于留置送达适用条件的严格规定过于侧重保护当事人的诉讼权利而忽略了整个诉讼程序的顺畅进行；第二，留置送达制度容易被心怀恶意的当事人滥用，成为受送达人拖延诉讼的一种法律挡箭牌；第三，留置送达中的到场见证这一条件在具体适用中成本高昂、效率低下且难以操作。

2. 新《民事诉讼法》放宽了留置送达的条件

鉴于以前留置送达适用条件较为严格这一背景，新《民事诉讼法》对原有的留置送达制度作了修订，适当放宽了其适用条件，具体表现在两个方面：（1）在受送达人或者他的同住成年家属拒绝接收诉讼文书的情况下，将原来

“应当”邀请有关基层组织或者所在单位的代表到场修改为“可以”，增加了留置送达的灵活性。（2）在无法邀请有关基层组织、所在单位的代表到场或者上述见证人拒绝见证的情况下，送达人也可以把诉讼文书留在受送达人的住所，并采用拍照、录像等方式记录送达过程，即视为送达。现代信息技术的发展，使得送达人可以充分利用拍照、录像等方式将送达过程客观准确地保存下来，作为送达依据，这也是传统的送达方式在新技术背景下应运而生的新发展。

可见，根据新《民事诉讼法》关于留置送达的规定，受送达人或者他的同住成年家属拒绝接收诉讼文书的，送达人可以采取两种行为完成送达：一是可以邀请有关基层组织或者所在单位的代表到场，说明情况，在送达回证上记明拒收事由和日期，由送达人、见证人签名或者盖章，把诉讼文书留在受送达人的住所，即视为送达。本条规定的“有关基层组织或者所在单位的代表”可以是受送达人居住地的居民委员会、村民委员会的工作人员以及受送达人所在单位的工作人员。需要强调的是，调解书应当直接送达当事人本人，不适用留置送达。当事人本人因故不能签收的，可由其指定的代收人签收。二是可以把诉讼文书留在受送达人的住所，并采用拍照、录像等方式记录送达过程，即视为送达完成。留置送达同新《民事诉讼法》第 85 条规定的直接送达具有同等法律效力。

（二）新设了诉讼文书的送达形式

2007 年《民事诉讼法》尽管规定了六种诉讼文书的送达方式，但司法实务中依然存在很多“送达难”的情形，比如当事人拒收诉讼文书和逃避送达的问题，再比如公告送达规定过于粗疏的问题，等等。为此，本次《民事诉讼法》借鉴国外关于送达立法的先进经验，新增了诉讼文书的数据电文的送达方式，在一定程度上提高了诉讼文书送达的效率性价值，实现了民事诉讼程序的顺畅运行。

随着信息技术的发展，数据电文作为一种信息载体越发受人青睐，同时由于网络的普及，通过网络以数据电文为载体传递信息已经深刻地改变着人们的生活，如通过短信、传真、电子邮件等传递信息已经成为生活的一部分。实际上，在简易程序中，最高人民法院 2003 年 7 月通过的《关于适用简易程序审理民事案件的若干规定》第 6 条规定：“原告起诉后，人民法院可以采取捎口信、电话、传真、电子邮件等简便方式随时传唤双方当事人、证人。”尽管有此司法解释的规定，但上述方式发展的步伐却是缓慢的，其仅适用于简易程序而不适用于普通程序。不可否认的是，这从一个侧面也让我们看到司法实践对这样一种送达方式的认同，只是限制了其适用范围。《合同法》第 16 条第 2

款也有类似规定："采用数据电文形式订立合同，收件人指定特定系统接收数据电文的，该数据电文进入该特定系统的时间，视为到达时间；未指定特定系统的，该数据电文进入收件人的任何系统的首次时间，视为到达时间。"这是法律对虚拟地址到达的拟制。在此基础上，本次《民事诉讼法》修改增设了诉讼文书的数据电文这一送达方式。对此，我们应当从以下几个层面予以理解和把握：

1. 适用数据电文送达方式必须经受送达人同意

数据电文的送达方式是人民法院通过电子技术或网络方式以数据电文为载体将诉讼文书的信息传达给受送达人。因此，该送达方式在适用时是需要符合一定条件的：首先，受送达人具有接收数据电文送达的条件，如有传真机、电脑等外部设备；其次，受送达人还必须具有接收数据电文的相应技术。鉴于此，修改后的《民事诉讼法》要求适用数据电文送达方式必须经受送达人的同意。如果受送达人不同意，则应当适用其他传统的诉讼文书送达方式。

2. 数据电文的形式为传真、电子邮件等确认受送达人能够收悉的方式

《合同法》第11条规定："书面形式是指合同书、信件和数据电文（包括电报、电传、传真、电子数据交换和电子邮件）等可以有形地表现所载内容的形式。"人民法院在适用该方式送达时，除征得受送达人同意外，还应当向受送达人确认其能够收悉数据电文的具体方式。如果发送传真，应当确认受送达人的传真号码；如果发送电子邮件，应当确认受送达人的邮箱地址；等等。

3. 判决书、裁定书和调解书不能采用数据电文的方式送达

在民事诉讼中，判决书、裁定书和调解书只能按照法律规定的特定格式进行制作，因为不论是判决书、裁定书还是调解书，它们或者涉及当事人的民事实体权利，或者涉及当事人的民事程序权利，或者既涉及当事人的民事实体权利又涉及民事程序权利，故为充分保障当事人民事实体权利和程序权利的有效实现，法律规定了判决书、裁定书和调解书在制作上的严格形式。同样，对于上述三种法律文书的送达，法律也从最大程度有利于保障当事人权利实现的角度出发，规定了其不能通过数据电文的方式进行送达，只能通过其他传统方式为之。

4. 数据电文送达方式的送达日期为传真、电子邮件等到达受送达人特定系统的日期

对于送达制度而言，送达日期对于整个诉讼程序的顺畅进行具有重要意义。人民法院在通过数据电文方式送达诉讼文书时，事先应当确认受送达人能够收悉数据电文的具体细节（如号码和地址）。可见，人民法院对于受送达人的数据电文送达是一种指定特定系统接收数据电文的送达方式，故其送达日期

应为该数据电文到达受送达人该特定系统的时间。

（三）完善了对被监禁或者被采取强制性教育措施的人送达诉讼文书的规定

新《民事诉讼法》第90条删除了“劳动改造”的相关内容，同时将“劳动教养”修改为“采取强制性教育措施”。

1. 删除了“劳动改造”的内容

2007年《民事诉讼法》第82条第1款规定：“受送达人是被监禁的，通过其所在监所或者劳动改造单位转交。”“劳动改造”一词在较长的一个时期被使用。1994年12月通过《监狱法》规定了“教育改造”，1996年3月修改的《刑事诉讼法》也没有再使用“劳动改造场所”、“劳动改造机构”这样的用语，将其修改为“监狱”、“其他执行机关”。此后制定或者修改的法律中都没有再使用“劳动改造”一词。新《民事诉讼法》也相应地将2007年《民事诉讼法》条文中规定的“劳动改造”的相关内容删除。

2. 将“劳动教养”修改为“采取强制性教育措施”

2007年《民事诉讼法》第82条第2款规定：“受送达人是被劳动教养的，通过其所在劳动教养单位转交。”“劳动教养”也是被长期使用的一项制度和用语，2005年8月通过的《治安管理处罚法》不再使用“劳动教养”这一词语，但无论其名称如何确定，其性质是强制性教育措施，因此在《治安管理处罚法》中就使用了“强制性教育措施”这一概念。这次修改《民事诉讼法》也相应地将“劳动教养”作了修改。

3. 被监禁人或者被采取强制性教育措施的人在送达回证上的签收日期为诉讼文书的送达日期

被监禁人或者被采取强制性教育措施的人，是一个特殊群体，他们的人身自由受到一定的限制，且他们一般被关押在一些特殊场所，不便于对这些人直接送达诉讼文书，委托送达或者邮寄送达也存在一定的难度。鉴于被监禁人或者被采取强制性教育措施的人的人身自由受到限制的特殊性，而被监禁人与被采取强制性教育措施的人又有所不同，本条对这些人员的送达分情况作了特别规定，即受送达人是被监禁的，通过其所在监所转交；受送达人是被采取强制性教育措施的，通过其所在强制性教育机构转交。代为转交的机关、单位收到诉讼文书后，必须立即交受送达的被监禁人或者被采取强制性教育措施的人签收，以在送达回证上的签收日期，为送达日期。

第四节　管辖制度

管辖是“诉讼的入口”或“诉讼的前奏”，管辖制度是民事诉讼中的一项重要的法律制度。民事案件的管辖，是指确定上下级法院之间以及同级法院之间受理第一审民事案件的分工与权限，它是在法院内部具体落实民事审判权的一项制度。《民事诉讼法》对于管辖制度作出明确规定，对民事诉讼制度科学、合理地有效运作具有重要意义：第一，有利于人民法院正确、及时地行使民事审判权，避免人民法院之间因管辖权不明造成的相互推诿或者争抢受理案件；第二，有利于当事人行使诉权，避免因管辖不明使当事人“告状无门”而四处奔波；第三，有利于维护国家主权，保护我国公民、法人和其他组织的合法权益。

一、修改背景

在2007年《民事诉讼法》中，有关管辖的条文规定达22条之多，在总则中篇幅最长，占整部法典条文的8%。相关司法解释在数量上也颇为可观，但由于这些规范的设定过多地关注了个案，使得我国民事管辖制度缺少普适性的缺陷十分突出。比如，协议管辖适用案件的范围和可选择法院的范围相对狭窄，不能充分尊重当事人的意思自治；未对管辖权从上级法院向下级法院的转移设置任何实质性限制，在很大程度上损害了当事人的审级利益；未与2005年10月修改的《公司法》（以下简称2005年《公司法》）规定的一系列公司诉讼进行管辖方面的对接；涉外民事诉讼规定了应诉管辖但国内民事诉讼却未作规定；等等。针对上述问题，本次《民事诉讼法》修改的一个重点便是对管辖制度进行优化或者重构。

二、修改内容

《决定》第4条将《民事诉讼法》第25条改为第34条，修改为：

第三十四条　合同或者其他财产权益纠纷的当事人可以书面协议选择被告住所地、合同履行地、合同签订地、原告住所地、标的物所在地等与争议有实际联系的地点的人民法院管辖，但不得违反本法对级别管辖和专属管辖的规定。

《决定》第5条增加一条，作为新《民事诉讼法》第26条，其内容为：

第二十六条　因公司设立、确认股东资格、分配利润、解散等纠纷提起的诉讼，由公司住所地人民法院管辖。

《决定》第6条将《民事诉讼法》第38条改为第127条，增加一款，作为第2款，其内容为：

第一百二十七条　人民法院受理案件后，当事人对管辖权有异议的，应当在提交答辩状期间提出。人民法院对当事人提出的异议，应当审查。异议成立的，裁定将案件移送有管辖权的人民法院；异议不成立的，裁定驳回。

当事人未提出管辖异议，并应诉答辩的，视为受诉人民法院有管辖权，但违反级别管辖和专属管辖规定的除外。

《决定》第7条将《民事诉讼法》第39条改为第38条，第1款修改为：

第三十八条第一款　上级人民法院有权审理下级人民法院管辖的第一审民事案件；确有必要将本院管辖的第一审民事案件交下级人民法院审理的，应当报请其上级人民法院批准。

三、理解与适用

新《民事诉讼法》关于管辖制度的修改主要包括以下四个方面的内容：

（一）完善了协议管辖的规定

协议管辖，又称约定管辖或协定管辖，是指当事人就第一审民事案件在纠纷发生前或纠纷发生之后，达成协议确定管辖的法院。协议管辖是尊重当事人的意思表示，方便当事人进行诉讼的管辖制度，已为世界许多国家和地区所采取，为当事人依法行使诉权，保护其合法权益提供了便利条件。我国2007年《民事诉讼法》针对国内和涉外民事诉讼的协议管辖作出了不同规定，其第25条规定："合同的双方当事人可以在书面合同中协议选择被告住所地、合同履行地、合同签订地、原告住所地、标的物所在地人民法院管辖，但不得违反本法对级别管辖和专属管辖的规定。"第242条规定："涉外合同或者涉外财产权益纠纷的当事人，可以用书面协议选择与争议有实际联系的地点的法院管辖。选择中华人民共和国人民法院管辖的，不得违反本法关于级别管辖和专属管辖的规定。"新《民事诉讼法》对于协议管辖的修改将国内和涉外民事诉讼协议管辖进行了统一规定，即在2007年《民事诉讼法》第25条和第242条基础上，从两个方面进行了修改：一是在适用范围上，在原有的"合同"纠纷的基础上，增加了"其他财产权益纠纷"；二是在选择管辖法院的范围上，在原有的"被告住所地、合同履行地、合同签订地、原告住所地、标的物所在地"的基础上，增加规定"等与争议有实际联系的地点"，扩大了当事人可协议选择的范围。因此，对于新《民事诉讼法》第34条规定的协议管辖制度，我们应当从以下几个方面把握其适用条件：

1. 协议管辖适用的案件范围仅为合同或者其他财产权益纠纷

民事纠纷是平等主体之间发生的以财产关系或人身关系中的权利义务为内容的社会纠纷。诉讼是民事纠纷解决的一种有效途径。根据新《民事诉讼法》第 34 条的规定，无论国内民事诉讼还是涉外民事诉讼，当事人仅能就合同或者其他财产权益纠纷协议选择管辖法院，对于因人身关系而产生的民事纠纷则不能协议选择管辖法院。本条中的“合同纠纷”包括因合同订立、履行、变更、解除以及违约等所产生的权利义务纠纷；“其他财产权益纠纷”包括因物权、侵权、无因管理、不当得利以及知识产权中的财产权益而产生的民事纠纷。涉及人身关系的纠纷，如婚姻、收养、监护和扶养等纠纷，因其纠纷内容可能会涉及公共利益和社会公序良俗，故不允许当事人对其管辖法院进行协议选择。

2. 当事人可以协议选择的法院范围是被告住所地、合同履行地、合同签订地、原告住所地、标的物所在地等与争议有实际联系的地点的人民法院

为统一国内和涉外民事诉讼协议管辖制度之需要，新《民事诉讼法》借鉴 2007 年《民事诉讼法》第 242 条的规定，在原国内协议管辖当事人可协议选择管辖法院的范围上增加了“等与争议有实际联系的地点”的人民法院。如此一来，不论是国内还是涉外民事诉讼中的合同纠纷或者其他财产权益纠纷，只要是与争议有实际联系的地点的人民法院，当事人都可以通过协议进行选择。而何谓“等与争议有实际联系的地点”？我们认为是指除了 5 个法院之外的其他与系属案件有实际联系的地点，比如，在侵犯财产所有权诉讼中，除了被告住所地、合同履行地、合同签订地、原告住所地、标的物所在地外，还可以包括侵犯财产所有权的侵权行为地（包括侵权行为发生地和侵权结果出现地）；再比如在无因管理诉讼中，除了上述 5 个地点外，还可以包括无因管理人实施的无因管理行为发生地。

3. 当事人协议选择的管辖法院必须是确定和单一的

合同或者其他财产权益纠纷的当事人通过协议对于管辖法院的选择只能是确定和单一的，如果当事人的协议中对于管辖法院的选择不明确或者选择了两个以上的管辖法院，那么当事人选择管辖法院的协议无效。

4. 当事人应当通过书面协议来选择管辖法院

合同或者其他财产权益纠纷的当事人必须通过书面协议选择管辖法院，口头协议无效。本条所指的“书面协议”既可以采取合同书的形式（包括书面合同中的协议管辖条款），也可以采取信件和数据电文（包括电报、电传、传真、电子数据交换和电子邮件）等形式。

5. 当事人对于管辖法院的选择不得违反有关级别管辖和专属管辖的规定

当事人协议选择管辖法院，只能是对一审法院的协议选择，不能协议选择

二审和再审法院，且其选择不得违反《民事诉讼法》关于级别管辖的强制性规定。同样，当事人对于管辖法院的协议选择，也不得违反《民事诉讼法》关于专属管辖的强制性规定。根据新《民事诉讼法》第33条的规定，下列案件，由本条规定的人民法院专属管辖：（1）因不动产纠纷提起的诉讼，由不动产所在地人民法院管辖；（2）因港口作业中发生纠纷提起的诉讼，由港口所在地人民法院管辖；（3）因继承遗产纠纷提起的诉讼，由被继承人死亡时住所地或者主要遗产所在地人民法院管辖。一旦当事人协议选择的管辖法院违反了级别管辖或者专属管辖的规定，该协议即无效，应当按照法律规定的级别管辖或专属管辖的内容确定案件的管辖法院。

（二）新增了关于公司诉讼管辖的规定

我国2005年《公司法》明确规定在公司设立、股东资格确认、利润分配、公司解散等方面产生的纠纷可以通过诉讼途径予以解决。在此实体法的支持下，司法实践中起诉到法院的公司纠纷也日渐增多。然而，2007年《民事诉讼法》一直未对因公司纠纷提起的诉讼作出特殊的管辖规定，于是实践中便适用一般普通地域管辖的规定，即由被告住所地人民法院管辖。但这带来了很多不便，尤其当原告是公司而被告住所地与公司所在地不相同时。鉴于此，新《民事诉讼法》借鉴了日本、韩国等国家的做法，在特殊地域管辖中增加一条作为其第26条，即："因公司设立、确认股东资格、分配利润、解散等纠纷提起的诉讼，由公司住所地人民法院管辖。"根据1986年4月通过的《民法通则》第39条和2005年《公司法》第10条之规定，本条中的"公司住所地"是指公司的主要办事机构所在地，而公司的主要办事机构所在地则主要是指公司经营管理及业务活动的核心机构所在地。

（三）新增了关于应诉管辖的规定

应诉管辖，又称为默示或者拟制合意管辖，是指民事诉讼的被告对法院行使管辖权不提出异议，并且已应诉答辩的，视为该被告承认受诉法院为有管辖权的法院，该法院也因此取得对该案件的管辖权。2007年《民事诉讼法》仅对涉外民事诉讼规定了应诉管辖制度，而在国内民事诉讼中为防止地方保护主义的泛滥而未规定应诉管辖。新《民事诉讼法》一改之前对于国内和涉外民事诉讼的不同做法，将原先仅适用于涉外民事诉讼的应诉管辖一并适用于国内民事诉讼。如此一来不仅可以为当事人减少诉累，也为法院行使管辖权赋予正当的法律依据，可以在一定程度上节省司法资源，体现公正与效率的有效结合。

根据新《民事诉讼法》第127条第2款的规定，对于应诉管辖应当从以下几个方面进行理解：（1）当事人在答辩期内未提出管辖权异议；（2）当事人受到人民法院的被诉通知后进行应诉答辩的；（3）应诉管辖不得违反《民事诉讼法》规定的级别管辖和专属管辖的规定；（4）应诉管辖的法律效果是受诉人民法院取得了该案件的管辖权。

（四）严格了上级人民法院将其管辖的第一审民事案件交下级人民法院审理的条件

管辖权转移是《民事诉讼法》管辖中的一项重要制度。所谓管辖权转移是指上级人民法院有权审理下级人民法院管辖的第一审民事案件，也可以把本院管辖的第一审民事案件交由下级人民法院审理，以及下级人民法院对它所管辖的第一审民事案件，认为需要由上级人民法院审理的，报请上级人民法院审理，包括下放性转移和上调性转移。根据2007年《民事诉讼法》的规定，上级人民法院有权审理下级人民法院管辖的第一审民事案件，也可以把本院管辖的第一审民事案件交下级人民法院审理。由于下放性转移没有设定任何制约的条件，导致司法实践中通过下放性转移改变初审法院，进而规避级别管辖的现象时有发生。因此，新《民事诉讼法》修改过程中的二次审议稿曾经删去了上级人民法院可将本院管辖的一审案件交下级人民法院审理的规定。对此，最高人民法院提出，原则上上级人民法院不宜将本院管辖的民事案件交下级人民法院审理，但民事案件情况复杂，有的案件如破产程序中的衍生诉讼案件交下级人民法院审理更有利于当事人参加诉讼，节约诉讼资源。于是，新《民事诉讼法》第38条第1款便规定："上级人民法院有权审理下级人民法院管辖的第一审民事案件；确有必要将本院管辖的第一审民事案件交下级人民法院审理的，应当报请其上级人民法院批准。"

可见，新《民事诉讼法》为管辖权的下放性转移设置了两项限定条件：

1. 确有必要

何为"确有必要"？根据我国司法实践，有些案件如在破产案件中衍生的诉讼案件、涉及金融系统性风险或者群体性纠纷等第一审民事案件，必要时上级人民法院可以交下级人民法院审理。然而，考虑到民事案件的广泛性和复杂性，如何确定"确有必要"难以在法律中作出明确界定，需要日后由最高人民法院根据具体司法实务情况作出有针对性的司法解释。

2. 需要报请上一级人民法院批准

这是增加了一道管辖权下放性转移的程序性条件。比如，某中级人民法院如果要将其管辖的某一审民事案件交由其辖区范围内的基层人民法院审理，则应当首先报请省（自治区或直辖市）高级人民法院批准。如果高级人民法院经审查认为该中级人民法院下放管辖权"确有必要"的，可以准许其申请，则该基层人民法院取得该案件的一审管辖权；相反，如果高级人民法院认为该中级人民法院下放管辖权不属于“确有必要”的情形，则不应准许其申请，该中级人民法院应当继续审理该案件。

第五节　审前准备程序

审理前的准备，是指原告的起诉被受理后到开庭审理之前，为使庭审顺利进行，审判人员与当事人依法所进行的一系列准备工作的总称。审理前的准备是普通程序的重要组成部分，是正式开庭审理前法定的必经阶段。审理前的准备对于提高庭审效率，保证开庭审理集中而充实地进行具有重要意义。

一、修改背景

1991 年《民事诉讼法》从第 113 条到第 199 条对审前准备程序作了规定，其主要内容涉及送达起诉状、被告人答辩、告知当事人诉讼权利义务以及合议庭组成情况、法院审核证据和调查收集证据以及追加必要的当事人等方面。为进一步充实、完善审前准备程序，最高人民法院先后于 1998 年、2001 年颁布了《关于民事经济审判方式改革问题的若干规定》和《关于民事诉讼证据的若干规定》，明确规定了举证期限和证据交换。然而，从整体上看，审前准备程序的规定不完整、不系统，而且，其功能、目的明显单一，明确争点、化解纠纷的功能缺失。针对此情况，各地人民法院就审前准备程序作了许多有益的探索和实践，取得了较好的成果。根据审判实践并借鉴国外好的做法，本次《民事诉讼法》的修改对审理前准备的内容作了充实和完善。

二、修改内容

《决定》对审前准备程序作了更有针对性的修改，具体体现在以下两方面：

（一）完善了答辩程序

《决定》第 26 条将《民事诉讼法》第 113 条改为第 125 条，第 1 款修改为：

第一百二十五条第一款　人民法院应当在立案之日起五日内将起诉状副本发送被告，被告应当在收到之日起十五日内提出答辩状。答辩状应当记明被告的姓名、性别、年龄、民族、职业、工作单位、住所、联系方式；法人或者其他组织的名称、住所和法定代表人或者主要负责人的姓名、职务、联系方式。

人民法院应当在收到答辩状之日起五日内将答辩状副本发送原告。

（二）增加了受理案件的具体处理方式

《决定》第30条增加一条，作为新《民事诉讼法》第133条，修改为：

第一百三十三条　人民法院对受理的案件，分别情形，予以处理：

（一）当事人没有争议，符合督促程序规定条件的，可以转入督促程序；

（二）开庭前可以调解的，采取调解方式及时解决纠纷；

（三）根据案件情况，确定适用简易程序或者普通程序；

（四）需要开庭审理的，通过要求当事人交换证据等方式，明确争议焦点。

三、理解与适用

（一）答辩内容的完善

答辩是被告对原告提出的诉讼请求和所依据的事实和理由进行回答和辩解。答辩的内容可以是程序方面的，如起诉不符合条件，或者受诉人民法院对案件无管辖权等。也可以是实体方面的，如说明纠纷的形成、案件的事实等。通过答辩，有助于使原告能够及时了解被告的诉讼主张和事实证据，明确案件中的争点。因此，被告提出答辩状的，人民法院应当在收到之日起5日内将答辩状副本发送原告。

答辩是被告享有的一项诉讼权利，其可答辩，也可不答辩。被告不提出答辩状，不影响人民法院的审理。司法实践中被告也常常不按期提出答辩状，这样做的后果导致原告无从了解被告的主张和证据资料，难以在初次开庭审理中进行相应的抗辩，不得不再次开庭，从而导致诉讼的迟延，影响庭审效率。有鉴于此，《民事诉讼法》规定，被告应当在收到之日起15日内提出答辩状。最高人民法院《关于民事诉讼证据的若干规定》第32条规定："被告应当在答辩期届满前提出书面答辩，阐明其对原告诉讼请求及所依据的事实和理由的意见。"

被告应当在答辩期届满前提出书面答辩，即限期被告提出答辩状。这一限期并非指提出答辩状是被告必须履行的法定义务，而是指被告如果提出答辩状，应当在这一法定期限内完成。这是法院指挥诉讼行为的一种表现，被告不提出答辩状，或逾期不作出答辩的，不影响人民法院对案件的审理，也不影响民事诉讼程序下一阶段的进行，这是保证开庭审理进行的必要规定。

根据法律规定，答辩状应当包括以下内容：（1）答辩人的基本情况。答辩人是自然人的，应当记明答辩人的姓名、性别、年龄、民族、职业、工作单位、住所、联系方式。是法人或者其他组织的，应当记明法人或者其他组织的名称、住所和法定代表人或者主要负责人的姓名、职务、联系方式。（2）答辩理由。答辩理由是被告对原告诉讼请求及其所依据的事实和理由的意见。答辩理由是答辩状的主体部分，写法没有统一的规定，但应针对原告在诉状中提出的事实和理由进行答辩，并可提出相反的事实、证据和理由，以证明自己的理由和观点是正确的，提出的要求是合理的。

（二）明确了案件受理后的具体处理方式

对受理的案件，人民法院应根据案件情况，分别进行处理：（1）转入督促程序。如果案件是债权人请求给付金钱和有价证券，且债务已到履行期限，债权人与债务人没有其他债务纠纷且没有争议，人民法院可以转入督促程序。通过督促程序简便快捷地解决纠纷。（2）进行调解。对当事人争议不大的、有调解可能的案件，人民法院可以组织人员进行调解。但调解要充分尊重当事人的意愿，如果当事人不愿调解，则不能进行调解。此调解属于法院调解的一种，调解达成的协议具有法律效力。（3）确定案件的审理程序。对于调解不成的或不适于调解的案件，人民法院应根据案件的性质、复杂程度等因素，确定案件审理所应适用的程序。如果案件比较简单，人民法院就确定适用简易程序，反之，就确定适用普通程序。（4）交换证据、明确争点。最高人民法院《关于民事诉讼证据的若干规定》第 37 条规定："经当事人申请，人民法院可以组织当事人在开庭审理前交换证据。人民法院对于证据较多或者复杂疑难的案件，应当组织当事人在答辩期届满后、开庭审理前交换证据。"据此，证据交换只在当事人申请或有必要时才进行。而新《民事诉讼法》第 133 条第 4 项明确规定："需要开庭审理的，通过要求当事人交换证据等方式，明确争议焦点。"据此，证据交换进行与否则以是否需要开庭审理为标准。需要开庭审理的，人民法院则应进行证据交换。不需要开庭审理的，人民法院可以根据情况决定是否进行证据交换。

第六节　保全制度

保全制度，是指通过预定的民事法律程序，保护权利人的利益从而使之不受非法侵害、减损的临时救济制度。其在民事诉讼程序中居于重要地位，它是连接审判程序与执行程序的纽带。

一、修改背景

根据所保全的请求是否具有财产性质，可以将保全程序分为行为保全和财产保全。所谓行为保全是指在案件受理前或诉讼过程中，可能因一方的侵害行为使利害关系人或当事人的合法权益进一步受损，或者遭受不可挽回的损失导致裁决难以执行，而由法院强制义务人为或不为一定行为的程序法律制度。2007 年《民事诉讼法》仅规定了财产保全，而没有规定行为保全。然而，一方面，司法实践迫切需要建立行为保全制度。突出的例子是离婚案件中子女的抚养问题。子女归父亲抑或是归母亲抚养，应由人民法院判决确定。人民法院在作出判决时，充分考虑到了父母双方各自的道德品质、经济状况、教育能力、与子女的感情等方面的因素，尽量使子女能够在一个良好的环境中成长。但是，在离婚诉讼中，一方为了争取对子女的监护权，往往采取转移子女或将子女藏匿起来的办法，使法院的判决难以执行。① 除了这类典型的案件外，实践中还经常遇到通行权纠纷、侵犯名誉权纠纷等案件需要法院及时对当事人一方的行为予以临时限制的情形。但是，由于原《民事诉讼法》中没有行为保全的规定，采取行为保全没有法律依据，对于这样的案件，法院也是束手无策，一些法院只好“口头通知”被告立即停止某种行为。如果被告不予理睬，法院也无权予以制裁。② 相反，如果立法明确确立了行为保全制度，法院就可以根据申请，命令被申请一方为或者不得为一定行为，否则予以制裁。这样，才能解决实践中遇到的这类问题。

另一方面，我国《著作权法》、《专利法》和《商标法》等已先后规定了诉前禁令（诉前停止侵权行为）制度。2008 年《专利法》第 66 条规定，“专利权人或者利害关系人有证据证明他人正在实施或者即将实施侵犯专利权的行为，如不及时制止将会使其合法权益受到难以弥补的损害的，可以在起诉前向法院申请采取责令停止有关行为的措施”。2001 年《著作权法》第 49 条以及 2001 年《商标法》第 57 条也都分别作了类似规定。这些不属于财产保全和先予执行，而应属于行为保全制度的范畴，但这仅仅是民事诉讼特别法的规定，仅仅适用于知识产权法领域，且缺乏系统性和制度的完整性。对行为的保全应被纳入完整的保全制度之中，并具有普遍的适用性。

此外，财产保全、先予执行均不同于行为保全。财产保全针对的是静态的

---

① 江伟、肖建国：《民事诉讼中的行为保全初探》，载《政法论坛》1994 年第 3 期。

② 范跃如：《试论我国行为保全制度及其构建与完善》，载《法学家》2004 年第 5 期。

财产，且保全限于请求范围或者与本案有关的财物，而行为保全针对的则是动态的单纯行为给付，该行为与人相关，申请人的人身权、综合性权利均在其保全的范围之列；行为保全是为了保全判决的执行而命令或禁止被申请人为一定行为，而先予执行是为了使权利人的权利在判决之前全部或部分地得到实现和满足；行为保全用于被申请人的行为将会产生永久性的损害或发生其他危险而使判决无法执行的情况，而先予执行适用于当事人之间权利义务关系明确，不先予执行将会给债权人的生产生活造成严重损失的情况；行为保全既可在诉讼前适用，也可在诉讼中适用，而先予执行只能在诉讼过程中适用；行为保全的着眼点在于保全，对于案件的实质不产生影响，而先予执行——虽然不是对案件实质的最终解决，但——往往预示着庭审的可能结局。① 考虑到实践的迫切需求和理论完善的必要，新《民事诉讼法》第100条至第104条确立了行为保全制度。

二、修改内容

《决定》针对保全制度作了以下几个方面的修改：

一是《决定》第20条将《民事诉讼法》第九章的章名、第96条、第99条、第140条、第256条中的“财产保全”修改为“保全”。

二是《决定》第21条将《民事诉讼法》第92条改为第100条，修改为：

第一百条　人民法院对于可能因当事人一方的行为或者其他原因，使判决难以执行或者造成当事人其他损害的案件，根据对方当事人的申请，可以裁定对其财产进行保全、责令其作出一定行为或者禁止其作出一定行为；当事人没有提出申请的，人民法院在必要时也可以裁定采取保全措施。

人民法院采取保全措施，可以责令申请人提供担保，申请人不提供担保的，裁定驳回申请。

人民法院接受申请后，对情况紧急的，必须在四十八小时内作出裁定；裁定采取保全措施的，应当立即开始执行。

三是《决定》第22条将《民事诉讼法》第93条改为第101条，修改为：

第一百零一条　利害关系人因情况紧急，不立即申请保全将会使其合法权益受到难以弥补的损害的，可以在提起诉讼或者申请仲裁前向被保全财产所在地、被申请人住所地或者对案件有管辖权的人民法院申请采取保全措施。申请人应当提供担保，不提供担保的，裁定驳回申请。

人民法院接受申请后，必须在四十八小时内作出裁定；裁定采取保全措施

---

① 江伟、肖建国：《民事诉讼中的行为保全初探》，载《政法论坛》1994年第3期。

的，应当立即开始执行。

申请人在人民法院采取保全措施后三十日内不依法提起诉讼或者申请仲裁的，人民法院应当解除保全。

四是《决定》第23条将《民事诉讼法》第94条改为两条，作为第102条和第103条，修改为：

第一百零二条　保全限于请求的范围，或者与本案有关的财物。

第一百零三条　财产保全采取查封、扣押、冻结或者法律规定的其他方法。人民法院保全财产后，应当立即通知被保全财产的人。

财产已被查封、冻结的，不得重复查封、冻结。

五是《决定》第23条将《民事诉讼法》第95条改为第104条，修改为：

第一百零四条　财产纠纷案件，被申请人提供担保的，人民法院应当裁定解除保全。

三、理解与适用

（一）诉讼行为保全

根据新《民事诉讼法》第100条的规定，诉讼行为保全必须具备以下条件：

1. 因当事人一方的行为或者其他原因，使判决难以执行或者造成当事人其他损害，即存在实施行为保全的客观需要。这种可能性是有一定事实根据的，而不是主观推测。所谓“当事人一方的行为”是指当事人一方擅自将争议的标的物转移、隐匿、毁损或者出卖等行为。所谓“其他原因”是指客观上的某些原因，如争议的财产不易保存，需要变卖后保存价款等。

2. 必须是法院受理案件后，作出判决前。在一审或二审程序中，如果案件尚未审结，可以申请保全。

3. 当事人提出申请或者人民法院依职权采取保全措施。当事人包括原告或被告，人民法院只有在必要时才能启动保全程序。

4. 人民法院责令申请人提供担保的，申请人应当提供担保。申请人不提供担保的，裁定驳回申请。

以上条件，必须同时具备，才能采取保全措施。人民法院接受保全申请后，对情况紧急的，必须在48小时内作出裁定，如果裁定采取保全措施的，应当立即开始执行。

（二）诉前行为保全

根据新《民事诉讼法》第101条的规定，诉前行为保全必须具备以下条件和程序：

1. 因情况紧急，不立即申请保全将会使申请人的合法权益受到难以弥补的损害。所谓“情况紧急”是指紧急到申请人来不及起诉，必须立即采取保全措施的情形。所谓“受到难以弥补的损害”是指被申请人可能随时从事某种行为，而一旦实施某种行为，申请人的权利就难以实现或者不能实现。

2. 必须是在提起诉讼前申请保全。诉前保全必须在诉讼程序尚未开始前，即申请人起诉前，向有管辖权的人民法院提出申请。

3. 必须由利害关系人提出保全申请。诉前保全发生在起诉前，案件尚未进入诉讼程序，法院不存在依职权采取保全措施的条件。所以，只能由利害关系人提出申请。

4. 申请人必须提供担保。法院对于是否有保全的必要及是否会因利害关系人的申请而给被申请人造成损失难以把握，因此，申请人必须提供担保，否则，法院将驳回其申请。

以上条件必须同时具备，才能采取保全措施。人民法院接受诉前保全申请后，必须在48小时内作出裁定。如果裁定采取保全措施的，应当立即开始执行。

诉前保全申请人在人民法院采取保全措施后，应当及时与被申请人解决民事纠纷，不能及时解决纠纷的，应当在人民法院采取保全措施后30日内提起诉讼或者申请仲裁。如果30日内不依法提起诉讼或者申请仲裁，人民法院就应当解除保全。

（三）保全的范围、措施及解除

新《民事诉讼法》第102条规定：“保全限于请求的范围，或者与本案有关的财物。”所谓限于请求的范围，是指法院保全的数额、种类应与利害关系人请求的数额、种类或者与当事人起诉的诉讼请求数额、种类大体相当；与本案有关的财物，是指本案的标的物或与本案有牵连的其他财产。

人民法院裁定财产保全后，可以采取查封、扣押、冻结或者法律规定的其他方法。法律规定的其他方法包括：第一，人民法院对季节性商品、鲜活、易腐烂变质以及其他不宜长期保存的物品采取措施时，可以责令当事人及时处理，由人民法院保存价款；必要时，法院可以予以变卖，保存价款。第二，人民法院对不动产和特定的动产进行财产保全时，可以采取扣押相关财产证明并通知有关产权登记部门不予办理该项财产的转移手续的财产保全措施。第三，人民法院对抵押物、留置物可以采取财产保全措施，但抵押权人、留置权人有优先受偿权。第四，人民法院对债务人到期应得的收益，可以采取财产保全措施，限制其支取，通知有关单位协助执行。第五，债务人的财产不能满足保全请求，但对第三人有到期债权的，人民法院可以依债权人的申请裁定该第三人不得对本案债务人清偿。该第三人要求偿付的，由人民法院提存财物或价款。

保全因下列原因而解除：（1）被申请人提供担保；（2）诉前保全的申请人在采取保全措施后30日内未起诉或申请仲裁；（3）申请人撤回保全申请。

第七节　裁判文书改革

人民法院的裁判文书，是人民法院依照事实和法律，对审理终结的各类案件作出的判决，或者就案件的诉讼程序问题作出裁定时，专门制作的具有法律效力的司法文件。

一、修改背景

裁判文书，是法院审判工作的“产品”，直接承载、传递、体现审判活动的公平和效率。此外，公众可以通过裁判文书直接判断人民法院对案件的裁判是否公正、是否于法有据。同时，可以通过裁判文书学习法律知识、了解审判工作，进而提高法律意识。然而，由于法官法律业务素质、文化水平的差异和对裁判文书重视程度不够，使得裁判文书质量不高的问题一直困扰着人民法院，甚至在一些地方一度成为影响法院司法公正形象和执法权威的重要因素。最高人民法院原院长肖扬曾指出，“裁判文书千案一面，缺乏认证断理，看不出判决结果的形成过程，缺乏说服力，严重影响了公正司法形象”①。司法实践中，判决书大多以结论为主，对证据和理由的采信表述过少，对判决的理由很少进行分析论证。判决书呈现出过分简略、神秘、生硬的面貌，并缺乏必要的透明度，不利于当事人的服判息诉。如果判决书写得不够具体、全面，论理不够充分，当事人就不清楚自己的证据、理由为何有些被法院采纳，有些未被采纳，以及败诉的原因和胜诉的理由是什么，有可能胜得稀里糊涂，败得不明不白，甚至对一些正确的判决也心存疑虑，导致上诉、申诉、缠诉案件增多。同时，不利于提高执法水平，也不利于宣传社会主义法制。

为此，各法院先后开始了裁判文书的改革，除了对裁判文书的格式进行改革外，重点从裁判文书的说理和裁判文书的公开这两个方面进行了改革、创

---

① 肖扬：《全面推进人民法院的各项工作，为改革、发展、稳定提供有力的司法保障》，载《中华人民共和国最高人民法院公报》1999年第1期。

新，意图通过改革，“做到裁判文书无懈可击，使裁判文书成为向社会公众展示法院文明、公正司法形象的载体，真正具有司法权威”。在总结司法实践改革经验的基础上，新《民事诉讼法》对裁判文书的改革作出了明确规定。

二、修改内容

《决定》针对裁判文书作了三方面的规定：

一是《决定》第32条将《民事诉讼法》第138条改为第152条，将第1款修改为：

第一百五十二条第一款　判决书应当写明判决结果和作出该判决的理由。判决书内容包括：

（一）案由、诉讼请求、争议的事实和理由；

（二）判决认定的事实和理由、适用的法律和理由；

（三）判决结果和诉讼费用的负担；

（四）上诉期间和上诉的法院。

二是《决定》第33条将《民事诉讼法》第140条改为第154条，将第3款修改为：

第一百五十四条第三款　裁定书应当写明裁定结果和作出该裁定的理由。裁定书由审判人员、书记员署名，加盖人民法院印章。口头裁定的，记入笔录。

三是《决定》第34条在《民事诉讼法》中增加一条，作为第156条，规定为：

第一百五十六条　公众可以查阅发生法律效力的判决书、裁定书，但涉及国家秘密、商业秘密和个人隐私的内容除外。

三、理解与适用

（一）明确规定裁判文书应写明作出裁判的理由

裁判的理由是法院裁判文书的核心和灵魂，也是裁判结果正当化、司法合理化和法的妥当性的最重要表现。同时，裁判理由又是把案件事实和裁判结果有机结合在一起的媒介，它是支持裁判正当的全部根据。理由部分只有阐述得充分、合情、合理、合法，才具有说服力，最后的结论才能站得住脚。因此，要加强对裁判理由的说明，改变现行裁判文书“没有过程的结果，没有论证的结论”的局面。

裁判理由，首先，应针对事实进行说理。也就是说，应结合案件事实解释法律、论述理由，便于有针对性的说理。说理时应结合法律规定分析案件事实的性质，阐述定性理由，使理由具有法理性。其次，应根据案情需要辅以情理说理。所谓情理是指符合社会主义伦理道德规范的人情事理。情理说理是在依法说理的前提下，根据各案的具体情况晓之以理、动之以情，寓情理说理于判决书中，使其与法理说理浑然一体，相辅相成，以便取得最佳的说理效果，发挥判决书的宣传与教育功能。但是情理说理应当适可而止，以免喧宾夺主，影响理由部分的法理性。再次，完整引用法律条文。全面、准确地引用法律条文，不能只引条、款而舍弃内容。对于特别法有规定的则不必援引普通法，有具体法律规则时不援引基本原则。应遵循先程序法、后实体法的原则引用法条。此外，还应注意准确援引司法解释。最后，详细阐明法官行使自由裁量权的理由。法官自由裁量权的行使必须符合社会正义。法官行使自由裁量权的原因应当在判决书说理部分详细阐述，将其司法活动真实地展示给每一个法律监督主体。

此外，说理还需要注重公开性、透彻性。说理应当全面、充分地展示法官的自由心证过程。法官的自由心证通过说理在裁判文书中得到全面展示，通过这种心证公开化打消当事人的疑问，能够对裁判的公正度有一个客观的检验标准。在事实模糊或法条竞合、法律漏洞的情形下，法官应当充分运用举证规则、法律推理、法律论证和漏洞填补等法律选择方法演绎案件的裁判过程，充分展示法官的自由心证过程。

同时，裁判文书的说理应当注重全面性和针对性的统一。在全面性上，主要体现在法官对当事人提出的诉讼请求和所提交的证据进行一一确认或否决。对于当事人的诉讼请求和证据，法官不能抱着漠视的态度不置可否，既不确认也不否决，这种不置可否的司法裁判当然无法让当事人信服。对于当事人所提交的证据是采信还是不予采信，法官还需要用适当的论证或充分的理由说明，而不能避重就轻、敷衍了事。针对性主要指法官不必对所有的裁判都长篇大论地进行反复论证，而是要针对案件的具体情况，努力做到“因案而异”。要对当事人争论激烈或重大争议的事实、证据进行有重点的、针对性的阐述。而对于案情简单、事实清楚的案件，法官也无须无病呻吟地循环叙述、重复论证。笔者不赞成篇幅越长就是说理越透彻、越明朗。笔者以为说理应当结合案件的具体情况，繁简得当，论证清晰即可。另外，对于调解书，只要是当事人内心的真实意思表示、合意达成，法官不需要大篇幅地进行说理和论证。

（二）公众查阅裁判文书

查阅裁判文书，既是满足公众知情权的途径，也是审判公开制度的进一步体现。同时，通过查阅裁判文书，对于提高审判质量、释法服判具有重要作用。为此，新《民事诉讼法》第156条明确规定：“公众可以查阅发生法律效力的判决书、裁定书，但涉及国家秘密、商业秘密和个人隐私的内容除外。”据此，公众查阅裁判文书，应具备以下条件：第一，查阅的主体是公众，公众既可能是裁判文书的当事人，也可以是其他人。第二，查阅的对象是发生法律效力的裁判文书，未生效的裁判文书不属于查阅之列。第三，涉及国家秘密、商业秘密和个人隐私内容的，不允许查阅。

至于查阅裁判文书的程序问题，即如何查阅、到哪个法院查阅、查阅需要提交何种文件等，2007 年《民事诉讼法》并未明确，但根据相关法律规定，查阅裁判文书应当遵循下列程序：第一，申请。公众需要查阅裁判文书的，应当向作出生效裁判文书的法院提出申请。第二，查阅的方式。公众查阅裁判文书，可以复制、摘抄，也可以拍照等。

第八节　诚实信用原则

诚实信用作为法律上的概念，源于罗马法中的诚实信用契约，原本属于私法实体上的概念，是民法上的一项基本原则，其基本含义是要求人们在市场活动中讲究信用，恪守诺言，诚实不欺，在不损害他人利益和社会利益的前提下追求自己的利益。

一、修改背景

在私法领域，诚实信用原则作为“帝王规则”是毋庸置疑的。但在民事诉讼中，能否将诚实信用原则确立为一项基本原则呢？学者的看法不一，但绝大多数学者赞同在民事诉讼中应确立诚实信用原则。而且，审判实践中当事人恶意诉讼、拖延诉讼等滥用诉讼权利的情形时有发生，为了防止滥用诉讼权利情形的发生，除了依据法律规定进行处罚外，更应强调当事人在诉讼活动中恪守诚信。

2007 年《民事诉讼法》没有规定诚实信用原则，但某些法律规范蕴涵着诚实信用原则的精神。如最高人民法院《关于民事经济审判方式改革问题的若干规定》第 30 条规定：“有证据证明持有证据的一方当事人无正当理由拒不提供，如果对方当事人主张该证据的内容不利于证据持有人，可以推定该主张成立。”第 39 条规定：“在第二审中，一方当事人提出新证据致使案件被发回重审的，对方当事人有权要求其补偿误工费、差旅费等费用。”最高人民法院《关于民事诉讼证据的若干规定》第 7 条明确使用了诚实信用原则这一概念：“在法律没有具体规定，依本规定及其他司法解释无法确定举证责任承担时，人民法院可以根据公平原则和诚实信用原则，综合当事人举证能力等因素确定举证责任的承担。”

理论完善的需要和司法实践的需求急需确立诚实信用原则，新《民事诉讼法》第13条就此作出了回应，增设了诚实信用原则。

二、修改内容

《决定》第1条在《民事诉讼法》第13条中增加一款作为第1款，内容为：

第十三条第一款 民事诉讼应当遵循诚实信用原则。

三、理解与适用

（一）准确把握确立诚实信用原则的必要性

诚实信用原则是本次《民事诉讼法》修改新增加的一项基本原则。诚实信用原则在《民事诉讼法》中的确立，有其必要性。它是社会本位主义诉讼观的要求。按照社会本位主义诉讼观，诉讼绝不仅仅是“为权利而斗争”，更需要“为权利而沟通”，民事诉讼的对抗关系也逐渐加入了协作的因素。当事人有义务本着诚信态度从事诉讼行为，通过诉讼法律关系主体之间的协作，使法官尽早发现事实，作出合乎正义的裁判。同时，也是社会发展的必然。在市场经济条件下，任何人都不能滥用权利，损害他人和社会的利益。作为民事诉讼法律关系的任何主体，必须诚实地履行诉讼义务，行使诉讼权利。此外，作为民事诉讼的一项基本原则，诚实信用原则有助于弥补法律规定的不足，从而实现程序的公平、公正。社会经济的高速发展，不仅带来民事纠纷数量的增加，也使民事纠纷的类型日趋复杂化。而立法的滞后性常常导致在某些纠纷中仅依靠明确的诉讼法律规范有时并不能产生实质的公正。为求得各种利益的平衡，客观上需要诚实信用原则予以补充。

（二）诚实信用原则的适用主体

在民事诉讼中哪些主体适用诚实信用原则，尤其是法院是否应受诚实信用原则的约束，学者之间存有争议。有的认为诚实信用原则只适用于当事人之间，有的认为诚实信用原则应分别适用于当事人之间和法院之间。还有的认为诚实信用原则适用于民事诉讼法律关系的各个主体。[①] 笔者认为，当事人、法院和诉讼参与人在民事诉讼中都享有一定的权利，而且在特定情况下，基于不

① 江伟：《民事诉讼法学原理》，中国人民大学出版社1999年版。

同的目的，都有滥用诉讼权利的可能。因此，诚实信用原则应当适用于民事诉讼法律关系的各个主体。

（三）诚实信用原则的适用形态

第一，对当事人的适用。诚实信用原则要求当事人在实施诉讼行为时应当诚实和善意，具体表现在：禁止恶意制造诉讼状态，如以不正当的手段改变案件的管辖法院；当事人不得滥用诉讼权利，如为了拖延诉讼而提出管辖权异议；要求当事人作真实陈述，不得作虚假陈述；当事人在诉讼中不得故意作前后相互矛盾的行为；等等。

第二，对法院的适用。诚实信用原则要求法院在审理和裁判民事案件时应当公正、合理。一方面，要求法官本着诚实和善意的心态行使自由裁量权，不得滥用自由裁量权。另一方面，要求法官在审理案件时，应充分尊重当事人的程序权利，为当事人提供陈述主张和事实的机会，不得实施突袭性裁判。①

第三，对其他诉讼参与人的适用。诉讼代理人在诉讼中不得滥用代理权，应在代理权限内本着诚实善意进行代理行为；证人不得作虚假证言；鉴定人不得作与事实不符的鉴定意见；等等。

需要说明的是，民事诉讼中诚实信用原则的适用应力求具体化，即通过立法将适用诚实信用原则的情形以明确的法律规范形式加以体现，在法律无具体规定的情况下，法院应当慎用直接援引诚实信用原则对当事人的诉讼行为作出评价。②

---

① 汤维建：《民事诉讼法学原理与案例教程》（第2版），中国人民大学出版社2010年版。

② 江伟：《民事诉讼法学》（第4版），中国人民大学出版社2008年版。

第四章　民事简易程序的修改完善

第一节　完善民事简易程序的必要性

随着经济的发展、社会的进步，公民法治意识的提高，一方面民事纠纷的数量急剧增加，另一方面通过诉讼程序解决纠纷成为民众普遍的选择。普通程序虽能满足纠纷双方对“公平”的需求，但同时也难以避免诉讼成本高昂、诉讼周期长等弊端。如何高效、公正地解决民事纠纷，获取司法公正与效率之间的平衡，就成为世界各国共同面对和迫切需要解决的一个理论与现实问题。许多国家都在努力寻求更多的、效率更高的解决纠纷途径。简易程序的立法旨意在于提高诉讼效率，许多国家的民事诉讼法都规定了这一程序，目的在于以简便的诉讼程序适应解决简单民事案件的客观需要。与普通程序相比，简易程序具有简便、高效、经济等特点，因而在司法实践中得到了广泛的适用。民事简易程序已成为极为重要的民事纠纷解决机制。

我国1982年《民事诉讼法（试行）》用4个条文对简易程序作了专章规定。1991年《民事诉讼法》在第十三章中用5个条文（第142条至第146条）规定了简易程序。鉴于司法实践中各地基层法院适用简易程序审理案件的比例逐步加大，最高人民法院还陆续出台了与民事简易程序有关的若干司法解释。例如，1992年7月发布的最高人民法院《关于适用〈中华人民共和国民事诉讼法〉若干问题的意见》，以8个条文对简易程序作了规定；1993年11月发布的《经济纠纷案件适用简易程序开庭审理的若干规定》，该规定共有25个条文；1998年6月发布的最高人民法院《关于民事经济审判方式改革问题若干规定》中亦有1条关于简易程序的规定；2003年9月发布的最高人民法院《关于适用简易程序审理民事案件的若干规定》，该规定共有34个条文。此后，虽然《民事诉讼法》在2007年再次修正，但民事简易程序部分的条文没有做改动。

自1991年《民事诉讼法》正式颁行至今，民事简易程序一章再未作出修改。随着社会经济的发展和司法实践的变化，该章规定不可避免出现滞后性。相对于现实社会对于简易诉讼程序的大量需求，我国对简易程序的法律规定显得极为单薄，仅在《民事诉讼法》中用5个条文作了简单规定，更没有建立相关配套机制，这必然导致操作上的任意性与不科学性。从而导致案件繁简程度的不确定，影响诉讼的公正性，在一定程度上违背了简易程序设计的初衷。虽然最高人民法院先后出台了关于适用民事简易程序的司法解释，对立法的规定和不足进行了细化和补救，但是这种法律条文和司法解释并举的做法存在许多问题。首先，司法解释虽然较立法的规定更为详细具体，但是与正式的立法相比，其效力显然存在刚性较弱的问题，难以对法院的审判行为提供行之有效的约束；其次，司法解释的有些内容与《民事诉讼法》的相关规定存在理解的不一致；最后，司法解释也不能以现实情况作为直接为公民创设权利和规定义务的借口。如果上一位阶法律作出的规定被司法解释的具体规定不断进行突破，则势必会引发法理上的危机。

立法的粗疏与薄弱，导致了审判人员拥有了较大的自由裁量权，面对诉讼案件日益增多与审判资源稀缺的矛盾，司法实践中存在着随意扩大简易程序适用范围的普遍做法。同时，简易程序在司法运行中也暴露出了一定的混乱、任意和无序。

另外，小额诉讼被许多国家确定为一种特殊的诉讼程序类型，原因在于小额纠纷最频繁地出现在人们的日常生活中，这类纠纷的解决效果最能体现出国民的法律意识以及其对司法的信赖程度，客观标志着一国对权利的保护状态和法治程度。① 而我国立法中没有规定小额诉讼程序，由于立法上的缺位，对于实践中大量出现的小额纠纷适用简易程序审理，简易程序不能满足当事人对快捷、高效和低成本解决纠纷的更高需求。既然小额诉讼在我国现实存在着，我国也应在普通程序与简易程序之外，构建适用于诉讼标的金额特别小的案件的诉讼程序，彻底将程序简化，使人们更便利地接近法院、接近司法。②

新《民事诉讼法》修改的一个很重要的指导理念就是如何通过更新民事诉讼的制度设计使司法更加大众化、更加贴近人民群众、更加接近正义。就我国的制度设计来看，目前的简易程序依然无法完全满足诉讼大众化的要求，因此，应当建构适应不同类型纠纷的不同诉讼程序，使简易程序与小额诉讼程序成为各自独立的审判程序。下面就对本次《民事诉讼法》修改中小额诉讼程序的构建与简易程序的完善分别介绍。

---

① 李祖军、唐斐：《论小额利益诉讼》，载田平安主编：《比较民事诉讼论丛》（第1卷），法律出版社2005年版，第90页。

② 汤维建主编：《民事诉讼法学原理与案例教程》，中国人民大学出版社2006年版，第364页。

第二节 小额诉讼程序

在现实生活中，除了一般的简单民事案件以外，还存在着大量争议标的额很小的民事纠纷。而针对这些纠纷，采用普通程序或者简易程序所取得的诉讼收益远不及当事人与法院投入的诉讼成本。对于这些纠纷，简易程序还不能实现诉讼效益的价值目标，于是许多国家在简易程序之外另行寻求了一种新的诉讼程序——小额诉讼程序。所谓小额诉讼，是指因诉讼标的金额甚少或者涉及权益轻微而由立法者确定适用一种不同于普通程序或简易程序的特别程序来进行审理和裁判的诉讼模式。①

一、修改背景

在我国现行的民事程序立法中没有规定小额诉讼程序，但是我国的现有国情要求我们借鉴世界其他国家的先进经验建立小额诉讼程序。我国设立小额诉讼程序的必要性主要体现在以下几个方面：

（一）合理配置司法资源，缓解诉讼压力的需求

一方面，随着我国社会主义市场经济的发展，商品交易日趋繁荣，相应地，大量的纠纷不断涌现，特别是小额纠纷日益增多；另一方面，随着我国社会主义法治国家的建设，民众的权利意识不断增强，“厌讼”、视打官司为畏途的传统诉讼观在市场经济和西方法律文化的冲击下日益薄弱。纠纷发生后，寻求国家诉讼救济的愿望越来越强烈，对司法的需求日益增加，而司法资源在当前形势下仍然有限。为缓解这种矛盾，不仅应从构建多元化纠纷解决机制入手，还应当从诉讼程序结构内部寻找解决方案。司法实践中日益增长的小额轻微纠纷要求建立简便高效的诉讼程序，民众对小额诉讼程序的诉求不断增长，这是创设小额诉讼程序最直接的理由。小额诉讼程序如果能够建立，大量的小额轻微案件就可以快速地被过滤，有效地实现案件的繁简分流，也能切实保障小额权利人的实体权益。

（二）简易程序无法满足小额纠纷解决的需要

我国 1991 年《民事诉讼法》中只规定了两种民事诉讼程序：普通程序和

① 毕玉谦、谭秋桂、杨路：《民事诉讼研究及立法论证》，人民法院出版社 2006 年版，第 918 页。

简易程序。因此，对于社会上大量存在的小额纠纷，都是通过简易程序来处理的。但从立法与司法运行的实际效果看，我国简易程序存在诸多缺陷，主要表现在审理期限过长，诉讼成本过高，程序不够简易等，无法满足解决小额纠纷的需要。简易程序与小额诉讼程序在追求目标和设计原则上都存在着质的差别，用简易程序审理小额诉讼无法根本性地解决问题。

（三）简易程序的改革无法替代小额诉讼程序

对于解决标的额较小的民事纠纷，是否可以通过进一步简化简易程序来实现呢？简易程序的简化在一定程度上确实可以提高诉讼效率，包括简化诉讼程序、缩短诉讼周期、降低诉讼费用等。但是从我国对简易程序适用范围的规定可知，简易程序的适用范围远远大于小额诉讼程序的适用范围。如果仅仅为了解决小额轻微的债权债务纠纷而简化所有的简易程序，那么对于原本适用简易程序的小额轻微案件以外的其他民事案件，势必会因为程序的简化而达不到程序保障的最低要求，从而无法充分合理地实现程序正义。

从另外一个角度来看，是否可以通过完善简易程序来解决小额诉讼纠纷呢？小额案件往往都涉及很微小的利益，当事人提起诉讼也往往希望得到低成本、高效率的解决，如果仍然按照简易程序来处理，势必达不到预期的效果。相比而言，小额诉讼程序则能满足这些诉讼需求，能够更好更快地解决纠纷。

因此，简易程序的改革和完善无法代替小额诉讼程序，小额诉讼程序低成本、高效率的独特优势更有利于小额轻微民事案件的审理，也更易于从根本上解决纠纷。

（四）规范我国小额诉讼司法实践的需要

司法实践中，为缓解诉讼压力，提高办案效率，有些法院已经尝试设立小额法庭或小额诉讼程序，专门审理小额纠纷案件。这些尝试从不同程度上促进了民事诉讼程序的简易化、快捷化，为大众接近司法提供了一条捷径。但由于缺少统一的法规制约，各个法院做法各异，缺乏统一性。因此在新《民事诉讼法》中设立专门的小额诉讼程序，就成为立法之必需。

（五）建设社会主义法治国家和构建和谐社会的需要

我国正处在法治建设的关键时期，依法治国、建设社会主义法治国家是一项基本国策。我国法律规定，法律面前人人平等，公民无论地位高低、权利大小都应该得到平等对待。然而现行的民事诉讼制度中没有专门适合小额纠纷的程序，公民的一些小额轻微权利在受到侵害时，往往囿于程序的繁琐而选择息事宁人。这对于全社会崇尚法律的大环境建设而言有害而无益。在法律至上的体制下，纠纷的最终解决才能让双方当事人都信服法律和司法机关，才能彻底解决纠纷，实现真正意义上的和谐。否则，极小的纠纷也不排除会引起其他更深的矛盾。小额诉讼程序能够照顾到双方当事人的意思自由，使他们能够从内心接受判决结果，通过自身的简便参与，当事人能亲身体验到法律的真实存在，由此对法律产生认同和信赖。在此意义上，小额诉讼程序可以较好地贯彻司法为民的理念，对维护民众的日常民事权益，培育民众的法治意识具有重要的意义。

二、修改内容

《决定》第37条在《民事诉讼法》中增加一条，作为第162条，内容为：

第一百六十二条　基层人民法院和它派出的法庭审理符合本法第一百五十七条第一款规定的简单的民事案件，标的额为各省、自治区、直辖市上年度就业人员年平均工资百分之三十以下的，实行一审终审。

三、理解与适用

私人之间的纠纷与利益冲突大小差异很大，因此《民事诉讼法》的制度设计应具有灵活性和针对性。做到既能稳妥处理大额、复杂的纠纷，又能快捷处理细小、简单的纠纷。大额、复杂的纠纷往往通过普通程序加以解决，而零星简单的纠纷则可通过小额诉讼程序得到快捷处理。为此，新《民事诉讼法》第一次对小额诉讼程序作出规定。

新《民事诉讼法》通过第162条规定建立的小额诉讼程序，主要包括以下几个方面的内容：

（一）小额诉讼程序的适用案件类型

小额诉讼程序适用对象与简易程序适用对象基本等同，即事实清楚、权利义务关系明确、争议不大的简单的民事案件。而不限定在金钱给付请求或其他替代物、有价证券给付请求范围内，只是在标的金额方面有所限制。也就是说，只要是不超过标的金额上限的事实清楚、权利义务关系明确、争议不大的简单的民事案件都可适用小额诉讼程序。至于涉及离婚、收养等人身性质的案件则一般不宜适用小额诉讼程序。因为此类案件有关人的身份地位争议，关系到社会的公共秩序和善良风俗，应当由法院依照正规程序进行审理。

（二）小额诉讼程序中“诉讼标的额”的界定

新《民事诉讼法》第162条对标的金额采用了“各省、自治区、直辖市上年度就业人员年平均工资百分之三十以下”的表述。根据国家统计局提供的数据，2011年全国城镇单位就业人员年平均工资为41799元，按30%计算，全国大多数省区市为12000元。[1] 这样可以使小额诉讼程序适用案件标的金额能保持与各省、自治区、直辖市人均收入水平同步的趋势。

（三）小额诉讼程序的一审终审

从其他国家及地区小额诉讼程序立法的情况来看，一般都对不服适用小额诉讼程序作出的裁判的救济加以限制，以避免降低小额诉讼程序解决纠纷的效率。对救济的限制主要表现为两种方式：一种是一审终审制，对适用小额诉讼程序的裁判不服不能上诉，如日本和德国；另一种是有限制的二审终审制，允许对适用小额诉讼程序的特定裁判不服提起上诉，如英国、美国以及我国台湾地区。

总体而言，对某一诉讼案件，其经过的审级越多，诉讼的时间就越长，就会不得不耗费更多的诉讼成本。我国《民事诉讼法》规定，对小额诉讼程序应当实行一审终审制，对终审判决不服不允许上诉，以确保权利的迅速实现与稳定。

第三节　简易程序

一、修改背景

从1982年《民事诉讼法（试行）》专章规定简易程序，再到1991年《民事诉讼法》对该问题的补充，都说明我国的简易程序在不断地发展完善。简易程序在我国对保障当事人权利的行使，减轻当事人的诉累，保证人民法院及时审理民事案件，均起到了积极的作用。但简易程序在实施过程中，也暴露出不少问题，其缺陷主要表现为以下几个方面：

（一）简易程序的法律规定存在缺陷，导致适用范围不清

1991年《民事诉讼法》涉及简易程序的规定仅仅有5个条文，而且这5个条文仅是对简易程序审理的部分环节进行了简化，其余的仍是参照普通程序的规定。尽管最高人民法院2003年出台的《关于适用简易程序审理民事案件的若干规定》规定了更为灵活简便的程序操作方式，但是单单依靠司法解释建构完善的简易程序是很难达到预期目的的。这样的立法结构导致了法官在司

① 关于各省、自治区、直辖市上年度就业人员年平均工资的具体数额可通过当地统计部门查询。

法实践中自由裁量权的盲目扩大，从而造成不同的法院甚至是同一法院不同的法官对于案件适用程序的不统一。因此，基层人民法院及其派出法庭在适用简易程序审理简单的民事案件时，审理了多少个案件就“创制”了多少个简易程序。在纠纷日益增多，审判工作面临着人员少、任务重、压力大的情况下，立法上的“粗线条”，使承办法官对于简易程序和普通程序的概念区别十分模糊，有时造成“该简的未简，不该简的简了”，严重影响司法程序的权威和稳定性。为了缓解“诉讼爆炸”带来的压力，一些地方的法院将简易程序适用范围的不清作为任意扩大简易程序适用的借口。我国民事简易程序的适用体现了对诉讼效率的片面追求，而在一定程度上忽视了公平才是诉讼的终极价值。这与我国最初设立简易程序的目的是背道而驰的。

（二）简易程序与普通程序的转换界限不清

按照我国 1991 年《民事诉讼法》的规定，基层人民法院在审理第一审民事案件时既可以适用普通程序又可以适用简易程序。在实践中，这为两种程序的混用提供了契机。为了保证案件的正确审理，最高人民法院《关于适用〈中华人民共和国民事诉讼法〉若干问题的意见》第 170 条规定：“适用简易程序审理的案件，审理期限不得延长。在审理过程中，发现案情复杂，需要转为普通程序审理的，可以转为普通程序，由合议庭进行审理，并及时通知双方当事人。审理期限从立案的次日起计算。”这就是说，在满足该条规定条件的前提下，简易程序可以向普通程序转化。而对于何谓“案情复杂”，司法解释没有明确规定，也无实例可供参考，仅由法官自由裁量案情复杂与否。随着民事案件的大量增加，法官受制于结案指标的业绩压力，基层法院尤其是其派出法庭，对新收案件一律采用简易程序审理，在审限届满又无法结案时，再以案情复杂为由转化为普通程序的情况屡见不鲜，导致《民事诉讼法》第 142 条规定的受理条件形同虚设。

（三）简易程序的功效尚没有真正得到发挥

从审判实践来看，1991 年《民事诉讼法》中所规定的简易程序并没有显现出其应有的价值功能。这主要表现在以下几个方面：（1）司法资源配置不合理。在司法实践中，受理案件时，有的立案人员往往不考虑案件的性质以及繁简程度，一律按简易程序处理。当简易程序规定的法定审结期限届满而案件仍未审结时，便转化为普通程序。司法实践中的这一做法，变相地以审限决定案件是否适用简易程序，掩盖了司法效率低下的现状。这种繁简不分的做法，把简易程序变成普通程序的必经程序，既违反了 1991 年《民事诉讼法》第 142 条的原意，又浪费了法院的人力、物力，不利于实现司法资源合理分配的目的。(2) 在送达程序上，我国法律规定法院可以用简便的方式通知当事人，但同时又规定只有在用正式的传票通知的情况下，方可适用缺席判决、拘传或按撤诉处理，这无疑变相增加了简易程序送达的难度。

(四) 当事人的程序选择权利得不到尊重，诉讼权利得不到保障

民事权利属于私权利，意味着当事人有权在法律允许的范围内自由选择，包括是否适用简易程序。虽然简易程序未规定具体诉讼阶段，但对于当事人应享有的基本诉讼权利应予以保护。尽管最高人民法院在《关于适用简易程序审理民事案件的若干规定》第2条赋予了当事人一定的程序选择权，但当事人的选择权仍然受到法院审查的限制。由于我国法律对审查的标准尚未作出明确规定，法官只能依自己的认识和理解来判断。实践中有些办案法官利用简易程序，随意控制诉讼程序，剥夺了当事人的程序选择权。

我国关于简易程序的规定只是在与普通程序进行对比的基础上作出的，主要涉及的是部分内容的简化，远远不能涵盖一个独立程序所能包含的内容。对简易程序的简单规定使得实践中当事人的诉讼权利遭受侵害的现象随处可见，主要表现为：(1) 法律规定当事人口头起诉方式的权利未能实现。我国1991年《民事诉讼法》第143条规定："对简单的民事案件，原告可以口头起诉。当事人双方可以同时到基层人民法院或者它派出的法庭，请求解决纠纷。基层人民法院或者它派出的法庭可以当即审理，也可以另定日期审理。"既然法律赋予了当事人口头起诉的权利，那么法院就应当采取相关措施保障当事人权利的充分行使及实现，比如可以在立案庭设有专门人员接待当事人，将当事人的口头起诉记入笔录。但实践中几乎没有法院专门设置有关人员进行记录。有的法院甚至借口诉状不符合格式，不接受当事人的起诉。(2) 所谓的当庭审理未落到实处。尽管法律规定当事人双方同时到法院请求适用简易程序解决纠纷时，基层法院及其派出法庭可以当即审理。要实现这一规定，就必须安排当即审理的法官。但是由于实践中法院基本上采取的是统一立案，在立案后，案件往往经过一段时间才转到承办人手中。基层法院很少有当即立案当即审理的情形。

(五) 具体程序设计上没有体现出该程序的立法本意

便捷性是简易程序最明显的特点，也是其立法价值所在。因此在具体制度的设计上，应当尽量达到法院审理案件和当事人参与诉讼这二者便捷的最佳结合。但实际上在简易程序的立案、审理、送达、法律文书的制作等方面都没有充分体现便捷的特点，对普通程序的依附性较大，很多程序仍是按普通程序的规定来进行，很显然违背了简易程序便捷的审理原则。

二、修改内容

《决定》第35条将《民事诉讼法》第142条改为第157条，增加一款，作为第2款，修改为：

第一百五十七条 基层人民法院和它派出的法庭审理事实清楚、权利义务关系明确、争议不大的简单的民事案件，适用本章规定。

基层人民法院和它派出的法庭审理前款规定以外的民事案件，当事人双方也可以约定适用简易程序。

《决定》第36条将《民事诉讼法》第144条改为第159条，修改为：

第一百五十九条 基层人民法院和它派出的法庭审理简单的民事案件，可以用简便方式传唤当事人和证人、送达诉讼文书、审理案件，但应当保障当事人陈述意见的权利。

《决定》第38条在《民事诉讼法》中增加一条，作为第163条，内容为：

第一百六十三条 人民法院在审理过程中，发现案件不宜适用简易程序的，裁定转为普通程序。

三、理解与适用

上述规定，明确规定了适用简易程序审理的案件范围、适用简易程序审理案件时的简化审理、适用简易程序的民事案件转为普通程序审理，构建了较为完整的民事简易程序。《决定》通过上述规定建立的民事简易程序，主要包括以下几个方面的内容：

（一）简易程序的适用范围

1. 简易程序的强制适用

既然对简单案件适用简易程序比普通诉讼程序更有利于节约当事人诉讼成本和司法资源，那么就没有必要对该类案件再适用普通程序进行审理。因此，各国立法大多规定了简单案件应直接适用民事简易程序。我国民事简易程序立法也遵循了这一理念。我国《民事诉讼法》一直采用概括式立法方式，将适用范围限定在简单案件范围。

新《民事诉讼法》第157条第1款延续了之前立法对民事简易程序适用案件范围的基本思路。为适用简易程序的案件规定了一个统一的标准，而未具体规定适用简易程序案件的类别。这个标准就是由基层法院审理的简单的民事案件，而简单的民事案件，是指那些事实清楚、权利义务关系明确、争议不大的案件。

为了使这一标准进一步明晰化，最高人民法院1992年发布的《关于适用

〈中华人民共和国民事诉讼法〉若干问题的意见》第 168 条作了进一步的解释。“事实清楚”，是指当事人双方对争议的事实陈述基本一致，并能提供可靠的证据，无须人民法院调查收集证据即可判明事实、分清是非；“权利义务关系明确”，是指谁是责任的承担者，谁是权利的享有者，关系明确；“争议不大”，是指当事人对案件的是非、责任以及诉讼标的争执无原则分歧。

尽管有了以上的解释，上述标准仍有相当大的弹性，并由此带来了适用简易程序的不确定性。

为了防止不适当地扩大简易程序的适用范围，最高人民法院《关于适用简易程序审理民事案件的若干规定》第 1 条明确将以下五种情形排除出简易程序的适用范围：(1) 起诉时被告下落不明的；(2) 发回重审的；(3) 共同诉讼中一方或者双方当事人人数众多的；(4) 法律规定应当适用特别程序、审判监督程序、督促程序、公示催告程序和企业法人破产还债程序的；(5) 人民法院认为不宜适用简易程序进行审理的。

2. 简易程序的选择适用

程序选择权是当事人在民事诉讼中就程序性事项达成合意后共同处分自己诉讼权利的一种权能。它以双方当事人形成的诉讼契约为基础，以处分自己依法享有的诉讼权利为内容。

简易程序具有简便快捷、审理期限短的特点，如果双方当事人均希望尽快解决纠纷，一致选择简易程序，法院也应当尊重当事人的意愿。允许当事人双方合意选择简易程序，体现了程序选择权的原理。新《民事诉讼法》第 157 条第 2 款规定了“基层人民法院和它派出的法庭审理前款规定以外的民事案件，当事人双方也可以约定适用简易程序”。

(二) 简化简易程序审理案件的程序

2007 年《民事诉讼法》只在条文中明确规定了简易程序可以用简便方式传唤当事人和证人，但并未就送达法律文书、开庭审理以及裁判文书简化等事项作出明确规定。司法实践中，最高人民法院已出台专门司法解释就上述事项作出细化规定，并在具体实施中取得了积极效果。新《民事诉讼法》通过第 159 条的规定，第一次将简易程序中的文书送达、案件审理以及裁判文书制作的简化问题以立法形式作出了明确规定。

为了防止因程序不当简化而损害到当事人的诉讼权利，在该条后半部分特别增加了“但书”部分，以“但书”条款形式规定了应当保障当事人陈述意见的权利。也就是说，当事人有权就对方当事人提出的事实、法律主张及其相应证据进行答辩、反驳和陈述自己对争议事项的意见。

（三）适用简易程序的民事案件转为普通程序审理

新《民事诉讼法》第163条规定了简易程序向普通程序的转换机制。该条文包含以下几层含义：一是简易程序转为普通程序的适用范围。新《民事诉讼法》第157条第1款规定的法定适用简易程序范围内的案件，第2款规定的合意选择适用简易程序的案件以及第162条规定的适用小额诉讼程序审理的案件，均可以适用简易程序转为普通程序的规定。二是简易程序与一审普通程序在案件受理范围、庭审程序、审限、审判人员组成等方面都有不同之处。其设立的主要目的就是方便当事人诉讼，提高诉讼效率。为了避免简易程序转为普通程序可能造成的不当拖延，应严格控制简易程序转为普通程序的案件数量。三是对于简易程序法定受案范围之外的案件，如果当事人有一方不同意或双方都不同意适用简易程序，则法院不能强制适用简易程序，以免侵犯当事人的诉权。四是普通程序能否向简易程序转化。根据1992年发布的最高人民法院《关于适用〈中华人民共和国民事诉讼法〉若干问题的意见》第171条“已经按照普通程序审理的案件，在审理过程中无论是否发生了情况变化，都不得改用简易程序审理”的规定，已经按照普通程序审理的案件，一律不得改用简易程序。但根据新《民事诉讼法》第157条关于法定适用简易程序以外的案件，双方当事人可以约定适用简易程序的规定。据此，适用普通程序审理的案件亦可在双方当事人合意选择的前提下转为简易程序审理。

第五章　民事证据制度的修改完善

自1991年颁布实施《民事诉讼法》以来，最高人民法院制定了许多涉及民事诉讼证据的司法解释，其中，2002年实施的最高人民法院《关于民事诉讼证据的若干规定》（本章以下简称《证据规定》）是较为系统和完善的民事证据规则。该《证据规定》实施以来，尽管存在这样那样的不足，受到了一些学者的批评。但不可否认的是，该《证据规定》与1991年《民事诉讼法》中的证据制度相比较，合理吸收了许多证据理论研究成果，很好地总结了审判实践经验，丰富和完善了民事诉讼证据制度，在多年的审判实践运作中取得了良好的社会效果。特别是《证据规定》中制定的一些重要制度，如举证期限与证据交换制度等，已经渐渐深入我国的民事审判制度之中，被社会慢慢接受和认可。对于这些经过了审判实践检验和理论上的充分论证，完全已经成熟的民事诉讼证据规则和制度，在这次《民事诉讼法》修正中无疑应当加以吸收，以充实和完善《民事诉讼法》中的证据制度。

《证据规定》的实施，不仅有成功的经验，也有不足的教训。这次对民事诉讼证据制度的修正，也是在经过充分地实地调研和总结经验教训的基础上进行的修改。如关于延期举证的法律后果，并非一律视为证据失权而不接收为证据，而是规定责令其说明理由，视不同情况而定。

第一节　证据的种类

证据种类也称证据的法律种类，是从立法上对能够用于查明案件事实的证据所作的具体规定和条目分类。在不同的历史时期以及在同一时期的不同国家或者地区，都存在不同的证据制度，对证据的分类依据也存在差异。

一、修改背景

从1982年《民事诉讼法（试行）》到1991年《民事诉讼法》正式颁布实施，关于证据种类的立法规定完全一致，没有进行任何修改，包括：当事人的陈述；证人证言；物证；书证；鉴定结论；勘验笔录和视听资料等七类。2002年最高人民法院颁布的《证据规定》，虽然在讨论稿中出现了“电子证据”这一新的证据种类，但最终也没有在正式施行的《证据规定》中修改或增加证据的种类，仍然和《民事诉讼法》规定一样。

在当今信息化的时代，网络技术和计算机技术已经成为了人类无可替代的生产生活工具。在给人们的生产生活带来便利的同时，也随之产生了电子商务纠纷、网络侵权等民事法律纠纷，这些纠纷通常涉及网络技术和计算机技术。电子证据正是网络技术和计算机技术出现和快速发展后而产生的新型证据类型，但由于基于网络技术和计算机技术而生成的“电子信息”的不稳定、易破坏、可修改等特点，为利用这些“电子信息”解决民事法律纠纷以及侦破犯罪案件带来了很多难题。联合国国际贸易法委员会及美国、德国、日本、澳大利亚等国家或组织制定了电子证据相关规则，如美国《电子商务示范法》中将计算机数据、电话、电报、传真、录音、录像与缩微胶片等规定为可接受的证据形式；欧盟制定了《欧洲电子商务提案》明确把电子网络信息作为证据使用；加拿大制定了《统一电子证据法》。

世界各主要国家通过立法逐步把电子数据纳入证据种类之中，对电子证据的采信进行立法规范。我国《合同法》在第11条中，已经将数据电文列为合法的合同形式之一，包括电报、电传、传真、电子数据交换（EDI）和电子邮件。但在诉讼中，如何判断电子证据的效力，如何根据电子证据认定案件事实，急需通过证据立法来加以规范。许多国家的法律和国际组织的法律文件针对电子证据的规定，也给我国在电子证据的立法和司法实践上提供了许多值得思考和借鉴的经验；我国司法实践经验以及理论研究取得的成果，为我国完善证据种类方面的立法提供了现实基础。

二、修改内容

《决定》第13条将《民事诉讼法》第63条修改为：

第六十三条　证据包括：

（一）当事人的陈述；

（二）书证；

（三）物证；

（四）视听资料；

（五）电子数据；

（六）证人证言；

（七）鉴定意见；

（八）勘验笔录。

证据必须查证属实，才能作为认定事实的根据。

相应地将第124条、第171条中的“鉴定结论”修改为“鉴定意见”。

三、理解与适用

上述规定将以前的七种证据修改为八种证据，增加了“电子数据”这一新的证据种类，同时，将“鉴定结论”修改为“鉴定意见”。

（一）电子证据的含义和特征

1. 电子证据的含义

这一证据种类，我们通常称为电子证据，从国外立法实践看，往往是通过阐述电子证据的外延范围来侧面界定电子证据，一般不对电子证据本身作一单独完整的定义。在我国，学者们对电子证据的表述也很不统一，有学者认为电子证据是以电子形式存在的当作证据使用的一切材料及其派生物，或者说是借助电子技术或电子设备而形成的一切证据；① 也有学者认为是借助于现代数字化电子信息技术及其存储、处理、传输、输出的一切证据；② 还有学者认为是计算机产生的证据，即以电子计算机为载体，以计算机数据为表现、储存、传输形式的证据种类；③ 等等。

我们认为，电子证据首先应是电子（数据）文件；其次是证据，而电子文件又同时包含电子（即数据）和文件两个方面的属性，所以，电子证据的概念就应该同时包含和体现数据、文件和证据三个方面的属性。按照《电子文件归档与管理规范》国家标准GB/T18894－2002中对电子文件的定义：“指在数字设备及环境中生成，以数码形式存在于磁带、磁盘、光盘等载体，依赖计算机等数字设备阅读、处理，并可在通信网络上传递的文件。”结合《民事诉讼法》第63条第2款规定的“证据必须查证属实，才能作为认定事实的根据”。我们可以定义，电子证据是指应用网络和计算机技术生成的，以物理方式储存于计算机内部或其他类似装置（内存卡、磁盘、光盘、硬盘等）中，可以认定案情的真实性的数字信息或模拟信息（计算机指令、程序、文本资料、运算资料、图形表格等电子数据和信息）。电子证据的外延是很广泛的，常见的电子证据形式表现为：一是电子通讯中的电子证据，如电报、电话、传真资料；二是封闭计算机系统中的电子证据，如单个电子文件、数据库、电子

---

① 何家弘、刘品新：《电子证据法研究》，法律出版社2002年版，第5页。

② 张嘉林：《电子数据浅析》，载《司法前沿》2003年第2期。

③ 张西安：《论计算机证据的几个问题》，载《人民法院报》2001年3月29日。

报单、黑匣子、交通信息卡资料等；三是计算机网络中的电子证据，如电子邮件、电子数据交换、电子资金划拨、电子聊天记录、电子公告牌记录和电子签章等。

2. 电子证据的特点

电子证据作为现代信息时代的产物，以数字化的形式存在、不固定依附特定的载体、可以多次原样复制，它与传统证据种类相比较，有其自身的特殊性，主要体现在以下几个方面：

第一，外在表现形式的多样性。与传统物证、书证的单一性相比，电子证据以文字、图像、声音或任意组合为外在表现形式，甚至相互关联、可编译、可相互转换，往往更生动、更形象、更直接地反映案件事实。随着网络技术尤其是多媒体技术的出现，电子证据不再限于单一的文字、图像或声音等形式，而是综合了文本、图形、图像、动画、音频、视频等各种多媒体信息，几乎涵盖了所有传统证据的类型。

第二，客观真实性。排除人为篡改、差错及设备故障，电子证据与传统物证、书证相比，既不像物证一样易受周围环境影响，不会因为时间推移而改变自身属性，也不会像书证一样容易损毁和产生笔误，更不会像传统证人证言一样容易被误导、误传和易受主观因素影响，并且电子证据数据文件一经生成便保持最初始的状态，由于计算机在网络上都具有唯一的IP地址，每次使用均会留下使用活动的记录（例如：电子数据交换、电子邮件等会自动保存发件人的发送时间、邮件地址及发送计算机的IP地址），对电子信息和数据的修改会被记录在计算机系统文件的某个特定位置。所以，电子证据与传统证据相比更具有客观真实性，更能够客观真实地反映事物的本来面貌。

第三，内在实质的隐蔽性。与传统的纸质信息相比，电子证据赖以存在的信息符号是不易被直接识别的。所有需要计算机处理的信息和数据均要转换为二进制编码方可被计算机识别和处理。所以，不论以何种语言或者输入法录入的数据，实际都只是一堆按编码规则处理成的“0”和“1”，以一系列电磁、光电信号形式存在于光盘、磁盘等介质上。

第四，电子数据的不稳定性。与客观真实性对应，电子证据容易被篡改和破坏。由于电子证据的实质为数据的集合，被人改动、伪造不易留下痕迹，如果没有副本或映象文件进行对比就难以查清。一方面，数据本身有易受损性。操作人员的误操作或供电系统、通信网络故障等环境和技术方面的原因都会造成数据的不完整性。甚至搜集电子证据的过程中，也可能会对原始数据造成很严重的修改和删除，并且难以恢复。另一方面，因为电子数据存储在磁性介质上，而磁性介质上存储的数据内容易被删除、修改、复制，而且不易留下痕迹，更不易被发现。即使被发现，鉴定也较为困难。因此，在法庭上，电子证据的真实性总是法官及当事人双方最关心的问题。还会因为硬件损坏，病毒入侵，黑客的盗取等情形使电子证据失去其法律效力，无法成为证据。

（二）电子证据的种类

一般来讲，电子证据可以分为以下几类：（1）文字处理性的电子证据。这类电子证据是通过文字处理系统所形成的电子文件，由文字、表格、标点、各种符号或者其他编码文本所组成。不同类型的文字处理软件生成的电子文件一般是不能兼容的，使用不同代码规则所形成的电子文件一般也不能直接读取。所有这些软件、系统、代码连同文本等内容一起构成了文字处理性电子证据的基本要素。(2）图形处理性的电子证据。这类电子证据是由计算机专门的软件系统辅助设计或者辅助制造所形成的图形数据等，通过图形人们可以直观地了解非连续性数据之间的关系，使得一些复杂的信息变得生动明晰起来。(3）数据库性的电子证据。其是由若干原始数据记录所组成的电子文件。数据库系统的功能是输入和存储数据、查询记录以及按照指令输出结果，一般具有很高的信息价值，不过只有在经过整理汇总之后，它才能具有较为实际的用途和价值。(4）程序性的电子证据。其是计算机所进行人机交流的工具、软件就是由若干个程序的电子文件组成的，在一定条件下，这些程序性的电子文件可以构成电子证据，用来证明案件的事实。(5）影、音、像性的电子证据。这类证据即是我们通常所说的“多媒体”电子文件，它通常经过电子扫描识别、视频捕捉、音频录入等技术综合编辑而形成。

（三）电子证据的运用

电子证据尽管是一种新型的特殊证据，但对其证据效力的判断，与其他所有证据一样，必须经过查证属实才能作为认定事实的依据。联合国《电子商务示范法》第9条第2款规定了一个指导性的原则，这对于我们评判电子证据具有参考价值。该款规定“在评估一项数据电文的证据力时，应考虑到生成、储存和传递该数据电文的办法的可靠性，保持信息完整性的办法的可靠性，用以鉴别发端人的办法，以及任何其他相关因素”。其中特别强调了应审查电子证据在生成、储存、传输、保存方法几个方面的可靠性和发送人身份的确定，也就是说某项数据电文（电子证据）自生成后直到提交给法庭或仲裁庭时止，如果它在储存、传输等各个阶段均保持了数据和信息的原始状态，没有任何人为的或自然的因素影响、破坏，则该电子证据是合法有效的。

就具体电子数据的采信而言，只有在确定某项证据真实有效的前提下，才能进而判断该证据与待证事实之间的内在联系，即证据的效力大小。法官在进行电子证据证明力认定时，必须首先对已经采纳的证据包括电子证据进行分类，分析哪些是直接证据，哪些是间接证据，哪些是本证，哪些是反证。然后对单个证据或单组证据的证明力进行判断，最后对全案证据的证明力进行判断，考察能否达到证明标准。这就是对电子证据证明力进行认定的基本思路，即综合认证法。①

在司法审判实践中，我们评判电子证据，应当主要考虑以下几个方面的因素：第一，电子证据的取得是否合法。只有符合法律程序的证据，才会被法庭采用。第二，审查电子证据的来源。这些证据既可以是司法机关调查时提取的，也可以是当事人提供的，或者是其他人无意中收集到的。一般来说，司法机关收集的证据可信度较高。第三，电子证据本身的技术含量及加密条件、加密方法，是否有被修改的情况。第四，电子证据之间、电子证据与传统证据之间、单个证据与全案证据之间，有无矛盾，是否吻合，差异点能否得到合理的解释。

对电子证据的收集、判断、运用，有一个逐步完善、逐步规范的过程，在很大程度上有赖于技术的发展和推广。因此，将来对电子证据进行立法时，既要有超前性又要有灵活性，不宜制定过于量化的条款。由于电子证据具有无形性和易破坏性的特点，对电子证据的认定容易提出过于苛刻的要求，似乎所有的电子证据都只能算作间接证据，不到万无一失排除一切的程度，就不能对其加以采信，这种极端的谨慎是不可取的。事实上，任何一种传统的证据，都存在被伪造、被篡改、被破坏的可能；任何一种传统的证据，都存在灭失、难以再现的威胁。在对证据的取舍和认定上，每一个法官都会不同程度地运用自由心证原则。所以，法律没有必要给司法人员评判电子证据设置过多的障碍。

第二节 举证时限与证据交换

一、修改背景

证据适时提出主义是举证时限和证据交换制度设置的前提和基础，我国以前的《民事诉讼法》规定的是证据随时提出主义，从《证据规定》开始确立了证据适时提出主义。该《证据规定》第 33 条、第 34 条的规定，人民法院应当在送达案件受理通知和应诉通知书的同时向当事人送达举证通知书。举证

① 王利明主编：《电子商务法研究》，中国法制出版社 2003 年版，第 503 页。

通知书应当载明举证责任的分配原则与要求、可以向人民法院申请调查取证的情形、人民法院根据案件情况指定的举证期限以及逾期提供证据的法律后果。证据适时提出主义在我国审判实践的运作中虽然存在一些不足，但也取得了许多成功的经验，应该在修改《民事诉讼法》时予以总结、提升和完善。

世界主要国家或地区大多采用证据适时提出主义，一方面是为了防止当事人的诉讼突袭行为；另一方面也是为了加快诉讼进程，提高诉讼效率。法国在1965年的司法改革中，建立了证据适时提出主义。如法国《民事诉讼法》第134条规定，“法官确定当事人相互传达书证的期限，如有必要，确定传达书证的方式；必要时，得规定科处逾期罚款”。第135条规定，“未在有效期间内传达的书证，法官得将其排除在辩论之外”。德国1976年修改的《民事诉讼法》第296条规定，“在作为判决基础的言词辩论终结后，再不得提出攻击和防御方法”，将证据随时提出主义修改为证据适时提出主义，当事人应在准备性口头辩论阶段提出证据并通知对方当事人，否则证据失效，在主辩论期日及其后原则上不准提出新证据。日本《民事诉讼法》也是通过多次修改，最终才确定了证据适时提出主义。日本《民事诉讼法》第167条规定，“在准备性口头辩论终了之后，当事人提出的攻击或防御方法，如果对方当事人要求，则应向其说明在准备性口头辩论终了之前未能提出的理由”，即迟延提出证据的理由是否正当、法院是否采纳、证据是否失权，由法官自由裁量。

举证时限和证据交换制度的立法本意在于通过减少诉讼环节来减少诉讼成本和提高诉讼效率，但由于过去的规定体现出“重举证时限轻证据交换”的弊端。实践中各地人民法院也存在只重举证期限不重证据交换的现象，主要存在以下两个方面的问题：

第一，举证通知书中明确规定举证期限，如果逾期举证，将会给当事人带来证据失权的法律后果。当事人因担心这一不利的后果，就会尽量提供各类证据，连同不重要的或毫不相关的证据均可能会提交到法庭，给法院审查核实诉讼材料、确定争议焦点造成困难，从而导致诉讼迟延和司法资源的不必要浪费。

第二，许多法院受理案件后发出《举证通知书》或《举证风险通知书》，只是笼统地规定在30日内必须提交证据，而没有具体规定是哪一天提交。且被告的举证期限到期日往往晚于原告，原、被告双方向法庭提交证据的时间就有先有后。原告一方往往先按照举证通知的要求，如实地将全部证据提交给法庭后，另一方当事人或代理人就会利用阅卷的权利，先了解对方当事人提交了什么证据。当其发现对方提供的某些证据可以证明自己要证明的问题，而自己手中可证明该问题的证据又有不利于自己的内容时，就有可能不提供该证据，而该证据对确定双方的权利义务关系又至关重要。这样，最终的结果可能就无法通过质证达到重现事实真相的目的，自然也就无法作出公正的裁决。

举证时限制度最主要的法律后果是证据失权制度，如果在未进行证据交换，或者未在举证期限到来之前固定双方当事人争议的焦点，从而明确举证范围的情况下，就采用证据失权制度，使得当事人在没确定举证范围之前，就失去了举证的权利，是不公平的。这样片面提高效率，是以牺牲实体公正为代价的。这样的效率绝不是审判制度所追求的价值目标，诉讼法追求的效率是公正基础上的效率。证据适时提出主义经过多年的实践已经深入人心，及时提供证据的观念已经树立，但以前的规定又存在一些不足，为此，需要通过《民事诉讼法》的修改加以完善。

二、修改内容

为了修改和完善举证时限制度，《民事诉讼法》修正案明确了证据适时提出主义原则，对于举证时限的起算、逾期举证的法律后果等方面进行了更为合理、科学的规定。

《决定》第13条在《民事诉讼法》中增加二条，作为第65条和第66条，内容为：

第六十五条　当事人对自己提出的主张应当及时提供证据。

人民法院根据当事人的主张和案件审理情况，确定当事人应当提供的证据及其期限。当事人在该期限内提供证据确有困难的，可以向人民法院申请延长期限，人民法院根据当事人的申请适当延长。当事人逾期提供证据的，人民法院应当责令其说明理由；拒不说明理由或者理由不成立的，人民法院根据不同情形可以不予采纳该证据，或者采纳该证据但予以训诫、罚款。

第六十六条　人民法院收到当事人提交的证据材料，应当出具收据，写明证据名称、页数、份数、原件或者复印件以及收到时间等，并由经办人员签名或者盖章。

三、理解与适用

（一）举证时限制度

新《民事诉讼法》第65条确定证据适时提出原则，改变过去民事诉讼法规定证据随时提出主义。“当事人对自己提出的主张应当及时提供证据”，强调提供证据的及时性。对于举证时限，规定“人民法院根据当事人的主张和案件审理情况，确定当事人应当提供的证据及其期限”。由审理案件的法官根据案件的具体情况确定举证期限，符合诉讼规律和各国的通常做法。法院应当在诉讼中明确和确定双方当事人争议焦点后，根据需要收集证据的多少，获取的难易程度及时间长短，最终决定举证期限的长短。这一修改是在总结审判实践经验的基础上，针对现实存在的问题和过去规定不足进行的完善，具有合理性和科学性。

为了更好地理解和把握举证期限制度，我们应该注意以下两点：

第一，举证期限的起算点。《证据规定》第33条规定，“由人民法院指定举证期限的，指定的期限不得少于三十日，自当事人收到案件受理通知书和应诉通知书的次日起计算”。过去把法院立案受理和被告收到应诉通知作为举证期限的起算点，但新《民事诉讼法》第65条规定，“人民法院根据当事人的主张和案件审理情况，确定当事人应当提供的证据及其期限”。这就意味着修改了举证时限的起算点。举证时限的起算点并不统一，由法院根据当事人的主张和案件审理情况而定，通常应当是确定争议焦点以后开始起算举证时限。

第二，举证时限的长短。法院审理的案件纷繁复杂，有些案件事实本身就很清楚，或者很容易收集证据查明事实，但有些案件获取证据却非常困难，调查证据的时间漫长。新《民事诉讼法》赋予法院根据“案件审理情况”来确定具体案件的举证期限，有利于当事人尽可能获取与案件有关的诉讼资料。

（二）关于逾期举证的法律后果

1. 各国立法中逾期举证的法律后果

就各国立法的规定看，关于逾期举证的法律后果，主要涉及以下几方面：①

第一，证据失权后果。超过规定期限逾期披露证据，最主要的就是丧失证据效力。这里应包含两方面的含义：一是当事人丧失了提出证据证明自己的主张和反驳对方的权利；二是即使当事人提出新的事实主张和证据，法院也拒绝对其进行审理。

第二，负担额外的证明责任。证据失权的后果往往并不是绝对的，如果当事人迟延披露证据有正当理由，则仍然可以提出新的事实主张和相应的证据。如美国《联邦民事诉讼规则》规定，为了防止明显的不公正，可以修改最后

① 有学者把“怠于或拒不实施证据披露的后果”归纳为以下8个方面：（1）禁止当事人在庭审过程中提出证据或提出新证据；（2）在证据法上产生拘束力；（3）在诉讼上产生自认的效果；（4）拒绝审理和限制当事人的证明行为；（5）被视为对有关当事人产生不利的证明效果；（6）驳回诉讼或作缺席判决；（7）负担有关费用；（8）以藐视法庭罪论处。刘善春、毕玉谦、郑旭：《诉讼证据规则研究》，中国法制出版社2000年版，第388～391页。

一次审前会议的命令（第 16 条第 5 款）；德国《民事诉讼法》规定，逾期披露证据不会导致诉讼迟延的，法院仍然要审理超过规定期限提出的证据（第356 条）；日本《民事诉讼法》规定，如果当事人在辩论准备程序之外提出新的攻击和防御方法，必须就其迟延行为说明理由（第 167 条）；等等。

这些规定表明，当事人欲使超过证据披露期限提出的证据被法院接受而成为裁判的诉讼资料，当事人就必须证明其“逾期行为”有正当理由，或者不会造成诉讼迟延，或者不接受这类证据就将出现明显的不公正等。如果当事人不能对此进行证明，其迟延披露的证据就当然不能被法院接受。可见，当事人为使其迟延披露的证据取得证据效力，用以证明自己的事实主张或反驳对方当事人，首先应当完成对其“迟延”行为具有正当性的证明责任。因而逾期披露证据的后果，为其“额外”增加了一项证明责任。

第三，承担不利的诉讼后果。负有举证责任的当事人未能按照规定的期限举证，就意味着其没有有效地完成举证责任；如果待证事实最终仍然处于真伪不明的状态，当然应由该当事人承担不利的诉讼后果。

2. 我国立法中逾期举证的法律后果

我国新《民事诉讼法》第 65 条规定，“当事人逾期提供证据的，人民法院应当责令其说明理由；拒不说明理由或者理由不成立的，人民法院根据不同情形可以不予采纳该证据，或者采纳该证据但予以训诫、罚款”。这一规定借鉴了其他国家或者地区的成熟做法，不是简单的规定逾期举证就必然导致证据失权，体现了对证据的有效收集和对案件真实的发现。对此，我们应当从以下几个方面来理解：

第一，说明逾期举证的理由。当事人逾期提供的证据，并不当然产生证据失权的后果。法院应当要求逾期提出证据的当事人说明逾期提出证据的理由，如果能够说明理由，法院认为理由正当的，应当接受为证据。当事人逾期提出证据时，法院应当审查是否属于主观故意或者存在重大过错，并在一定程度上结合证据本身的立证价值，来综合分析判断当事人逾期提供证据的理由是否成立。

第二，拒绝说明理由或理由不成立的后果。逾期举证当事人拒绝说明理由或者理由不成立的，并不一律导致证据失权的后果。如果当事人逾期提出证据，虽然当事人没有说明理由或者说明理由不是很充分，但也不能够认定逾期提供证据的当事人存在主观故意或者重大过错，而逾期提供的证据对于证明案件具有重要作用的，应当接受为本案证据，并不导致证据失权的后果。但当事人逾期举证行为影响了诉讼进程，对于其行为应当给予训诫、罚款等一定处罚。

第三，逾期提供证据的失权后果。如果当事人逾期提供证据存在主观上的故意或者重大过错，当事人又拒绝说明理由或者理由根本不成立，即使不接受该逾期提供的证据，也不会导致案件的处理结果明显不公，在此种情况下，当事人逾期提供的证据应当产生失权后果，不能接受为本案证据。

因此，对于当事人逾期提供证据而言，即使当事人拒绝说明理由或者理由不成立的，也不一律否定该逾期提供证据的效力，要视不同情况而论。

第三节 证人出庭制度

一、修改背景

证人出庭作证应当是一项具有公法性质的义务，但在有些情况下，证人出庭有困难，经过法院审查许可，应当免除证人出庭作证的义务，在此情况下可以提交书面证言。2007 年《民事诉讼法》第 70 条规定，“证人确有困难不能出庭的，经人民法院许可，可以提交书面证言”。但该条规定的“证人确有困难”非常原则、抽象，在具体的司法实务中难以理解和把握。最高人民法院在《证据规定》第 56 条中，对“证人确有困难不能出庭”列举了以下几种具体情形：（1）年迈体弱或者行动不便无法出庭的；（2）特殊岗位确实无法离开的；（3）路途特别遥远，交通不便难以出庭的；（4）因自然灾害等不可抗力的原因无法出庭的；（5）其他无法出庭的特殊情况。这些具体情形经过审判实践的实际运作，应该是成功的，修改《民事诉讼法》将其纳入立法中，是将成熟的司法解释相关规定上升为国家法律规范。

关于证人出庭的费用问题。证人出庭作证，不可避免地会支出费用。许多国家及地区都规定，证人在出庭作证后有权请求经济补偿。例如德国《民事诉讼法》第 401 条规定，对证人，依照《关于证人和鉴定人请求补偿的法律》予以补偿；法国《民事诉讼法》第 221 条规定，法官得应证人的请求，批准证人受领其可以主张的补偿金；日本《民事诉讼法》第 222 条规定，证人可以请求交通费、日津贴费及住宿费。但没有正当理由而拒绝宣誓或者拒绝提供证言的不在此限。日本 1971 年《民事诉讼费用法》第 8 条也规定，证人可领取旅费、津贴及住宿费等费用；美国《联邦证据法》第 706 条规定，凡指定的专家证人有权在法庭允许的数额内获得补偿。我国台湾地区“民事诉讼法”第 323 条规定，证人可请求法定之日费及旅费。我国澳门特区在其“民事诉讼法”第 547 条中规定，曾被通知到庭之证人，不论其是否居于澳门及有否作证言，均有权收取往来之开支及就其到场之每一日收取法官所定之损害赔偿，只要证人于作证言时，或于获告知无须接受询问时提出该请求，又或无该告知时，于送交卷宗以作判决前提出该请求。

证人出庭支付合理的经济补偿费用是各国或者地区的通常做法，为了鼓励证人出庭作证，我国《民事诉讼法》立法也应当借鉴。最高人民法院在《证据规定》中通过司法解释的方式确定了证人经济补偿的具体方式，该《证据规定》第54条第3款规定："证人因出庭作证而支出的合理费用，由提供证人的一方当事人先行支付，由败诉一方当事人承担。"在此基础上，此次修改《民事诉讼法》明确规定了证人出庭的经济补偿费用及其支付方式。

二、修改内容

《决定》第15条将《民事诉讼法》第70条改为三条，作为第72条、第73条、第74条，修改为：

第七十二条　凡是知道案件情况的单位和个人，都有义务出庭作证。有关单位的负责人应当支持证人作证。

不能正确表达意思的人，不能作证。

第七十三条　经人民法院通知，证人应当出庭作证。有下列情形之一的，经人民法院许可，可以通过书面证言、视听传输技术或者视听资料等方式作证：

（一）因健康原因不能出庭的；

（二）因路途遥远，交通不便不能出庭的；

（三）因自然灾害等不可抗力不能出庭的；

（四）其他有正当理由不能出庭的。

第七十四条　证人因履行出庭作证义务而支出的交通、住宿、就餐等必要费用以及误工损失，由败诉一方当事人负担。当事人申请证人作证的，由该当事人先行垫付；当事人没有申请，人民法院通知证人作证的，由人民法院先行垫付。

相应地将第62条中的"意志"修改为"意思"。

三、理解与适用

（一）证人有出庭作证的义务

知道案件情况的单位和个人具有以证人身份出庭作证，协助法院查明案件事实的义务。证人出庭所陈述的事实，应当是自己亲自所见所闻的，包括自己亲自感受到的事实，也包括听到的别人转告的事实情况，但对于他人转述的事实，必须说明来源（转述者）。如果不能够说明来源，纯粹的道听途说，则不具有证人证言的证据资格。也有学者对此提出了不同观点，认为所谓证人知道案情，主要指证人直接感知到的案情，即指证人必须是凭借自己的眼、耳、鼻、舌、身等感觉器官感知案情。①我们认为，在我国，法官既是法律的适用者，也是事实的审理者，具有专业知识和丰富审判经验，对于出庭作证的证人转述他人在法庭外的陈述（传闻），如果有明确的转述者，而转述者因某种原因不能够出庭作证，应当视为适格的证人证言。法院应当接受为证据，但在评判证人证言真实性和关联性时，需要结合其他证据综合分析。

（二）出庭作证与书面证言

新《民事诉讼法》第 73 条规定："经人民法院通知，证人应当出庭作证。有下列情形之一的，经人民法院许可，可以通过书面证言、视听传输技术或者视听资料等方式作证：……" 证人作证的方式应当出庭，但在特定情况下，证人可以不出庭作证，提供书面证言、通过视听传输技术或者视听资料等方式作证。

1. 证人不出庭作证的情形。经人民法院通知证人不出庭作证，必须满足两个条件：一是必须属于新《民事诉讼法》第 73 条规定的可以不出庭作证的几种法定情形之一；二是经法院审查许可。具备新《民事诉讼法》第 73 条规定情形并不当然就可以免除出庭作证的义务，必须经法院审查准许。该条规定情形本身具有弹性，需要针对具体情况来解释和适用。如"因路途遥远，交通不便不能出庭的"，这里"路途遥远"、"交通不便"的判断标准是因人而异的，法院应当结合证人对查明案件事实的重要性、案件性质及利益大小、道路及交通工具等诸多因素来判断是否准许其不出庭作证。

2. 证人不出庭的后果。证人收到法院通知拒不出庭作证，也不符合不出庭情形的，我国《民事诉讼法》没有直接规定证人应当承担的法律后果。

如果应当出庭作证的证人，不出庭作证而提交书面证言，该书面证言是否具备证据资格？就我国现行立法规定及审判实务来看，实际上已经把"证人确有困难不能出庭"作为书面证言具有证据能力的前提条件。换言之，如果提出书面证言的当事人不能证明出具证言的证人"确有困难不能出庭的"，该书面证言就是不适格的证人证言，就将被排除。

3. 其他作证方式。证人因路途遥远，到开庭审理的法院出庭交通不便，

① 田平安：《证人证言初论》，载《诉讼法论丛》（第 2 卷），法律出版社 1998 年版；毕玉谦：《民事证据法及其程序功能》，法律出版社 1997 年版，第 57 页。

可以利用现代通信技术手段，通过视听传输技术或者视听资料等方式作证。证人提出申请以后，审判法院认为申请理由成立的，可以和证人所在地法院联系，安排证人到附近法院审判庭，利用法院系统视听传输技术或者视听数据，参与到审判法院的庭审中，远距离“出庭”作证，陈述案件事实，接受当事人和法官的询问。

（三）关于证人出庭的经济补偿

新《民事诉讼法》第74条规定了证人的经济补偿问题，对于保障证人出庭造成的经济损失具有重要作用。我们需要从以下几个方面把握：

1. 证人出庭作证费用。证人出庭作证费用包括交通费、住宿费、伙食费和误工费等，以证人出庭作证所要花费的合理费用及因此而减少的收益为限，并由审判人员根据案件的具体情况进行裁量。

2. 证人出庭费用的承担。证人出庭作证的费用原则上由败诉方承担，但为了避免当事人滥用申请证人出庭作证的权利情形的发生，还有必要按胜诉方提供的证人证言的采信情况来决定证人出庭费用的负担：胜诉方提供的证人证言如果没有被法官采信，该证人出庭作证的费用由胜诉方自己承担；如果部分被采信，则由各方分别承担；如果全部被采信，则由败诉方承担。但是，这种分配方法的运用也不能太绝对化，还应参考胜诉方的主观状态：如果胜诉方恶意申请不必要的人出庭作证，有关费用应由胜诉方承担；如果是善意的，则由败诉方承担。至于是否为恶意，应综合当事人的法律知识水平、案件情况及证人证言等情况由法官来判断。

3. 证人出庭费用的预支。对于法官传唤证人出庭的，有关费用由法院先行支付；对于当事人申请证人作证的，申请人必须预交证人出庭费用。此外，对于经济困难的申请人，则可由法院先代其预交，等胜诉后由败诉方支付。

第四节　诉前证据保全

一、修改背景

民事诉前证据保全制度在国外的立法中已有较为完备的规定，日本《民事诉讼法》第235条第2款规定：“提起诉讼前的保全证据的申请，应当向管辖受询问的人或者持有文书人的居所或者勘验物所在地的地方法院或简易法院提出。”德国《民事诉讼法》第485条和第486条，以及奥地利《民事诉讼法》第369条均规定了类似的诉前证据保全。我国2007年《民事诉讼法》第

74条规定："在证据可能灭失或者以后难以取得的情况下，诉讼参加人可以向人民法院申请保全证据，人民法院也可以主动采取保全措施。"从这一规定看，仅仅是当事人在诉讼中的证据保全，缺少诉前证据保全的规定。但在现实纠纷中，又经常会遇到需要诉前民事证据保全的情况。司法实践中，有一些法院比照《民事诉讼法》最相类似的规定（诉前财产保全制度）实施诉前证据保全，在学术界也有学者赞同适用民事诉前证据保全的观点。①从理论上讲，法院运行的是公权力，在法律没有明确规定之前，法院实施诉前证据保全是违法的。

我国在一些法律中明确规定了诉前证据保全制度，《海事诉讼特别程序法》第63条规定："当事人在起诉前申请海事证据保全，应当向被保全的证据所在地海事法院提出。"《商标法》第58条第1款规定："为制止侵权行为，在证据可能灭失或者以后难以取得的情况下，商标注册人或者利害关系人可以在起诉前向人民法院申请保全证据。"《专利法》第67条第1款规定："为了制止专利侵权行为，在证据可能灭失或者以后难以取得的情况下，专利权人或者利害关系人可以在起诉前向人民法院申请保全证据。"

虽然最高人民法院在《证据规定》第23条规定，"法律、司法解释规定诉前保全证据的，依照其规定办理"。这里所谓的法律、司法解释应该是特指我国制定和修改的《海事诉讼特别程序法》、《商标法》、《专利法》等。该司法解释对于民事诉讼中的一般诉讼行为也未作出相关规定，为了保障实体法中的程序规则得以真正地贯彻落实，有必要在民事程序中设立诉前证据保全制度。

二、修改内容

新《民事诉讼法》在过去诉讼证据保全的基础上，增加了诉讼前证据保全的规定，同时把申请仲裁前的证据保全一并予以规定。《决定》第17条将《民事诉讼法》第74条改为第81条，修改为：

第八十一条　在证据可能灭失或者以后难以取得的情况下，当事人可以在诉讼过程中向人民法院申请保全证据，人民法院也可以主动采取保全措施。

因情况紧急，在证据可能灭失或者以后难以取得的情况下，利害关系人可以在提起诉讼或者申请仲裁前向证据所在地、被申请人住所地或者对案件有管辖权的人民法院申请保全证据。

证据保全的其他程序，参照适用本法第九章保全的有关规定。

---

① 张湘兰：《诉前海事诉讼证据保全制度浅析》，载《法学评论》2005年第1期。

三、理解与适用

（一）申请证据保全的主体

在诉讼中，证据保全程序原则上是根据当事人的申请而开始的，当事人提出申请通常是由认为该证据能够用来支持其主张的一方当事人所提出。但是倘若双方当事人都认为证据有利于其主张，也可以由双方当事人提出。我国台湾地区有学者认为，在此情形下如对方当事人也提出保全证据申请时，法院所进行的证据调查应当扩张原保全证据申请的范围。①在诉讼中没有当事人提出证据保全申请，但法院认为有证据保全必要的，应当依照职权主动采取证据保全措施。

在诉讼前或者申请仲裁之前，必须是案件利害关系人提出申请。这里讲的“利害关系”应当从以下几个方面来理解：第一，需保全的证据可以直接证明申请人的权益已遭受不法侵害，或者与申请人主张的事实直接相关联；第二，需保全的证据可能是间接证据，虽不能直接证明申请人的权益已遭受不法侵害，但可以和其他证据结合起来证明侵害事实；第三，侵害行为尚未作出或者侵害行为已作出，但侵害后果尚未产生，此时不采取证据保全措施将不利于保护申请人的合法权益；第四，需保全的证据可以有力地支持申请人的其他合法要求。

（二）证据保全的管辖法院

1. 诉前证据保全的管辖法院

为调查便利的需要，申请证据保全在起诉前应向证人居住地或者证物所在地的基层法院提出。在台湾地区，案件系属法院之前，保全证据的申请，并非必须向本案管辖法院提出，为求得调查证据的便利，应由受询问人居住地或者证物所在地法院管辖。② 德国《民事诉讼法》第486条第3款和日本《民事诉讼法》第235条第2款也有类似的规定。

我国新《民事诉讼法》借鉴其他国家或者地区的相关制度，在第81条第2款规定：“因情况紧急，在证据可能灭失或者以后难以取得的情况下，利害关系人可以在提起诉讼或者申请仲裁前向证据所在地、被申请人住所地或者对

---

① 石志泉、杨建华等：《民事诉讼法释义》，台湾三民书局股份有限公司1987年版，第408页。

② 王甲乙、杨建华、郑健才：《民事诉讼法新论》，台湾广益印书局1983年版，第442页。

案件有管辖权的人民法院申请保全证据。”据此规定，利害关系人在提起诉讼或者申请仲裁之前，可以向证据所在地、被申请人住所地以及对案件有管辖权的法院申请证据保全。这里“对案件有管辖权的人民法院”的确定，要取决于案件纠纷的性质，如果是合同纠纷案件，合同履行地、被告住所地法院有管辖权；如果是侵权纠纷案件，则应当由侵权行为地和被告住所地法院管辖。还要根据诉讼标的和案件的性质确定管辖法院的级别，并非一律由基层法院管辖。

2. 诉讼中证据保全的管辖法院

保全证据的申请在起诉后提起的，应向受诉法院提出。当诉讼系属于第一审时，向一审法院提起；当诉讼系属于第二审时，则应向第二审法院提出。至于其诉讼已在第一审辩论终结尚未上诉于第二审时，仍应向第一审法院提出申请，这是因为此时该案件尚未系属于第二审法院。

我国台湾地区的立法和学理认为，起诉后保全证据的申请，本应向受诉法院提出，而保全证据是以证据有灭失或碍难使用为原因时，并常常出现稍纵即逝的紧迫情形，如应保全的证据不在受诉法院所在地，有时不能达到保全证据的效果，因此法律规定此时也可向证人或鉴定人居住地或者证物所在地的地方法院提出。有无急迫情形，由受申请的法院予以断定。①

（三）证据保全的条件和程序

新《民事诉讼法》第 81 条第 3 款规定：“证据保全的其他程序，参照适用本法第九章保全的有关规定。”因此，申请证据保全的条件与程序要求，应当参照财产保全的有关规定。在诉讼程序中，当事人申请证据保全应当具备的条件是：申请保全的证据可能灭失或者以后难以取得，有保全的必要；如果法院要求提供担保的，则担保成为诉讼保全的条件。利害关系人在起诉前或者申请仲裁前申请证据保全应当具备以下条件：第一，证据可能灭失或者以后难以取得；第二，情况紧急必须立即保全，如果等到提起诉讼或者申请仲裁以后再进行保全，就可能导致证据灭失或者以后难以取得；第三，利害关系人应当提供担保，如果证据保全错误造成损失，应当承担赔偿责任。

（四）申请证据保全的程序

1. 证据保全申请

申请证据保全的当事人或者利害关系人向法院提出保全申请，申请中要表

① 王甲乙、杨建华、郑健才：《民事诉讼法新论》，台湾广益印书局 1983 年版，第 442 页。

明：（1）对方当事人；（2）需要保全的证据的内容和形式；（3）证据同案件事实之间的联系；（4）说明该证据有灭失或难以取得的理由。

2. 提供担保

申请诉前证据保全，应当依法提供担保；申请诉讼证据保全的，如果法院要求提供担保，也应当提供担保。

3. 证据保全的裁定

人民法院在接受证据保全的申请后，应及时对申请内容进行审查。如果情况紧急，应当在收到申请48小时内就是否受理该项证据保全申请作出裁定，裁定采取证据保全的，应当立即执行。对不符合证据保全条件的，作出不予证据保全的裁定，利害关系人或当事人对证据保全或不保全裁定不服的可以申请复议一次，复议期间不停止裁定的执行。

4. 提起诉讼或者申请仲裁

在诉前证据保全制度中，申请人应在法院采取诉前证据保全措施之后30日内向人民法院起诉或者向仲裁委员会申请仲裁，如果逾期未起诉或者未申请仲裁的，人民法院可依职权裁定解除保全措施，并责令申请人承担被申请人因此而受到的损失。

第五节　鉴定程序

一、修改背景

我国2007年《民事诉讼法》第72条规定，“人民法院对专门性问题认为需要鉴定的，应当交由法定鉴定部门鉴定；没有法定鉴定部门的，由人民法院指定的鉴定部门鉴定”。就此而言，鉴定程序的启动完全由人民法院决定，职权主义色彩颇为浓厚，同时也未明确鉴定事项属于当事人证明责任的范畴。1998年7月11日开始实施的最高人民法院《关于民事经济审判方式改革问题的若干规定》第3条规定：“下列证据由人民法院调查收集……应当由人民法院勘验或者委托鉴定的……上述证据经人民法院调查，未能收集到的，仍由负有举证责任的当事人承担举证不能的后果。”这一规定虽将鉴定与当事人的证明责任联系起来了，但仅仅是一种符合诉讼理性的“宣示”而并不彻底，因为启动鉴定的主动权仍由法院掌控。

2002年4月1日施行的最高人民法院《证据规定》中规定的鉴定启动程序是：一方面要求当事人提出鉴定申请，法院审查决定同意启动鉴定程序

（第25条、第26条）；另一方面又规定："一方当事人自行委托有关鉴定部门作出的鉴定结论，另一方当事人有证据足以反驳并申请重新鉴定的，人民法院应予准许。"（第28条）在前一种情形下，虽然有当事人的鉴定申请，但启动鉴定程序的决定权属于法院。在后一种情形下，当事人自行委托鉴定又过于宽松和放任。

基于以上分析可以看出，完全由法院职权决定鉴定程序启动，事实上忽视了鉴定意见属于当事人举证的性质。当事人自主委托鉴定难以确保鉴定人的中立性，与鉴定人作为"法官的科学辅助人"的角色直接冲突，也难以确保鉴定意见的客观真实性。新《民事诉讼法》关于鉴定启动程序的修改，是在借鉴域外相关制度的基础上完成的。

基于一方当事人申请，法院委托鉴定人作出的鉴定意见，本质上属于申请一方当事人提供的证据，应当在庭审中予以质证。过去《民事诉讼法》没有具体规定对鉴定意见的质证程序，在审判实践中，往往依照鉴定意见直接认定案件事实。新《民事诉讼法》首先定位鉴定意见属于当事人举证性质，就应当设置相应的质证程序，因而规定当事人对鉴定意见有异议的或者法院认为必要的，鉴定人应当出庭。由于鉴定意见的专业性，为了更有效地对专业性强的鉴定意见进行质证，新《民事诉讼法》规定，当事人可以申请相关专业人士出庭，协助当事人对鉴定意见进行质证。

二、修改内容

新《民事诉讼法》修改了过去完全依照职权启动的鉴定程序，也对《证据规定》中"二元化"启动鉴定程序进行了完善。同时，对鉴定意见的质证程序有了具体的规定。

《决定》第16条将《民事诉讼法》第72条改为三条，作为第76条、第77条、第78条，修改为：

第七十六条　当事人可以就查明事实的专门性问题向人民法院申请鉴定。当事人申请鉴定的，由双方当事人协商确定具备资格的鉴定人；协商不成的，由人民法院指定。

当事人未申请鉴定，人民法院对专门性问题认为需要鉴定的，应当委托具备资格的鉴定人进行鉴定。

第七十七条　鉴定人有权了解进行鉴定所需要的案件材料，必要时可以询问当事人、证人。

鉴定人应当提出书面鉴定意见，在鉴定书上签名或者盖章。

第七十八条　当事人对鉴定意见有异议或者人民法院认为鉴定人有必要出

庭的，鉴定人应当出庭作证。经人民法院通知，鉴定人拒不出庭作证的，鉴定意见不得作为认定事实的根据；支付鉴定费用的当事人可以要求返还鉴定费用。

《决定》第16条在《民事诉讼法》中增加一条，作为第79条，内容为：

第七十九条　当事人可以申请人民法院通知有专门知识的人出庭，就鉴定人作出的鉴定意见或者专业问题提出意见。

三、理解与适用

（一）鉴定程序的启动

关于鉴定程序的启动，大陆法系和英美法系存在一定差异。在大陆法系国家及地区，鉴定人被认为是“帮助法院进行认识的人”，是“法官的科学辅助人”，因此法官有权指定、聘请鉴定人。正是由于这一性质和地位，决定了大陆法系各国及地区的法律要求鉴定人对双方当事人采取中立的立场，并适用法官回避的规定。德国《民事诉讼法》第404条规定，“鉴定人的选定与其人数，均由受诉法院决定”。在意大利，鉴定人被视为法院的辅助人员，其职能行为可用来协助法官收集证据并对有关证据进行评估。日本和我国台湾地区的诉讼法理论和相关法律规范也基本与德国相同。在英美法系国家，法律将鉴定人定位于诉讼当事人的科技助手，被称为“专家证人”，直接对当事人负责，鉴定人工作的目的是为聘请他的当事人的利益服务。

无论是大陆法系还是英美法系，鉴定原则上只能由当事人启动。这是因为，某一事项是否需要鉴定，这在两大法系均被看作是当事人证明责任的范畴。所不同的是，在大陆法系，当事人申请鉴定必须经过法院的同意，当事人具有鉴定申请权，而法院具有鉴定决定权。这是因为，鉴定虽属于当事人承担证明责任的事项，但另一方面，鉴定人同时也是“法官的辅助人”。而在英美法系，鉴定基本上由当事人主导而不渗入法院的意志，即无论是鉴定的启动还是决定，原则上均由当事人自己决定。

新《民事诉讼法》关于鉴定程序启动的规定，在一定程度上借鉴了其他国家或者地区的有益做法，也充分考虑了我国的实际情况。新《民事诉讼法》第76条第1款规定：“当事人可以就查明事实的专门性问题向人民法院申请鉴定……”该条第2款又规定：“当事人未申请鉴定，人民法院对专门性问题认为需要鉴定的，应当委托具备资格的鉴定人进行鉴定。”根据前述规定，在我国民事诉讼中启动司法鉴定程序有两种情形：

其一，当事人申请鉴定是原则。当事人是证明责任的承担者，涉及专门问题当事人难以举证的时候，可以向法院提出申请，提供司法鉴定方式来证明事实。将鉴定视为当事人举证的方式之一，与证明责任相联系。因此，原则上讲，鉴定程序的启动必须基于当事人提出的申请。一旦当事人提出鉴定申请，法院原则上应当准许启动鉴定程序。

如果有明确的法律规定或者充足的理由无须进行鉴定，法院应当决定不予启动鉴定程序。如最高人民法院《关于审理建设工程施工合同纠纷案件适用法律问题的解释》第22条规定："当事人约定按照固定价结算工程价款，一方当事人请求对建设工程造价进行鉴定的，不予支持。"如果当事人约定以固定价结算工程价款，而又申请对工程造价进行鉴定评估的，法院应当不予准许。

其二，法院职权鉴定是例外。在我国的审判实践中，时常也会遇到当事人不申请鉴定，但如果不进行鉴定，就无法查明案件事实。如果因负有举证责任的一方当事人不申请鉴定，就简单地判决其败诉，不符合我国的实际情况，也不利于诉讼正义的实现。为此，新《民事诉讼法》第76条第2款规定："当事人未申请鉴定，人民法院对专门性问题认为需要鉴定的，应当委托具备资格的鉴定人进行鉴定。"赋予法官在一些特殊情况下，依照职权启动司法鉴定程序，以最大限度地查明案件客观事实。

法院依照职权启动鉴定程序必须具备两个条件：一是当事人没有申请鉴定。通常情况下，如果存在需要鉴定的事项，法院应当进行一定的释明，但释明以后当事人仍然不申请鉴定，法院认为有必要，就可以进行职权鉴定；二是法院认为需要鉴定的，必须基于鉴定意见才能够查明事实，而当事人又不提出鉴定申请，法院则应当依照职权启动鉴定程序。

（二）鉴定人的选定

选定鉴定人有两种方式：一是当事人协商选定鉴定人；二是法院指定鉴定人。如果是当事人协商一致选定鉴定人，只要是当事人双方真实意思表示，一致同意选定的鉴定人，法院应当认可，不宜否定。如果是法院指定鉴定人，应当考虑鉴定人的资格，必须在具有司法鉴定资格的鉴定人中确定。在法院指定鉴定人的程序上，应当在各方参与和监督之下，采用公平地随机抽取选定的方式进行。

（三）鉴定人的权利

1. 知悉与鉴定有关情况的权利

司法鉴定人受理鉴定委托后，有权了解案情，查阅与鉴定有关的案卷资料，如勘验笔录、检验笔录、审讯笔录等，询问与鉴定事项有关的当事人、证人等。全面了解案件情况，是科学鉴定的基础性工作。

2. 要求补充材料的权利

鉴定人有权要求指派或者聘请的人民法院提供足够的鉴定材料；在提供的鉴定材料不充分、不具备作出鉴定意见的条件时，有权要求委托法院补充材料，否则有权拒绝鉴定。

3. 独立鉴定的权利

鉴定人有权独立出具自己的鉴定意见，这在鉴定过程中是十分重要的。鉴定意见是司法鉴定人运用自己所掌握的专业知识就案件中涉及的某一专门性问题作出的科学判断，必须保证鉴定人在作出鉴定意见时的内心独立性，外界不得干扰。不得受案情、人情、上级或外界压力的影响而使鉴定意见偏离科学轨道。在鉴定过程中，鉴定人或鉴定机构之间，对于不同的鉴定意见，不能以少数服从多数、下级服从上级的方式来统一鉴定的意见。鉴定人之间的意见也不能强求一致，鉴定人对自己所做出的鉴定意见负完全责任。在“共同鉴定”的案件中，如果经过充分讨论仍不能取得一致的鉴定意见，司法鉴定人有权保留自己的意见，并可分别将不同的意见及其根据写入鉴定书中。

4. 收取鉴定报酬的权利

鉴定机构利用其专业知识和经验为案件涉及的专门性问题提供鉴定意见，是一种复杂劳动的投入，理应获取相应的报酬。特别是鉴定人员接到法院通知以后，还需要出庭参与诉讼，法律规定鉴定机构收取鉴定费用是应当的。

（四）鉴定人的义务

1. 鉴定人出庭义务

英美法系本身就把鉴定人作为一种证人，即专家证人，当然应当出庭接受质询。在大陆法系国家或地区，鉴定意见一般以书面形式作出，但如有必要，也可以要求鉴定人出庭接受口头询问。德国《民事诉讼法》第 414 条规定了鉴定证人制度，如果要证明过去的事实或情况，而对这种事实和情况的认识需要特殊的专门知识时，询问这种专门知识的人，适用关于证人的规定。根据日本《民事诉讼法》第 309 条的规定，“对于因特殊的学识和经验而得知的事实进行询问时，应当根据关于询问证人的规定进行”。在日本的司法实践中，鉴定人不仅要提出鉴定意见，还要出庭接受当事人的交叉询问。①在我国台湾地区，其“民事诉讼法”第 339 条规定：“询问依特别知识得知已往事实之人者，适用关于人证之规定。”台湾地区的学者认为，对于他人之间的诉讼，陈

---

① ［日］谷口安平：《程序的正义与诉讼》，王亚新、刘荣军译，中国政法大学出版社 1996 年版，第 267～268 页。

述须依据特别专门知识得知的事实的人，称为鉴定证人。①

我国新《民事诉讼法》规定鉴定人出庭质证，完善了鉴定意见质证制度，与国际社会相关制度逐步接轨。根据新《民事诉讼法》第78条的规定，在以下两种情况下，鉴定人应当出庭：

其一，当事人对鉴定意见有异议。当事人如果对书面鉴定意见提出异议，鉴定人应当出庭予以解释说明，并接受当事人双方及法官的询问。在当事人对鉴定意见存在异议的情况下，法院应当通知鉴定人出庭作证。

其二，人民法院认为鉴定人有必要出庭的。即使当事人双方对鉴定意见没有提出异议，但法院认为书面鉴定意见存在疑问，需要鉴定人解释说明的，亦有权通知鉴定人出庭。

基于鉴定意见所涉及知识的专业性，当事人并不熟悉该领域的专业知识，为了更有效地对鉴定意见进行质证，修改以后的《民事诉讼法》规定，当事人可以申请人民法院通知有专门知识的人士出庭，协助当事人对鉴定意见进行质证。

2. 鉴定人不出庭的法律后果

根据新《民事诉讼法》第78条的规定，一旦法院通知鉴定人出庭，鉴定人就有义务出庭。如果鉴定人拒不履行出庭义务的，将会产生以下法律后果：

一是鉴定意见不被法院采信。如果在需要鉴定人出庭的情况下，鉴定人拒不出庭，其鉴定意见就难以有效进行质询，无法判断其鉴定意见的科学性、真实性与关联性，因此立法规定对该鉴定意见不予以采信，符合证据评判和事实认定规则。

二是退还鉴定费用。鉴定人有主张经济报酬的权利，即收取相应的鉴定费用。但鉴定人取得该鉴定费的前提条件是履行鉴定人应当履行的义务，鉴定人接受鉴定以后，至少应当履行两个方面的义务：按照要求出具鉴定意见书；根据法院通知出庭作证。如果鉴定人没有履行其义务，当然应当退还鉴定费用，不能够只享有权利而不履行义务。

3. 客观鉴定及保密义务

鉴定人必须客观全面地反映鉴定过程和结果，不得隐瞒或编造虚假情况。故意提供虚假鉴定意见的，应当负法律责任。凡涉及国家秘密、个人隐私和其他不能公开的鉴定材料，必须严格保密。

---

① 陈荣宗、林庆苗：《民事诉讼法》，台湾三民书局1996年版，第530页。

第六章　民事检察监督制度的修改完善

第一节　检察监督的基本原则

我国《宪法》规定，人民检察院是国家的法律监督机关。检察监督主要是指人民检察院依据相关法律规定通过参与刑事、民事和行政诉讼活动，依法对有关机关和人员的行为是否合法所进行的监督。检察监督作为刑事诉讼法、民事诉讼法及行政诉讼法“三大诉讼法”中的基本原则，是我国检察机关宪法地位在诉讼制度中的具体体现，是中国特色社会主义司法制度的显著特征。检察监督对于保障检察机关依法正确行使检察职权，充分发挥检察机关在维护社会和谐稳定，保障公民合法权益，维护和实现司法公正等职能作用，对于促进我国经济社会发展和中国特色社会主义法治建设发挥了显著的作用。

1982 年《民事诉讼法（试行）》第 12 条规定：“人民检察院有权对人民法院的民事审判活动实行法律监督。”标志着检察监督成为我国民事诉讼法和民事诉讼程序基本原则体系中的重要组成部分，或称其为其中“不可或缺的元素”，理论界和司法实务界都习惯地将其称为民事检察监督原则。民事检察监督作为民事诉讼法的一项基本原则，在 1991 年《民事诉讼法》第 14 条和 2007 年《民事诉讼法》第 14 条中都得到坚持和确认，为中国特色的民事检察监督制度的建立、完善与科学发展奠定了坚实的基础。

《决定》不仅再次坚持和确认了民事诉讼中的检察监督原则，而且对其基本内容作出重大修改与完善。《决定》第 2 条规定，将《民事诉讼法》第 14 条修改为：“人民检察院有权对民事诉讼实行法律监督。”这是自 1982 年《民事诉讼法（试行）》确定“人民检察院有权对人民法院的民事审判活动实行法律监督”基本内容以来，首次对民事检察监督原则的内容作出修改与调整。如果将《决定》修改前《民事诉讼法》确定的“对民事审判活动实行法律监督”称之为有限监督原则，那么，新《民事诉讼法》所确定的“对民事诉讼实行法律监督”则是全面监督原则的确立，表明在立法和法律原则层面上实现了我国民事检察监督从有限监督向全面监督的转变，表明民事检察监督对象、监督范围发生了重大变化，是对民事检察监督的强化与转型，也是此次《民事诉讼法》修改中的重要内容和突出亮点。这种强化与转型是立法对我国关于民事检察监督司法改革成果的全面确认与发展，是对长期以来理论界以及司法实务中关于民事检察监督的种种质疑与争论所作出的有效回应，是对中国特色民事检察监督内在规律的深刻认识和科学把握。同时，也是立法对于司法实践中不断增长的监督诉求的正视与极大关切，正如全国人大常委会法工委副主任王胜明同志在人大常委会闭幕后新闻发布会上所指出的：加强民事检察监督是此次修改《民事诉讼法》的重要内容，是各方期待，在审判实践中，确实存在司法不公、司法权威不高……可见，《决定》对民事检察监督原则作出重大修改有着深刻、丰富的历史与时代背景。

自1982年民事检察监督被作为民事诉讼法的一项基本原则确定以来已有30年的历史，其制度运行也已有20余年的历程。作为国家干预原则在民事诉讼中的具体体现，检察监督对于保障人民法院审判权的正确行使，保证民事诉讼活动合法性、维护公平正义和社会主义法制统一，发挥了极其重要的作用，受到社会各界的高度重视和普遍关注。但由于时代局限，立法不够完善，导致了理论界和司法实务界围绕民事检察监督的正当性、有效性以及存废等重大问题展开了激烈的争论，① 形成了“废除论”与“强化论”两种截然相反的理

① 特别是20世纪90年代以来这种争论愈加激烈，1991年的《民事诉讼法》对1982年《民事诉讼法（试行)》进行了全面修订，其中在保留了“人民检察院有权对人民法院的民事审判活动实行法律监督”原则的基础上，又在审判监督程序中，增加规定了检察机关的民事抗诉制度，其中第185条规定了检察机关的抗诉职权及抗诉事由，第186条规定了检察机关抗诉引起再审的法律后果，第187条规定了检察机关提出抗诉应当提出法律文书，第188条规定了检察机关应当派员出席再审法庭。抗诉制度的建立使得原本抽象的民事检察监督原则，有了具体制度的支撑和实践运行的可能，为民事检察监督制度进一步发展奠定了基础，有着极其重要的意义。但另一方面，由于除民事检察监督原则规定外，仅有抗诉制度作为民事检察监督的制度支撑，且抗诉制度本身不仅限于审判监督程序之中，而且缺乏相应的程序规定。因而，民事检察监督原则规定与具体制度规定之间不相协调的负面效应由此显现。特别是民事检察监督原则及其制度便被不适当地等同于抗诉制度，民事检察监督原则被不适当地等同于事后监督原则，民事检察监督也被不适当地等同于再审监督，民事检察监督原则受到了错误的、狭义的限制性理解。基于对民事检察监督原则限制性的理解，民事检察监督的范围被严格地限定在审判监督程序范围内，且在适用中还不断受到挤压，特别是最高人民法院曾10余次以司法解释的方式，挤压和限定民事检察监督的范围。如：最高人民法院《关于对执行程序中的裁定的抗诉不予受理的批复》、最高人民法院《关于检察机关对先予执行的民事裁定提出抗诉人民法院应当如何审理的批复》、最高人民法院《关于对企业法人破产还债程序终结的裁定应否受理问题的批复》、《关于人民法院发现本院作出的诉前保全裁定和在执行程序中作出的裁定确有错误以及人民检察院对人民法院作出的诉前保全裁定提出抗诉人民法院应当如何处理的批复》、《关于人民法院不予受理人民检察院单独就诉讼费负担裁定提出抗诉问题的批复》、最高人民法院《关于人民检察院对民事调解书提出抗诉人民法院应否受理问题的批复》、最高人民法院《关于人民检察院对撤销仲裁裁决的民事裁定提出抗诉，人民法院应如何处理问题的批复》等。

论观点。① 所谓“废除论”是以西方司法观念和诉讼理论为依据，认为现行民事检察监督有悖于现代法治原理和诉讼理论，实践中出现诸多的问题无法克服，并对其制度合理性、必要性提出质疑，进而主张废除民事检察监督原则和制度；所谓“强化论”是以我国宪政体制和检察机关宪法定位为依据，从我国国情和司法实践中的监督诉求出发，认为我国民事检察监督符合我国基本国情，有存在的合理性与必要性，但由于制度本身尚不完善，严重地制约了其作用的发挥，应当予以完善和强化，以实现对民事诉讼的全面监督。其中“废除论”与我国宪政体制、司法与诉讼制度都相距甚远，不符合我国法治发展的基本要求。“强化论”是从我国宪政体制和司法实际出发提出的观点。《决定》对民事检察监督原则内容作出重大修改与调整正是对前述理论观点的有效回应。

同时，《决定》对民事检察监督原则内容的重大修改与调整也是对司法改革成果的肯定与发展。特别是党的十六大明确提出推进司法体制改革任务后，党的第十七大进一步提出了“深化司法体制改革”战略任务，2008 年中央政法委会同 17 家中央国家机关和有关地方国家机关，研究制定了《关于深化司法体制和工作机制改革若干问题的意见》（以下简称《意见》），被中央批准并转发。《意见》从优化司法职权配置、落实宽严相济刑事政策、加强政法队伍建设、加强政法经费保障四个方面部署了新一轮司法体制和工作机制改革的任务要求。其中，关于民事检察监督，《意见》在优化司法职权配置中明确提出了“完善检察机关对民事、行政诉讼实施法律监督的范围和程序”以及“明确对民事执行工作实施法律监督的范围和程序”两项改革任务。最高人民检察院于 2009 年 3 月在研究制定的《关于贯彻落实〈中央政法委员会关于深化司法体制和工作机制改革若干问题的意见〉的实施意见——关于深化检察改革 2009 - 2012 年工作规划》及《关于落实〈深化检察改革 2009 - 2012 年工作规划〉的工作方案》中又进一步重申和部署了关于民行检察职权配置的两项改革任务。经过深入调研与反复磋商、在达成共识的基础上，最高人民检察

① 王德新：《中国民事检察监督制度改革方案述评》，载《陕西行政学院学报》2012 年第 2 期；宋朝武：《当代中国民事检察监督的变革方向和路径考量》，载《河南法学》2010 年第 1 期；黄松有：《检察监督与审判独立》，载《法学研究》2000 年第 3 期；杨立新：《民事行政检察监督与司法公正》，载《法学研究》2000 年第 4 期；蔡虹：《民事检察监督：不应削弱只能加强》，载《检察日报》2003 年 7 月 31 日；汤维建：《民事诉讼法的全面修改与检察监督》，载《中国法学》2011 年第 3 期。

院和最高人民法院于2011年3月10日会签了《关于对民事审判活动与行政诉讼实施法律监督的若干意见（试行）》（以下简称《若干意见》）和《关于在部分地方开展民事执行活动法律监督试点工作的通知》（以下简称《试点通知》）两个文件。同时，最高人民检察院、最高人民法院及其他相关部门也先后会签了多个与民事检察监督直接相关的司法改革文件，具体包括：最高人民法院、最高人民检察院、公安部、国家安全部、司法部《关于对司法工作人员在诉讼活动中的渎职行为加强法律监督的若干规定（试行）》（高检会〔2010〕4号）、最高人民法院、最高人民检察院《关于人民检察院检察长列席人民法院审判委员会会议的实施意见》（法发〔2010〕4号）、最高人民法院办公厅、最高人民检察院办公厅《关于调阅诉讼卷宗有关问题的通知》（法发〔2010〕255号）、最高人民检察院《关于完善抗诉工作与职务犯罪侦查工作内部监督制约的规定》（高检发〔2009〕19号）、最高人民检察院《关于人民检察院检察建议工作的规定》（高检发〔2009〕24号）5个文件，都反映了关于民事检察监督改革取得的巨大成果。其中，对于民事检察的监督范围、监督条件、监督措施和监督效力等方面都作了进一步的明确规定。特别是在监督范围方面，进一步明确了对审判人员的职务行为①、民事执行活动②和其他民

① 最高人民法院、最高人民检察院、公安部、国家安全部、司法部《关于对司法工作人员在诉讼活动中的渎职行为加强法律监督的若干规定（试行）》第17条规定，“本规定所称的对司法工作人员渎职行为的调查，是指人民检察院在对……民事审判……进行法律监督中……进行核实、查证的活动”，其中包括对民事审判活动中渎职行为的调查处理；第10条规定，“对渎职犯罪的侦查和对诉讼活动的其他法律监督工作应分别由不同的部门和人员办理”，其中民事检察监督部门负责“对违反民事诉讼违法行为的渎职行为的调查”。最高人民检察院《关于人民检察院检察建议工作的规定》第5条第4项规定，在办案过程中发现应当对有关人员（包括民事审判人员）给予处分的，可以提出检察建议，也是对民事审判人员的法律监督。

② 最高人民法院、最高人民检察院、公安部、国家安全部、司法部《关于对司法工作人员在诉讼活动中的渎职行为加强法律监督的若干规定（试行）》第3条第9项明确规定了对民事执行活动的监督范围；第12项规定对其他严重违反民事诉讼法的行为实行监督，也包括对其他民事执行活动的监督；第10条第1款明确规定了监督措施。同时《关于在部分地方开展民事执行活动法律监督试点工作的通知》还对民事执行监督的措施和程序作了进一步的规定。

事审判活动，包括对民事调解和对其他民事审判活动的法律监督，[①] 完全符合1991年及2007年《民事诉讼法》第14条关于“人民检察院有权对人民法院的民事审判活动实行法律监督”的原则规定，应当以立法的形式予以全面确认。如何以立法的方式确认和发展司法改革成果成为立法中的关键问题。从强化检察监督和明确监督方式的立法要求出发，全国人大常委会《关于修改〈中华人民共和国民事诉讼法〉的决定（草案）》（以下简称《草案》）（一审稿）中第1条曾规定：“人民检察院有权以检察建议、抗诉方式对民事诉讼实行法律监督”，即采取“监督方式+监督范围”的方式加以规定，其中将监督方式明确规定为检察建议和抗诉两种，将监督范围明确修改为民事诉讼。但在征求意见建议过程中，有意见提出，在民事检察监督原则规定中不宜规定具体的监督方式。在《草案》（二审稿）审议过程中，也有常委委员提出：这样规定与《刑事诉讼法》、《行政诉讼法》规定表述不一致。最高人民检察院则要求进一步明确监督的范围和方式。为此，全国人大法工委专门会同有关方面进行了研究，并建议参照《刑事诉讼法》、《行政诉讼法》的规定，将《草案》第1条规定的“人民检察院有权以检察建议、抗诉方式对民事诉讼实行法律监督”进一步修改为第2条的“人民检察院有权对民事诉讼实行法律监督”，并在其他条款中相应规定：地方各级人民检察院对审判监督程序以外的其他审判程序中审判人员的违法行为，有权向同级人民法院提出检察建议；人民检察院有权对民事执行活动实行法律监督等内容。即采取“监督范围”与“监督方式”区分条款、单独规定的方式，较好地体现了监督范围与监督方式的不同，同时也达到了原则规定与具体规定的内在统一，实现了扩大监督范围，明确监督方式，强化检察监督的立法要求，也为进一步改革和完善民事检察监督制度留有充足的空间。这种立法方式及内容得到了一致的赞同，并为《决定》所确定，反映了立法对司法改革成果的确认与发展。

民事检察监督原则作为民事诉讼和民事检察监督制度的重要基础和制度性杠杆，对于民事检察监督制度的建立、完善与发展起着至关重要的作用。《决定》在民事诉讼原则中对民事检察监督原则内容的修改与调整，为进一步建立和完善更加科学的民事检察监督制度，推动中国特色社会主义司法制度的自

① 《关于对民事审判活动与行政诉讼实施法律监督的若干意见（试行）》第6条明确规定对于生效的民事调解可以提出抗诉；第9条第1款规定：“人民法院的审判活动有本意见第五条、第六条以外违反法律规定情形，不适用再审程序的，人民检察院应当向人民法院提出检察建议。”因此，对于可以抗诉的生效判决、裁定、调解以外的其他民事审判活动，检察机关可以检察建议的方式实行法律监督。

我完善，建设社会主义法治国家无疑具有重大而深远的意义。对于检察机关的民事检察监督工作本身而言，全面监督原则的确立为实现民事检察工作的可持续发展提供了新的空间和新的源泉，正可谓是民事检察监督工作迎来了新的契机、新的春天。

第二节　诉中监督

一、修改背景

所谓诉中监督是指发生在诉讼开始以后尚未结束前的监督行为。诉中监督是相对于诉讼之后（如抗诉、再审检察建议等诉后监督）以及诉讼尚未开始之前而发生（如督促起诉、支持起诉等诉前监督）而言的一种监督行为，由于其监督行为发生在诉讼进行当中，故称为诉中监督。这是以诉讼进行与否，以及诉讼发生阶段为标准来对监督行为所进行的划分。诉中监督是一种服务于生效裁判形成或生成的监督，基于检察监督所产生的各种观点和主张，内化到了生效裁判形成过程和最终结果之中。① 作为诉讼程序违法的过程性监督机制，诉中监督对保障诉讼程序合法性、正当性与合理性具有重要作用。

但基于立法的规定，我国民事检察监督制度长期表现为对法院生效裁判的抗诉监督，有学者称其为诉后监督。关于诉中监督，虽然在 1991 年《民事诉讼法》第 14 条明确规定了人民检察院有权对人民法院的民事审判活动实行法律监督。但由于该法除在第十六章“审判监督程序”第 185 条至第 188 条规定了各级检察机关对人民法院错误的生效民事裁判提出抗诉之外，并无其他可操作的制度性规定。由于缺乏具体的制度规定和明确的立法支撑，加之审判机关对开展诉中监督持不同意见，因此，诉中监督工作始终未能得到有效开展。

这种状况在新一轮司法改革中得到较大改善。特别是 2008 年，中共中央转发中央政法委《关于深化司法体制和工作机制改革问题的若干意见》（以下简称《意见》）中，明确提出“完善检察机关对民事、行政诉讼活动实施法律监督的范围和程序”的改革任务。根据《意见》的要求，最高人民检察院和最高人民法院进行了深入研究，并于 2011 年 3 月 10 日，会签了《关于对民事审判活动与行政诉讼实施法律监督的若干意见（试行)》（以下简称《若干意见》）和《关于在部分地方开展民事执行活动法律监督试点工作的通知》（以

① 汤维建：《民事检察监督制度的十大趋势》，载《检察日报》2010 年 10 月 11 日。

下简称《执行试点通知》）两个文件。其中，《若干意见》第9条规定，人民法院的审判活动有本意见第5条、第6条以外违反法律规定情形，不适用再审程序的，人民检察院应当向人民法院提出检察建议，[①] 以及当事人认为人民法院的审判活动存在前款规定情形，经提出异议人民法院未予纠正，向人民检察院申诉的，人民检察院应当受理等。这不仅明确了检察机关有权开展诉中监督，而且还具体规定了诉中监督的范围及其程序和方式。同时，其他一些司法改革文件中也包括了开展民事检察诉讼诉中监督的监督方式和监督措施等。如2010年8月最高人民法院、最高人民检察院、公安部、国家安全部、司法部《关于对司法工作人员在诉讼活动中的渎职行为加强法律监督的若干规定（试行）》（以下简称《两高三部文件》）第2条规定，人民检察院依法对诉讼活动实行法律监督，对司法工作人员的渎职行为可以通过审查案卷材料、调查核实违法事实、提出纠正违法意见或者建议更换办案人、立案侦查职务犯罪等措施进行法律监督。其中“对诉讼活动实行法律监督”内容本身，就包括了民事诉讼活动，而“审查案卷材料、调查核实违法事实、提出纠正违法意见或者更换办案人”等监督措施也都适用于民事检察的诉中监督。此外，其他一些条文及司改文件规定也同样适用于民事检察诉中监督，如《两高三部文件》第3条规定的对司法工作人员“违反民事诉讼的行为”应当实行法律监督，第10条第1款第2项关于对审判员人职务违法行为规定的“移送有关机关处理”、“建议更换办案人”及第10条第2款关于“对渎职犯罪的侦查和对诉讼活动的其他法律监督工作应当分别由不同的部门和人员办理”等，也包括民事检察部门对违反民事诉讼法的渎职行为的调查。2009年最高人民检察院颁布的《人民检察院检察建议工作规定（试行）》第5条第4项关于在办理案件过程中发现应对有关人员给予处分的，可以提出检察建议的规定等。由此可见，不仅最高人民检察院、最高人民法院关于诉中监督达成了充分的共识，而且相关的司法改革成果也丰富了民事检察诉中监督的方式和措施，需要民事诉讼立法予以确认。

---

① 《关于对民事审判活动与行政诉讼实施法律监督的若干意见（试行）》第5条规定，“最高人民检察院对各级人民法院已经发生法律效力的民事判决、裁定，上级人民检察院对下级人民法院已经发生法律效力的民事判决、裁定，经过立案审查，发现有《中华人民共和国民事诉讼法》第一百七十九条规定情形之一，符合抗诉条件的，应当依照《中华人民共和国民事诉讼法》第一百八十七条之规定，向同级人民法院提出抗诉……”第6条规定：“人民检察院发现人民法院已经发生法律效力的民事调解、行政赔偿调解损害国家利益、社会公共利益的，应当提出抗诉。”

二、修改内容

《决定》以立法的形式确认了对诉中监督的改革成果。《决定》第 47 条将《民事诉讼法》第 187 条改为第 208 条，修改为：

第二百零八条　最高人民检察院对各级人民法院已经发生法律效力的判决、裁定，上级人民检察院对下级人民法院已经发生法律效力的判决、裁定，发现有本法第二百条规定情形之一的，或者发现调解书损害国家利益、社会公共利益的，应当提出抗诉。

地方各级人民检察院对同级人民法院已经发生法律效力判决、裁定，发现有本法第二百条规定情形之一的，或者发现调解书损害国家利益、社会公共利益的，可以向同级人民法院提出检察建议，并报上级人民检察院备案；也可以提请上级人民检察院向同级人民法院提出抗诉。

各级人民检察院对审判监督程序以外的其他审判程序中审判人员的违法行为，有权向同级人民法院提出检察建议。

三、理解与适用

上述第 208 条第 3 款的规定，是我国民事诉讼立法中首次以具体制度的方式确认了民事检察的诉中监督，从而结束了我国长期单纯以“诉后抗诉”为特色的民事检察监督制度的历史，实现了我国民事检察监督从诉后监督向诉中监督的延伸，是我国民事检察监督制度的进一步完善和发展，具有重大的理论和现实意义。

新《民事诉讼法》第 208 条使用一款专门对诉中监督加以规定，并从以下几方面明确了诉中监督的主要内容：

（一）是明确了诉中监督主体

新《民事诉讼法》第 208 条第 3 款中将诉中监督的主体规定为“各级人民检察院”。这一规定显然与前两款关于有权提出抗诉和提出再审检察建议的主体规定有明显不同，关于提出抗诉主体只限为最高人民检察院和上级人民检察院，而提出再审检察建议的主体虽规定为地方各级人民检察院，但均为作出生效判决、裁定及调解书的人民法院的同级人民检察院，与之相比较，将诉中监督的主体界定为“各级人民检察院”则应当理解为包括最高人民检察院及地方各级人民检察院。各级人民检察院对于审判监督程序以外其他审判程序中的审判人员违法行为均有权向同级人民法院提出检察建议。立法关于诉中监督主体的规定符合检察机关开展诉讼监督工作实际。

（二）明确了诉中监督范围

新《民事诉讼法》第208条第3款明确将诉中监督范围确定为“审判监督程序以外的其他审判程序”。所谓“审判监督程序以外的其他审判程序”是指新《民事诉讼法》第二编审判程序中规定的审判监督程序以外的所有其他审判程序，具体包括一审程序、二审程序、简易程序以及特别程序、督促程序、公示催告程序等。同时，对于人民法院按照审判监督程序决定再审案件的审理，由于新《民事诉讼法》第207条规定适用一审或二审程序进行审理，①属于审判监督程序以外的审判程序，适用诉中监督的规定。

（三）明确了诉中监督对象

新《民事诉讼法》第208条第3款明确将监督对象及内容界定为“审判人员的违法行为”。所谓“审判人员”是指根据新《民事诉讼法》关于审判组织的规定中所确定的人员，具体应当包括审判长、审判员、陪审员以及书记员，同时也应当包括特殊情况下，如采取保全、先予执行以及对妨害民事诉讼行为采取强制措施等程序中的审判人员、司法警察等。所谓“违法行为”是指审判活动中的违法行为，即除新《民事诉讼法》第200条规定的当事人可以申请再审以及检察机关应当提出抗诉或再审检察建议的违法事由以及职务违法行为构成犯罪以外的审判活动违法行为。具体应当包括违反新《民事诉讼法》关于管辖、审判组织、回避、诉讼参加人、当事人、代理人、证据、期间与送达、调解、保全与先予执行、妨害民事诉讼强制措施等方面规定的审判违法行为，也包括违反其他审判程序中的审判违法行为。

（四）明确了诉中监督方式

新《民事诉讼法》第208条第3款明确将诉中监督的方式规定为“提出检察建议”，所谓“提出检察建议”是指为纠正审判人员的违法行为而向同级人民法院提出检察建议。需要说明的是，本条第2款和第3款都规定了“向同级人民法院提出检察建议”，这是我国首次以国家基本法的形式明确将检察建议作为对诉讼活动实行法律监督的法定方式，是对诉讼监督方式的丰富与发

① 新《民事诉讼法》第207条第1款规定：“人民法院按照审判监督程序再审的案件，发生法律效力的判决、裁定是由第一审法院作出的，按照第一审程序审理，所作的判决、裁定，当事人可以上诉；发生法律效力的判决、裁定是由第二审法院作出的，按照第二审程序审理，所作的判决、裁定，是发生法律效力的判决、裁定；上级人民法院按照审判监督程序提审的，按照第二审程序审理，所作的判决、裁定是发生法律效力的判决、裁定。”

展。但两款规定中的检察建议却并不相同。其中，第 2 款规定的“提出检察建议”是基于对同级人民法院发生法律效力的判决、裁定、调解书有法律规定情形时，需要再审时提出的，属于诉后监督的法定方式，实践中称为“再审检察建议”。第 3 款规定的“提出检察建议”则是专指针对审判监督程序以外其他审判程序中的审判人员违法行为而提出的，属于诉中监督的法定方式，可称为“纠正违法建议”。虽在立法表述上对两者没有作出严格区分，但两者在适用的条件、引起的法律后果以及建议的具体内容方面完全不同，实践中应注意区分和把握。

（五）明确了诉中监督程序

新《民事诉讼法》第 208 条第 3 款明确将诉中监督程序规定为“向同级人民法院提出”。其中需要明确的是最高人民检察院对于各级人民法院，上级人民检察院对于下级人民法院，地方各级人民检察院对于同级人民法院审判监督程序以外其他审判程序中的审判人员违法行为都应当向同级人民法院提出检察建议。同时，下级人民检察院对于向同级人民法院提出的检察建议，被建议的人民法院没有正当理由不予采纳或拒不接受的，需要上级人民法院监督下级人民法院纠正的，下级人民检察院也应提请上级人民检察院，由上级人民检察院向其同级人民法院提出，并由上级人民检察院的同级人民法院监督其下级人民法院予以纠正。

此外，关于诉中监督立法规定的适用，应当注意与相关规定的衔接。一是注意与新《民事诉讼法》第 210 条规定内容的衔接。新《民事诉讼法》第 210 条规定了人民检察院因履行法律监督职责提出检察建议或者抗诉的需要，可以向当事人或者案外人调查核实有关情况。明确赋予了检察机关进行法律监督的调查核实权。但此权力并不限于因诉后监督提出检察建议或者抗诉需要而行使，因诉中监督提出检察建议需要，也可行使，实践中应注意发挥其作用。二是注意与相关司法改革文件规定的衔接。如前所述，此次《民事诉讼法》的修改是对司法改革成果的确认，特别是对改革中较为成熟的部分吸纳为立法内容加以规定，但对于司法改革文件规定，尚未入法的部分，包括“建议更换办案人”、“查阅、调阅卷宗”等，仍可依照文件规定予以适用，应当做好衔接。

第三节　抗诉监督

一、修改背景

抗诉监督是指人民检察院依照法律规定对人民法院错误的生效判决、裁定以抗诉方式进行的法律监督，又称为诉后型监督。[①] 抗诉监督是1991年《民事诉讼法》在检察监督原则规定的基础上，所确立起来的唯一一项具体的民事检察监督制度，是落实我国民事检察监督原则规定的第一块制度基石。民事抗诉制度的建立使民事检察监督从原则走向了制度，从抽象走向了具体，对于建立和完善中国特色民事检察监督制度具有里程碑式的重要意义。

但由于1991年《民事诉讼法》关于民事检察监督的原则规定与具体制度规定之间不相协调，由此产生了一定的负面效应，民事检察监督被不当地视为抗诉监督，加之抗诉监督制度本身不尽科学，使得这种负面效应进一步加深，并演化为理论界和实务界关于民事检察监督“存废”问题的激烈争论。实践中，检、法两院在许多具体问题上也长期存在分歧，难以达成一致，抗诉监督在艰难中探索，在争论中推进，其维护的司法公正价值逐渐得到社会广泛的认同。特别是我国改革开放不断深入、经济社会快速发展，人们对社会正义、司法公正的要求不断提高，民事诉讼中检察监督诉求日益增长。抗诉监督制度原有的时代局限性及其不足日益凸显，需要进一步加以完善。

2007年《民事诉讼法》对于抗诉监督作了进一步完善，主要体现在两个方面：一是针对1991年《民事诉讼法》关于抗诉案件再审时限、审级等规定不明的问题予以完善，即2007年《民事诉讼法》第188条规定，人民检察院提出抗诉的案件，接受抗诉的人民法院应当自收到抗诉书之日起30日内作出再审的裁定；有本法第179条第1款第1项至第5项规定情形之一的，可以交下一级人民法院再审；二是针对1991年《民事诉讼法》第185条规定的4项抗诉事由过于原则和宽泛的问题，[②] 进行了细化，并增加到14项事由。特别是增加了程序性事由，并将检察机关抗诉监督的事由与当事人申请再审事由作

① 汤维建：《民行检察监督制度的十大趋势》，载《检察日报》2010年10月11日。

② 1991年《民事诉讼法》第185条规定，原判决、裁定认定事实的主要证据不足的；原判决、裁定适用法律确有错误的；人民法院违反法定程序，可能影响案件正确判决、裁定的；审判人员在审理该案件时有贪污受贿、徇私舞弊，枉法裁判行为的4项抗诉事由。

了统一处理，抗诉监督制度得到较大的完善，但仍需进一步完善。

二、修改内容

《决定》对抗诉监督方面作了许多修改和完善，具体修改内容如下：

《决定》第46条将《民事诉讼法》第189条改为第212条，修改为：

第二百一十二条　人民检察院决定对人民法院的判决、裁定、调解书提出抗诉的，应当制作抗诉书。

《决定》第48条将《民事诉讼法》第187条改为第208条，修改为：

第二百零八条　最高人民检察院对各级人民法院已经发生法律效力的判决、裁定，上级人民检察院对下级人民法院已经发生法律效力的判决、裁定，发现有本法第二百条规定情形之一的，或者发现调解书损害国家利益、社会公共利益的，应当提出抗诉。

地方各级人民检察院对同级人民法院已经发生法律效力的判决、裁定，发现有本法第二百条规定情形之一的，或者发现调解书损害国家利益、社会公共利益的，可以向同级人民法院提出检察建议，并报上级人民检察院备案；也可以提请上级人民检察院向同级人民法院提出抗诉。

各级人民检察院对审判监督程序以外的其他审判程序中审判人员的违法行为，有权向同级人民法院提出检察建议。

《决定》第49条在《民事诉讼法》中增加二条，作为第209条和210条，规定如下：

第二百零九条　有下列情形之一的，当事人可以向人民检察院申请检察建议或者抗诉：

（一）人民法院驳回再审申请的；

（二）人民法院逾期未对再审申请作出裁定的；

（三）再审判决、裁定有明显错误的。

人民检察院对当事人的申请应当在三个月内进行审查，作出提出或者不予提出检察建议或者抗诉的决定。当事人不得再次向人民检察院申请检察建议或者抗诉。

第二百一十条　人民检察院因履行法律监督职责提出检察建议或者抗诉的需要，可以向当事人或者案外人调查核实有关情况。

《决定》第50条将《民事诉讼法》第188条改为第211条，修改为：

第二百一十一条　人民检察院提出抗诉的案件，接受抗诉的人民法院应当自收到抗诉书之日起三十日内作出再审的裁定；有本法第二百条第一项至第五项规定情形之一的，可以交下一级人民法院再审，但经该下一级人民法院再审的除外。

三、理解与适用

对于上述规定，应当从以下几方面理解和适用：

（一）明确了抗诉监督范围

新《民事诉讼法》第208条第1款和第2款明确规定将发生法律效力的判决、裁定、调解书作为抗诉监督范围。这是继1991年和2007年《民事诉讼法》将发生法律效力的判决、裁定作为抗诉监督范围后，进一步明确将发生法律效力的调解书纳入抗诉监督范围。关于调解书是否属于人民检察院的抗诉监督范围一直是检、法两院关于抗诉监督范围争论中的重要问题。最高人民法院曾于1999年作出《关于人民检察院对于民事调解书提出抗诉人民法院应否受理问题的批复》，指出"《中华人民共和国民事诉讼法》第185条只规定人民检察院可以对人民法院已经发生法律效力的判决、裁定提出抗诉，没有规定人民检察院可以对调解书提出抗诉。人民检察院对调解书提出抗诉的，人民法院不予受理"。检察机关对此持不同意见。直至2011年3月，"两高"会签《关于对民事审判活动与行政诉讼实施法律监督的若干意见（试行）》等司法改革文件，争论才得到妥善解决。新《民事诉讼法》关于抗诉监督范围的规定就是对这一争论解决方案的确认和肯定。

（二）丰富了抗诉监督方式

新《民事诉讼法》第208条第2款明确将检察建议作为抗诉监督的重要方式，这是针对1991年和2007年《民事诉讼法》中规定的单一"上级抗诉"监督方式的不足进行的完善。① 特别是在单一的"上级抗诉"监督方式下，大量申诉、抗诉案件交由上级司法机关处理，出现了所谓"倒三角"的办案结构，基层司法机关在既无抗诉权，又无再审权的情况下，难以发挥应有的作用，人民法院对于检察机关的抗诉监督始终存有抵触情绪。实践中，检察机关加强与人民法院的联系与沟通，创造性地探索出了"再审检察建议"的监督方式，② 取得了"同级抗、同级审"的实际效果，各方面积极认可，司法改革

① 1991年《民事诉讼法》第185条和2007年《民事诉讼法》第187条都规定地方各级人民检察院可以对同级人民法院已经发生法律效力的判决、裁定符合抗诉条件的，应当提请上级人民检察院向同级人民法院提出抗诉。

② 所谓再审检察建议是指人民检察院对于符合抗诉条件的案件，向同级人民法院发出对案件进行再审的检察建议，如法院接受检察建议，则可自行启动再审程序，如检察建议不被接受，则检察机关再行抗诉监督。

对此也予以肯定，新《民事诉讼法》则确认了再审检察建议监督方式，并由此形成了抗诉监督中的“双轨制”监督方式，是抗诉监督立法的重大突破。但在立法语词上却使用了“检察建议”的用语与第3款关于诉中监督方式相同，应注意区分和把握。同时，立法还赋予了检察机关在抗诉与检察建议适用上的选择权,① 具有较强的灵活性，实践中，可根据情况选择适用，实现抗诉与检察建议的优势互补，不断增强监督实效。

（三）完善了抗诉监督条件

新《民事诉讼法》第208条第1款和第2款将“发现有本法第二百条规定情形之一的，或者发现调解书损害国家利益、社会公共利益的”作为提出检察建议或者抗诉的条件。其中，“本法第二百条”是新《民事诉讼法》关于当事人可以申请再审情形的规定，将其作为检察机关提出检察建议或者提出抗诉的条件，反映出新《民事诉讼法》沿用了2007年《民事诉讼法》的立法方式，将检察机关提出检察建议或者抗诉条件与当事人申请再审条件作了等同处理。检察机关提出检察建议与抗诉的条件则随着《决定》关于当事人申请再审条件的修改与完善也得到进一步完善。同时，新《民事诉讼法》将“损害国家利益、社会公共利益”作为对调解书提出检察建议或者抗诉的条件，与当事人对调解书申请再审的条件有较大不同，新《民事诉讼法》第201条明确将“提出证据证明调解违反自愿原则或者调解协议的内容违反法律的”作为当事人对调解书申请再审的条件。值得注意的是，新《民事诉讼法》第208条第1款和第2款规定的只是检察机关依职权对调解书提出检察建议或者抗诉的条件，而并非是依当事人申请提出检察建议或者抗诉的条件。对于当事人根据新《民事诉讼法》第201条向人民法院申请再审后，又根据第209条规定向人民检察院申请检察建议或者抗诉的情况下，人民检察院仍可依当事人申请提出检察建议或者抗诉。此外，新《民事诉讼法》第202条规定“当事人对已经发生法律效力的解除婚姻关系的判决、调解书，不得申请再审”。但当生效的解除婚姻关系的判决、调解书中存在有婚姻无效、婚姻不存在或不成立等情形时，由于这些情形往往涉及公共利益和国家法律的强制性规范，检察机关都可依职权并以损害国家利益、社会公共利益为理由提出检察建议或者抗诉。

（四）规定了抗诉监督申请

新《民事诉讼法》第209条明确了当事人向人民检察院申请检察建议或

① 新《民事诉讼法》第208条第2款规定，地方各级人民检察院对同级人民法院已经发生法律效力的判决、裁定，发现有本法第200条规定情形之一的，或者发现调解书损害国家利益、社会公共利益的，可以向同级人民法院提出检察建议，并报上级人民检察院备案；也可以提请上级人民检察院向同级人民法院提出抗诉。

者抗诉的情形以及人民检察院审查和禁止当事人重复申诉的规定，这是新《民事诉讼法》中新的内容。长期以来，检察机关抗诉监督案件的来源主要是当事人或者其他利害关系人申诉、国家权力机关或者其他机关转办、上级人民检察院交办、人民检察院自行发现等几方面。[①] 其中，当事人申诉是最主要的案件来源，但由于缺乏具体规范，实践中出现了一些当事人滥用申诉权的问题，如以申诉代替上诉、多头申诉、反复申诉等，严重干扰了诉讼秩序，有必要予以规范。从规定的当事人向人民法院申请再审的3种情形看，全部都是针对当事人向人民法院申请再审的结果而提出的，强调把向人民法院申请再审作为当事人向人民检察院申请检察建议或者抗诉的前提条件，或称前置程序。但这一前置程序只适用于当事人向人民检察院申请检察建议或者抗诉的情形，而不适用其他有关机关向人民检察院转办、交办的情况，也不适用于检察机关依职权提出检察建议或者抗诉的情形。关于检察机关办理当事人向人民检察院申请检察建议或者抗诉的程序，立法规定人民检察院应当在3个月内进行审查，并作出提出或者不予提出检察建议或者抗诉的决定。同时，新《民事诉讼法》第209条第2款还明确规定，对于人民检察院所作出的提出或者不予提出检察建议或者抗诉的决定，当事人不得再次向人民检察院申请检察建议或者抗诉，即以一次为限。需要明确的是，这里仅是对当事人对于人民检察院作出的提出或不予提出检察建议或者抗诉的决定不得再次向人民检察院申请检察建议或者抗诉，但并不禁止当事人向其他国家机关提出申诉。

（五）增加了抗诉监督手段

新《民事诉讼法》明确赋予了检察机关在抗诉监督中对有关情况的调查核实权，[②] 这是立法关于民事检察监督的进一步完善，是强化民事检察监督的重要体现，也是对司法改革成果的确认。其中，“人民检察院因履行法律监督职责提出检察建议或者抗诉的需要”是对检察机关进行调查核实的条件规定，是以检察机关履行法律监督职责为前提，以提出检察建议或者抗诉为目的。但立法并未明确将提出检察建议限定为抗诉监督中的检察建议，或限定为诉中监督的检察建议。因此，“调查核实权”既是抗诉监督的保障性权力，也是诉中

---

① 《人民检察院民事行政抗诉案件办案规则》（2001年9月30日）第4条规定：“人民检察院受理的民事、行政案件，主要有以下来源：（一）当事人或者其他利害关系人申诉的；（二）国家权力机关或者其他机关转办的；（三）上级人民检察院交办的；（四）人民检察院自行发现的。”

② 新《民事诉讼法》第210条明确规定：“人民检察院因履行法律监督职责提出检察建议或者抗诉的需要，可以向当事人或者案外人调查核实有关情况。”

监督的保障性权力，适用中应当注意把握。同时，“可以向当事人或者案外人调查核实有关情况”是对检察机关调查核实对象以及调查核实内容的规定，所谓“当事人或者案外人”既包括案件中的双方当事人、诉讼参与人、代理人、鉴定人等，也包括与案件情况相关的自然人，有关机关、企业、事业单位、社会团体等法人单位和非法人组织。所谓“有关情况”可以理解为与案件有关的事实、证据情况以及与案件有关的程序情况，其中既包括案件的实体与程序情况，也包括审判人员有无违法行为等情况。

第四节　执行监督

一、修改背景

执行监督是指人民检察院依照法律规定对人民法院民事执行活动所实施的法律监督。对于检察机关是否有权对民事执行实行法律监督问题是理论界、实务界长期关于民事检察监督争论中的一个重要问题。在争论中，对此问题形成了“肯定论”与“否定论”两种截然相悖的观点。“肯定论”认为民事执行活动是人民法院审判活动的重要组成部分，《民事诉讼法》规定人民检察院有权对人民法院的民事审判活动实行法律监督，包含了对民事执行活动的法律监督。因此，人民检察院有权对民事执行活动实行法律监督。“否定论”则认为《民事诉讼法》将审判程序和执行程序作为不同的两编分别作出规定，表明执行程序在性质上不同于审判程序，立法只规定人民检察院有权对民事审判活动实行法律监督，但对民事执行活动却没有作出相应规定，因此，人民检察院无权对民事执行活动实行法律监督。1995 年最高人民法院作出《关于对执行中的裁定的抗诉不予受理的批复》认为，人民检察院针对人民法院在执行程序中作出的查封财产裁定提出抗诉，于法无据，人民法院应通知不予受理。该批复成为“否定论”在司法实践中的主要代表和集中体现。最高人民法院否定性的司法解释，也使得原本不应当存在分歧的问题，变得争议纷纭。实践中，由于受到上述批复的束缚，检察机关对民事执行活动的法律监督工作长期未能得到全面展开，执行活动也就成为了民事检察监督的“真空地带”。我们认为，最高人民法院以司法解释的形式通过限制检察机关对执行程序中裁定的抗诉权，排除检察机关对执行活动法律监督的做法显属不妥，其解释内容也有悖于我国宪法和法律的原则与立法精神，执行监督是民事检察监督不可分割的重要组成部分。特别是司法实践中出现的“执行难”、“执行乱”等问题，不仅严重损害了国家司法的权威，而且造成了对判决确定的当事人权益的损害，成为社会普遍关注的司法顽症。造成“执行难”、“执行乱”问题的原因是多方面的，但缺乏有效的监督是其中的重要方面。司法实践中的监督诉求为人民检察院是否要进行执行监督提供了科学、正确的答案。

为此，2007 年《民事诉讼法》对执行程序一编作出了重大修改和完善，进一步增强了对执行申请人与被申请执行人的权利保护，并且通过规定法院设立执行机构、增设及时强制执行措施、强化被执行人义务与责任、提升法院的执行能力等，使“执行难”的问题有了一定程度的缓解，但仍未得到根本的改善。2008 年中共中央转发中央政法委员会《关于深化司法体制和工作机制改革若干问题的意见》（以下简称《意见》）中明确提出“明确对民事执行工作实施法律监督的范围和程序”的改革任务和要求，最高人民检察院、最高人民法院经过认真的研究与磋商，也于 2011 年 3 月 10 日联合会签了《关于在部分地方开展民事执行活动法律监督试点工作的通知》（以下简称《试点通知》），明确以规范人民法院执行行为、支持人民法院依法执行为目的，要求在山西、内蒙古、上海、浙江、福建、江西、山东、湖北、广东、陕西、甘肃、宁夏等省（自治区、直辖市）高级人民法院、人民检察院开展民事执行活动监督试点工作，并对检察机关开展民事执行活动监督内容、监督方式、监督程序以及不当监督处理等内容作了明确规定。反映出了民事执行监督司法改革的成果。由此可见，关于执行监督已经不再是要不要进行监督的问题，而是如何按照《意见》和《试点通知》的要求，按照执行程序特点以及执行工作规律开展监督的问题，是现实层面的问题，需要立法的确认和支持。

二、修改内容

为确立人民检察对民事执行活动的监督权，《决定》第 53 条在《民事诉讼法》中增加一条，作为第 235 条，规定如下：

第二百三十五条　人民检察院有权对民事执行活动实行法律监督。

三、理解与适用

对于上述立法条文的规定，可从以下几方面理解：

一是关于立法意义。一方面，前文已述，关于执行监督，长期以来一直是理论界、实务界关于民事检察监督争论中的重要问题之一，虽然《意见》从司法改革的层面上提出了“明确对民事执行工作实施法律监督的范围和程序”的任务和要求，且检、法两院经过研究磋商，对于执行监督中的一些问题也达成了共识，会签了《试点通知》，全国部分人民法院、人民检察院也开展了相应的试点工作，并取得成效。但这些仍停留在中央关于司法改革指示精神和实践试验层面，需要进一步上升到国家法律层面，转化为具体的法律制度。新《民事诉讼法》第235条明确规定“人民检察院有权对民事执行活动实行法律监督”，既是中央司法改革精神在立法中的具体体现，又是对司法实践及检、法两院关于执行监督问题达成共识的确认，标志着执行监督在国家法律制度层面的正式确立，对于在法治的轨道上推动执行监督工作的深入开展无疑具有重要的意义。另一方面，新《民事诉讼法》在第三编“执行程序”中进一步对“人民检察院有权对民事执行活动实行法律监督”作出规定，也是对总则中第14条规定的“人民检察院有权对民事诉讼实行法律监督”原则的具体落实，是在充分考虑执行程序自身性质、特点的前提下作出的更加突出、更加明确的强调。同时，“人民检察院有权对民事执行活动实行法律监督”又是作为“执行程序”中的“一般规定”（第十九章）加以规定的，因此，该规定又是执行程序中的一般原则性规定，是指导人民检察院开展执行监督工作以及人民法院开展执行工作中应当共同遵守的原则规定，是人民检察院对执行活动实行法律监督的最直接的法律依据。

二是关于执行监督范围。新《民事诉讼法》第235条明确规定“人民检察院有权对民事执行活动实行法律监督”，其中“民事执行活动”被立法界定为检察机关执行监督范围。从法律意义上讲，“民事执行活动”与“民事执行行为”有着不同的含义，其中“活动”的外延要比“行为”更广，“活动”不仅包括“行为”，而且也包括为“行为”所作的各种准备和为实现行为目的所作的各种努力。因此，立法明确将“民事执行活动”作为执行监督范围，表明执行监督不仅要对法院的各种民事执行行为进行监督，而且还要对法院为开展民事执行行为和实现民事执行行为目的所作的各种准备和努力进行监督。换句话说，立法中所规定的执行监督是指对民事执行活动的全面监督，而非有限监督。执行监督不仅包括对判决、裁定、调解书执行的监督，也包括对法律规定的由人民法院执行的其他法律文书，如仲裁裁决、公证债权文书等执行活动的监督；不仅包括对违反执行程序一般规定的监督，也包括对违反执行申请和移送、违反执行措施以及违反执行中止和终结规定等的监督；不仅包括对执行中的裁定行为和对裁定结果的监督，也包括对执行中的执行行为的监督；不仅包括对执行中消极不作为的监督，也包括对执行中积极乱作为的监督；等等。实践中应当注意把握。

此外，在适用中还需要注意的是，新《民事诉讼法》第235条虽明确规定了“人民检察院有权对民事执行活动实行法律监督”，但对于开展执行监督的具体监督方式、监督程序及监督效力等都未作出明确规定。这主要是由于目前在实践中，一些监督程序和监督方式还处在试点阶段，尚未形成较为成熟的做法，需要在实践中进一步探索和提炼。因此，立法采取了先行授权逐步完善的方式，即只在执行程序一编的一般规定中明确了人民检察院有权对民事执行活动实行法律监督，但对以何种方式进行监督、按照怎样的程序进行监督却未作出相应规定。对此，我们认为，一方面应注重对《民事诉讼法》中规定的监督方式、监督手段和监督程序的综合运用，如针对执行中的裁定可以适用关于抗诉监督中规定的提出抗诉或者检察建议方式，针对执行过程中的执行违法行为适用关于诉中监督中规定提出检察建议的方式。同时，在开展执行监督中，还可以依据新《民事诉讼法》第 210 条规定向执行程序中的当事人或者案外人调查核实有关情况。另一方面应当注意与相关司法改革文件相衔接。如《试点通知》中明确规定了检察机关执行监督的内容、监督的程序、监督的方式等内容，“两高三部”《关于对司法人员在诉讼活动中的渎职行为加强法律监督的若干意见》中也明确规定了审查案卷材料、提出纠正违法意见和建议更换办案人等监督措施以及相关监督程序等。虽然这些司法改革文件中所确定的监督方式、措施和程序未能在新《民事诉讼法》中得到体现，但其中规定的许多内容也同样是司法改革的重要成果，实践中仍然可以与立法规定配套适用。总之，实践中要积极研究、不断探索适应执行程序特点和规律的执行监督程序和监督方式，不断积累经验，为进一步推动执行监督立法完善，推动执行监督工作深入发展奠定基础。

第五节　诉讼调解监督

一、修改背景

在我国的民事诉讼发展史上，诉讼调解的重要性随着社会条件的变化受到了不同程度的重视。新中国成立之后至 20 世纪 80 年代末期，我国的诉讼调解受到了前所未有的重视；20 世纪 80 年代末期，随着我国法治精神的传播和法治意识的觉醒，诉讼调解因被认为与法治精神冲突而受到了学界和实务界主流观点的批判；进入 21 世纪后，由于受国外纠纷解决方式变化的影响、实体法和程序法“刚性”以及实体法的缺失、民事审判方式改革受阻、错案追究制强化了法官的“避错”选择，尤其是随着 2004 年构建和谐社会目标的提出，诉讼调解重新受到了实务界的重视。[①]“案结事了”成为实务界追求的主要目标，有些地方法院甚至追求全部以调解结案的“零判决”状态。

尽管1982年《民事诉讼法（试行）》强调“应当着重进行调解”，但此时我国改革开放尚未深入，民事诉讼主要体现在婚姻家庭领域，强迫调解以及调解协议的内容违法尚不严重。因此，没有规定当事人有权对调解书申请再审。随着改革开放的深入，我国大量的民事纠纷涌入法院，已经出现了强迫调解以及调解协议违法的现象。由此，1991年《民事诉讼法》第一次规定了当事人对违反自愿原则以及调解协议违反法律规定可以申请再审；但对人民检察院能否对诉讼调解进行监督没有作出明确规定。司法实践中，有人民检察院尝试对诉讼调解进行监督；但最高人民法院于1999年2月13日开始实施的《关于人民检察院对民事调解书提出抗诉人民法院应否受理问题的批复》（1999年1月26日最高人民法院审判委员会第1041次会议通过），明确指出“人民检察院对调解书提出抗诉的，人民法院不予受理”。2007年，我国修改《民事诉讼法》时仍然没有解决这一问题。

同时，改革开放以来，我国社会主义市场经济体制逐渐建立和完善。在我国市场经济条件下，虽然我国的国有企业在国民经济中所占的比例逐渐缩小，但国有经济仍然控制着国民经济的命脉。在司法实践中，已经出现了国有企业的负责人滥用诉讼调解侵害国家利益、社会公共利益的现象。这些涉及国家利益、社会公共利益的诉讼调解，因缺乏法律监督而导致了大量国有资产的流失和社会公共利益受到严重的侵害。

二、修改内容

《决定》第48条将《民事诉讼法》第187条改为第208条，增加了对诉讼调解监督的内容，具体规定如下：

第二百零八条　最高人民检察院对各级人民法院已经发生法律效力的判决、裁定，上级人民检察院对下级人民法院已经发生法律效力的判决、裁定，发现有本法第二百条规定情形之一的，或者发现调解书损害国家利益、社会公共利益的，应当提出抗诉。

地方各级人民检察院对同级人民法院已经发生法律效力的判决、裁定，发现有本法第二百条规定情形之一的，或者发现调解书损害国家利益、社会公共利益的，可以向同级人民法院提出检察建议，并报上级人民检察院备案；也可以提请上级人民检察院向同级人民法院提出抗诉。

---

① 张卫平：《诉讼调解：时下势态的分析与思考》，载《法学》2007年第5期。

各级人民检察院对审判监督程序以外的其他审判程序中审判人员的违法行为，有权向同级人民法院提出检察建议。

《决定》第49条在《民事诉讼法》中增加两条，作为第209条和第210条。其中第209条的内容如下：

第二百零九条 有下列情形之一的，当事人可以向人民检察院申请检察建议或者抗诉：

（一）人民法院驳回再审申请的；

（二）人民法院逾期未对再审申请作出裁定的；

（三）再审判决、裁定有明显错误的。

人民检察院对当事人的申请应当在三个月内进行审查，作出提出或者不予提出检察建议或者抗诉的决定。当事人不得再次向人民检察院申请检察建议或者抗诉。

三、理解与适用

上述两个条文规定了两类诉讼调解监督：一是公益调解监督，包括最高人民检察院对各级人民法院和上级人民检察院对下级人民法院的公益调解监督，以及同级人民检察院对同级人民法院的公益调解监督；二是私权利调解监督，即人民检察院对私权利调解进行的检察监督。公益调解监督是指因双方当事人处分的权利损害了国家利益或者社会公共利益，人民检察院对损害国家利益、社会公共利益的诉讼调解进行的检察监督。公益调解监督可以分为两种，即最高人民检察院对各级人民法院、上级人民检察院对下级人民法院进行的公益调解监督和各级人民检察院对同级人民法院进行的公益调解监督。私权利调解监督是指双方当事人处分的权利主要或者完全属于当事人，人民检察院根据当事人的申请对诉讼调解进行的检察监督。人民检察院对私权利调解监督系不同的法律条款相结合而得出的合理推论。新《民事诉讼法》第201条规定，当事人可以对调解书申请再审；第209条第1项和第2项规定，在人民法院驳回当事人的再审申请和逾期未对再审申请作出裁定的，当事人可以向人民检察院申请检察建议或者抗诉。由于当事人的再审申请可以适用于调解书，因此，当事人向人民检察院申请检察建议或者抗诉也适用于调解。

（一）诉讼调解监督的启动程序

检察权属于一种程序性权力，其主要功能在于启动再审程序。因诉讼调解监督的种类不同，诉讼调解监督的启动程序存在一定的差异。

1. 公益调解监督的启动程序。基于公益调解监督分为两种，故其启动程序也分为两种。第一种公益调解监督的启动程序是最高人民检察院发现各级人民法院或者上级人民检察院发现下级人民法院已经发生法律效力的调解书损害国家利益、社会公共利益的，应当依职权提出抗诉。第二种公益调解监督的启动程序是地方各级人民检察院发现同级人民法院已经发生法律效力的调解书损害国家利益、社会公共利益的，可以向同级人民法院提出检察建议，并报上级人民检察院备案；也可以提请上级人民检察院向同级人民法院提出抗诉。

需要注意的是，虽然新《民事诉讼法》第 208 条第 2 款关于同级调解监督的法律用语是“可以”，而不是“应当”；但应当将第 208 条第 2 款的两个“可以”解释为，各级人民检察院应当在这两个“可以”中选择其一；而不可以作出第三种选择，即既不向同级人民法院提出检察建议，并报上级人民检察院备案，又不提请上级人民检察院向同级人民法院提出抗诉。

2. 私权利调解监督的启动程序。根据新《民事诉讼法》第 209 条的规定，对于侵害当事人私权利的调解书，在当事人没有提出申请的前提下，最高人民检察院和各级人民检察院无权进行检察监督。因此，与人民检察院有权直接启动公益调解监督相比，私权利调解监督的启动程序相对复杂。

首先，人民法院的前置处理程序。与公益调解监督不以法院的前置处理程序为前提不同的是，私权利调解监督的启动程序应当以法院的前置处理程序为前提。根据新《民事诉讼法》第 209 条第 1 款第 1 项和第 2 项的规定，当事人只有在人民法院驳回对调解书的再审申请或者逾期未对再审申请作出裁定时，才有权向人民检察院申请检察建议或者抗诉。因此，在未经过人民法院驳回再审申请或者逾期对再审申请未作出裁定的前提下，当事人无权向人民检察院申请检察建议或者抗诉。

其次，当事人的申请。即使经过了法院的前置处理程序，也未必启动人民检察院对私权利调解的监督程序；对私权利调解的监督程序，必须以当事人的申请为基础。当事人向人民法院提出再审申请，除逾期未作出裁定外，人民法院驳回当事人的再审申请或者作出的再审判决、裁定，在一般情况下能够解决当事人再审申请中提出的问题，对当事人的权利形成救济。由此，对调解的再审程序将会终结。司法实践中大多数针对调解的再审申请均是如此。只有当事人不服人民法院驳回再审申请的裁定或者人民法院逾期作出裁定，当事人才会向人民检察院提出检察建议或者抗诉的申请；由此，对调解书的监督程序才可能启动。

最后，人民检察院的决定。虽然私权利调解监督的启动程序以当事人的申请为基础，但并非意味着只要当事人向人民检察院提出了申请，人民检察院一定会启动监督程序。相反，人民检察院应当对当事人的申请进行审查，以确定其是否符合新《民事诉讼法》第 209 条第 1 款第 1 项和第 2 项规定的条件。只有当事人的申请符合条件时，人民检察院才能根据当事人的申请启动对调解的检察监督程序。

（二）诉讼调解监督的事由

根据新《民事诉讼法》相关法律条文的规定，诉讼调解监督的事由可以分为两类，即公益调解监督的事由和私权利调解监督的事由。

1. 公益调解监督的事由。根据新《民事诉讼法》第208条的规定，公益调解监督的事由是“调解书损害国家利益、社会公共利益”。这属于实体性事由。一般来说，程序性事由简易明了，不易产生争议；而实体性事由的认定需要以对案件的整体把握为前提，往往容易产生争议。因此，诉讼调解中的实体性事由应当达到明显的程度，即调解书损害国家利益、社会公共利益相当明显，普通人都能够得出同样的结论。

2. 私权利调解监督的事由。与公益调解监督的事由只有一个不同，私权利调解监督的事由有二：一是调解违反了自愿原则；二是调解协议的内容违反了法律。

首先，调解违反了自愿原则。诉讼调解必然意味着一方当事人放弃了应有的权利，作出了一定程度的牺牲；而另一方当事人得到了本来不应当得到的利益。因此，我国《民事诉讼法》一直强调诉讼调解必须基于自愿原则；否则，既严重侵害了当事人的诉讼权利，又严重侵害了当事人的实体权利。调解违反了自愿原则属于程序性事由。因此，只要调解违反了当事人的意思，至于是否侵害以及如何侵害当事人的实体权利和侵害的程度，都不是人民检察院关注的内容。

其次，调解协议的内容违反了法律。调解书属于人民法院作出的生效法律文书，而调解协议是双方当事人之间的民事协议。根据新《民事诉讼法》第201条的规定，私权利调解监督的事由是调解协议的内容而不是调解书的内容违反法律。调解协议作为当事人之间的民事协议，判断其违反法律的标准，应当适用《合同法》第52条至第54条和其他法律的规定。《合同法》第52条规定的无效合同、第53条规定的格式条款无效合同、第54条规定的可变更以及可撤销的合同，都属于违反法律的合同。当调解协议符合上述无效合同、格式条款无效合同、可变更或者可撤销合同时，就成为私权利调解监督的事由。调解协议不仅可能违反合同法，而且可能违反继承法、婚姻法等其他法律。当调解协议违反婚姻法、继承法的规定时，同样可以成为私权利调解监督的事由。比如，如果调解协议违反了《继承法》第7条的规定，使得丧失继承权的继承人分得了遗产；或者调解协议违反了《继承法》第9条的规定，没有平等分配遗产；或者调解协议违反了《继承法》第10条的规定，在第一顺序继承人存在的情况下，由第二顺序继承人继承了遗产等，都可以成为私权利调解监督的事由。调解协议违反法律的情形包括但不限于上述情形。对于调解协议违反法律的所有情形，在当事人向人民检察院提出申请时，都可以成为私权利调解监督的事由。

（三）诉讼调解监督的效力

1. 诉讼调解监督对法院的效力。学界和实务界的主流观点认为，检察权属于一种程序性权力。法律监督仅仅是程序意义而非终局意义，终局决定权在法院。① 这种观点在人民法院违反程序性法律时不会存在问题，但在人民法院违反实体性法律时将会产生自相矛盾的结论。

检察监督的作用在于纠正法官已经作出的明显错误的裁判（或者调解书）。② 当这种明显错误的裁判或者调解书属于违反程序性法律时，只要人民法院在再审程序中较好地遵守程序性法律，即对当事人的权利进行了救济；再审结果既可能与以前的裁判相同，也可能不同。但当明显错误的裁判或者调解书违反实体性法律时，即存在对当事人的权利如何进行实体性救济的问题。司法实践中绝大多数民事案件，其案件事实是清楚的或者本来是能够被查清的，法律规范是确定的，从而裁判结论是唯一的或者调解结果不应当过于离谱。司法实践中，少数法官作出的裁判或者调解书严重损害了国家利益、社会公共利益或者当事人的合法权利。对于此类裁判或者调解书，检察监督应当对人民法院的再审结果有一定的影响。司法实践中，检察监督确实有效地改变了原来的裁判或者调解结果，从而较好地维护了国家利益、社会公共利益或者当事人的合法权利。

2. 诉讼调解监督对人民检察院和当事人的效力。诉讼调解监督因公益调解监督和私权利调解监督的差异，对人民检察院和当事人而言存在不同的效力。

首先，公益调解监督不受次数的限制。新《民事诉讼法》对公益调解监督没有进行次数限制，因此，如果人民法院维持了原来的公益调解书，人民检察院可以再次提出检察建议或者抗诉。

其次，私权利调解监督受到次数的限制。根据新《民事诉讼法》第209条第2款的规定，人民检察院对当事人的申请作出提出或者不予提出检察建议或者抗诉的决定后，当事人不得再次向人民检察院申请检察建议或者抗诉。这

① 孙谦：《中国的检察改革》，载《法学研究》2003年第6期。

② 邱学强：《论检察体制改革》，载《中国法学》2003年第5期。

种情况主要适用于以下两种情形：一是人民检察院对当事人的申请不予提出检察建议或者抗诉；二是虽然人民检察院对当事人的申请作出了提出检察建议或者抗诉的决定，但人民法院维持了调解书的效力。

最后，当事人有权就再审调解书申请检察建议或者抗诉。根据新《民事诉讼法》第 209 条第 1 款第 3 项的规定，再审判决、裁定有明显错误的，当事人有权向人民检察院申请检察建议或者抗诉。再审判决、裁定作为生效的判决、裁定，可以作为再审的对象；同理，如果人民法院在再审程序中对当事人之间的民事纠纷再次进行了调解，且符合申请检察建议或者抗诉的条件，当事人仍然可以提出申请。

第六节　检察建议与再审检察建议

一、修改背景

新《民事诉讼法》实施前，我国《民事诉讼法》规定的民事检察监督方式只有抗诉。根据我国《民事诉讼法》的规定，民事抗诉只能适用于最高人民检察院对各级人民法院和上级人民检察院对下级人民法院已经发生法律效力的判决、裁定，而不能适用于各级人民检察院与同级人民法院之间。

根据我国现行的法院体制和审级制度，一般情况下，案件经过两审之后，发生法律效力的判决、裁定往往集中在中级人民法院，甚至相当一部分集中在高级人民法院。尤其是在 2007 年修改《民事诉讼法》后，当事人可以向上一级人民法院申请再审，大量的民事再审案件涌向了高级人民法院，甚至涌向了最高人民法院。同时，由于地区差异，部分高级人民法院的民事再审案件的数量较多。这种状态造成最高人民法院和高级人民法院审判压力较大，案多人少的矛盾突出，在一定程度上弱化了上级人民法院统一法律尺度、对下监督指导、调查研究等职能的发挥；同时，当事人申请再审的成本也明显增加。[①]

司法实践证明，我国的民事抗诉制度在纠正明显错误的判决、裁定，维护国家利益、社会公共利益或者当事人合法权利方面发挥了重要的作用，是一种基本科学合理的制度设计。因此，在完善民事抗诉制度的前提下，如何增加新的民事检察监督方式，以充分发挥省级以下人民检察院在民事检察监督中的作

---

① 林文学、刘小飞：《论我国民事再审审查制度的完善》，载《法律适用》2011 年第 7 期。

用即成为一项重要任务。事实上，早在20世纪80年代中后期，人民检察院即开始探索新的民事检察监督方式，部分人民检察院在司法实践中开始使用民事再审检察建议。经过10多年的司法实践，《人民检察院民事行政抗诉案件办案规则》（2001年9月30日最高人民检察院检察委员会通过）第47条规定了检察建议和再审检察建议两种不同的检察建议。再审检察建议实现了民事案件的同级监督，扩大了民事检察监督范围，提高了监督质量和实效，减少了诉讼环节和成本，节约了司法资源，取得了较好的社会效果和法律效果。对于这种经过多年司法实践检验证明效果较好的民事再审检察建议，有必要将司法解释上升到法律的层面。

与此同时，人民检察院作为我国《宪法》规定的法律监督机关，对民事诉讼的监督不仅仅体现在针对已经发生法律效力的判决、裁定启动民事再审程序上，而且还体现在审判人员的其他民事诉讼活动上。比如，已经发生法律效力的判决、裁定虽然存在错误，但不宜启动民事再审程序；法官在庭审活动违反了《民事诉讼法》的规定等。人民检察院对于法官的这些违法行为也应当进行监督。更为重要的是，如果人民检察院在审判程序中能够通过检察建议要求人民法院纠正法官的违法行为，就可以预防民事错案的发生。由此，除了民事抗诉、民事再审检察建议外，我国《民事诉讼法》有必要完善检察建议制度以对法官的其他违法行为进行监督。

二、修改内容

《决定》第48条将第187条改为第208条，同时第49条增加了两个条文，作为第209条和第210条。其中第208条第2款和第209条规定了再审检察建议，第208条第3款规定了检察建议。具体规定为：

第二百零八条　最高人民检察院对各级人民法院已经发生法律效力的判决、裁定，上级人民检察院对下级人民法院已经发生法律效力的判决、裁定，发现有本法第二百条规定情形之一的，或者发现调解书损害国家利益、社会公共利益的，应当提出抗诉。

地方各级人民检察院对同级人民法院已经发生法律效力的判决、裁定，发现有本法第二百条规定情形之一的，或者发现调解书损害国家利益、社会公共利益的，可以向同级人民法院提出检察建议，并报上级人民检察院备案；也可以提请上级人民检察院向同级人民法院提出抗诉。

各级人民检察院对审判监督程序以外的其他审判程序中审判人员的违法行为，有权向同级人民法院提出检察建议。

第二百零九条　有下列情形之一的，当事人可以向人民检察院申请检察建议或者抗诉：

（一）人民法院驳回再审申请的；

（二）人民法院逾期未对再审申请作出裁定的；

（三）再审判决、裁定有明显错误的。

人民检察院对当事人的申请应当在三个月内进行审查，作出提出或者不予提出检察建议或者抗诉的决定。当事人不得再次向人民检察院申请检察建议或者抗诉。

三、理解与适用

对于新《民事诉讼法》规定的检察建议和再审检察建议，在理解与适用的过程中需要注意以下几个方面的问题：

（一）适用范围

准确界定检察建议和再审检察建议的适用范围，是适用二者的基础性工作。

1. 检察建议的适用范围

在理解和适用检察建议的过程中，需要注意以下几个方面的问题：

首先，检察建议主要适用于各级人民检察院对审判监督程序以外的其他审判程序中审判人员的违法行为。其他审判程序既可能是裁判文书已经发生法律效力或者正在进行中的一审程序，也可能是裁判文书已经发生法律效力或者正在进行中的二审程序，还有可能是裁判文书已经发生法律效力的审判监督程序。这里，对检察建议适用于裁判文书已经发生法律效力的审判监督程序的理由作简单的解释。根据新《民事诉讼法》第209条第1款第3项的规定，当再审判决、裁定有明显错误的，当事人可以向人民检察院申请检察建议或者抗诉，赋予了人民检察院对再审判决、裁定明显错误时的检察建议权。再审判决、裁定的明显错误，不仅包括人民检察院向人民法院提出再审检察建议或抗诉时的明显错误，而且包括人民检察院向人民法院提出检察建议时的明显错误。

其次，检察建议针对的审判人员中的违法行为，虽然有可能在判决、裁定发生法律效力后构成再审事由，但其本身不属于再审事由。对于再审事由，我国《民事诉讼法》经历了由模糊到精确的过程。1982年《民事诉讼法（试行）》对再审事由完全没有规定，1991年《民事诉讼法》第179条第4项规定了“人民法院违反法定程序，可能影响案件正确判决、裁定的”的情形，2007年《民事诉讼法》第179条第2款维持了1991年《民事诉讼法》的规定，而新《民事诉讼法》第200条取消了再审事由的自由裁量。由此，对于属于再审事由的情形，人民检察院应当向人民法院提出再审检察建议或者抗诉；但审判人员的可以构成再审事由的违法行为正处于诉讼程序中，人民法院的裁判未发生法律效力前，人民检察院即可以针对此类违法行为提出检察建议，从而减少因审判人员的违法行为造成的民事错案。

最后，检察建议针对的审判人员的违法行为应具有一定的严重性。虽然新《民事诉讼法》规定检察建议适用于审判监督程序以外的其他审判程序中审判人员的违法行为，但也不意味着审判人员的其他违法行为都可以成为检察建议的对象。《民事诉讼法》作为程序性法律，有些完全属于技术性规范，即使违反也不会侵害当事人的合法权利，更不会侵害国家利益、社会公共利益；即使有些属于权利性规范，违反程度不严重时也不会造成严重的后果。对于这些情形，人民检察院没有必要向人民法院提出检察建议。只有当审判人员的违法行为比较严重时，人民检察院才有必要向人民法院提出检察建议。审判人员严重的违法行为，主要包括以下几种情形：一是审判程序中审判人员的可以构成再审事由的违法行为。这主要是指人民检察院对审判人员可以进行诉中监督的违法行为，具体包括新《民事诉讼法》第 200 条第 4 项、第 5 项、第 7 项、第 9 项和第 13 项所指的违法行为。由于审判人员的上述违法行为将在裁判文书生效后构成再审事由，故人民检察院有权在人民法院的裁判文书生效前要求人民法院进行纠正。二是人民法院违法调解的行为。这主要是指新《民事诉讼法》第 201 条规定的调解违反自愿原则的情形以及调解协议违反法律的情形。如果当事人在人民法院调解过程中即向人民检察院反映审判人员正在进行违法调解，要求人民检察院进行检察监督，人民检察院有权向人民法院提出纠正违法调解的检察建议。三是人民法院审判人员其他严重侵害当事人诉讼权利的情形。比如，当事人向人民法院提出的管辖异议成立，但被人民法院违法驳回的情形等。四是人民法院审判人员的严重影响司法公正和权威的违法行为。比如，有些人民法院的审判人员在诉讼活动中，要求当事人提供资金支持、使用当事人的财物，接受甚至索取当事人的财物等违法行为。

2. 再审检察建议的适用范围

再审检察建议作为民事检察监督方式之一，是作为民事抗诉的替代方式出现的，因此，再审检察建议适用的范围与再审事由完全相同。首先，地方各级人民检察院对同级人民法院已经发生法律效力的判决、裁定，发现有新《民事诉讼法》第 200 条规定情形之一的，可以向同级人民法院提出再审检察建议。其次，地方各级人民检察院发现同级人民法院已经发生法律效力的调解书损害国家利益、社会公共利益的，可以向同级人民法院提出再审检察建议。最后，当事人根据新《民事诉讼法》第 209 条第 1 款第 1 项至第 3 项规定的内容，向人民检察院申请的再审检察建议。

3. 人民法院和人民检察院的范围

根据新《民事诉讼法》第208条和第209条的规定，无论是检察建议还是再审检察建议，都只适用于同级的人民检察院和人民法院之间。因此，在适用过程中，需要注意以下几个方面的问题：一是最高人民检察院和上级人民检察院不得对下级人民法院提出检察建议。二是最高人民检察院和上级人民检察院不得对下级人民法院提出再审检察建议。三是基层人民检察院只能对基层人民法院作出的且未经中级人民法院二审的已经发生法律效力的判决、裁定或者调解书提出再审检察建议。四是最高人民检察院和上级人民检察院虽然不得对下级人民法院提出检察建议，但有权向同级人民法院提出检察建议，要求同级人民法院监督下级人民法院审判人员的违法行为。

（二）主要程序

检察建议和再审检察建议作为约束力较弱的检察监督方式，其主要程序即是人民检察院向人民法院提出检察建议和再审检察建议。

1. 检察建议程序

各级人民检察院在适用检察建议时，需要注意以下几个方面的问题：

首先，审判人员违法行为的来源问题。新《民事诉讼法》第208条第3款规定，人民检察院对审判监督程序以外的其他审判程序中审判人员的违法行为，有权向同级人民法院提出检察建议，而不是应当向同级人民法院提出检察建议，赋予了人民检察院提出检察建议的自由裁量权。在这种背景下，将检察建议的来源限定为以下三项比较合适：一是人民检察院在办理民事再审案件过程中发现的审判人员的违法行为；二是当事人在审判程序中向人民检察院反映的审判人员的违法行为；三是人民检察院根据其他途径获知的人民法院的违法行为，如人大监督、舆论监督等途径。

其次，人民检察院向同级人民法院提出检察建议。当人民检察院在办理民事再审案件过程中或者根据当事人反映的情况，发现了审判监督程序以外的其他审判程序中审判人员的违法行为时，对于违法程度严重的违法行为，向同级人民法院提出检察建议。

最后，对检察建议的处理。人民法院收到人民检察院的检察建议后，应当以书面形式及时回复人民检察院。如果人民法院未回复人民检察院或者人民检察院对检察建议的处理结果不满意，还可以提出新的检察建议。

2. 再审检察建议的程序

关于适用再审检察建议的程序，需要注意以下几个方面的问题：

首先，再审检察建议的两类启动程序。根据再审检察建议的差异，再审检察建议启动程序分为依职权启动型和依当事人申请启动型。依职权启动型的再审检察建议程序是指根据新《民事诉讼法》第 208 条第 2 款的规定启动的再审检察建议程序，即地方各级人民检察院对同级人民法院已经发生法律效力的判决、裁定，发现有新《民事诉讼法》第 200 条规定情形之一的，或者发现调解书损害国家利益、社会公共利益的，可以向同级人民法院提出再审检察建议。依当事人申请启动型是指根据新《民事诉讼法》第 209 条第 1 款的规定启动的再审检察建议程序。依当事人申请启动型的再审检察建议涵盖了依职权启动型的再审检察建议的所有内容，还包括了针对违法调解侵害当事人私权利的再审检察建议。因此，在一般情况下，人民检察院均可依职权启动再审检察建议程序；但对侵害当事人私权利的违法调解，人民检察院只有根据当事人的申请才能启动再审检察建议程序。

其次，再审检察建议的备案。当人民检察院向同级人民法院提出再审检察建议后，应当将再审检察建议向上级人民检察院备案。再审检察建议的备案具有两方面的作用：一是有利于上级人民检察院对下级人民检察院的再审检察建议进行监督；二是对上级人民检察院构成制约，即在下级人民检察院向同级人民法院提出再审检察建议后，上级人民检察院对再审检察建议针对的判决、裁定、调解书不宜向同级人民法院提出抗诉。

最后，出席再审法庭问题。对于抗诉，我国《民事诉讼法》规定当人民法院再审时，应当通知人民检察院派员出席法庭。对于再审检察建议，当人民法院再审时，人民法院有无必要通知人民检察院派员出席法庭？这一问题不能一概而论。当案件事实已经确定，判决、裁定的主要问题是适用法律错误时，由于人民法院拥有裁判权，人民检察院无出席法庭的必要。当案件事实不清或者证据存在问题时，尤其是人民检察院重新收集了新的证据时，人民检察院有必要出席再审法庭。其他情形，可以由人民检察院自由裁量以决定是否出席再审法庭。

（三）法律效力

针对人民检察院作出的检察建议和再审检察建议，人民法院是否作出回应以及如何作出回应，至少到目前为止，法律并没有强制性规定。

1. 检察建议的效力

关于检察建议的效力，需要注意以下两个方面的问题：

首先，检察建议的效力较弱。检察建议作为人民检察院监督人民法院审判监督程序之外的其他审判程序中审判人员的违法行为的监督方式，与抗诉、再审检察建议相比，其效力较弱。抗诉一定能够引起人民法院审判监督程序的启动；再审检察建议因有抗诉作为后盾，在一般情况下也能够引起人民法院审判监督程序的启动；但检察建议对人民法院并没有刚性约束力。尽管如此，人民法院也应当及时采用书面形式回应检察建议。

其次，部分检察建议向再审检察建议或者抗诉转化的效力。检察建议针对的审判人员的违法行为包括了两种类型，其中一种类型即是判决、裁定发生法律效力后构成再审事由的类型。如果人民法院未按照检察建议的内容纠正审判人员的此类违法行为，从而导致了民事错案的发生。那么，人民检察院有权在判决、裁定发生法律效力后向同级人民法院提出再审检察建议或者提请上级人民检察院向同级人民法院提出抗诉。这就是检察建议向再审检察建议或者抗诉转化的效力。

2. 再审检察建议的效力

再审检察建议的效力包括两个方面：一方面，再审检察建议的常态效力。一般情况下，人民法院将根据再审检察建议的内容启动审判监督程序，这是再审检察建议的常态效力。另一方面，再审检察建议向民事抗诉的转化效力。司法实践中，人民法院对于人民检察院提出的部分再审检察建议没有启动审判监督程序。① 此时，更为务实的做法是，人民检察院提请上级人民检察院向同级人民法院提出抗诉。如果上级人民检察院审查后认为下级人民检察院提请的抗诉符合《民事诉讼法》的规定，上级人民检察院即有权向同级人民法院提出抗诉。此外，上级人民检察院由于再审检察建议的备案制而了解和掌握了其内容。如果上级人民检察院认为向同级人民法院提出抗诉更为合适，上级人民检察院可以要求下级人民检察院终结再审检察建议程序，并向同级人民法院提出抗诉。因此，在上述两种情况下，都存在再审检察建议向抗诉转化的效力。

第七节 检察机关与公益诉讼

一、修改背景

我国正处于并且在相当长的一段时期内仍将处于社会转型期。由于法律制度和经济体制的不完善，侵害国家利益、社会公共利益的事件已经成为一个严重的社会问题，主要表现在以下几个方面：

一是环境公害案件不断增多。当前，我国过于重视经济发展，在某种程度

---

① 周有智、王忠华：《关于适用再审检察建议的调查和分析》，载《人民检察》2005年第10期。

上忽视了环境保护。在某些地方，以牺牲环境为代价发展经济，严重地威胁到人民的生活环境。

二是垄断和不正当竞争行为日益增多。在经济转轨的过程中，大量的垄断和不正当竞争行为暴露出来，既有行政性垄断，也有竞争性垄断。垄断行为和不正当竞争行为的出现和存在，严重影响了正常的经济秩序，扰乱了国家的宏观调控政策，同时也严重地损害了广大消费者的合法权益。

三是消费者权益严重受损事件不断发生。这主要表现为经营者采用欺诈等手段，生产销售伪劣产品，坑蒙消费者。轻者导致消费者的经济损失，重者导致消费者的身体健康损害。

四是歧视行为不断产生。歧视行为是一种违反宪法、侵害人格的侵权行为，这类行为目前屡有发生，如性别歧视、地域歧视、身份歧视等。

虽然我国存在上述严重侵害社会公共利益的违法行为，但很少有相应的机关和组织向人民法院提起公益诉讼。从理论研究及实践来看，公益诉讼可以分为“他益式的公益诉讼”和“自益式的公益诉讼”。所谓自益式的公益诉讼，是指原告本身就是违法行为的受害者，即起诉人因与案件有利害关系而提起的诉讼。当然，在起诉的动机和原因方面，原告在很大程度上很可能并非为了自己的利益，而是为了不特定多数人的利益；因为根据我国现行法律的规定，在多数情况下原告即使胜诉也“得不偿失”。所谓他益式的公益诉讼，即“纯粹”是为了维护公共利益而提起的诉讼。对于自益式的公益诉讼，不但需要解决法院个案判决的效力扩张问题，还需要解决个人起诉的动力不足问题。在现实社会中，许多权利受到轻微侵害的权利人放弃了自己的权利，其主要原因即是收益与成本不成比例。

二、修改内容

《决定》第 9 条增加了一个条文作为第 55 条，规定了公益诉讼。具体规定如下：

第五十五条　对污染环境、侵害众多消费者合法权益等损害社会公共利益的行为，法律规定的机关和有关组织可以向人民法院提起诉讼。

三、理解与适用

由于本书前面已对公益诉讼有基本介绍，这里仅就检察机关与公益诉讼的关联性和特殊规则从理论的视角作出探讨。

（一）人民检察院与有关组织之间的关系

基于我国社会公益组织正处于发展中和人民检察院提起公益仍处于探索阶

段的国情，在处理人民检察院和有关组织向人民法院提起公益诉讼的作用上应当注意以下几个方面的问题：

首先应当明确，尽管人民检察院提出公益诉讼具有诸多优势，在理论上有正当性，国外也有较为丰富的立法和司法经验作为有益的借鉴，但我国立法并没有授权检察院提起公益诉讼，因此在实践中，人民检察院依法不具有公益诉讼的发动权。然而，我国社会团体尤其是公益团体组织还不成熟，在社会生活中还没有发挥应有的作用。面对诸多损害公共利益的违法行为，人民检察院作为法律监督机关也应当发挥相应的职能，具体的形式可考虑支持起诉、督促起诉、提起刑事附带民事诉讼等。同时，经过检、法会签相关文件，或者具有地方人大常委会关于对公益诉讼实施检察监督的决议等地方性法律依据，在条件成熟的地方，适当地探索检察机关提起公益诉讼，也应当是可以的。

其次，当有关组织尤其是公益组织日益成熟后，有关组织应当在公益诉讼中发挥主要作用。人民检察院作为法律监督机关，主要是根据法律的规定监督相关国家机关依法履行职权；在有关组织尤其是社会团体在社会中能够普遍发挥作用后，人民检察院在公益诉讼中应当主要发挥监督作用。

最后，人民检察院和有关组织应当协作，共同维护社会公共利益。无论是人民检察院还是有关组织，它们在维护社会公共利益时具有共同的目标。因此，可以共同协作以更好地维护社会公共利益，包括信息共享、经验交流等。

（二）人民检察院的权利与义务

人民检察院在公益诉讼中处于什么样的地位，享有什么样的权利和义务，对于公益诉讼的顺利进行非常重要。下面，以人民检察院有权提起公益诉讼为假定的前提，就人民检察院在公益诉讼中的权利和义务作出适当的探讨。

首先，人民检察院在公益诉讼中的地位。尽管新《民事诉讼法》增加的公益诉讼规定在“诉讼参加人”之“当事人”章节，但人民检察院和有关组织在提起公益诉讼的过程中与普通当事人存在很大的差异。从某种意义上讲，人民检察院仅能够行使普通当事人的诉讼权利，但不得享有普通当事人对民事纠纷的实体权利；同时，人民检察院应当履行普通当事人的程序性义务，同时也不承担普通当事人的实体性义务。但需要注意的是，如果人民检察院在提起公益诉讼的过程中滥用职权，明显侵害被告的合法权利，比如将明显不应当承担民事责任的民事主体作为被告起诉，应当赔偿该当事人的损失。因此，人民检察院在公益诉讼中的地位实际上属于诉讼代表人，但又不同于普通的诉讼代表人。

其次，人民检察院提起公益诉讼的自由裁量权。面对侵害社会公共利益的行为不断发生的现实，人民检察院如何处理公益诉讼的案件来源问题。事实上，如果人民检察院针对侵害社会公共利益的每个违法行为都提起公益诉讼，这是一个不可能完成的任务。一般来说，人民检察院可以考虑以下几个方面的因素：一是那些具有重大社会影响的侵害社会公共利益的行为；二是严重侵害社会公共利益的行为；三是受害人人数众多且诉讼能力较弱的侵害社会公共利益的行为等。

再次，人民检察院在公益诉讼中的事实调查权。当事实清楚时，如何适用法律在一般情况下不会成为问题；但是，如果事实不清有待调查确认时，该如何处理，这一问题在公益诉讼中同样存在。因此，准确地认定侵害社会公共利益的事实是人民检察院提起公益诉讼的基础性工作。为了保障人民检察院提起公益诉讼的效果，人民检察院在公益诉讼中应当拥有事实调查权。

最后，人民检察院的和解权和处分权。由于人民检察院在公益诉讼中不享有实体权利，同时不承担实体义务。因此，人民检察院原则上在公益诉讼中不得与对方当事人和解，也不得处分原告的实体权利。当然，人民检察院不享有和解权和处分权存在一定的例外，比如，如果对方承认了人民检察院在公益诉讼中的主张并自愿履行自己的义务，人民检察院的主张完全或者主要得到了实现，人民检察院也可以与对方当事人和解，甚至处分原告的较小的实体权利。

（三）公益诉讼与支持起诉、督促起诉的关系

1982年《民事诉讼法（试行）》第13条规定了支持起诉制度。此后，我国《民事诉讼法》一直保留了这一制度。尽管如此，人民检察院支持起诉的司法实践并不普遍。21世纪初期，在最高人民检察院的要求、支持和指导下，地方各级人民检察院积极开展了支持起诉的探索与试点。① 与此同时，虽然没有法律的明确规定，地方各级人民检察院在司法实践中开始探索督促起诉。督促起诉是针对遭受损害的国有资产或社会公共利益，监管部门或国有单位不行使或怠于行使自己的监管职责，可通过民事诉讼获得司法救济的，检察机关以监督者的身份，督促有关监管部门或国有单位履行自己的职责，依法提起民事诉讼，保护国家和社会公共利益制度。② 由于这三种制度均处于生长期，还具有一定的不确定性。这三种制度的关系可能包括以下几个方面：

首先，三种制度都是人民检察院履行法律监督职能的表现形式。无论是公益诉讼、支持起诉还是督促起诉，都是人民检察院履行法律监督职能的表现形式，而且属于诉讼监督形式之外的社会监督形式。1982年《民事诉讼法（试

---

① 段厚省：《论检察机关支持起诉》，载《政治与法律》2004年第6期。

② 傅国云：《民事督促起诉职能的实践与发展》，载《人民检察》2010年第14期。

行)》第13条规定的支持起诉制度从法律上确立了人民检察院对社会活动的监督，实现了人民检察院法律监督形式的扩张，司法实践中出现的督促起诉扩大了人民检察院社会监督的形式；将来如果有立法明确规定了检察院的公益诉权，则此种立法必将扩大人民检察院的社会监督形式，丰富法律监督的形式。

其次，三种制度的功能定位存在一定的差异和互补性。目前，公益诉讼制度的职能定位于维护社会公共利益；支持起诉制度的职能定位于维护国家利益、集体利益或者个人利益，未提到社会公共利益，且主要适用于利益受到侵害的弱势一方；司法实践中，督促起诉制度的职能定位于监督国有资产监管部门依法履行监管职责，从而维护国有资产权益。[①] 在未来的制度发展期，公益诉讼制度的职能已经基本确定，即维护社会公共利益；督促起诉制度有可能朝监督国有资产监管部门履行监管职责，从而起到间接维护国有资产的方向发展；支持起诉制度的职能定位则存在一定的不确定性。在未来的发展过程中，支持起诉制度既可能涵盖公益诉讼的范围，又可能涵盖督促起诉的范围，还有可能只适用于侵害弱势受害者权利的行为等。

最后，三种制度对人民检察院提出了不同的要求。在公益诉讼中，由于人民检察院处于原告的地位，但既不享有原告的实体权利，又不承担原告的实体义务。因此，人民检察院实际属于公益诉讼代表人。作为公益诉讼代表人的人民检察院，既需要行使原告的诉讼权利，又需要承担原告的诉讼义务，这些诉讼权利和诉讼义务与普通当事人没有太大的区别。在支持起诉中，人民检察院主要作用是辅助原告进行诉讼，而不是履行原告的诉讼权利和承担原告的诉讼义务，人民检察院在支持诉讼中的作用是补充性的。在督促起诉中，人民检察院的作用更弱，从理论上看，只需要督促具备诉讼能力的原告积极行使诉讼权利和主张实体权利即可。在督促起诉中，原告并不是没有诉讼能力，也不是处于弱势地位；相反，原告可能拥有强大的诉讼能力，甚至处于强势地位。只是由于各方面的原因，原告怠于或者不行使自己的诉讼权利和实体权利。从理论上分析，人民检察院在公益诉讼、支持起诉和督促起诉中的作用呈现出递减的趋势。当然，司法实践中的人民检察院在公益诉讼、支持起诉和督促起诉中的作用与理论上可能存在一定的差异。

---

① 浦志强、杨湘君、吴汉霞：《民事督促起诉的现状与完善设想》，载《人民检察》2010年第14期。

第八节 检察监督的保障措施

一、修改背景

在民事诉讼的发展史上，民事错案一直占有一定比例。从总体上讲，现代民事错案基本可以分为三类：一是案件事实清楚，但适用法律错误者；二是严重地违反《民事诉讼法》从而可能构成民事错案者；三是案件事实错误，从而不可能正确地适用法律者。

从一定程度上讲，单纯的适用法律错误和严重违反《民事诉讼法》导致的民事错案可以通过审级制度予以预防，从而其数量在理论上应当较少。但对于事实认定错误的案件，审级制度则难以进行最大限度的限制。早在20世纪40年代，美国学者即认识到了事实认定规则的重要性以及因事实认定规则不完善所造成的不正义，从而主张完善事实认定规则。① 在世界各国的司法实践中，因事实认定错误从而侵害一方当事人权利的现象不断地发生。事实上，到目前为止，世界上任何一个国家都不可能在民事诉讼中杜绝事实认定错误。

因此，在民事错案发生后，设置科学的纠错机制对于保障当事人的权利非常重要。关于民事错案的纠正，我国《民事诉讼法》不但设置了审判监督程序，而且在审判监督程序中充分发挥人民检察院的法律监督作用。从我国司法实践的历史来看，人民检察院的检察监督对于纠正人民法院的民事错案，保障当事人的合法权利起到了非常重要的作用。在当前我国司法腐败比较严重的国情下，有些明显错误的裁判，通过法院系统内部的审判监督程序还无法解决，只有通过检察监督才能解决。②

随着我国《民事诉讼法》的不断完善以及民事检察监督力度的不断加大，适用法律错误和严重违反《民事诉讼法》的民事错案的救济得到了较大程度的缓解，但案件事实认定错误的民事错案依然是民事司法实践中一个比较严重的问题。由于各方面的原因，相当一部分民事错案的救济需要重新收集证据。根据我国2007年《民事诉讼法》的规定，法院和当事人在审判监督程序中都可以按照法律的规定收集证据，而人民检察院在审判监督程序中收集证据的权

---

① ［美］杰罗姆·弗兰克：《初审法院——美国司法中的神话与现实》，赵承寿译，中国政法大学出版社2007年版，第37页。

② 邱学强：《论检察体制改革》，载《中国法学》2003年第5期。

力却没有相应的规定。为了使人民检察院更好地履行检察监督职能，有必要赋予其调查核实权。

与此同时，人民检察院在履行检察建议的过程中，对于审判监督程序以外的其他程序中审判人员的违法行为，在某些情况下也有向当事人或者案外人了解情况的必要；甚至还存在对于审判人员的违法行为，只有通过当事人或者案外人才能了解和掌握的情况。

二、修改内容

《决定》第 49 条在《民事诉讼法》中增加两条，作为第 209 条和第 210 条。其中第 210 条规定了检察监督的保障措施，即人民检察院的调查核实权。具体规定如下：

第二百一十条　人民检察院因履行法律监督职责提出检察建议或者抗诉的需要，可以向当事人或者案外人调查核实有关情况。

三、理解与适用

准确理解和正确适用人民检察院的调查核实权，需要把握以下几个方面的问题：

（一）调查核实权的内容

人民检察院的调查核实权以人民检察院履行法律监督职责提出检察建议或者抗诉的需要为前提，结合新《民事诉讼法》的相关规定，人民检察院调查核实权的内容主要包括以下几个方面：

首先，和证据相关的内容，但不涉及审判人员的违法行为。此类情形主要是指新《民事诉讼法》第 200 条第 1 项和第 3 项的内容。当“有新的证据，足以推翻原判决、裁定”时，人民法院系综合当时的证据作出了原判决、裁定，不存在违法行为；当“原判决、裁定认定事实的主要证据是伪造的”时，人民法院一般情况下无法发现伪造的证据。因此，对于这两类情形，人民法院的审判人员并不存在违法行为，从而人民检察院需要向当事人或者案外人调查核实。从司法实践的情况来看，这些属于人民检察院调查核实的主要内容。

其次，和诉讼程序相关的某些内容，既不涉及审判人员的违法行为，也不涉及当事人的违法行为。此类情形主要是指新《民事诉讼法》第 200 条第 8 项规定的内容。事实上，无诉讼行为能力人未经法定代理人代为诉讼或者应当参加诉讼的当事人，因不能归责于本人或者其诉讼代理人的事由，未参加诉讼时，法院和当事人都没有过错。对于此类情形，人民检察院有进行调查核实的必要。

最后，人民法院审判人员的违法行为。这主要是指人民检察院在向人民法院提出检察建议时需要调查核实审判人员违法行为的情形。这些违法行为包括以下几类：一是审判程序中审判人员的可以构成再审事由的违法行为。这主要是指人民检察院对审判人员可以进行诉中监督的违法行为，具体包括新《民事诉讼法》第200条第4项、第5项、第7项、第9项和第13项所指的违法行为。由于审判人员的上述违法行为将在裁判文书生效后构成再审事由，故人民检察院有权在人民法院的裁判文书生效前要求人民法院进行纠正，预防民事错案的发生。二是人民法院违法调解的行为。这主要是指新《民事诉讼法》第201条规定的调解违反自愿原则的情形以及调解协议违反法律的情形。如果当事人在人民法院调解过程中即向人民检察院反映审判人员正在进行违法调解，要求人民检察院进行检察监督，人民检察院有权向人民法院提出纠正违法调解的检察建议。三是人民法院审判人员其他严重侵害当事人诉讼权利的情形。比如，当事人向人民法院提出了合法的管辖异议，但被人民法院违法驳回的情形等。四是人民法院审判人员的严重影响司法公正和权威的违法行为。比如，有些人民法院的审判人员在诉讼活动中，要求当事人提供资金、使用当事人的财物，接受甚至索取当事人的财物等违法行为。

（二）调查核实权的保障机制

任何权力都需要以相应的国家强制力为后盾，否则，不具有国家强制力的权力并不是真正意义上的国家权力。人民检察院的调查核实权并不是当事人的证据收集权，必须以相应的国家强制力为后盾。由于新《民事诉讼法》对人民检察院的调查核实权没有规定相应的强制措施，故可以参照《民事诉讼法》赋予人民法院的强制措施。

首先，人民检察院在调查核实的过程中可能遇到的违法行为。人民检察院向当事人或者案外人调查核实时，上述人员可能存在类似于新《民事诉讼法》第111条和第114条的某些违法行为。这些违法行为可能包括以下几类：一是当事人或者案外人伪造、毁灭重要证据，妨碍人民检察院调查核实的；二是以暴力、威胁、贿买等方法阻止证人作证或者指使、贿买、胁迫他人作伪证的；三是对人民检察院履行法律监督职责的工作人员、案外人，进行侮辱、诽谤、诬陷、殴打或者打击报复的；四是以暴力、威胁或者其他方法阻碍人民检察院工作人员执行职务的；五是有关单位拒绝或者妨碍人民检察院调查核实的；等等。

其次，人民检察院对违法行为的处罚权。2007年《民事诉讼法》没有规定人民检察院的调查核实权，只有人民法院的工作人员有权向当事人或者证人收集证据，从而仅规定了人民法院对上述违法行为的处罚权。当人民检察院在履行法律监督职责向当事人或者案外人调查核实，遇到上述违法行为时，也应当拥有对违法行为的处罚权。

（三）调查核实权的制约机制

人民检察院在履行法律监督职责过程中的调查核实权，并不是不受制约的。相反，它应当受到各方面的制约。

首先，人民检察院调查核实权的行使应当受到上级人民检察院的制约。如果当事人或者案外人认为人民检察院在调查核实的过程中侵害了自己的合法权利，可以向上级人民检察院提出异议，上级人民检察院可以对下级人民检察院的调查核实行为是否合法作出处理。同时，如果上级人民检察院发现下级人民检察院在调查核实的过程中侵害了当事人或者案外人的合法权利，可以依职权要求下级人民检察院停止或者修正。

其次，人民检察院调查核实的结果应当接受人民法院的裁判。人民检察院调查核实的最终目的是将调查核实的结果用于履行法律监督职责，即向人民法院提出检察建议或者抗诉。因此，人民检察院调查核实的结果最终仍然要接受人民法院的裁判。

最后，人民检察院的调查核实权应当受到当事人处分权的制约。新《民事诉讼法》第 13 条第 2 款规定："当事人有权在法律规定的范围内处分自己的民事权利和诉讼权利。"因此，人民检察院在履行法律监督职责的过程中需要尊重当事人对实体权利和诉讼权利的处分权。一是人民检察院的调查核实权需要尊重当事人对诉讼权利的处分权。调查核实权针对的是需要查清的案件事实或者审判人员的违法行为事实，不直接涉及当事人的实体权利。因此，人民检察院需要尊重当事人对诉讼权利的处分权。比如，对于"有新的证据，足以推翻原判决、裁定的"情形，如果原判决、裁定的败诉一方当事人不愿意人民检察院对新证据进行调查核实，且败诉一方当事人行使处分权的行为不损害国家利益、社会公共利益或者第三人的合法权利，那么，人民检察院应当尊重败诉一方当事人对新证据的处分权，尽管败诉一方当事人对新证据的处分权将直接影响到其实体权利。二是人民检察院的调查核实权需要尊重当事人对实体权利的处分权。这种情形主要是指当事人部分处分自己的实体权利之情形。其原因在于，当事人在法律规定的范围内整体处分自己的实体权利时，检察监督权本身即受到当事人处分权的制约，从而不得启动民事检察监督程序。只有当事人在法律规定的范围部分处分自己的实体权利时，人民检察院对当事人处分的部分权利涉及的事实不宜行使调查核实权。

第七章　民事审判监督程序的修改完善

第一节　完善民事审判监督程序的必要性

根据我国《民事诉讼法》的规定，民事审判监督程序是法律规定的监督机关对已经生效的法院民事裁判行使监督权，认为确有错误时，由法院自己或要求法院对该民事案件再次进行审理的程序。我国《民事诉讼法》专章规定了“审判监督程序”，在具体的条文中又规定了再审程序的内容。我国《民事诉讼法》中的民事审判监督程序与再审程序是两个不同的概念，二者在定义、性质、功能和程序等方面都是有差别的。在我国《民事诉讼法》上，再审程序不是一个独立的程序，在制度设计中被看作审判监督程序的组成部分，是对法官审判行为行使监督权而引发的后续程序。

一、完善民事审判监督程序是解决“申诉难”、“再审难”的现实要求

1991年《民事诉讼法》的审判监督程序对申请再审事由、审查程序等规定不够具体明确，影响和制约了审判监督职能的发挥。由于对一些案件的申诉得不到及时处理，就出现了所谓“申诉难”的问题，涉诉信访面临严峻的形势。在这样的背景下，党和政府高度重视人民群众反映的“申诉难”问题，因此将民事审判监督程序改革作为司法体制改革的重要任务之一。在2004年，改革民事审判监督制度，已经成为中央司法体制改革方案中确定的任务之一，也成为人民法院落实中央指示精神的重点改革项目之一。随后，最高人民法院的《人民法院第二个五年改革纲要》指出，“改革民事、行政案件审判监督制度，保护当事人合法权利，维护司法既判力。探索建立再审之诉制度，明确申请再审的条件和期限、案件管辖、再审程序等事项，从制度上保证当事人能够平等行使诉讼权利”。

2007年修订《民事诉讼法》时，对审判监督程序的修改是当次修法的三项内容之一（另外两项是修改“执行程序”和删除“企业法人破产还债程序”）。修改审判监督程序的目的就在于解决当时面临的申诉难、申请再审难

的问题，主要是从四个方面来解决：（1）将原先5项申请再审的事由具体化，变为13项及一款特别规定；（2）明确规定申请再审应向上一级人民法院提出；（3）明确规定了人民法院对申请再审的审查程序和审查期限；（4）明确规定接受抗诉的人民法院应当自收到抗诉之日起30日内作出再审的裁定。再审事由的修改是该次修法的主要亮点，其修法思路在于通过列举和细化再审的事由，将原法条对再审事由的概括性标准更加具体化，明确在什么条件下可以申请再审。

二、继续完善民事审判监督程序是理论与实践发展的必然要求

审判监督制度的改革不可能一步到位，2007年的《民事诉讼法》修订尽管在很大程度上推进了审判监督程序的合理化和科学化，细化了一些操作性规范，较大程度地解决了"申诉难"、"再审难"的问题，但制度中仍有一些重要问题有待研究解决，2007年《民事诉讼法》修订施行后出现的新问题也需要研究解决。以下从三个方面稍作分析：

（一）科学处理民事申请再审诉权与司法既判力二者之间的关系

所谓既判力，是指法院生效民事判决的诉讼标的对双方当事人、其他利害关系人以及法院所具有的强制性通用力。终局性裁判具有"不可争议性"，这就要求当事人不能就同一诉讼标的再次请求裁判，法院对判决确定的权利义务关系不得再受理和审理，更不得作出相异的判决。既判力制度能够维护司法裁判的权威，从而有效地维持社会经济秩序，维护社会的稳定。完善的既判力制度还能够体现诉讼的安定性，减少当事人的诉累，有效地节约司法资源以实现诉讼效益。但是，在通过诉讼程序解决纠纷过程中，发生裁判错误是不可能避免的。错误的裁判，不仅不能保障当事人的合法权益，而且还会对整个司法制度造成极大的损害。如果申请再审人提出的再审事由成立，法院就应该依法启动再审程序。经过再审审理，如果发现原审裁判确实存在错误，法院就应该及时纠正，从而维护当事人的申请再审权，而不是片面地维护司法既判力。如何处理好保障当事人再审诉权与维护司法既判力二者之间的关系，是当前完善民事审判监督程序的重要课题。

第一，再审程序应是民事诉讼程序制度中的一项补救制度。既判力制度明确了再审程序只能是民事诉讼程序制度中的一项补救制度，这种特殊的审判程序，并不是每一个民事案件的必经程序。这涉及在再审程序内部，保障当事人权利与维护既判力两者的价值如何选择、如何平衡的问题。设置再审程序的意义，在于通过对再审案件的审理去弥补公正的缺失。既判力的不足只有通过再审程序来矫正，但是不加限制地启动再审程序就会违背再审程序设计的初衷，

既不符合既判力原则又达不到补救纠错的效果。①

第二，再审程序应充分考虑申请人的相对方当事人的诉讼权利。2007 年《民事诉讼法》着重规定了当事人申请再审的程序事项，如第 180 条规定了当事人申请再审的形式要件，第 181 条规定了人民法院收到申请后的审查运作程序。显然，这两个条文考虑了对申请再审一方申请再审权的保障，但却忽视了对申请再审的对方当事人的诉权保障。因此，再审程序的设计应充分考虑双方当事人的程序利益，以合理维护司法既判力。

第三，严格规定进入再审程序的“门槛”。为保障当事人申请再审的诉权，2007 年《民事诉讼法》降低了申请再审的门槛，当事人启动民事再审程序的成本非常低，造成了申请再审的行为大量增加，现实中已经对司法既判力造成了严重冲击，原本由生效判决已经确定的法律关系又重新进入到不确定状态。因此，在设计再审事由时，应充分利用“门槛”的作用来平衡民事申请再审诉权与司法既判力二者之间的关系。

第四，避免申请再审权的滥用。在为保障当事人申请再审权而构建再审之诉的过程中，一方面要畅通申请再审的渠道，另一方面还要考虑避免有的当事人对申请再审权的滥用，从而减少无理缠诉，以维护正常的社会经济秩序，防止对方当事人已经通过正当裁判确定的合法权益因申请再审权的滥用而遭受损害，防止对司法既判力的破坏。

（二）合理安排审判监督程序中的三种再审发动程序

启动再审有三种途径：一是由当事人申请再审引发的再审程序；二是由人民法院通过审判监督程序引发的再审程序；三是由人民检察院行使法律监督权提出抗诉引发的再审程序。如何合理安排这三种再审发动程序，涉及当事人申请再审权、人民法院行使审判监督权、人民检察院行使法律监督权三者之间的关系问题，涉及一系列的程序设计安排问题。

第一，关于民事再审事由。所谓民事再审事由，也称为申请再审事由，是指人民法院审查判断是否启动民事再审程序的理由或根据，被视为打开再审程序之门的“钥匙”。2007 年《民事诉讼法》对民事再审事由采用了列举的方式，但由于种种原因，所列再审事由中的一些概念还需要进一步明晰化和法定化，如“新的证据”、“基本事实”、“主要证据”、“剥夺辩论权利”等。

第二，关于当事人申请再审与请求抗诉的关系。在 2007 年修订《民事诉

---

① 汤维建、季桥龙：《论民事申请再审诉权保障与司法既判力的价值衡平》，载《山东警察学院学报》2008 年第 1 期。

讼法》后，当事人仍然可以同时向人民法院申请再审和向人民检察院申诉请求抗诉，但没有关于这两种途径相互关系的规定。这样就会产生一些具体的问题，例如，人民检察院对于人民法院已经驳回再审申请的案件可否再提起抗诉？诸如此类的问题，都是需要探讨和解决的。

第三，关于人民法院依职权再审的范围。既然对当事人申请再审有再审事由的规定，是否也应当进一步明确法院依职权再审的范围呢？这一问题又涉及公权力对民事诉讼的干预问题。

第四，关于检察监督的问题。司法实践表明，检察监督在再审司法实践中存在着抗诉程序规范性不强、调查核实权的适用范围不明确、检察建议的法律效力不确定等问题，而这些问题都是应当进一步完善的。

（三）正确处理司法规律与司法现状二者之间的关系

审判监督程序的完善既要符合司法规律，又要符合中国司法现状的实际。

第一，关于再审审级。2007 年《民事诉讼法》规定，当事人向上一级人民法院申请再审，提一级审理，这就改变了此前《民事诉讼法》所确立的同级再审和提级再审并存的模式。这种改变，一方面强化了对当事人再审申请权的保障，另一方面又给法院处理再审案件带来了诸多实际困难，一些地方的法院比较强烈地反映了再审案件上提一级造成再审案件数量激增的实际情况。因此，在这一问题上，就要充分考虑目前的司法现状，合理地配置司法资源。

第二，关于再审次数。现行《民事诉讼法》并没有规定再审的次数，司法实践表明，对再审次数不加以限制，一方面，使得当事人无限制地申诉和法院反复进行再审，形成终审不终的局面；另一方面，法院再审案件数量过多，审判压力过大，已经不堪重负。正确处理司法规律与司法现状二者之间的关系是十分必要的。

总之，我们还需要在理论、实践领域对以上三个方面的问题以及其他相关问题进行细致地研究，进一步修改相关规定，有的甚至需要在制度上作较大的调整，从制度上继续完善审判监督程序。

三、完善审判监督程序的最新成果

《决定》关于“审判监督程序”一章的修改可以说是完善审判监督程序的最新成果。修改前“审判监督程序”一章有 14 个法律条文，这次修改对其中的 10 个条文作了修改，只有 4 个条文在内容上没有变动，此外，还新增了两个条文。

（一）修改的条文内容

（1）明确规定人民法院对已经发生法律效力的调解书可以依职权再审。

（2）规定当事人一方人数众多或者当事人双方为公民的案件，也可以向原审人民法院申请再审。

（3）第200条规定的再审事由中，删除了原先“管辖错误”以及“对违反法定程序可能影响案件正确判决、裁定的情形”。

（4）规定当事人申请再审的期限，应当在判决、裁定发生法律效力后6个月内提出；如果“有新的证据足以推翻原判决、裁定的”、“原判决、裁定认定事实的主要证据是伪造的”、“据以作出原判决、裁定的法律文书被撤销或者变更的”、“审判人员审理该案件时有贪污受贿、徇私舞弊、枉法裁判行为的”四种情形之一的，自知道或者应当知道之日起6个月内提出。

（5）规定按照审判监督程序决定再审的追索赡养费、扶养费、抚育费、抚恤金、医疗费用、劳动报酬等案件，可以不中止执行。

（6）明确规定人民检察院发现调解书损害国家利益、社会公共利益的，应当提出抗诉。

（7）规定地方各级人民检察院对同级人民法院已经发生法律效力的判决、裁定，发现有第200条规定情形之一的，或者发现调解书损害国家利益、社会公共利益的，可以向同级人民法院提出检察建议。

（二）未变的条文内容

第二百零一条　当事人对已经发生法律效力的调解书，提出证据证明调解违反自愿原则或者调解协议的内容违反法律的，可以申请再审。经人民法院审查属实的，应当再审。

第二百零三条　当事人申请再审的，应当提交再审申请书等材料。人民法院应当自收到再审申请书之日起五日内将再审申请书副本发送对方当事人。对方当事人应当自收到再审申请书副本之日起十五日内提交书面意见；不提交书面意见的，不影响人民法院审查。人民法院可以要求申请人和对方当事人补充有关材料，询问有关事项。

第二百零七条　人民法院按照审判监督程序再审的案件，发生法律效力的判决、裁定是由第一审法院作出的，按照第一审程序审理，所作的判决、裁定，当事人可以上诉；发生法律效力的判决、裁定是由第二审法院作出的，按照第二审程序审理，所作的判决、裁定，是发生法律效力的判决、裁定；上级人民法院按照审判监督程序提审的，按照第二审程序审理，所作的判决、裁定是发生法律效力的判决、裁定。

人民法院审理再审案件，应当另行组成合议庭。

第二百一十三条　人民检察院提出抗诉的案件，人民法院再审时，应当通知人民检察院派员出席法庭。

（三）新增的条文内容

第二百零九条　有下列情形之一的，当事人可以向人民检察院申请检察建议或者抗诉：

（一）人民法院驳回再审申请的；

（二）人民法院逾期未对再审申请作出裁定的；

（三）再审判决、裁定有明显错误的。

人民检察院对当事人的申请应当在三个月内进行审查，作出提出或者不予提出检察建议或者抗诉的决定。当事人不得再次向人民检察院申请检察建议或者抗诉。

第二百一十条　人民检察院因履行法律监督职责提出检察建议或者抗诉的需要，可以向当事人或者案外人调查核实有关情况。

第二节　当事人申请再审程序的变化

当事人申请再审是纠正错误的生效判决、裁定和调解书的途径之一，从实践看，也是主要途径，其程序设计是否合理，不仅直接关系到当事人权益的保障，也对司法公正和司法权威有重大影响。

一、修改背景

1982 年《民事诉讼法（试行）》并无申请再审制度，其第 158 条规定：“当事人、法定代理人对已发生法律效力的判决、裁定，认为确有错误的，可以向原审人民法院或者上级人民法院申诉，但是不停止判决、裁定的执行。人民法院对已经发生法律效力的判决、裁定的申诉，经过复查，认为原判决、裁定正确，申诉无理的，通知驳回；原判决、裁定确有错误的，由院长提交审判委员会讨论决定。”该条规定的申诉权，属于宪法权利性质，仅是为法院发现错误裁判决定再审提供信息，不能直接引起案件再审。在这种情况下，当事人申诉如石沉大海，很难有回应。

1991 年的《民事诉讼法》改申诉为申请再审，共有 5 个条文：

第 178 条：“当事人对已经发生法律效力的判决、裁定，认为有错误的，可以向原审人民法院或者上一级人民法院申请再审，但不停止判决、裁定的执行。”

第 179 条：“当事人的申请符合下列情形之一的，人民法院应当再审：

（一）有新的证据，足以推翻原判决、裁定的；

（二）原判决、裁定认定事实的主要证据不足的；

（三）原判决、裁定适用法律确有错误的；

（四）人民法院违反法定程序，可能影响案件正确判决、裁定的；

（五）审判人员在审理该案件时有贪污受贿，徇私舞弊，枉法裁判行为的。

人民法院对不符合前款规定的申请，予以驳回。”

第 180 条：“当事人对已经发生法律效力的调解书，提出证据证明调解违反自愿原则或者调解协议的内容违反法律的，可以申请再审。经人民法院审查属实的，应当再审。”

第 181 条：“当事人对已经发生法律效力的解除婚姻关系的判决，不得申请再审。”

第 182 条：“当事人申请再审，应当在判决、裁定发生法律效力后二年内提出。”

1991 年《民事诉讼法》对申请再审的主体、申请再审的管辖法院、申请再审事由、申请再审法律文书范围和申请再审的时效作了规定，但其规定仍有很多缺漏和欠妥之处，如再审事由笼统、申请再审期限不合理、法院审查期限无规定等，申请再审难仍没有得到解决。在这种背景下，为了解决申请再审难，切实保障当事人申请再审的权利，同时规范申请再审的行为，避免当事人无理缠诉，2007 年《民事诉讼法》对申请再审制度进行了修改，包括明确了向上一级人民法院申请再审，将再审事由进一步明晰化、具体化，对当事人申请再审的期限作了合理修改、明确了再审事由的审查程序和审查期限，涉及程序的条文如下：

第 178 条：“当事人对已经发生法律效力的判决、裁定，认为有错误的，可以向上一级人民法院申请再审，但不停止判决、裁定的执行。”

第 180 条：“当事人申请再审的，应当提交再审申请书等材料。人民法院应当自收到再审申请书之日起五日内将再审申请书副本发送对方当事人。对方当事人应当自收到再审申请书副本之日起十五日内提交书面意见；不提交书面意见的，不影响人民法院审查。人民法院可以要求申请人和对方当事人补充有关材料，询问有关事项。”

第 184 条：“当事人申请再审，应当在判决、裁定发生法律效力后二年内提出；二年后据以作出原判决、裁定的法律文书被撤销或者变更，以及发现审判人员在审理该案件时有贪污受贿，徇私舞弊，枉法裁判行为的，自知道或者应当知道之日起三个月内提出。”

经过 2007 年修改，申诉难的问题在一定程度上得到缓解。再审程序基本上完成了它维护司法公正的任务，但是在实务中又出现了新的难题：第一，上提一级管辖法院，使上级人民法院案件剧增，原来的再审案件是四级人民法院负责，修改之后，大部分案件集中在高级人民法院和最高人民法院，且要求对当事人申请再审的审查必须在3个月内作出结论，使上级人民法院不堪重负。第二，当事人滥用诉权的问题比较严重。由于对申请再审没有限制，当事人申请再审期限过长，造成重复申诉、反复申请再审，争议法律关系长期不能恢复正常状态，影响正常的生活秩序和生产秩序，破坏生效裁判的稳定性、权威性、公信力。还有一些当事人利用申请再审拖延执行。第三，恶意诉讼、虚假诉讼逐渐增多，案外人救济缺乏充分程序保障。诉讼实践中，有的当事人捏造事实使对方当事人卷入诉讼；有的当事人利用司法程序“炮制”并不存在的案件，获取对他们有利的判决，侵犯国家利益、公共利益或第三人利益。诸如此类诉讼亟待立法规制。

鉴于上述问题，对申请再审程序有必要进一步修改。本着解决申诉难、依法纠错的目的，同时，遵循诉讼规律对裁判的终局要求，并照顾社会的需求，照顾群众的一般诉求，法学界对以下问题进行了反复讨论和充分论证。

（一）关于管辖

对当事人的申请再审应当由哪一级人民法院管辖，有三种观点：第一种观点认为，向上一级人民法院申请再审会增加诉讼成本，导致大量的申请再审案件集中到高级人民法院甚至最高人民法院，不利于将矛盾化解在基层，应当改为由原审人民法院管辖。第二种观点认为，由原审人民法院管辖不合适，主要理由：其一，当事人提出再审就是认为原审的生效判决、裁定有错误，已对原审人民法院公正性产生怀疑，再审仍由原审人民法院审理，又维持原判决或裁定，很容易造成当事人不服并形成涉诉上访。其二，目前全国法院中工作量最大的就是基层人民法院和中级人民法院，如再审案件由原审人民法院进行，基层人民法院和中级人民法院“案多人少”的矛盾将进一步加重。其三，当事人一方人数众多的群体性案件，通常在起诉前由多部门几经协商调解无法解决，当事人才诉至法院，法院承办人往往通过诉调对接等途径再次与多部门共同调处，调处无果才作出判决、裁定，如当事人认为生效判决、裁定有错误，由原审人民法院处理会非常为难。第三种观点认为，应当恢复到1991年的规定，赋予再审申请人选择管辖法院的权利，可以向原审人民法院或上一级人民法院申请再审，这更体现了对当事人程序选择权的尊重，是一种更好的立法选择。经过反复研究，就我国目前国情而言，多数人认为向上一级人民法院申请再审的原则应该坚持。

（二）关于控制滥诉

控制滥诉，除在申请再审事由上严格把关外，还应当在程序上对申请再审进行适当限制。一种观点认为，已经经过再审的案件不能申请再审，因为有些案件是由于败诉一方当事人为了逃避执行，而不断地申请再审，败诉方当事人在再审期间转移资产，甚至申请破产，造成诉讼的混乱，严重损害申请执行人的利益。另一种观点则认为，再审之后是否允许申诉和申请再审，关键在于再审的裁判存不存在再审的事由，如果存在再审事由，还是应当允许当事人申请再审的，因为再审的判决是一个全新的一审或者二审判决，原审的判决已经撤销了。

（三）关于申请再审的期限

申请再审期限的确定关系到"有错必纠"与维护生效裁判的稳定性、权威性、公信力之间的冲突与平衡问题。合理的期限，一方面能够确保当事人有充分的时间行使申请再审的权利，另一方面则督促其尽快行使该救济权利，以免因过分迟延申请再审而对既判力造成过大的破坏。多数学者和专家认为，2007 年修改后，增加"二年后据以作出原判决、裁定的法律文书被撤销或者变更，以及发现审判人员在审理该案件时有贪污受贿，徇私舞弊，枉法裁判行为的，自知道或者应当知道之日起三个月内提出"的规定是合理的，延长了特殊情况下的申请期限，有利于充分保护当事人利益；但一般案件申请再审期限为 2 年太长，在对当事人不知悉再审事由的情况作了特殊规定后，对已经知悉再审事由的申请期限应当缩短，否则，原已平息的纠纷再次进入诉讼状态，不利于社会稳定，且时间拖延越久，一些证据灭失、毁损的可能性越大，增加审理难度。

（四）关于案外人救济

过去的诉讼制度局限于当事人之间权利义务纠纷的解决，一旦有人通过虚假诉讼或恶意诉讼导致判决错误并侵害第三人利益时，第三人因为不是当事人很难寻求司法救济。2007 年《民事诉讼法》修改时增加了对案外人的保护规定，即第 204 条"执行过程中，案外人对执行标的提出书面异议的，人民法院应当自收到书面异议之日起十五日内审查，理由成立的，裁定中止对该标的的执行；理由不成立的，裁定驳回。案外人、当事人对裁定不服，认为原判决、裁定错误的，依照审判监督程序办理；与原判决、裁定无关的，可以自裁定送达之日起十五日内向人民法院提起诉讼"。但该条规定仅适用于已经进入执行程序且须针对执行标的有异议的案件，未进入执行的案件、不会进入执行的案件，如果判决结果损害案外人利益的，就无法通过该条规定获得救济。针对这一情况，最高人民法院于2008年11月通过的《关于适用〈中华人民共和国民事诉讼法〉审判监督程序若干问题的解释》（以下简称《审判监督解释》）第5条第1款规定："案外人对原判决、裁定、调解书确定的执行标的物主张权利，且无法提起新的诉讼解决争议的，可以在判决、裁定、调解书发生法律效力后二年内，或者自知道或应当知道利益被损害之日起三个月内，向作出原判决、裁定、调解书的人民法院的上一级人民法院申请再审。"这一款对《民事诉讼法》的规定进行了扩张解释，赋予当事人之外的人申请再审的权利，但仍存在不足，仅限于有权对"标的物"主张权利的案外人才能申请再审，范围过窄。

近年来，我国理论和实务界对案外人异议问题关注较多，部分学者认为案外人提起再审无法通过现有制度予以有效实现，且无法确定审判对象，无法否定之前的错误判决，导致实践中在寻求救济途径时的尴尬，主张用案外人撤销之诉取代申请再审，以遏制恶意损害第三人利益的诉讼，避免对不诚信主体放纵和保护。这次修改采纳了这一意见，增加了第三人撤销之诉的规定。

二、修改内容

《决定》针对涉及申请再审程序的条文修改如下：

《决定》第10条在《民事诉讼法》第56条中增加一款作为第3款：

第五十六条第三款　前两款规定的第三人，因不能归责于本人的事由未参加诉讼，但有证据证明发生法律效力的判决、裁定、调解书的部分或者全部内容错误，损害其民事权益的，可以自知道或者应当知道其民事权益受到损害之日起六个月内，向作出该判决、裁定、调解书的人民法院提起诉讼。人民法院经审理，诉讼请求成立的，应当改变或者撤销原判决、裁定、调解书；诉讼请求不成立的，驳回诉讼请求。

《决定》第43条将《民事诉讼法》第178条改为第199条，规定如下：

第一百九十九条　当事人对已经发生法律效力的判决、裁定，认为有错误的，可以向上一级人民法院申请再审；当事人一方人数众多或者当事人双方为公民的案件，也可以向原审人民法院申请再审。当事人申请再审的，不停止判决、裁定的执行。

《决定》第45条将《民事诉讼法》第181条改为第204条，规定如下：

第二百零四条　人民法院应当自收到再审申请书之日起三个月内审查，符合本法规定的，裁定再审；不符合本法规定的，裁定驳回申请。有特殊情况需要延长的，由本院院长批准。

《决定》第46条将《民事诉讼法》第183条改为第202条，规定如下：

第二百零二条　当事人对已经发生法律效力的解除婚姻关系的判决、调解书，不得申请再审。

《决定》第47条将《民事诉讼法》第184条改为第205条，规定如下：

第二百零五条　当事人申请再审，应当在判决、裁定发生法律效力后六个月内提出；有本法第二百条第一项、第三项、第十二项、第十三项规定情形的，自知道或者应当知道之日起六个月内提出。

《决定》第46条将《民事诉讼法》第185条改为第206条，规定如下：

第二百零六条　按照审判监督程序决定再审的案件，裁定中止原判决、裁定、调解书的执行，但追索赡养费、扶养费、抚育费、抚恤金、医疗费用、劳动报酬等案件，可以不中止执行。

《决定》第49条在《民事诉讼法》中增加一条作为第209条，规定如下：

第二百零九条　有下列情形之一的，当事人可以向人民检察院申请检察建议或者抗诉：

（一）人民法院驳回再审申请的；

（二）人民法院逾期未对再审申请作出裁定的；

（三）再审判决、裁定有明显错误的。

人民检察院对当事人的申请应当在三个月内进行审查，作出提出或者不予提出检察建议或者抗诉的决定。当事人不得再次向人民检察院申请检察建议或者抗诉。

三、理解与适用

修改后的申请再审程序，包括以下内容：

（一）申请再审的管辖

新《民事诉讼法》第199条的规定，原则上应当向原审人民法院的上一级人民法院申请再审，但从方便当事人诉讼、节约诉讼成本、减少诉累的角度，发挥基层法院解决矛盾维护社会的稳定优势，增加规定了两种例外情况，即发生在公民之间案件，比如家庭矛盾、邻里纠纷，以及一方当事人人数众多的案件。在这两种情形下，当事人既可以选择向原审人民法院申请再审，也可以向原审人民法院的上一级人民法院申请再审。这样规定，体现了强制性与灵活性相结合的特点，体现了国家干预与当事人处分权之间的平衡，客观上也可以起到案件分流的作用，减轻上级人民法院压力。

适用该条时应当注意的是，立法本意是从有利于当事人出发，赋予当事人更多选择权，但要避免成为地方法院变通执行的借口，强行要求当事人先到原审人民法院申请再审，使当事人失去选择权。因此，一方当事人人数众多的案件、双方当事人为公民的案件，如果当事人向原审人民法院的上一级人民法院申请再审的，上一级人民法院应当依法受理，不能以任何理由推诿和拒绝。

（二）申请再审的主体

根据新《民事诉讼法》第199条、1992年7月通过的最高人民法院《关于适用〈中华人民共和国民事诉讼法〉若干问题的意见》（以下简称《民诉意见》）第203条、《审判监督解释》第41条的规定，民事再审案件的当事人应为原审案件的当事人，包括原生效裁判中的原告、被告、共同诉讼人、第三人；无民事行为能力人、限制民事行为能力人的法定代理人，可以代理当事人提出再审申请；原审案件当事人死亡或者终止的，其权利义务承受人可以申请再审并参加再审诉讼。

根据新《民事诉讼法》第56条和第227条的规定，案外人因生效判决、裁定、调解书的部分或者全部内容错误而致民事权益损害的，有两种救济途径：一是向作出该判决、裁定、调解书的人民法院提起撤销之诉，人民法院经审理，诉讼请求成立的，应当改变或者撤销原判决、裁定、调解书；二是提出执行异议之诉，理由成立的，人民法院应当依职权决定再审，改变或者撤销原判决、裁定、调解书。

（三）申请再审的客体

根据新《民事诉讼法》第199条、第201条的规定，申请再审的客体是已经生效的判决、裁定和调解书。但下列生效判决、裁定、调解书不能申请再审：

第一，根据新《民事诉讼法》第202条、《民诉意见》第209的规定，生效的解除婚姻关系判决、调解书，不可以申请再审。这是基于对新配偶的保护、对婚姻登记秩序的保障，不允许对解除婚姻的判决、调解书进行再审。但当事人就离婚案件中的财产分割问题申请再审的，如涉及判决中已分割的财产，符合再审条件的，应立案审理。

第二，人民法院作出的大部分裁定，不允许申请再审。

根据新《民事诉讼法》第154条第1款的规定，裁定适用于下列范围：不予受理、管辖权异议、驳回起诉、保全和先予执行、准许或者不准许撤诉、中止或者终结诉讼、补正判决书中的笔误、中止或者终结执行、撤销或者不予执行仲裁裁决、不予执行公证机关赋予强制执行效力的债权文书、其他需要裁定解决的事项。

由于裁定是法院解决诉讼中程序问题时使用的法律文书，一般作出即生效，其中涉及实体保护的重要问题时才给予程序救济。救济方式包括上诉和申请再审。根据新《民事诉讼法》第 154 条第 2 款的规定，对不予受理、对管辖权有异议的、驳回起诉的裁定，可以上诉；《民诉意见》第 208 条规定，对不予受理、驳回起诉的裁定，当事人可以申请再审。

第三，根据《民诉意见》第 207 条规定，通过督促程序、公示催告程序审理后维持原判的案件，当事人不得申请再审。

（四）申请再审的方式

根据新《民事诉讼法》第 203 条的规定，当事人申请再审的，应当提交再审申请书等材料。此处的“应当”，属于强制性规范，因此，当事人申请再审必须提交再审申请书。

根据《审判监督解释》第 3 条规定，当事人申请再审，应当向人民法院提交再审申请书，并按照对方当事人人数提出副本。人民法院应当审查再审申请书是否载明下列事项：(1) 申请再审人与对方当事人的姓名、住所及有效联系方式等基本情况；法人或其他组织的名称、住所和法定代表人或主要负责人的姓名、职务及有效联系方式等基本情况；(2) 原审人民法院的名称，原判决、裁定、调解文书案号；(3) 申请再审的法定情形及具体事实、理由；(4) 具体的再审请求。

根据《审判监督解释》第 4 条的规定，当事人申请再审，应当向人民法院提交已经发生法律效力的判决书、裁定书、调解书，身份证明及相关证据材料，以供法院立案审查。

（五）申请再审的期限

根据新《民事诉讼法》第 205 条的规定，当事人申请再审的期限包括两种情况：一般案件应当在判决、裁定发生法律效力后 6 个月内提出；但以下几种情况，自知道或者应当知道之日起 6 个月内提出：有新的证据，足以推翻原判决、裁定的；原判决、裁定认定事实的主要证据是伪造的；据以作出原判决、裁定的法律文书被撤销或者变更的；审判人员审理该案件时有贪污受贿，徇私舞弊，枉法裁判行为的。

（六）申请再审的效力

当事人申请再审产生以下法律后果：

第一，引起法院立案审查。根据新《民事诉讼法》第 204 条的规定，人民法院应当自收到再审申请书之日起 3 个月内审查，符合本法规定的，裁定再审；不符合本法规定的，裁定驳回申请。即当事人申请再审，仅能引起法院立案审查，不直接导致案件重新审理。审查期限为 3 个月。根据《审判监督程序解释》第 8 条和第 9 条的规定，人民法院受理再审申请后，应当组成合议庭予以审查；人民法院对再审申请的审查，应当围绕再审事由是否成立进行。

第二，不停止判决、裁定的执行。根据新《民事诉讼法》第 199 条的规定，当事人申请再审的，不停止判决、裁定的执行。由于申请再审的对象是已经生效的判决、裁定和调解书，没有法律规定，任何人不能停止其效力。且这样规定，有利于避免当事人滥用诉权，利用申请再审拖延执行，保护对方当事人的合法权益。

（七）对申请再审的限制规定

对申请再审的限制包括申请顺序和次数两方面。

第一，顺序限制。申请再审优先于向检察院申诉。根据《民事诉讼法》第 209 条的规定，当事人认为生效法律文书确有错误，要首先向法院申请再审，法院经过审查后，如果认为当事人主张了法律规定的再审事由，并且再审事由也的确存在，就会决定再审；法院如果驳回申请，或者超过审查期限没有作出裁定，或者再审判决、裁定有明显错误的情况下，当事人可以向人民检察院申请检察建议或者抗诉。增设申请再审优先的规定，既有利于当事人迅速获得救济，也给予了当事人权利救济充分的程序保障，又避免重复申诉、抗诉再审并行，节约司法资源，减轻检察机关抗诉监督的负担和法院审查的负担。

第二，次数限制。根据《民事诉讼法》第 209 条的规定，人民检察院对当事人的申请应当在 3 个月内进行审查，作出提出或者不予提出检察建议或者抗诉的决定。当事人不得再次向人民检察院申请检察建议或者抗诉。从该条规定看，当事人就某一份生效判决、裁定向检察院申诉后，只要检察院在法定期间作出决定的，无论该决定是否支持申诉人的主张，当事人都不得再次申诉。

有了上述规定，虽然没有明确规定当事人申请再审的次数，仍给当事人就同一案件多次申请再审留有空间，但对当事人多次申请再审、反复申诉、终审不终的现象，能够起到一定抑制作用。

第三节　法院依职权决定再审

法院依职权决定再审是发动审判监督程序的途径之一，也是争议较大的问题，其程序设计及具体适用都要面对并必须妥善解决的难题是：如何协调好国家干预与当事人处分权的关系，如何处理好法院主动发动审判监督程序与其自身中立地位的关系等。

一、修改背景

关于法院依职权决定再审，1982年《民事诉讼法（试行）》有两条规定：

第157条："各级人民法院院长对本院已经发生法律效力的判决、裁定，发现确有错误，需要再审的，提交审判委员会讨论决定。最高人民法院对地方各级人民法院已经发生法律效力的判决、裁定，上级人民法院对下级人民法院已经发生法律效力的判决、裁定，发现确有错误的，有权提审或者指令下级人民法院再审。"

第159条："按照审判监督程序决定再审的案件，裁定中止原判决的执行。裁定由院长署名，加盖人民法院印章。"

这两条规定，1991年《民事诉讼法》、2007年《民事诉讼法》都没有改动。但法院依职权启动审判监督程序，在理论界和实务界都争议不断，分歧也较大。总结已出版著作和发表论文的研究成果，归纳相关学术研讨会、立法研讨会和专题讲座内容，主要涉及以下问题：

（一）法院依职权启动再审程序存废之争

主张取消人民法院依职权决定再审的主要理由有：依职权决定再审违背诉审分离原理、有违法院的中立地位、有损当事人的处分权、有损法院的权威，且有被一些单位和个人利用之嫌。主张应当保留这一途径的主要理由是，认为法院在日常工作中，最容易发现错误；审判实务中虚假诉讼逐渐增多，他们通过诉讼处分了国家财产或他人的财产，或者转移了财产，损害了国家或者公共利益，这类案件双方当事人都不会申请再审，保留法院依职权启动审判监督程序，有利于保护国家利益和公共利益。

（二）决定再审的案件应否同时裁定中止执行

根据《民事诉讼法》的设计，审判监督程序分为两个阶段，即再审审查阶段和再审审理阶段。在再审审查阶段，原生效裁判仍继续执行；但决定再审的，是否应当同时裁定中止原生效裁判的执行，存在不同观点。反对的理由是：第一，这一规定是"先定后审"的典型表现，具有强烈的职权主义色彩；第二，损害当事人处分权，是否中止执行，应当由当事人申请并提供担保后才能采取；第三，进入再审审理的案件，改判率也很低，一律中止执行既无必要，还可能会损害另一方当事人利益。赞成的理由有：第一，决定再审之前，已经通过一定的形式如阅卷、询问当事人、举行听证程序等对原生效裁判进行了审查，认为其确实存在法定再审事由或重大瑕疵，中止执行可以避免执行回转或不能执行；第二，从司法实践看，一些法院决定再审的案件，正是在执行中发现原生效裁判严重错误，当事人因恶意串通、虚假诉讼、调解结案等原因不申请再审，这些案件，中止执行可以避免损失扩大。

（三）关于院长署名问题

再审裁定由院长署名的规定从1982年《民事诉讼法（试行）》沿用至今，有人主张取消这一规定，原因有：第一，在审判实践中，决定再审是由合议庭经过审查后作出决定的，由院长署名名不符实；第二，案件决定再审的时候是由院长署名，经过审理最后维持原判，署的是合议庭的名字，出现所谓“小法官否定大法官”的现象，有违逻辑。

二、修改内容

《决定》针对法院依职权决定再审的前述问题，作出如下修改：

《决定》第46条将《民事诉讼法》第177条改为第198条，规定如下：

第一百九十八条　各级人民法院院长对本院已经发生法律效力的判决、裁定、调解书，发现确有错误，认为需要再审的，应当提交审判委员会讨论决定。最高人民法院对地方各级人民法院已经发生法律效力的判决、裁定、调解书，上级人民法院对下级人民法院已经发生法律效力的判决、裁定、调解书，发现确有错误的，有权提审或者指令下级人民法院再审。

《决定》第46条将《民事诉讼法》第185条改为第206条，规定如下：

第二百零六条　按照审判监督程序决定再审的案件，裁定中止原判决、裁定、调解书的执行，但追索赡养费、扶养费、抚育费、抚恤金、医疗费用、劳动报酬等案件，可以不中止执行。

三、理解与适用

修改后的法院决定再审，包括以下内容：

（一）决定再审的客体

决定再审的客体包括判决、裁定、调解书。有关判决、裁定的具体范围，与前述当事人申请再审的内容相同。根据新《民事诉讼法》第198条的规定，这次《民事诉讼法》修改增加了法院可以依职权对调解书决定再审。

调解书是人民法院根据当事人达成的调解协议制成的法律文书。调解协议是在诉讼中，在人民法院主持下，在自愿的基础上，双方当事人经过协商，互谅互让，对争议的民事权利义务达成的解决方案。调解协议是当事人行使处分权的结果，只要调解程序合法，内容不违反法律禁止性规定，法院不会干预，根据调解协议内容制成的调解书一经送达即具有法律效力。从私权自治、尊重当事人处分权出发，法院是不应当依职权对调解书决定再审的。但由于近年虚假诉讼增多，双方当事人通过调解处分了别人的财产或者转移了财产，损害了国家利益、公共利益或者他人利益。这种情况下，损害他人利益的，已经有了第三人撤销之诉制度和案外人执行异议制度予以补救，但损害国家利益和公共利益的，通过法院依职权决定进行再审予以救济还是有必要的。

从这次修改内容看，不仅没有取消法院依职权决定再审，也未对其再审进行的次数、理由、案件类型等进行限制，反而增加了对调解书也可以决定再审，这给审判机关适用法律留下了较大空间。但这并不能理解为法院可以放宽行使这一职权的条件。在司法实践中，法院决定再审要严格控制适用范围和对象，如原则上应当在有当事人申诉的情况下启动，对于损害他人的案件，应当通知利害关系人，由其自己决定是否通过法律程序救济；对于损害国家利益和公共利益的，法院才有必要依职权启动再审。

（二）有权依职权决定再审的主体

根据新《民事诉讼法》第 198 条的规定，有权依职权决定再审的主体包括：

第一，各级人民法院院长和审判委员会。即各级人民法院院长对本院已经发生法律效力的判决、裁定、调解书，发现确有错误，认为需要再审的，应当提交审判委员会讨论决定。

第二，最高人民法院。最高人民法院对地方各级人民法院已经发生法律效力的判决、裁定、调解书，发现确有错误的，有权提审或者指令下级人民法院再审。

第三，上级人民法院。上级人民法院对下级人民法院已经发生法律效力的判决、裁定、调解书，发现确有错误的，有权提审或者指令下级人民法院再审。

（三）裁定中止执行及其例外规定

根据新《民事诉讼法》第 206 条的规定，按照审判监督程序决定再审的案件，裁定中止原判决、裁定、调解书的执行，但追索赡养费、扶养费、抚育费、抚恤金、医疗费用、劳动报酬等案件，可以不中止执行。

这次修改，在原有基础上，增加了不中止执行案件的例外规定，即追索赡养费、扶养费、抚育费、抚恤金、医疗费用、劳动报酬等案件，可以不中止执行。这是因为这些案件的原告处于弱势地位，中止执行可能使当事人难以维持正常的生活，例外规定保障了当事人的基本生存权，同时通过列举的方式进行限定，也避免了法院裁量权过大，避免不该中止的中止了，或者该中止的没有中止。

新《民事诉讼法》删除了院长在中止裁定上署名的规定。审判实务中由具体负责审查的审判人员署名。

第四节　再审事由

再审事由，也称再审理由，是当事人向法院申请再审应具备的法定理由。再审事由既是再审程序启动的“钥匙”，又是再审程序的中枢环节。再审理由的设定，直接关系到再审制度的价值取向和再审程序构造。

大陆法系国家的再审事由，可以分为诉讼程序问题和裁判根据问题两个方面。有关诉讼程序问题的事由，主要有：合议庭或独任庭的组成不合法；审判法院没有管辖权；法官依法不能参加该案件审理；法官在审理该案件的过程中有职务上的犯罪；诉讼当事人未经代理或未经合法代理；未经传票传唤，缺席判决的；等等。有关裁判根据问题的事由，主要有：作为裁判基础的证据是伪造的；据以作出裁判的法律文书被撤销或者变更的；当事人有新的证据，据此可以推翻原裁判的；等等。

考察大陆法系主要国家和地区的立法规定，关于民事再审事由存在着以下三个共同特征，这些共性特征对我国民事再审事由的完善具有借鉴意义。①

第一，民事再审事由的补充性。根据再审程序的补充性原则，如果某项事由在再审之前的诉讼程序中已经存在，当事人能够通过以前的程序进行救济的，就不能将该项事由作为再审事由。

第二，民事再审事由的限定性。大陆法系主要国家和地区的民事再审事由在数量上有差别，规定的再审事由少的只在有几项，多的则达十几项。但是不管再审事由是多是少，在范围上则是确定不变的，具有限定性。只有符合法律明文规定的再审事由，才能够启动民事再审程序。民事再审事由的限定性，维护了生效裁判的既判力，维护了司法的权威和社会公信力。

第三，民事再审事由的确定性。民事再审事由应当是一种不以当事人、法官的意志为转移的客观事实，具有确定性。大陆法系国家和地区规定的民事再审事由，其内涵十分明确，一般不会引发分歧，法院在审查诉讼事由时能较顺利地作出正确判断，因此具有很强的可操作性。

---

① 胡夏冰：《民事再审事由的比较分析》，载《人民司法》2010年第17期。

一、修改背景

2007年修改《民事诉讼法》时，关于再审事由的修改是一大亮点。再审事由由原先的5项变成了13项，在数量上比德国多了2项，比日本多了3项，在形式上有了相当大的改观。在实质方面的转变更为显著，可以概括为“三个转变”：第一，从主观标准向客观标准转变；第二，从实体性标准转向程序性标准；第三，从概括性标准转向具体性标准。①

从立法和司法两方面来看，经过2007年修改后的再审事由，仍存在许多问题，其中在《民事诉讼法》本次修订前研讨较多、最为紧迫又为本次修订所涉及的主要有三个方面的问题。

（一）“违反法律规定，管辖错误”的再审事由是取消还是保留的问题

针对“违反法律规定，管辖错误”的再审事由，存在两种不同的态度，笔者将这两种态度分别称为“取消说”和“保留说”。

1. “取消说”反对将“管辖错误”作为再审事由，其主要观点有：

（1）对于管辖权错误的救济，《民事诉讼法》已经规定有救济程序，即提出管辖权异议。如果被告认为法院违反管辖规定受理诉讼的，可以提出管辖权异议。受诉法院对管辖权异议进行审查后应当作出裁定，异议被裁定驳回的，当事人还可以提出上诉。

（2）管辖错误，在理论上不应该影响到案件公正性。管辖制度，主要是解决法院内部受理第一审民事案件的分工和权限问题。管辖错误产生的最直接的法律后果是给法院和当事人诉讼带来不便，并不会对司法公正产生负面影响。②

（3）把管辖错误规定为再审事由，并不能解决司法中地方保护主义问题。因为“管辖制度的设计本身并不考虑，也不可能考虑任何防止司法地方保护主义因素”③。

（4）因管辖错误而启动再审，成本过高。判决生效后，如果允许败诉一方当事人再以管辖错误为由申请再审，就会出现已经进行的诉讼程序可能因为并不影响实质公正的形式错误而无效。这样的再审，会使当事人和法院承受巨大的成本，造成资源浪费。

---

① 汤维建：《我国民事再审制度的新发展及其展望》，载《中国审判》2007年第12期。

② 潘剑锋：《论“管辖错误”不宜作为再审事由》，载《法律适用》2009年第2期。

③ 张卫平：《再审事由构成再讨论》，载《法学家》2007年第6期。

（5）再审事由的确定要符合客观性或形式性的原则。作为再审的事由，应当是能够从形式上识别和判断的具有外在性的事由，而不应当把不容易识别的具有内在性的实质性事由作为再审的事由。管辖是否错误涉及对事实的定性和法律的解释问题，如果不作实质审理是不能确定管辖是否存在错误的，所以不符合外在性、形式性的标准。①

2. "保留说"认为将"违反法律规定，管辖错误"规定为再审事由，是我国立法上的一个进步，值得充分肯定，应当继续保留这一规定，其主要观点有：

（1）"管辖错误"作为再审事由，弘扬了程序正义的独立价值。程序正义具有两个层面的价值：一是程序正义对实体正义起着优先的决定性作用；二是程序正义自身也具有独立的意义。

（2）"管辖错误"作为再审事由，体现了对当事人诉权的充分保障。当事人的诉权与法院的审判权相比，日益具有优位性和主导性，对当事人的诉权保障也体现出了宪法性和国际化等特征。当事人的诉权保障应当体现在诉讼制度的方方面面，其中就包含了管辖制度。②

（3）"管辖错误"作为再审事由，体现了立法者通过管辖制度的恰当设定，破解地方保护主义的努力。我国的司法现状表明，在一些地区还严重存在着地方保护主义，"管辖错误"为司法中的地方保护提供了更大的可能性，我们应该将管辖问题同诉讼程序的公正联系起来考量，程序的不公正可能会影响到实体判决结果的公正。

（4）取消"管辖错误"的再审事由限制了检察监督的行使。《民事诉讼法》规定，人民检察院发现有符合当事人申请再审事由的情形之一的，应当提出抗诉。因此，取消"管辖错误"这一再审事由后，检察机关就无法对管辖问题实行监督，无法对违反管辖规定受理诉讼的情形提起抗诉，这可能会导致恶意违反管辖规定行为的增多。

（5）在理论界和实务界远未取得应当取消"管辖错误"这一再审事由的共识。在本次《民事诉讼法》的修订前，已经形成的三部专家建议稿中，尽管对"管辖错误"这一再审事由的规定各有差异，但没有一部是完全删除"管辖错误"这一再审事由的。全国律师协会于 2011 年 11 月 30 日向全国人大常委会法工委提交了《民事诉讼法修正案（草案）律师建议稿》，明确表示

---

① 陈桂明：《再审事由应当如何确定——兼评 2007 年〈民事诉讼法〉修改之得失》，载《法学家》2007 年第 6 期。

② 汤维建：《"管辖错误"作为再审事由不宜删除》，载《法学家》2011 年第 6 期。

了反对删除“管辖错误”这一再审事由的意见，认为这一再审事由为2007年《民事诉讼法》刚刚明确规定，而司法实践中地方保护主义仍十分严重，管辖一旦错误，诉讼结果多数一边倒，因而不宜很快废止。①

“管辖错误”的再审事由，涉及民事诉讼中的整个管辖制度。在管辖制度中，有级别管辖、地域管辖之分，地域管辖又区分为一般地域管辖、特殊地域管辖和专属管辖，还有当事人的协议管辖和法院的指定管辖。在审判实务中如何准确理解和把握这一再审事由，是一个重要而复杂的问题。为此，最高人民法院于2008年发布了《关于适用〈中华人民共和国民事诉讼法〉审判监督程序若干问题的解释》（以下简称《审判监督解释》）。鉴于“管辖错误”的含义不具体以及学术界的批评意见，《审判监督解释》对此作出了缩限性解释，将管辖错误限定为三种情形：违反专属管辖规定；违反专门管辖规定；其他严重违法行使管辖权的。经过缩限解释后，当事人能够对管辖错误申请再审的已经相当少了。

“管辖错误”这一再审事由是2007年修订《民事诉讼法》时设立的再审事由，仅过4年多时间就取消这一规定，这在立法上是不是一个最好的选择呢？这个问题值得我们反思。

（二）再审事由范围大小的问题

再审事由范围大小的问题，涉及再审的功能，直接决定着再审制度适用的范围问题。再审事由具有范围上的限定性，不能随意地扩大。

再审程序，是人民法院对已经发生法律效力的判决、裁定发现确有错误，依法对案件进行再审的程序，是一种特殊的救济程序。但是，如果任意地扩大再审事由的范围，就会更多地否定已经发生法律效力的裁判，进而破坏更多的已经由生效裁判所确立的法律关系。因此，为了保持司法裁判的稳定性和既判力，就必须严格限制再审事由的范围。

2007年《民事诉讼法》第179条第2款规定了“对违反法定程序可能影响案件正确判决、裁定的情形”，这是该条的一项兜底性条款。这一兜底性条款意味着再审事由的范围可能会被任意地扩大，“可能影响案件正确判决、裁定”则又涉及案件事实的认定。从明确限定再审事由范围的角度来说，这项兜底性条款是应该废除的。

（三）再审事由不明确、不具体的问题

2007年修订的《民事诉讼法》第179条在确定了13项又1款再审事由之

---

① 李浩：《管辖错误：取消还是保留》，载《政治与法律》2012年第4期。

后，理论界、实务界都对再审事由不明确、不具体的问题有着广泛质疑。存在的问题主要有：（1）第 1 项规定的“有新的证据，足以推翻原判决、裁定的”事由中，“足以”二字是难以明确的；（2）第 2 项规定“原判决、裁定认定的基本事实缺乏证据证明的”事由，何为“基本事实”；（3）第 5 项“对审理案件需要的证据，当事人因客观原因不能自行收集，书面申请人民法院调查收集，人民法院未调查收集的”事由，这里的“对审理案件需要的证据”是指哪些证据呢？

《民事诉讼法》的本次修订，基于再审事由不明确、不具体的问题，分别在第 5 项、第 13 项对相关问题进行了修改。

二、修改内容

《决定》第 44 条是对再审事由的修改，将《民事诉讼法》第 179 条改为第 200 条，具体规定如下：

第二百条　当事人的申请符合下列情形之一的，人民法院应当再审：

（一）有新的证据，足以推翻原判决、裁定的；

（二）原判决、裁定认定的基本事实缺乏证据证明的；

（三）原判决、裁定认定事实的主要证据是伪造的；

（四）原判决、裁定认定事实的主要证据未经质证的；

（五）对审理案件需要的主要证据，当事人因客观原因不能自行收集，书面申请人民法院调查收集，人民法院未调查收集的；

（六）原判决、裁定适用法律确有错误的；

（七）审判组织的组成不合法或者依法应当回避的审判人员没有回避的；

（八）无诉讼行为能力人未经法定代理人代为诉讼或者应当参加诉讼的当事人，因不能归责于本人或者其诉讼代理人的事由，未参加诉讼的；

（九）违反法律规定，剥夺当事人辩论权利的；

（十）未经传票传唤，缺席判决的；

（十一）原判决、裁定遗漏或者超出诉讼请求的；

（十二）据以作出原判决、裁定的法律文书被撤销或者变更的；

（十三）审判人员审理该案件时有贪污受贿，徇私舞弊，枉法裁判行为的。

三、理解与适用

上述关于再审事由的修改，进一步完善了再审事由的规定，增强了再审事由的明确性、具体性，提高了可操作性。对于上述有关再审事由修改内容的理解与适用，应注意以下几个方面的问题：

（一）正确理解第5项事由中“审理案件需要的主要证据”

所谓主要证据，是指能证明案件的主要事实是否存在的证据，也是人民法院认定案件基本事实所必需的证据。

（二）对当事人申请再审事由的适用仅限于法定的13项事由

在删除“对违反法定程序可能影响案件正确判决、裁定的情形”这一项兜底性条款之后，当事人申请再审的事由已经明确规定为13项。因此，未经法律规定，不得以超出该13项事由的其他事由作为当事人申请再审的事由。

（三）对再审事由中的一些关键词仍需要结合司法解释来理解和把握

根据《审判监督解释》，正确理解和把握再审事由中的一些关键词。

1. 关于第1项事由中“新的证据”的理解

所谓“新的证据”是指下列证据之一：（1）原审庭审结束前已客观存在庭审结束后新发现的证据；（2）原审庭审结束前已经发现，但因客观原因无法取得或在规定的期限内不能提供的证据；（3）原审庭审结束后原作出鉴定意见、勘验笔录者重新鉴定、勘验，推翻原结论的证据；（4）当事人在原审中提供的主要证据，原审未予质证、认证，但足以推翻原判决、裁定的。

不属于上述情形的证据不能视为“新的证据”，如证据不是在原审中难以收集的，应向人民法院申请调查取证而未申请的，在举证期内采取消极态度不提供相关证据的，等等。

2. 关于第2项事由中“基本事实”的理解

所谓“基本事实”，又称为主要事实或者要件事实，是指对原判决、裁定的结果有实质影响，用以确定当事人主体资格、案件性质、具体权利义务和民事责任等主要内容所依据的事实。如果不是“基本事实”而是“次要事实”，即对确定当事人主体资格、确定案件性质以及民事权利义务、民事责任没有决定作用的事实，就不能作为本项的再审事由。

3. 关于第6项事由中“适用法律确有错误”的理解

所谓“适用法律确有错误”是指下列情形之一：（1）适用的法律与案件性质明显不符的；（2）确定民事责任明显违背当事人约定或者法律规定的；（3）适用已经失效或尚未施行的法律的；（4）违反法律溯及力规定的；（5）违反法律适用规则的；（6）明显违背立法本意的。

4. 关于第9项事由中“剥夺当事人辩论权利”的理解

所谓“剥夺当事人辩论权利”，是指原审开庭过程中审判人员不允许当事人行使辩论权利或者严重限制当事人行使辩论权利，或者以不送达起诉状副本或上诉状副本等其他方式，致使当事人无法行使辩论权利。对“剥夺”的理解，不能简单地理解为“不允许”当事人行使辩论权，还包括在庭审中不当的严重阻止或限制当事人辩论的行为。

5. 关于第13项事由的理解

“审判人员审理该案件时有贪污受贿，徇私舞弊，枉法裁判行为”，是指该行为已经相关刑事法律文书或者纪律处分决定确认的情形。如果仅仅是有审判人员贪污受贿、徇私舞弊的嫌疑，或者还在调查过程之中，就不能作为本项规定的再审事由。

第八章 民事执行程序的修改完善

第一节 完善民事执行程序的必要性

近年来，民事司法领域的“执行难”和“执行乱”问题引起了当事人和社会各界的强烈不满，甚至引起了国家领导层的高度重视。解决“执行难”、治理“执行乱”已经成为实现法治必须完成的任务。造成“执行难”和“执行乱”的原因很多，其中之一是法律制度不健全，即有关民事执行程序的法律规范不完善。我国的民事执行程序规定在《民事诉讼法》之中，民事执行程序的法律规范不完善，其实就是《民事诉讼法》不完善。因此，在《民事诉讼法》修改之际，完善民事执行程序是必要的。修改之前的《民事诉讼法》有关民事执行程序的规范，主要存在以下几个方面的不足：

一、条文数量少，无法适应民事执行工作的复杂性

民事执行工作的内容和程序相当复杂，规范这一复杂的工作需要大量的法律条文。放眼全球，日本《民事执行法》有 198 条；德国《民事诉讼法》有关民事执行的条文有 280 条，另有 186 条的《强制拍卖与强制管理法》规范不动产的执行程序；法国民事执行程序的法律规范更多，包括法国《民事执行程序法》(共有 99 条)、旧《民事诉讼法》(仍在生效的、规范民事执行程序的条文为 107 条)、新《民事诉讼法》(规范民事执行程序的条文有 27 条)、法国《民事执行程序法实施法令》(共有 305 条)；俄罗斯《民事执行程序法》也有 95 条。然而，在此次修改之前，我国《民事诉讼法》有关民事执行程序的条文仅有 34 条，显然不能满足复杂的民事执行工作的需要。法律条文数量过少，其结果必然是规范不精细，“漏洞”很多，“无法可依”的现象严重，民事执行“难”和“乱”的问题就不可避免。

二、重要制度缺位，无法满足民事执行实践的需要

我国现行的民事执行的程序规范不仅总体“供给”严重不足，而且一些基础性的重要制度明显缺位，无法满足民事执行实践的需要。其中，最为严重

的是缺乏对民事执行权的制约与监督机制，结果造成民事执行权配置不科学，民事执行权过度集中而易形成滥用，进而造成实践中比较严重的“执行难”和“执行乱”问题。此外，执行财产分配机制、执行救济机制、执行威慑机制、拒绝协助执行惩处机制、执行和解机制等的缺位或者不完善，导致民事执行工作缺乏统一的操作规范，严重削弱了民事执行的权威性和震慑作用。

三、可操作性差，严重影响了程序制度应有功能的发挥

由于条文数量少，大量民事执行程序规范不明确、不具体，可操作性差，适用起来十分不便，还严重影响了民事执行程序制度应有功能的发挥。例如，尽管《民事诉讼法》规定民事执行财产的基本变价方式是拍卖和变卖，但是究竟如何实施拍卖和变卖，《民事诉讼法》基本没有进行规范。又如，2007 年修改《民事诉讼法》时规定了对不履行义务的债务人限制出境，在征信系统记录、通过媒体公布不履行义务信息等“威慑机制”，但是如何实施这些威慑措施，法律并没有作出明确规定，导致它们在实践中基本没有被适用，因而也就没有发挥其应有的作用。

四、一些制度明显不合理，造成民事执行实践混乱

实践证明，修改前的《民事诉讼法》规定的民事执行制度，有些已经明显落后于现实社会的经济活动，有些经实践证明存在明显的不合理之处。所有这些都造成了民事执行实践的混乱。例如，关于实现金钱债权的执行，修改前的《民事诉讼法》仅规定了对存款、收入、动产和不动产等几类财产的执行实施程序，对于现实生活中新形态的财产，如债券、股票、基金份额、知识产权中的财产权等，法律没有规定具体的执行实施程序，以至于实践中形成能否对这些财产执行、如何实施执行的疑问，甚至不同的执行法院采取的执行措施各不相同，局面相当混乱。又如，关于执行财产的变价方式，修改前的《民事诉讼法》规定人民法院可以“按照规定交有关单位拍卖或者变卖”，但是究竟交什么单位拍卖或者变卖，法律法规等并没有明确规定。最高人民法院通过司法解释规定，执行财产应当优先适用拍卖的方式进行变价，拍卖应当委托具有相应资质的拍卖机构进行。但是，从理论上看，民事执行拍卖的性质明显不同于私法拍卖，民事执行拍卖委托拍卖机构进行，与民事执行拍卖的性质格格不入；在实践中，委托拍卖机构对执行财产进行拍卖引发了许多社会问题，成为执行腐败案件的重要根源。由此可见，修改前的《民事诉讼法》规定的“按照规定交有关单位拍卖或者变卖”的规定是不合理的。

正是由于《民事诉讼法》关于民事执行程序的规定存在诸多不足，为了

满足司法实践的需要，除最高人民法院《关于适用〈中华人民共和国民事诉讼法〉若干问题的意见》（本章以下简称《民诉意见》）等综合性司法解释外，最高人民法院对民事执行程序作出了总量达数百条的专门司法解释。如，最高人民法院《关于人民法院执行工作若干问题的规定（试行）》（以下简称《执行规定》）、最高人民法院《关于民事执行中查封、扣押、冻结财产的规定》（以下简称《查封规定》）、最高人民法院《关于民事执行中拍卖、变卖财产的规定》（以下简称《拍卖规定》），等等。但是，司法解释不但效力层次较低，而且存在相互冲突的现象，严重影响了民事执行工作的顺利进行。近年来，完善民事执行程序甚至进行民事执行单独立法的呼声越来越高，意见也越来越一致。但是，由于各种原因，民事执行程序单独立法可能还需要一些时间。在实现民事执行单独立法之前，利用修改《民事诉讼法》的机会，对民事执行程序进行必要的完善是必不可少的，而且是进行民事执行单独立法的必要的铺垫和尝试。

第二节　执行措施

一、修改背景

我国1991年《民事诉讼法》规定的执行措施体现为第221条至第233条，主要内容包括：查询、冻结、划拨存款，扣留、提取收入，查封、扣押、冻结、拍卖、变卖财产，强制交付财产或者票证，强制迁出房屋或者强制退出土地，通知有关单位协助办理财产权证照转移手续，强制、委托有关单位或者其他人完成行为，搜查，加倍支付迟延履行利息或者支付迟延履行金，等等。尽管从数量上看，有关执行措施的条文占了执行程序条文的43%，但是相对于复杂、繁琐的执行工作而言，这些条文以及由此规定的执行措施远远不能满足实践的需要。2007年修正《民事诉讼法》时，执行程序新增4个条文，其中2条是关于执行措施的规定，增加了报告财产、限制出境、在征信系统记录、通过媒体公布不履行义务信息等执行措施。但是，客观地说，《民事诉讼法》有关执行措施的规定仍不能满足实践的需要。

首先，执行措施针对的对象已经不能适应社会生活的实际情况。2007年修改后的《民事诉讼法》规定的执行措施针对的财产类的执行对象只有存款、收入、动产和不动产等几类。但是，近年来，随着社会的发展，被执行人的财产类型已经发生了很大变化，债券、股票、基金份额等金融性资产已经成为被执行人履行义务的重要财产来源。但是，2007 年修改以后的《民事诉讼法》没有明确规定针对这些类型的财产的执行措施，严重影响了实践中民事执行工作的顺利进行。

其次，有些执行措施的规定存在明显的不科学的问题。例如，关于人民法院查封、扣押的财产的变价措施，《民事诉讼法》的规定自颁行以来一直没有任何改变，即“被执行人逾期不履行的，人民法院可以按照规定交有关单位拍卖或者变卖被查封、扣押的财产”。问题是现行法律并没有关于交有关单位拍卖、变卖被查封、扣押的财产的规定。为了满足实践的需要，《执行规定》、《拍卖规定》等司法解释规定，人民法院拍卖查封、扣押的财产，应当委托具有相应资质的拍卖机构进行，即实行民事执行拍卖的“社会化”。但是，民事执行拍卖社会化引发了许多问题，尤其是加剧了执行程序中的腐败问题，导致严重的“民事执行乱”问题，引起了社会和有关部门的高度重视。实行民事执行拍卖制度改革，势在必行。

最后，关于执行措施的前置程序的规定不尽合理。关于执行措施的实施程序，1991 年的《民事诉讼法》第 220 条规定，执行员接到申请执行书或者移交执行书，应当向被执行人发出执行通知，责令其在指定的期间履行，逾期不履行的，强制执行。该条规定通常被理解为向被执行人发出执行通知是采取执行措施的前置程序，民事执行机关只有在执行通知指定的期间届满之后才能采取执行措施。有人认为，“向被执行人发出执行通知，不仅在法理上产生矛盾，在执行实务中也易产生混乱”。体现为延误执行机会、实质上是承认当事人不按执行依据确定的期限履行义务的合法性、造成同一义务存在两个履行期间从而纵容义务人的违法行为等几个方面，因此建议取消执行通知制度，使得法院在执行立案后可即刻采取执行措施。①尽管对执行通知的这种指责有些偏颇，但实践中被执行人在收到执行通知书后隐匿、转移财产的现象客观存在。于是，2007 年修改《民事诉讼法》时，在原第 220 条的基础上增加了一款，规定被执行人不履行法律文书确定的义务，并有可能隐匿、转移财产的，执行员可以立即采取执行措施。也就是增加了立即采取执行措施的规定，但同时为立即采取执行措施规定了限制性的条件，即被执行人不履行法律文书确定的义务并有可能隐匿、转移财产。但是，实践中有人认为这一修改还不够彻底，主张完全取消关于收到执行通知后向被执行人发出执行通知的规定。

① 邹川宁：《民事强制执行基本问题研究》，中国法制出版社 2004 年版，第 127 页。

二、修改内容

为了完善民事执行措施，满足实践的急切需要并克服存在的严重问题，《决定》对《民事诉讼法》有关条款进行修改补充如下：

《决定》第55条将《民事诉讼法》第216条改为第240条，修改为：

第二百四十条　执行员接到申请执行书或者移交执行书，应当向被执行人发出执行通知，并可以立即采取强制执行措施。

《决定》第56条将《民事诉讼法》第218条改为第242条，修改为：

第二百四十二条　被执行人未按执行通知履行法律文书确定的义务，人民法院有权向有关单位查询被执行人的存款、债券、股票、基金份额等财产情况。人民法院有权根据不同情形扣押、冻结、划拨、变价被执行人的财产。人民法院查询、扣押、冻结、划拨、变价的财产不得超出被执行人应当履行义务的范围。

人民法院决定扣押、冻结、划拨、变价财产，应当作出裁定，并发出协助执行通知书，有关单位必须办理。

《决定》第57条将《民事诉讼法》第223条改为第247条，修改为：

第二百四十七条　财产被查封、扣押后，执行员应当责令被执行人在指定期间履行法律文书确定的义务。被执行人逾期不履行的，人民法院应当拍卖被查封、扣押的财产；不适于拍卖或者当事人双方同意不进行拍卖的，人民法院可以委托有关单位变卖或者自行变卖。国家禁止自由买卖的物品，交有关单位按照国家规定的价格收购。

三、理解与适用

上述规定，规范了采取执行措施的前置程序，增加了对新类型财产的执行措施，改革了被查封、扣押的财产的变价制度，使法律规定的执行措施向更加合理的方向前进了一步。这次关于民事执行措施的修改，主要包括以下几个方面的内容：

（一）完善执行通知制度

根据1991年颁行、2007年修正的《民事诉讼法》第216条第1款后段“责令其在指定的期间履行，逾期不履行的，强制执行”的规定，给被执行人指定一个履行期间是执行通知的法定内容。尽管理论界和实践中人们对于执行通知制度的批评很多，但是，在采取执行措施之前，向被执行人发出执行通知，责令被执行人自觉履行义务，既是程序公正的基本要求，也有可能促成被执行人自觉履行义务从而降低执行成本，提高执行效益。尤其是在发出执行通知后再采取对债券、股票、基金份额或者其他财产的变价措施，有利于维护被执行人的合法权益，防止产生执行乱的问题。应当说，在采取执行措施之前向被执行人发出执行通知是完全必要的。至于执行通知的具体内容，尤其是否必须包含责令被执行人在指定的期间履行的内容，则可以灵活掌握；同时，从具体操作来看，也并非绝对地只能在指定的期间届满后民事执行机关才能采取执行措施。因此，新《民事诉讼法》保留了执行通知制度，但从技术上对其具体内容进行了必要的修正。

新《民事诉讼法》规定，执行员接到申请执行书或者移交执行书，应当向被执行人发出执行通知。也就是删除了原第 216 条第 1 款后段“责令其在指定的期间履行，逾期不履行的，强制执行”的内容。对于这一修改，在适用时应当注意：

首先，发出执行通知是民事执行的必经程序。既然法律规定关于发出执行通知的用语是“应当”，那么民事执行机关就不得选择性地发出执行通知，而是必须发出执行通知。换言之，发出执行通知是民事执行的必经程序，没有发出执行通知，就构成执行程序违法。

其次，法律不再明确规定执行通知的具体内容，也不再强调被执行人“逾期不履行的，强制执行”。执行通知的具体内容，应当根据案件的具体情况，主要是作为执行依据的生效法律文书确定的被执行人应当履行的义务来确定。因此，每个案件的具体情况不同，执行通知的具体内容也有所不同。因此，由法律明确规定执行通知的具体内容，本身就不具有可操作性。1991 年颁行以及 2007 年修改的《民事诉讼法》均规定“应当向被执行人发出执行通知，责令其在指定的期间履行”，容易使人误以为执行通知的内容就是指定履行期间，并责令其在该期间履行。从理论上看并结合实践的需要，执行通知的主要内容应当包括：（1）被执行人应当履行的义务的内容和期间，如给付金钱的数量及其期间，交付的特定物的名称、数量及其期间，履行行为给付义务的内容、要求及其期间等；（2）迟延履行利息的计算方法或者迟延履行金的数量；（3）收到执行通知后履行义务的期间；（4）拒绝履行的法律后果；（5）执行法院的名称、执行人员的姓名与联系方式等。可见，责令被执行人在指定的期间履行，只是执行通知的一部分内容。如果认为执行通知的内容就是责令被执行人在指定的期间履行，甚至认为执行通知的内容仅仅为指定履行的期间，那么就是对执行通知的重大误解。也许是为了防止理论研究和实践工作中的误解，新《民事诉讼法》删除了“责令其在指定的期间履行”的字样。关于执行通知具体应当包括的内容及其具体格式，将来可以通过司法解释加以明确。同时，由于指定履行期间已经不是执行通知的法定内容，因此，“逾期不履行的，强制执行”的规定也就失去了基础，新《民事诉讼法》也就将它予以删除。

最后，尽管法律并没有强制规定执行通知必须采取书面形式，但是为了充分发挥执行通知的威慑作用，同时也为了防止产生纠纷，执行通知最好还是采取书面形式。也就是说，民事执行机关应当向被执行人发出执行通知书，并依法送达被执行人，由被执行人签收。

（二）改革立即执行制度

由于1991年《民事诉讼法》第220条后段“逾期不履行的，强制执行”的规定过于机械，可能给执行实践工作带来不便。2007年修改《民事诉讼法》时，在该条增加了一款，即2007年《民事诉讼法》第216条第2款：“被执行人不履行法律文书确定的义务，并有可能隐匿、转移财产的，执行员可以立即采取强制执行措施。”这就是所谓“立即执行制度”：发出执行通知后立即对被执行人的财产采取强制执行措施。从法律条文的内容可以看出，当时的立即执行是附有条件的，即只有被执行人不履行法律文书确定的义务并有可能隐匿、转移财产的，才可以立即采取强制执行措施。当然，尽管“被执行人不履行法律文书确定的义务”的判断标准是明确的，甚至是显而易见的，但是“有可能隐匿、转移财产”的判断标准并不明确，甚至难有判断标准，实际上只能由执行人员自由裁量。应当说，2007年修改时确立的附条件的立即执行制度是能够满足执行实践需要的。但是，实践中有人认为，2007年修正的《民事诉讼法》确立的立即执行制度所附的条件“有可能隐匿、转移财产”容易被当事人用来对抗执行，进而形成争议，因此主张将立即执行常态化、普适化。

新《民事诉讼法》修正了原有的附条件的立即执行制度，确立了无条件的立即执行制度，但是将其规定为授权性规范，即规定为“应当向被执行人发出执行通知，并可以立即采取强制执行措施”。

首先，民事执行机关可以选择适用立即执行制度，但不是必须普遍适用立即执行制度。也就是说，民事执行机关“可以”立即执行，但不是每个案件都“必须”立即执行。是否在发出执行通知后立即采取强制执行措施，由执行人员根据案件的具体情况裁量决定。

其次，立即执行不再附法定条件。新《民事诉讼法》删除了原来立法所附的“被执行人不履行法律文书确定的义务，并有可能隐匿、转移财产”的条件，使立即执行适用的范围更广。在具体案件的执行过程中，是否在发出执行通知后立即采取强制执行措施，由执行人员自由裁量。

（三）增加对债券、股票、基金份额等新类型财产的执行措施

随着社会经济的发展，被执行人的财产类型发生了很大变化，债券、股票、基金份额等金融性资产在资产总额中所占比例越来越大，成为被执行人履行义务的重要财产类型。但是，1991 年颁行、2007 年修改的《民事诉讼法》并没有关于对此类财产的执行措施的规定。对于这些财产的执行，究竟是适用对存款的执行措施，还是适用对动产的执行措施，缺乏统一的规范。于是新《民事诉讼法》明确规定了对债券、股票、基金份额三类金融性资产的执行措施。

首先，从总体上看，对债券、股票、基金份额等金融性资产的执行措施，与对存款的执行措施属于同一体系、同一顺序。因此，民事执行机关可以向有关单位查询，在执行过程中需要作出裁定，向有关单位发出协助执行通知书。

其次，对债券、股票、基金份额等财产的执行措施包括查询、扣押、冻结、变价、划拨等具体的实施措施，具体适用何种实施措施，应当根据财产的具体情形、执行的不同阶段分别确定。

查询就是向有关单位调查、询问被执行人是否持有债券、股票、基金份额等金融类资产。查询的目的和功能是摸清被执行人的财产状况，为采取进一步的执行措施作准备。因此，严格来说，查询只是调查措施，而不是执行措施。但是，对于债券、股票、基金份额等财产而言，查询是必不可少的前置措施。

扣押和冻结属于控制性执行措施，其目的在于防止被执行人隐藏、转移财产。扣押就是解除被执行人对财产的占有，由民事执行机关或者其指定的单位、人员占有和保管该财产，纸质的债券、股票可以适用扣押措施以防止被执行人隐藏、转移；冻结就是通过有关单位的协助，禁止被执行人转移、卖出特定类型的财产，非纸质的债券、股票、基金份额可以适用冻结措施以防止被执行人转移、卖出。

变价就是通过一定的方式将已经控制的财产变成现金。在执行债券、股票、基金份额等财产时，对于可以上市交易的债券和股票，通常通过证券交易市场、按照市场交易规则进行变价；对于不得上市交易的债券和股票，则可通过其他交易方式进行变价；对于基金份额，则需要通过证券市场由基金公司赎回实现变价。

划拨就是民事执行机关通过有关单位的协助，将债券、股票、基金份额变价所得的价款转划到指定的账户的执行措施。

再次，查询、扣押、冻结、变价、划拨的财产，不得超过被执行人应当履行义务的范围。被执行人应当履行义务的范围，是指被执行人应当承担的支付金钱的总额，包括生效法律文书确定的债务、迟延履行利息以及应当承担的诉

讼费用、执行费用，等等。查询、扣押、冻结、变价、划拨的债券、股票、基金份额的总价值达到被执行人应当履行义务的范围时，执行人员就应当停止查询、扣押、冻结、变价、划拨，但该债券、股票、基金份额不可分割的除外。

最后，对债券、股票、基金份额的执行措施，必须得到有关单位的协助，有关单位也有协助执行的法定义务。债券、股票、基金份额的冻结和变价，离不开债券、股票的发行单位、证券公司等有关单位的协助。因此，在执行债券、股票、基金份额等财产时，民事执行机关应当发出协助执行通知书。收到协助执行通知书的单位有协助执行的义务，拒绝协助执行的，民事执行机关可以对其采取强制措施。

（四）改革民事执行拍卖、变卖制度

2007 年《民事诉讼法》规定，被查封、扣押财产应当按照有关规定交有关单位拍卖或者变卖，因此实践中民事执行拍卖实行的是委托拍卖机构拍卖的制度。但是民事执行拍卖社会化引发了许多问题，严重影响了民事执行的公正性和权威性，到了必须改革的地步。新《民事诉讼法》对民事执行拍卖制度进行了重大改革。

新《民事诉讼法》第 247 条规定，被执行人逾期不履行的，人民法院应当拍卖被查封、扣押的财产；不适于拍卖或者当事人双方同意不进行拍卖的，人民法院可以委托有关单位变卖或者自行变卖。国家禁止自由买卖的物品，交有关单位按照国家规定的价格收购。该条修改主要涉及两个方面：一是民事执行拍卖制度的改革。新《民事诉讼法》将原来规定的“人民法院可以按照规定交有关单位拍卖”修改为“人民法院应当拍卖”，也就是明确规定人民法院即民事执行机关应当成为民事执行拍卖的主体，民事执行拍卖应当由法院进行，而不是交有关单位进行。二是明确民事执行变卖的具体方式。修改前的《民事诉讼法》规定“人民法院可以按照规定交有关单位拍卖或者变卖被查封、扣押的财产”，该条中“交有关单位”是否对“变卖”具有修饰作用，即变卖是否也必须交有关单位进行，人民法院是否可以自己变卖被查封、扣押的财产，规定并不十分清晰，以至于实践中存在一些混乱现象。新《民事诉讼法》明确规定“不适用拍卖或者当事人双方同意不进行拍卖的，人民法院可以委托有关单位变卖或者自行变卖”。由此可见，民事执行变卖既可委托有关单位进行，也可以由人民法院自己组织变卖。在实践中，适用该条规定应当注意以下几个问题：

首先，民事执行拍卖应当由人民法院即民事执行机关进行。如前所述，修改前《民事诉讼法》规定“人民法院可以按照规定交有关单位拍卖”，一是没有交有关单位拍卖的“规定”；二是交有关单位拍卖不符合民事执行拍卖规律的要求，实践中委托拍卖机构拍卖的做法引发了许多问题，造成严重的“执行乱”。因此，新《民事诉讼法》将“人民法院可以按照规定交有关单位拍卖”修改为“人民法院应当拍卖”，明确民事执行拍卖是作为民事执行机关的人民法院的职能，以克服委托拍卖过程中存在的问题。笔者认为，根据新《民事诉讼法》的规定，《执行规定》、《拍卖规定》等司法解释规定的委托拍卖机构拍卖的做法应当加以改变。至于作为民事执行机关的人民法院具体如何实施拍卖，还需要进一步完善相关制度，甚至在机构设置和人员配备方面进行一些调整。

其次，变卖只是执行财产变价的补充方式。拍卖是以公开竞价的方式实现对执行财产的变价，变卖则是以定价的方式实现对执行财产的变价。在“公开”和“竞价”两个因素的作用下，拍卖往往能够保障执行财产的最终售价充分体现该财产的实际价值，从而维护执行当事人的合法权益，也有利于案件的顺利执行。由于不能竞价，变卖的成交价可能难以体现该财产的真实市场价值，进而可能影响执行当事人的利益。因此，执行财产的变价原则上应当采取拍卖的方式，变卖只是执行财产变价的补充方式。

再次，通过变卖的方式变价，具有严格的条件限制。由于变卖的公开程度无法与拍卖相比，也不能确保充分体现执行财产的市场价值，因此变卖必须有严格的条件限制，确保其只是拍卖的补充。根据新《民事诉讼法》的规定，变卖仅限于执行财产不适于拍卖或者当事人双方同意不进行拍卖两种情形。所谓“不适于拍卖”，包括财产的性质不适于拍卖和经过拍卖不能成交等具体情形。财产的性质不适于拍卖是指该财产的性质决定了它不适合通过公开竞价的方式实现变价，如容易腐烂变质的商品、季节性商品、有相对固定价格的商品等。经过拍卖不能成交是指经过拍卖程序但未能成交，如无人竞买，竞买人的出价没有达到拍卖底价等。

最后，作为民事执行机关的人民法院既可以委托有关单位变卖执行财产，也可以自行变卖执行财产。委托有关单位变卖，就是人民法院委托有关商店、市场以确定的价格卖出执行财产；自行变卖就是人民法院主持以确定的价格卖出执行财产。

第三节　对逃避执行行为的制裁

一、修改背景

逃避执行是实践中民事“执行难”的重要原因之一。实践中，逃避执行的方式多种多样。通过虚假登记隐匿个人财产，通过假离婚、赠与等方式转移财产，躲避与执行人员见面，公司财产与个人财产混同，公司的资产不入本公司账户而在“体外循环”，利用公司优质资产另行成立新公司使作为被执行人的原公司“空壳化”，等等，都是“传统”的逃避执行的方式。近年来，一些被执行人与他人恶意串通，通过诉讼、仲裁、调解等法律程序，逃避履行法律文书确定的义务。例如，被执行人与案外人恶意串通，由案外人对人民法院正在执行或者将要执行的财产提起“确权”诉讼。在诉讼过程中被执行人认可案外人主张的“事实”，从而使人民法院支持案外人的诉讼请求，作出认定该财产为案外人所有的判决书或者调解书，进而使人民法院无法执行该财产，被执行人因此逃避履行生效法律文书确定的义务。又如，被执行人与他人恶意串通，由他人向人民法院提起诉讼或者向仲裁机构申请仲裁，主张对被执行人享有债权。在诉讼或者仲裁过程中，被执行人不作实质性抗辩，甚至全部认可原告或者申请人的请求，从而使人民法院或者仲裁机构作出被执行人履行义务的判决书、调解书、仲裁裁决书。然后案外人依该判决书、调解书或者仲裁裁决书申请执行，要求就被执行人的财产进行分配，从而损害其他申请执行人的利益。由于民事执行机关和执行人员无法对这些“虚假诉讼”、“虚假仲裁”进行实质审查，所以这种逃避执行的方式更容易得逞，后果更为严重。但是，2007 年《民事诉讼法》均没有涉及如何制裁这种逃避执行的行为，以至于实践中这种规避执行的方式有愈演愈烈之势。

二、修改内容

《决定》第 24 条在《民事诉讼法》中增加二条，作为第 112 条和第 113 条，具体规定如下：

第一百一十二条　当事人之间恶意串通，企图通过诉讼、调解等方式侵害他人合法权益的，人民法院应当驳回其请求，并根据情节轻重予以罚款、拘留；构成犯罪的，依法追究刑事责任。

第一百一十三条　被执行人与他人恶意串通，通过诉讼、仲裁、调解等方式逃避履行法律文书确定的义务的，人民法院应当根据情节轻重予以罚款、拘留；构成犯罪的，依法追究刑事责任。

三、理解与适用

新《民事诉讼法》第 112 条是关于制裁恶意诉讼的规定，第 113 条是关于制裁恶意串通逃避执行的规定。但是，恶意诉讼除了诉讼当事人恶意处分第三人财产而损害第三人合法权益外，同样可能造成逃避执行的结果。常见的是在债权人申请执行之前，债务人与第三人恶意串通，通过诉讼、调解等方式转移财产。例如，某诉讼案件的债务人为夫妻中的一方，在债权人获得胜诉判决或者申请执行之前，作为债务人的夫妻一方与另一方恶意串通提起离婚诉讼，并在诉讼过程中通过调解将家庭财产全部分割给另一方。当另案债权人获得胜诉判决并申请执行时，债务人名下已无财产可供执行。这就是通过恶意诉讼逃避执行的一种典型形态。新《民事诉讼法》第112条和第113条的适用主体和条件均有所不同。

（一）明确规定对恶意诉讼的制裁

根据新《民事诉讼法》第112条的规定，恶意诉讼的构成要件是：主体是诉讼当事人；客观上实施了恶意串通的违法行为以及诉讼、调解等诉讼行为；主观上具有企图侵害他人合法权益的故意。当然，在司法实践中究竟如何认定恶意串通的行为以及侵害他人合法权益的故意，将来可能还需要更为具体的可操作的标准。

根据新《民事诉讼法》第112条的规定，制裁恶意诉讼的主体是人民法院审判机构，即对诉讼案件进行审理的民事审判庭；制裁恶意诉讼的措施具体包括两个方面：一是驳回其请求；二是采取罚款、拘留等强制措施，构成犯罪的，依法追究刑事责任。该两个方面的制裁措施应当并用。也就是应当在驳回其请求的同时，采取罚款、拘留等制裁措施，构成犯罪的依法追究刑事责任。

驳回恶意诉讼当事人的请求，是从实体上阻断恶意诉讼当事人的违法目的，这是制裁恶意诉讼的最根本措施，从源头上使当事人的恶意无法实现。采取罚款、拘留等强制措施，是对恶意诉讼当事人的惩罚，以体现修改后的《民事诉讼法》规定的诚实信用原则的要求，也是维护司法权威的必要措施。由于恶意诉讼是当事人的通谋行为，因此罚款、拘留措施可以同时适用于恶意诉讼的各方当事人，即不仅应当对原告进行罚款、拘留，还应当对被告进行罚款、拘留。至于因恶意诉讼构成犯罪，根据现行《刑法》的规定，可能构成第313条规定的拒不执行判决、裁定罪。

（二）明确规定对逃避执行的制裁

鉴于实践中存在比较严重且越来越普遍的利用诉讼、仲裁、调解等方式逃避执行的现象，新《民事诉讼法》专门规定了对利用诉讼、仲裁、调解等方式逃避执行行为的制裁措施。新《民事诉讼法》第113条规定："被执行人与他人恶意串通，通过诉讼、仲裁、调解等方式逃避履行法律文书确定的义务的，人民法院应当根据情节轻重予以罚款、拘留；构成犯罪的，依法追究刑事责任。"

首先，利用诉讼、仲裁、调解等方式逃避执行行为的构成要件是：主体一般是被执行人和案外人，也可能是被执行人与部分债权人；客观上实施了恶意串通的行为以及诉讼、仲裁、调解等行为；主观上具有逃避履行法律文书确定义务的故意。被执行人也就是执行程序中的债务人，包括生效法律文书确定的债务人以及经民事执行机关变更、追加的债务人。新《民事诉讼法》第113条规定的“他人”，原则上是指案外人，即除了债权人和债务人以外的民事执行程序中的第三方主体；“调解”既可以是诉讼调解，也可以是诉讼外的调解。诉讼外的调解目前主要是指人民调解。因为根据《人民调解法》和新《民事诉讼法》的规定，当事人可以向人民法院申请确认人民调解协议书，经人民法院确认的人民调解协议书可以直接作为执行根据。被执行人与案外人事先通谋，采取诉讼、仲裁、调解等方式，逃避履行法律文书确定的义务，就构成了利用诉讼、仲裁、调解逃避执行行为，就应当受到相应制裁。

其次，对利用诉讼、仲裁、调解等方式逃避执行行为的制裁主体是民事执行机关。利用诉讼、仲裁、调解等方式逃避执行的行为发生在民事执行程序中，因此应当由民事执行机关对有关主体进行制裁。

最后，对利用诉讼、仲裁、调解等方式逃避执行的行为的制裁措施包括罚款、拘留、追究刑事责任三种。这些制裁措施应当根据逃避执行行为的情节轻重进行适用。

（三）加大对恶意诉讼和逃避执行行为的制裁力度

根据新《民事诉讼法》第115条的规定，对个人的罚款金额为人民币10万元以下；对单位的罚款金额为人民币5万元以上100万元以下。拘留的期限为15日以下。被拘留的人，由人民法院交公安机关看管。在拘留期间，被拘留人承认并改正错误的，人民法院可以决定提前解除拘留。其中，对恶意诉讼当事人、逃避执行的被执行人和案外人的罚款额度较2007年《民事诉讼法》的规定有较大提高。2007年《民事诉讼法》将对个人的罚款金额从1000元以下提高到1万元以下，对单位的罚款金额从1000元以上3万元以下提高到1万元以上30万元以下。新《民事诉讼法》规定，对个人的罚款金额为人民币10万元以下，对单位的罚款金额为人民币5万元以上100万元以下，罚款金额提高了数倍，以增大违法成本，并体现加大对恶意诉讼和逃避执行行为的打击力度。

第四节　对拒不协助执行的惩处

一、修改背景

为了顺利完成民事执行工作，有关单位的协助是必不可少的。因此，协助执行是民事执行程序不可或缺的制度。我国《民事诉讼法》也明确规定了一些单位的协助执行义务。但是，在实践中，协助执行制度落实得并不尽如人意，有协助执行义务的单位拒不协助执行的现象时有发生，严重破坏了正常的民事执行秩序，损害了民事执行的权威性。加大对拒不协助执行行为的惩处力度，加大其违法成本，是维护正常的民事执行秩序及其权威性的迫切需要。

二、修改内容

《决定》第25条将《民事诉讼法》第103条改为第114条，第1款第2项修改为：

第一百一十四条第一款　有义务协助调查、执行的单位有下列行为之一的，人民法院除责令其履行协助义务外，并可以予以罚款：

（二）有关单位接到人民法院协助执行通知书后，拒不协助查询、扣押、冻结、划拨、变价财产的。

《决定》第25条将《民事诉讼法》第104条改为第115条，第1款修改为：

第一百一十五条第一款　对个人的罚款金额，为人民币十万元以下。对单位的罚款金额，为人民币五万元以上一百万元以下。

三、理解与适用

关于对拒不协助执行的惩处，新《民事诉讼法》主要是从两个方面进行了修改：一是扩大了惩处拒不协助执行的单位的范围；二是加大了对拒不协助执行的惩处力度。

（一）扩大惩处拒不协助执行的单位的范围

2007年《民事诉讼法》第103条第1款第2项仅适用于“银行、信用合作社和其他有储蓄业务的单位”，也就是说，只有上述单位拒不协助查询、冻结或者划拨存款的，人民法院才“除责令其履行协助义务外，并可以予以罚款”。至于其他单位拒不协助执行的，并没有明确规定可以实施制裁。于是，在实践中，当除银行、信用合作社和其他有储蓄业务的单位以外的其他单位拒绝协助查询、扣押、冻结、划拨、变价财产时，民事执行机关往往束手无策，严重影响了民事执行工作的顺利进行，也严重损害了民事执行的权威性。

新《民事诉讼法》将2007年《民事诉讼法》第103条第1款第2项的“银行、信用合作社和其他有储蓄业务的单位”修改为第114条第1款第2项的“有关单位”，极大地扩展了该条适用的主体范围，从而使民事执行机关有权对任何接到协助执行通知书却拒不协助查询、扣押、冻结、划拨、变价财产的单位及其主要负责人或者直接责任人采取强制措施，确保查询、扣押、冻结、划拨、变价等执行工作顺利进行，同时有利于提高民事执行的权威性。

总之，根据新《民事诉讼法》的规定，任何接到人民法院协助执行通知书的单位，只要存在拒不协助查询、扣押、冻结、划拨、变价财产的行为，民事执行机关除责令其履行协助义务外，并可以对其予以罚款，还可以对该单位的主要负责人或者直接责任人员予以罚款，罚款后仍不履行协助义务的，可以予以拘留，并可以向监察机关或者有关机关提出予以纪律处分的司法建议。

（二）加大对拒绝协助执行的单位及其主要负责人、直接责任人员的罚款力度

根据新《民事诉讼法》第115条第1款的规定，对个人的罚款金额，为人民币10万元以下；对单位的罚款金额，为人民币5万元以上100万元以下。大大提高了罚款的额度，以增加有关单位和人员的违法成本，维护民事执行的权威性。

第五节　执行和解后的恢复执行

一、修改背景

执行和解就是在民事执行程序中，申请执行人和被执行人平等协商、互谅互让，就如何实现生效法律文书确定的内容达成一致，从而中止或者结束执行程序的一种行为。执行和解是一种最为经济的履行生效法律文书的方式，从理论上看应当能够在民事执行实践中发挥重要作用。但是，近年来，执行当事人因执行和解而形成的争议越来越多，以至于达成执行和解的比率逐渐降低，执行和解的制度性功能的发挥遭受明显的阻力。

执行和解制度之所以成为一种“看起来很美”的制度，除了当事人的诚信意识和诚信水平下降外，法律规范不健全也是不可忽视的原因。2007年

《民事诉讼法》规定，“一方当事人不履行和解协议的，人民法院可以根据对方当事人的申请，恢复对原生效法律文书的执行”。一般认为，该规定的“一方当事人不履行和解协议”，主要是指被执行人不按照和解协议的约定履行义务。因为，执行和解往往是申请执行人作出让步的结果，对被执行人而言，按照和解协议履行往往比按照原生效法律文书执行更为有利。因此，被执行人不可能申请恢复原生效法律文书的执行。这样，只要被执行人按照和解协议履行，申请执行人就失去了反悔权。在实践中，个别被执行人利用法律规定的这一“漏洞”，采取欺诈、胁迫等方式与申请执行人达成执行和解，不但造成执行当事人之间的权利不平衡，而且严重损害申请执行人的合法权益。

二、修改内容

《决定》第 52 条将《民事诉讼法》第 207 条改为第 230 条，第 2 款修改为：

第二百三十条第二款 申请执行人因受欺诈、胁迫与被执行人达成和解协议，或者当事人不履行和解协议的，人民法院可以根据当事人的申请，恢复对原生效法律文书的执行。

三、理解与适用

针对实践中存在的问题，新《民事诉讼法》对执行和解制度进行了必要的改革，扩大了恢复对原生效法律文书的执行的范围，以维护申请执行人的合法权益。

根据新《民事诉讼法》第 230 条第 2 款的规定，恢复对原生效法律文书的执行，不仅增加了“申请执行人因受欺诈、胁迫与被执行人达成和解协议”这一条件，而且将原规定的“一方当事人不履行和解协议”修改为“当事人不履行和解协议”。关于这些修改，可以从以下几个方面进行理解：

（一）执行和解后申请恢复执行的事由增加为两项

1991 年和 2007 年《民事诉讼法》均规定，一方当事人不履行和解协议的，人民法院可以根据对方当事人的申请，恢复对原生效法律文书的执行。也就是说，当事人不履行和解协议是执行和解后恢复执行的唯一事由。如前所述，在实践中，所谓“当事人不履行和解协议”，通常是被执行人不履行和解协议，申请执行人难有反悔权。于是一些被执行人采取欺诈、胁迫的方式与申请执行人达成执行和解，这样不仅违反诚实信用原则，而且严重损害申请执行人的合法权益。为了解决这一问题，新《民事诉讼法》明确规定申请执行人的反悔权，即申请执行人因受欺诈、胁迫与被执行人达成和解协议的，可申请恢复对原生效法律文书的执行。这样，执行和解后恢复执行的事由增加为两项，在保留原法规定的“当事人不履行和解协议”作为申请恢复对原生效法律文书的执行的事由的同时，规定申请执行人因受欺诈、胁迫与被执行人达成和解协议的，也可以申请恢复对原生效法律文书的执行，并将其置于“当事人不履行和解协议”这一条件之前。

申请执行人因受欺诈、胁迫与被执行人达成和解协议，就是被执行人采取隐瞒事实真相等手段欺诈申请执行人，或者采取暴力或者以暴力相威胁的方式迫使申请执行人，在违背自己真实意思的情况下与其达成执行和解协议。执行和解是执行当事人在互谅互让、平等协商的基础上就如何实现生效法律文书确定的内容自主达成协议的活动，平等、自由是其基本要求。如果申请执行人是在受欺诈、胁迫的情况下达成执行和解协议，就违背了执行和解的基本宗旨，从而不应当产生执行和解应有的法律效力，当事人也就可以申请恢复对原生效法律文书的执行。

当事人不履行和解协议，就是执行当事人不按照和解协议约定的期间、方式、数额、条件等履行义务。这里的义务既包括原生效法律文书确定的实体给付义务，也包括通过执行和解形成的新义务。执行和解主要是变更原生效法律文书确定的内容，也就是重新约定被执行人履行义务的期间、方式、数额、条件等内容。所以，在实践中，“当事人不履行和解协议”通常情况下是指被执行人不履行和解协议。当然，并不能排除通过执行和解对申请执行人约定义务的可能性，也就不能排除申请执行人不履行和解协议的可能性。因此，这次修改删除了原法中的“一方”字样。执行当事人不履行和解协议，表明和解协议已经失去拘束力，执行和解已经失败，因此当事人可以申请恢复对原生效法律文书的执行。

在实践中应当注意，申请执行人应当就其因受欺诈、胁迫与被执行人达成和解协议负证明责任，也就是应当由申请执行人提供证据证明自己是受欺诈、胁迫与被执行人达成和解协议的。另外需要注意的是，根据《合同法》的规定，欺诈、胁迫属于合同可变更或者撤销的事由，但是在民事执行程序中，因受欺诈、胁迫与被执行人达成的和解协议并不需要经过撤销程序，而是直接恢复对原生效法律文书的执行。这也就体现了执行和解协议并不是一般的合同。

（二）任何一方当事人都可以申请恢复对原生效法律文书的执行

新《民事诉讼法》将原来的“一方当事人不履行和解协议”修改为“当事人不履行和解协议”，并将“根据对方当事人的申请”修改为“根据当事人的申请”，意指任何一方当事人都可以反悔而不履行和解协议，而且反悔的一方当事人也可以申请恢复对原生效法律文书的执行。这一修改进一步扩大了申请执行人的反悔权。自己不履行和解协议也可以申请恢复对原生效法律文书的执行，从而有利于维护申请执行人的合法权益，也有利于促使被执行人积极履行和解协议。

（三）执行和解协议没有执行力

无论是哪一方当事人不履行和解协议，也不论和解协议存在何种瑕疵，当事人都只能申请恢复对原生效法律文书的执行，而不得申请依据和解协议强制执行。执行和解协议只是执行当事人达成的就如何实现生效法律文书确定的内容的一致意见，该协议不具有推翻原生效法律文书的效力。因此，一旦不按照和解协议履行，当事人就只能申请恢复对原生效法律文书的执行，而不得申请依据和解协议强制执行。执行和解协议没有执行力，不能通过公权力强制实现其内容。这是维护原生效法律文书的既判力的必然要求。

第六节　国内仲裁裁决的不予执行

一、修改背景

我国司法对仲裁的司法监督主要体现为裁定撤销仲裁裁决和裁定不予执行仲裁裁决。但是，裁定撤销仲裁裁决的法定事由是由《仲裁法》规定的，而裁定不予执行的法定事由是由《民事诉讼法》规定的，且二者规定的事由存在明显的差异。《仲裁法》第 58 条规定："当事人提出证据证明裁决有下列情形之一的，可以向仲裁委员会所在地的中级人民法院申请撤销裁决：（一）没有仲裁协议的；（二）裁决的事项不属于仲裁协议的范围或者仲裁委员会无权仲裁的；（三）仲裁庭的组成或者仲裁的程序违反法定程序的；（四）裁决所根据的证据是伪造的；（五）对方当事人隐瞒了足以影响公正裁决的证据的；（六）仲裁员在仲裁该案时有索贿受贿，徇私舞弊，枉法裁决行为的。人民法院经组成合议庭审查核实裁决有前款规定情形之一的，应当裁定撤销。人民法院认定该裁决违背社会公共利益的，应当裁定撤销。"2007 年《民事诉讼法》第 213 条第 2 款规定："被申请人提出证据证明仲裁裁决有下列情形之一的，经人民法院组成合议庭审查核实，裁定不予执行：（一）当事人在合同中没有订有仲裁条款或者事后没有达成书面仲裁协议的；（二）裁决的事项不属于仲裁协议的范围或者仲裁机构无权仲裁的；（三）仲裁庭的组成或者仲裁的程序违反法定程序的；（四）认定事实的主要证据不足的；（五）适用法律确有错误的；（六）仲裁员在仲裁该案时有贪污受贿，徇私舞弊，枉法裁决行为的。"

对国内仲裁裁决而言，裁定撤销事由的第 4 项和第 5 项与裁定不予执行事由的第 4 项和第 5 项存在明显不同。近年来，理论上有人认为，就国内仲裁裁决而言，裁定不予执行存在的必要性和合理性值得探讨，甚至建议取消裁定不予执行制度。

二、修改内容

《决定》第 54 条将《民事诉讼法》第 213 条改为第 237 条，第 2 款第 4 项、第 5 项修改为：

第二百三十七条第二款　被申请人提出证据证明仲裁裁决有下列情形之一的，经人民法院组成合议庭审查核实，裁定不予执行：

（四）裁决所根据的证据是伪造的；

（五）对方当事人向仲裁机构隐瞒了足以影响公正裁决的证据的。

三、理解与适用

新《民事诉讼法》对 2007 年《民事诉讼法》第 213 条第 2 款的修改，主要涉及裁定不予执行国内仲裁裁决的两项法定事由：将原法规定的“认定事实的主要证据不足的”和“适用法律确有错误的”分别修改为“裁决所根据的证据是伪造的”和“对方当事人向仲裁机构隐瞒了足以影响公正裁决的证据的”。

（一）统一裁定不予执行与撤销国内仲裁裁决的法定事由

不予执行和撤销是仲裁裁决司法监督的两种形式。有人认为，对国内仲裁裁决而言，这种双重监督机制可能引起一些问题。一方面，裁定不予执行后，原裁决的效力并没有完全否决，若根据法律规定重新仲裁和提起诉讼，可能形成一个纠纷同时存在两个裁判（裁决）结果的现象。另一方面，撤销和不予执行可能分别由不同法院进行审查和裁定，有可能出现撤销仲裁裁决的申请被驳回而不予执行仲裁裁决申请得到支持的现象，引发“权力冲突”。因此，建议取消不予执行国内仲裁裁决制度。①但是，取消不予执行国内仲裁裁决制度也可能带来其他新的问题，其中最为明显的是在撤销仲裁裁决的救济制度尚不完善的情况下，贸然取消不予执行仲裁裁决制度，可能造成实体上的不公正，最终影响仲裁制度的权威性，甚至可能导致仲裁的萎缩。这次《民事诉讼法》

---

① 乔欣主编：《和谐文化理念视角下的中国仲裁制度研究》，厦门大学出版社 2011 年版，第 294 页。

修改采取了一种折衷的方式，统一了裁定不予执行和撤销国内仲裁裁决的法定事由，防止出现同一仲裁裁决的撤销申请被驳回而不予执行申请得到支持的现象。

（二）增强不予执行国内仲裁裁决的法定事由的可操作性

2007 年《民事诉讼法》规定的“认定事实的主要证据不足”，缺乏可操作性且过于宽泛，容易导致权力滥用。为了规范民事执行机关的审查范围，增强法律规范的可操作性，新《民事诉讼法》将人民法院对仲裁裁决的事实审查严格限定在证据方面，即“裁决所依据的证据是伪造的”和“对方当事人向仲裁机构隐瞒了足以影响公正裁决的证据的”。今后，民事执行机关对于国内仲裁裁决的事实审查只能限定在上述两个方面，不得随意扩大。

（三）民事执行机关不再审查国内仲裁裁决的法律适用

司法支持仲裁是仲裁制度发展的趋势之一。仲裁的司法审查应当集中在仲裁的程序合法性问题上。对于仲裁裁决的法律适用，司法审查应当从宽掌握，只要不违反社会公共利益，就应当予以支持。因此，新《民事诉讼法》取消了 2007 年《民事诉讼法》规定的“适用法律确有错误的”不予执行仲裁裁决的法定事由。

总之，新《民事诉讼法》对不予执行国内仲裁裁决法定事由的修改，反映了仲裁制度的发展趋势，增强了法律规范的可操作性，应当值得肯定。

第七节 民事执行检察监督

一、修改背景

近年来，关于人民检察院是否应当对民事执行活动实行法律监督的问题，理论界素有争议，检法两家的认识也始终不一致。

1995 年 8 月 10 日，最高人民法院给广东省高级人民法院的《关于对执行程序中的裁定的抗诉不予受理的批复》（法复〔1995〕5 号）指出：“根据《中华人民共和国民事诉讼法》的有关规定，人民法院为了保证已发生法律效力的判决、裁定或者其他法律文书的执行而在执行程序中作出的裁定，不属于抗诉的范围。因此，人民检察院针对人民法院在执行程序中作出的查封财产裁定提出抗诉，于法无据。对于坚持抗诉的，人民法院应通知不予受理。”2000 年 7 月 15 日，最高人民法院给广东省高级人民法院的《关于如何处理人民检察院提出的暂缓执行建议问题的批复》（法释〔2000〕16 号）又指出：“根据

《中华人民共和国民事诉讼法》的规定，人民检察院对人民法院生效民事判决提出暂缓执行的建议没有法律依据。”通过上述两则批复，最高人民法院基本上“堵死”了人民检察院对于人民法院民事执行活动的法律监督途径。但是，最高人民检察院一直认为，1991 年和 2007 年《民事诉讼法》第 14 条规定的“人民检察院有权对民事审判活动实行法律监督”中的“民事审判活动”包括民事执行活动，作为《宪法》规定的国家法律监督机关的人民检察院应当有权对民事执行活动实行法律监督。后来，一些地方的人民检察院通过与人民法院“商签文件”，试点性地、以检察建议等方式开展了一些民事执行检察监督活动。

与此同时，人们也从理论上就人民检察院是否应当进行民事执行检察监督的问题进行了争论。一种观点认为，人民检察院不应当进行民事执行检察监督活动，其理由主要是：检察监督不符合我国执行改革的进程和结果；我国检察机关的地位及其编制、人员素质、工作任务等因素决定了它无法胜任民事执行监督工作；检察机关的介入将使民事执行程序难以正常运行，甚至加剧执行难；检察机关对执行活动的监督，可能会带来高成本、低效率、程序繁琐、救济途径重复以及被当事人不正当利用以对抗执行等一系列问题，最终可能影响债权的及时实现。①有人还论证了国外没有民事执行检察监督制度。②

另一种观点认为，无论是从理论分析还是从实践需要的角度来看，在我国实行民事执行检察监督制度都是十分必要的。首先，对民事执行行为进行检察监督具有坚实的宪法基础。③人民检察院是宪法规定的法律监督机关，只要认为民事执行是一种法律实施行为，就得认可该行为必须接受到人民检察院的监督。其次，外部监督是预防腐败的一剂良方。要解决我国目前实践中比较严重的“执行乱”问题，单纯依靠人民法院的内部监督难以达到预期目标，检察机关作为国家法律监督机关，在规范执行行为、防止执行权滥用以及支持法院依法执行方面能够发挥明显作用。因此，应当加强民事执行检察监督并细化相

---

① 赵晋山、黄文艺：《如何为民事执行监督开“处方”》，载《人民法院报》2007 年 8 月 16 日、《光明日报》2007 年 8 月 27 日。

② 黄金龙、黄文艺：《域外没有民事执行检察监督》，载《人民法院报》2007 年 8 月 24 日。

③ 谭秋桂：《民事执行检察监督机制分析》，载《人民检察》2008 年第 22 期。

关法律规范。[1]再次，新《民事诉讼法》第14条规定的检察监督原则，包括了对民事执行活动的监督。理由是，全国人大法律委员会主任委员王汉斌在第七届全国人大第四次会议上所作的《关于〈中华人民共和国民事诉讼法（试行）〉（修改草案）的说明》中指出："执行是审判工作的一个十分重要的环节，它关系到法律和人民法院的尊严，有效保障公民、法人和其他组织的合法权益，维护正常的社会经济秩序。目前有些地方人民法院在审判工作中执行难的问题比较突出。"很明显，1991年《民事诉讼法》第14条所谓的"民事审判活动"包含了民事执行活动。在此之前，1979年2月2日最高人民法院公布的《人民法院审判民事案件程序制度的规定（试行）》中的第八部分为"执行"，进一步说明我国法院在传统上是将民事执行工作作为民事审判工作的一部分来对待的，执行权是审判权的一部分。[2]

同时，主张实行民事执行检察监督制度的学者就民事执行检察监督的具体方式提出了包括抗诉、纠正违法通知书、检察建议、追究刑事责任等在内的多种具体监督方式的建议。[3]

二、修改内容

《决定》第2条将《民事诉讼法》第14条修改为：

第十四条　人民检察院有权对民事诉讼实行法律监督。

《决定》第53条在《民事诉讼法》中增加一条，作为第235条，具体规定如下：

第二百三十五条　人民检察院有权对民事执行活动实行法律监督。

三、理解与适用

新《民事诉讼法》确立了民事执行检察监督的法律原则，终结了检法两家关于是否应当进行民事执行检察监督的争论，在立法上具有重大的标志性意

---

①　汤维建：《检察机关应有权对民事执行程序进行法律监督》，载《检察日报》2002年7月17日；赵钢、王杏飞：《民事执行检察监督的程序设计》，载《检察日报》2007年5月22日；孙加瑞：《关于民事执行检察监督的质疑与回答（上、下）》，载《检察日报》2007年9月6日、7日。

②　孙加瑞：《关于民事执行检察监督的质疑与回答（上）》，载《检察日报》2007年9月6日。

③　赵钢、王杏飞：《民事执行检察监督的程序设计》，载《检察日报》2007年5月22日；何小敏、吴世东：《检察机关民事执行监督职能管见》，载《民事行政检察指导与研究》，2004年第1卷。

义，甚至可以说是历史性意义。但是，新《民事诉讼法》只规定了“人民检察院有权对民事执行活动实行法律监督”的原则，没有对民事执行检察监督的对象、方式、效力等内容作出具体规定，有待在实践进一步探索的基础上通过立法加以明确。

（一）民事执行检察监督的原则

新《民事诉讼法》关于民事执行检察监督原则的规定十分清晰、确定，显示出立法机关对于实行民事执行检察监督的十分肯定的态度。首先，新《民事诉讼法》第 14 条将原来的“人民检察院有权对民事审判活动实行法律监督”修改为“人民检察院有权对民事诉讼实行法律监督”，既统一了三大诉讼法关于人民检察院对人民法院审判活动的检察监督权的表述，又可避免因“民事审判活动”与“民事执行活动”之间的模糊关系而形成人民检察院是否有权对民事执行活动实行法律监督的争议。从目前的法律体系来看，民事执行应当属于广义的民事诉讼的范围，新《民事诉讼法》在基本原则中明确“人民检察院有权对民事诉讼实行法律监督”，显然是从立法上肯定了人民检察院对民事执行活动的法律监督权。其次，新《民事诉讼法》第 235 条规定“人民检察院有权对民事执行活动实行法律监督”，其实是再次肯定了民事执行检察监督的必要性和合法性。作为一种宣示性的表达，新《民事诉讼法》第 235 条的内容其实已经包含在新《民事诉讼法》第 14 条之中，从立法技术上看，该条可以省略。但是，笔者认为，新《民事诉讼法》第 235 条在内容上“重复”第 14 条的内容，绝对不是偶然的，更不是立法上的疏忽，而是为了防止出现因“产生”新的争议而“架空”民事执行检察监督制度的现象，从而显示立法机关实行民事执行检察监督制度的鲜明态度。因为，近年的理论研究已经基本达成共识：民事执行不属于民事诉讼，至少不属于狭义的民事诉讼。严格说来，民事诉讼仅指民事审判而言，而民事执行是指实现生效法律文书确定的内容而言。在这种背景下，如果只有新《民事诉讼法》第 14 条的规定，难免又会产生“民事执行检察监督并没有包含在新《民事诉讼法》第 14 条的含义之中”的误解，进而产生“架空”民事执行检察监督制度的危险。立法者在新《民事诉讼法》“执行程序”编中将“人民检察院有权对民事执行活动实行法律监督”作为民事执行的“一般规定”，在避免上述可能引发的争议的同时，又将民事执行检察监督作为了民事执行程序的基本原则，从而突显了立法者对实行民事执行检察监督制度的坚持态度。

（二）民事执行检察监督的对象和范围

新《民事诉讼法》只是对民事执行检察监督作了宣示性的原则规定，没有就民事执行检察监督制度的具体内容作出详尽规定，民事执行检察监督在实践中具体如何操作可能还会引发一些争议。首先需要确定的是民事执行检察监督的对象和范围的问题。这一问题可能涉及以下三个方面：是对人监督还是对事监督，是对结果监督还是对过程监督，是对个案监督还是对类案监督。笔者认为，从理论上看，根据设立制度的目的，民事执行检察监督的对象应当确定为：在对人监督与对事监督的问题上立足于对事监督，在结果监督与过程监督的问题上实行结果监督与过程监督相结合，在对个案监督还是对类案监督的问题上以实行个案监督为主。

所谓对事监督就是对民事执行行为是否符合法律规定进行监视和督察，并在其违反法律规定时强制其予以纠正，从而回到法律规定的轨道。这里的“执行行为”既包括执行实施行为，也包括执行裁判行为和执行命令行为；这里的“合法”既包括符合程序法的规定，也包括符合实体法的规定。在实践和理论上，有人认为民事执行检察监督也应当对人监督，即监督执行人员的执行行为是否合法并在其构成犯罪时依法追究其刑事责任，从而提高监督的实效。笔者认为，检察机关追究执行人员职务犯罪刑事责任的行为，属于行使侦查权的行为，而不是行使民事执行检察监督权的行为，二者应当分开处理。检察机关在对民事执行活动实行法律监督时，核心是监视和督察执行行为是否合法并要求予以纠正。至于在进行民事执行检察监督时认为执行人员的行为涉嫌犯罪需要追究其刑事责任的，应当移交检察机关内部其他专职部门，并严格按照法定程序进行处理。可见，人民检察院对事的监督是其直接职能，而对人的监督，则属于间接职能，后者是前者的必要延伸。

所谓结果监督与过程监督相结合，一方面，就是既要监督民事执行行为的结果，即民事执行行为是否产生了破坏法定的执行秩序和损害当事人合法权益的后果，也要监督民事执行行为的过程，即是否按照法定的程序实施民事执行行为；另一方面，就是既在民事执行行为结束后进行监督，也要在民事执行行为实施过程中进行监督。只有这样，才能确保民事执行检察监督的实效，防止违法的执行行为的破坏性后果的不断扩大。

所谓个案监督，就是要对人民法院执行的具体案件进行监督，而不是抽象地监督人民法院处理的某类执行案件是否合法；要监督人民法院纠正具体案件的具体错误，而不只是监督人民法院纠正抽象的执行行为。可以说，民事执行检察监督应当紧紧围绕个案监督而进行，不进行个案监督，民事执行检察监督就失去了存在的必要性。当然，进行个案监督并不排斥类案监督；通过个案监督，如果认为有必要，则人民检察院也可以实施类案监督。

（三）民事执行检察监督的方式

关于人民检察院究竟采取何种方式实行民事执行检察监督的问题，理论界争议很多，试点的做法也各不相同。例如，有人认为，人民检察院可以向人民法院提起抗诉、发出纠正违法通知书、检察建议等方式实行民事执行检察监督。①有人认为，对于执行实施行为，应当实行同级监督，具体方式包括：(1) 要求说明不执行、怠于执行的理由的通知书；(2) 命令追加调查与补充调查；(3) 检察建议；(4) 纠正违法通知书；(5) 参与执行；(6) 追究刑事责任。对于执行裁判行为，应当实行上级监督，具体方式包括：(1) 对具有实体意义的错误裁定提出抗诉；(2) 对非实体性裁定提出检察意见；(3) 对涉及国家、社会公益案件提起异议之诉。②

笔者认为，抗诉不宜作为民事执行检察监督的方式。首先，民事执行不同于民事审判，人民检察院对人民法院执行行为进行的监督，与诉或者审判无关，其具体方式自然不宜称为“抗诉”。其次，在民事执行检察监督制度中援用民事诉讼中的抗诉制度，可能导致民事执行检察监督误入歧途。根据现行法律的规定，抗诉的后果是人民法院启动再审程序对案件进行再审。但是，民事执行检察监督并非一定引起再审程序，甚至极少启动再审程序，而是督促人民法院重新审查或者重新采取执行行为，纠正执行错误。援用“抗诉”的提法不但无法体现民事执行检察监督与民事诉讼检察监督的不同，而且可能使民事执行检察监督走入单纯引起再审程序的误区。

为了使概念清晰而明确，笔者认为，人民检察院提起民事执行检察监督的法律文书可以称为“民事执行检察监督意见书”。“监督”明确了人民检察院参与民事执行程序的目的，体现出其中的强制性；“意见”既便于人民检察院说明自己的倾向性结论，又能确保人民检察院不直接介入执行程序，更不越俎代庖去实施执行，保持监督者的超然地位。其中，进行事后监督时，人民检察认为人民法院的执行行为存在错误的，应当通过向人民法院递交“民事执行检察监督意见书”，说明提起监督的事实和法律依据，并要求人民法院依法纠正错误。③

---

① 赵钢、王杏飞：《民事执行检察监督的程序设计》，载《检察日报》2007年5月22日。

② 何小敏、吴世东：《检察机关民事执行监督职能管见》，载《民事行政检察指导与研究》2004年第1卷。

③ 谭秋桂：《民事执行检察监督机制分析》，载《人民检察》2008年第22期。

（四）民事执行检察监督的效力

人民检察院提出的民事执行检察监督意见能够产生什么样的法律后果，作为执行机关的人民法院应当如何处理和对待被人民检察院提起检察监督的案件，就是民事执行检察监督的效力问题。

根据现行《民事诉讼法》的规定，民事审判检察监督的后果是启动再审程序，由人民法院对案件进行再审。但是，民事执行检察监督的对象是人民法院的执行行为，该行为与审判程序无关，[①]因此，民事执行检察监督的后果不必与民事审判监督一样，没有必要由人民法院对案件进行再审。同时，人民检察院毕竟没有民事执行权，不能直接采取执行行为，也不能替代人民法院直接纠正执行错误，而只能行使检察监督权。通过公权力对公权力的监督，督促人民法院纠正执行错误。因此，进行民事执行检察监督，必须确保既能有效纠正执行错误，又不至于造成权力运行体系混乱。

笔者认为，为了实现民事执行检察监督的目的，同时适应民事执行效益优先原则的要求，在民事执行检察监督的效力问题上，应当坚持以下三个原则：第一，执行机关必须充分重视检察机关提出的民事执行检察监督意见，不能对其置之不理或者敷衍了事；第二，尽量避免由于检察监督机关与执行机关在民事执行检察监督意见正确与否问题上的争执而拖延正常的执行进程；第三，确保将民事执行检察监督与执行机关的内部监督有效结合起来，以实现公权力之间的协调配合。为了实现上述原则的要求，笔者认为民事执行检察监督的制度构建应当做到以下几点：

首先，民事执行检察监督应当实行同级监督，即由实施民事执行行为的人民法院（即执行法院）的同级人民检察院首先提起检察监督，而不实行现行《民事诉讼法》规定的民事审判监督“上级抗诉”模式。与执行法院同级的人民检察院，与执行法院之间的时空距离最近，对执行行为以及执行案件的相关信息的掌握最为全面，由它进行民事执行检察监督，相关信息传递与反馈速度最快，同时方便当事人、利害关系人提出申请，从而有利于提高民事执行检察监督的效率，也更方便实践操作，确保民事执行检察监督的实际效果。

其次，人民法院收到人民检察院提出的民事执行检察监督意见书后，必须组成合议庭对检察监督意见涉及的执行行为进行审查，该执行行为涉及执行当事人、利害关系人利益的，应当通过听证等方式听取其意见并对相关证明材料

---

① 人民检察院如果认为执行行为的错误源于审判程序的错误，应当按照民事审判检察监督的程序提起抗诉，而不是按照民事执行检察监督的程序提起监督。换言之，此时进行的检察监督是民事审判检察监督而不是民事执行检察监督。

进行审查。经审查，认为检察监督意见成立的，立即纠正错误的执行行为，并制作书面文件答复提起监督的人民检察院；认为检察监督意见不成立的，书面答复提起监督的人民检察院并说明理由。

再次，提起监督的人民检察院不满人民法院的答复意见，且认为有必要继续督促其纠正错误的，应当建议上一级人民检察院提起检察监督。上一级人民检察院经审查认为建议理由成立的，应当向其同级人民法院提出检察监督意见书。收到检察监督意见书的人民法院应当通知下级人民法院将相关案卷移送至本院，并组成合议庭对检察监督意见书涉及的下级人民法院的执行行为进行审查，该执行行为涉及当事人、利害关系人利益的，应当听取其意见并审查相关证明材料。经审查，认为人民检察院提出的检察监督意见成立的，责令下级人民法院立即纠正错误的执行行为或者采取提级执行、指定其他人民法院执行等措施，同时书面答复提起监督的人民检察院；认为人民检察院提出的检察监督意见不成立的，书面答复提起监督的人民检察院并说明理由。收到答复的人民检察院应当将答复副本转交建议提起检察监督的人民检察院。收到答复副本的人民检察院若不满人民法院的答复，且认为相关人员涉嫌职务犯罪的，应当移送相关部门处理。①

（五）民事执行检察监督的保障

人民检察院进行执行监督，是一种公权行为，具有独立性。人民检察院不能完全根据执行当事人或者执行法院的意见来办理执行监督案件，而必须具有自己的独立判断。进行必要的调查，以核实有关情况，是确保人民检察院判断准确性的重要途径。因此，应当赋予人民检察院对与执行行为以及执行案件有关的情况进行必要调查的权力。

人民检察院在民事执行检察监督程序中所做的调查，既包括向执行当事人及其他有关单位、人员了解情况，也包括调取有关档案资料。保存在执行机构的法律文书档案，即案件的卷宗，包含着执行案件的许多重要信息，能够反映执行程序、执行方式、执行内容的全貌，是检验执行行为是否合法与适当的重要证明资料。因此，人民检察院作出检察监督决定后，认为确有必要调取执行案卷的，应当有权向执行机构提出调卷要求。人民检察院提出调卷要求是一种公权行为，因此，执行机构应当配合，即根据要求提供案卷。

① 谭秋桂：《民事执行检察监督机制分析》，载《人民检察》2008年第22期。

附录一

中华人民共和国民事诉讼法(试行)

(1982年3月8日第五届全国人民代表大会常务委员会第二十二次会议通过1982年3月8日全国人民代表大会常务委员会令第八号公布　自1982年10月1日起试行)

第一编　总　　则

第一章　任务和基本原则

第一条　中华人民共和国民事诉讼法以宪法为根据，结合我国民事审判工作的经验和实际情况制定。

第二条　中华人民共和国民事诉讼法的任务，是保证人民法院查明事实，分清是非，正确适用法律，及时审理民事案件，确认民事权利义务关系，制裁民事违法行为，保护国家、集体和个人的权益，教育公民自觉遵守法律。

第三条　凡在中华人民共和国领域内进行民事诉讼，必须遵守本法。

法律规定由人民法院审理的行政案件，适用本法规定。

第四条　民事案件的审判权由人民法院行使。

人民法院依照法律规定对民事案件独立进行审判，不受行政机关、团体和个人的干涉。

第五条　人民法院审理民事案件，必须以事实为根据，以法律为准绳；对于诉讼当事人在适用法律上一律平等；保障诉讼当事人平等地行使诉讼权利。

第六条　人民法院审理民事案件，应当着重进行调解；调解无效的，应当及时判决。

第七条　人民法院审理民事案件，应当根据需要和可能，派出法庭巡回审理，就地办案。

第八条　人民法院审判民事案件，依照法律规定实行两审终审、公开审判、合议和回避制度。

第九条　各民族公民都有用本民族语言、文字进行民事诉讼的权利。

在少数民族聚居或者多民族共同居住的地区，人民法院应当用当地民族通用的语言、文字进行审判和发布法律文书。

人民法院应当对不通晓当地民族通用的语言、文字的诉讼参与人提供翻译。

第十条　民事诉讼当事人有权对争议的问题进行辩论。

第十一条 民事诉讼当事人有权在法律规定的范围内处分自己的民事权利和诉讼权利。

第十二条 人民检察院有权对人民法院的民事审判活动实行法律监督。

第十三条 机关、团体、企业事业单位对损害国家、集体或者个人民事权益的行为，可以支持受损害的单位或者个人向人民法院起诉。

第十四条 人民调解委员会是在基层人民政府和基层人民法院指导下，调解民间纠纷的群众性组织。

人民调解委员会依照法律规定，根据自愿原则，用说服教育的方法进行调解工作。当事人对调解达成的协议应当履行；不愿调解或者调解不成的，可以向人民法院起诉。

人民调解委员会调解案件，如有违背政策法律的，人民法院应当予以纠正。

第十五条 民族自治地方的人民代表大会和它的常务委员会，根据宪法和本法的原则，结合当地民族的具体情况，可以制定某些变通或者补充的规定。自治区的规定，报全国人民代表大会常务委员会备案。自治州、自治县的规定，报自治区或者省人民代表大会常务委员会批准，并报全国人民代表大会常务委员会备案。

第二章 管 辖

第一节 级别管辖

第十六条 基层人民法院管辖第一审民事案件，但是本法另有规定的除外。

第十七条 中级人民法院管辖下列第一审民事案件：

（一）涉外案件；

（二）在本辖区有重大影响的案件。

第十八条 高级人民法院管辖在本辖区有重大影响的第一审民事案件。

第十九条 最高人民法院管辖下列第一审民事案件：

（一）在全国有重大影响的案件；

（二）认为应当由自己审判的案件。

第二节 地域管辖

第二十条 民事诉讼由被告户籍所在地人民法院管辖；被告的户籍所在地与居所地不一致的，由居所地人民法院管辖。

对企业事业单位、机关、团体提起的民事诉讼，由被诉单位所在地人民法院管辖。

同一诉讼的几个被告户籍所在地、居所地在两个以上人民法院辖区的，各该人民法院都有管辖权。

第二十一条 下列民事诉讼，由原告户籍所在地人民法院管辖；原告的户籍所在地与居所地不一致的，由居所地人民法院管辖：

（一）非军人对军人提起的诉讼；

（二）对不在中华人民共和国领域内居住的人提起的有关身份关系的诉讼；

（三）对正在被劳动教养的人提起的诉讼；

（四）对正在被监禁的人提起的诉讼。

第二十二条　因侵权行为提起的诉讼，由侵权行为地人民法院管辖。

第二十三条　因合同纠纷提起的诉讼，由合同履行地或者合同签订地人民法院管辖。

第二十四条　铁路、公路、水上运输和联合运输中发生的诉讼，由负责查处该项纠纷的管理机构所在地人民法院管辖。

第二十五条　航空运输中发生的诉讼，由运输始发地、目的地或者合同签订地人民法院管辖。

第二十六条　因航空事故追索损害赔偿提起的诉讼，由事故发生地或者航空器最初降落地人民法院管辖。

第二十七条　因船舶碰撞或者其他海事损害事故追索损害赔偿的诉讼，由受害船舶最初到达地、加害船舶被扣留地或者加害船舶船籍港所在地人民法院管辖。

第二十八条　追索海难救助费用的诉讼，由救助地或者被救助船舶最初到达地人民法院管辖。

第二十九条　第二十二条至第二十八条的规定执行有困难的，可以适用第二十条或者第二十一条的规定。

第三十条　下列案件，由本条规定的人民法院专属管辖：

（一）因不动产提起的诉讼，由不动产所在地人民法院管辖；

（二）港口作业中发生的诉讼，由港口所在地人民法院管辖；

（三）因登记发生的诉讼，由登记机关所在地人民法院管辖；

（四）继承遗产的诉讼，由被继承人生前户籍所在地或者主要遗产所在地人民法院管辖。

第三十一条　两个以上人民法院都有管辖权的诉讼，原告可以选择其中一个人民法院起诉；原告向两个以上有管辖权的人民法院起诉的，由最先收到起诉状的人民法院受理。

第三节　移送管辖和指定管辖

第三十二条　人民法院发现受理的案件不属自己管辖时，应当移送有管辖权的人民法院，受移送的人民法院不得再自行移送。

第三十三条　有管辖权的人民法院由于特殊原因，不能行使管辖权的，由上级人民法院指定管辖。

管辖权发生争议，由争议双方协商解决；协商解决不了的，报它们的共同上级人民法院指定管辖。

第三十四条　上级人民法院有权审判下级人民法院管辖的第一审民事案件，也可以把自己管辖的第一审民事案件交下级人民法院审判。

下级人民法院对它所管辖的第一审民事案件，认为需要由上级人民法院审判的，可以报请上级人民法院审判。

第三章　审判组织

第三十五条　人民法院审判第一审民事案件，由审判员、陪审员共同组成合议庭或者由审判员组成合议庭。合议庭的成员，必须是单数。

简单的民事案件，由审判员一人独任审判。

陪审员在人民法院执行职务时，和审判员有同等权利。

第三十六条 人民法院审判第二审民事案件，由审判员组成合议庭。合议庭的成员，必须是单数。

第二审人民法院发回重审的案件，原审人民法院应当按照第一审程序另行组成合议庭。

审理再审案件，原来是第一审的，按照第一审程序另行组成合议庭；原来是第二审的，按照第二审程序另行组成合议庭。

第三十七条 合议庭的审判长由院长或者庭长指定审判员一人担任；院长或者庭长参加审判的，由院长或者庭长担任。

第三十八条 合议庭评议案件，实行少数服从多数的原则。评议应当制作笔录，由合议庭成员签名。评议中的不同意见，必须如实记入笔录。

第三十九条 重大、疑难的民事案件的处理，由院长提交审判委员会讨论决定。审判委员会的决定，合议庭必须执行。

第四章 回　避

第四十条 审判人员有下列情形之一的，必须自行回避，当事人也有权用口头或者书面方式申请他们回避：

（一）是本案当事人或者当事人的近亲属；

（二）与本案有利害关系；

（三）与本案当事人有其他关系，可能影响对案件公正审理的。

前款规定，适用于书记员、翻译人员、鉴定人。

第四十一条 当事人申请回避，应当说明理由，在案件开始审理时提出；回避事由得知或者发生在审理开始以后的，也可以在法庭辩论终结前提出。

被申请回避的人员，应当暂停执行职务。但是，案件需要采取的紧急措施除外。

第四十二条 院长担任审判长时的回避，由审判委员会决定；审判人员的回避，由院长决定；其他人员的回避，由审判长决定。

第四十三条 人民法院对申请回避所作的决定，可以采取口头或者书面的形式。当事人对决定不服的，可以申请复议一次。复议期间，不停止本案的审理。

第五章 诉讼参加人

第一节 当 事 人

第四十四条 有诉讼权利能力的人可以作为民事诉讼的当事人。

企业事业单位、机关、团体可以作为民事诉讼的当事人，由这些单位的主要负责人作为法定代表人。

第四十五条 当事人有权委托代理人，有权申请回避，提供证据，进行辩论，请求调解，提起上诉，申请执行。

经人民法院许可，当事人可以查阅本案的庭审材料，请求自费复制本案的庭审材料和法律文书。但是，涉及国家机密或者个人隐私的材料除外。

当事人必须依法行使诉讼权利，遵守诉讼秩序，履行发生法律效力的判决、裁定和调解协议。

第四十六条　双方当事人可以自行和解。原告可以放弃或者变更诉讼请求。被告可以承认或者反驳诉讼请求，有权提起反诉。

第四十七条　当事人一方或者双方为二人以上，其诉讼标的是共同的，或者诉讼标的是同一种类、人民法院认为可以合并审理的，为共同诉讼。

共同诉讼的一方当事人对诉讼标的有共同权利、义务的，其中一人的诉讼行为经全体承认，对全体发生效力；对诉讼标的没有共同权利、义务的，其中一人的诉讼行为对其他共同诉讼人不发生效力。

第四十八条　对当事人争议的诉讼标的，第三人认为有独立请求权的，有权提起诉讼，成为诉讼当事人。

对当事人争议的诉讼标的，第三人虽然没有独立请求权，但是案件处理结果同他有法律上的利害关系的，可以申请参加诉讼，或者由人民法院通知他参加诉讼。

第二节　诉讼代理人

第四十九条　没有诉讼行为能力的人，由他的法定代理人代为诉讼；没有法定代理人的，由人民法院指定代理人。

法定代理人之间互相推诿代理责任的，由人民法院指定其中一人代为诉讼。

第五十条　当事人、法定代表人、法定代理人，都可以委托一至二人代为诉讼。

当事人的近亲属、律师、社会团体和当事人所在单位推荐的人，以及经人民法院许可的其他公民，都可以被委托为诉讼代理人。

第五十一条　委托他人代为诉讼，必须向人民法院提交由委托人签名或者盖章的授权委托书。

授权委托书必须记明委托事项和权限。诉讼代理人代为承认、放弃或者变更诉讼请求，进行和解，提起反诉或者上诉，必须有被代理人的特别授权。

侨居在国外的中国公民委托代理人的授权委托书，必须经我国驻该国的使、领馆证明，没有使、领馆的，由爱国的华侨团体证明。

第五十二条　诉讼代理权限的变更或者解除，当事人应当书面告知人民法院，并由人民法院通知对方当事人。

第五十三条　代理诉讼的律师，可以依照有关规定查阅本案有关材料，但是对涉及国家机密或者个人隐私的材料，必须对当事人和其他人保密。经人民法院许可，其他诉讼代理人可以查阅本案庭审材料，但是涉及国家机密或者个人隐私的材料除外。

第五十四条　离婚案件有诉讼代理人的，本人除不能表达意志的以外，仍应出庭；确因特殊情况无法出庭的，必须向人民法院提交书面意见。

第六章　证　　据

第五十五条　证据有下列几种：

（一）书证；

（二）物证；

（三）视听资料；

（四）证人证言；

（五）当事人的陈述；

（六）鉴定结论；

（七）勘验笔录。

以上证据必须经过查证属实，才能作为认定事实的根据。

第五十六条　当事人对自己提出的主张，有责任提供证据。

人民法院应当按照法定程序，全面地、客观地收集和调查证据。

第五十七条　人民法院有权向有关单位和个人调取证据，有关单位和个人不得拒绝。

人民法院对机关、团体、企业事业单位和个人提出的证明文书，应当辨别真伪，审查确定其效力。

第五十八条　人民法院对于涉及国家机密或者个人隐私的证据应当保密。需要向当事人出示的，不得在公开开庭时进行。

第五十九条　人民法院对经过公证证明的法律行为、法律事实和文书，应当确认其效力。但是，有相反证据足以推翻公证证明的除外。

第六十条　书证应当提交原件。物证应当提交原物。提交原件或者原物确有困难的，可以提交复制品、照片、副本、节录本。

提交外文书证，必须附送中文译本。

第六十一条　凡是知道案件情况的人，都有义务出庭作证。有关单位的负责人应当支持证人作证。证人确有困难不能出庭的，经人民法院许可，可以提交书面证言。

不能正确表达意志的人，不能作证。

第六十二条　人民法院对当事人的陈述，应当结合本案的其他证据，审查确定能否作为认定事实的根据。

当事人拒绝陈述的，不影响人民法院根据证据确定对案件事实的认定。

第六十三条　人民法院需要解决专门性问题时，有关部门有义务按照人民法院的通知，指派有专业知识的人进行鉴定。

鉴定人有权了解进行鉴定所需要的案件材料，询问当事人、证人。

鉴定人应当提出书面鉴定结论，在鉴定书上签名或者盖章，并由鉴定人所在单位加盖公章，证明鉴定人身份。

第六十四条　勘验物证或者现场，勘验人必须出示人民法院的证件，邀请当地基层组织或者有关单位派人参加。当事人或者他的成年家属应当到场；拒不到场的，不影响勘验的进行。

有关单位和个人根据人民法院的通知，有义务保护现场，协助勘验工作。

勘验人勘验时，可以对物证或者现场进行拍照和测量，对勘验情况和结果应当制作笔录，由勘验人、当事人和被邀参加人签名或者盖章。

第六十五条　在证据可能灭失或者以后难以取得的情况下，诉讼参加人可以申请证据保全，人民法院也可以主动采取保全措施。

第七章　期间、送达

第一节　期　　间

第六十六条　期间包括法定期间和人民法院指定的期间。

期间以时、日、月、年计算。期间开始的时和日，不计算在期间内。

期间届满的最后一日是节假日的，以节假日后的第一日为期间届满的日期。

期间不包括在途时间。诉讼文书在期满前交邮的，不算过期。

第六十七条　当事人因不可抗拒的事由或者其他正当理由耽误期限的，在障碍消除后的十日内，可以申请顺延期限；是否准许，由人民法院决定。

第二节　送　　达

第六十八条　送达诉讼文书必须有送达回证，由受送达人在送达回证上记明收到日期，签名或者盖章。

受送达人在送达回证上的签收日期为送达日期。

第六十九条　人民法院送达诉讼文书，应当直接送交受送达人；本人不在的，交他的同住成年家属签收；受送达人已向人民法院指定代收人的，交代收人签收。

第七十条　受送达人拒绝接收诉讼文书的，送达人应当邀请有关基层组织的代表或者其他人到场，说明情况，在送达回证上记明拒收事由和日期，由送达人、见证人签名或者盖章，把诉讼文书留在受送达人的住处，即视为送达。

第七十一条　直接送达诉讼文书有困难的，可以委托其他人民法院代为送达，或者邮寄送达。邮寄送达，以挂号回执上注明的收件日期为送达日期。

第七十二条　受送达人是军人的，通过其所在部队团以上单位的政治机关转交。

第七十三条　受送达人是被监禁的，通过其所在监所或者劳动改造单位转交。

受送达人是被劳动教养的，通过其劳动教养单位转交。

第七十四条　代为转交的机关、单位收到诉讼文书后，必须立即交受送达人签收。

第七十五条　受送达人下落不明，或者用本章规定的其他方式无法送达的，公告送达。自发出公告之日起，经过三个月，即视为送达。

公告送达，应当在案卷中记明原因和经过。

第八章　对妨害民事诉讼的强制措施

第七十六条　人民法院对必须到庭的被告，经两次合法传唤，无正当理由拒不到庭的，可以拘传。

第七十七条 诉讼参与人或者其他人有下列行为之一的，人民法院可以根据情节轻重，予以训诫、责令具结悔过或者予以罚款、拘留；构成犯罪的，依法追究刑事责任：

（一）伪造、隐藏、毁灭证据；

（二）指使、贿买他人作伪证；

（三）隐藏、转移、变卖、毁损已被查封、扣押的财产；

（四）以暴力、威胁或者其他方法阻碍司法工作人员执行职务，或者扰乱司法机关的工作秩序；

（五）对司法工作人员、证人、鉴定人、勘验人、诉讼参加人、协助执行的人，进行侮辱、诽谤、诬陷、殴打或者以其他方法进行打击报复；

（六）有义务协助执行的人，对人民法院的协助执行通知书，无故推拖、拒绝或者妨碍执行。

第七十八条 罚款的金额，为人民币二百元以下。

拘留的期限，为十五日以下。

被拘留的人，由人民法院交公安机关看管。在拘留期间，被拘留人承认并改正错误的，人民法院可以决定提前解除拘留。

罚款和拘留，可以合并使用。

第七十九条 拘传、罚款、拘留，必须经人民法院院长批准。

罚款、拘留，用决定书。本人对罚款、拘留不服的，可以申请复议一次。复议期间，不停止决定的执行。

第九章 诉讼费用

第八十条 当事人进行民事诉讼，应当依照规定交纳案件受理费。财产案件，除交纳案件受理费外，并依照规定交纳其他诉讼费用。

收取诉讼费用的办法另行制定。

第二编 第一审程序

第十章 普通程序

第一节 起诉和受理

第八十一条 起诉必须符合以下条件：

（一）原告是与本案有直接利害关系的个人、企业事业单位、机关、团体；

（二）有明确的被告、具体的诉讼请求和事实根据；

（三）属于人民法院管辖范围和受诉人民法院管辖。

第八十二条 起诉应当向人民法院递交起诉状，并按被告人数提出副本。

书写起诉状确有困难的，可以口诉，由人民法院记入笔录，并告知对方当事人。

第八十三条　起诉状应当记明以下事项：

（一）当事人的姓名、性别、年龄、民族、籍贯、职业、工作单位和住址，企业事业单位、机关、团体的名称、所在地和法定代表人的姓名、职务；

（二）诉讼请求和所根据的事实与理由；

（三）证据和证据来源，证人姓名和住址。

第八十四条　人民法院对于下列起诉，分别情况，予以处理：

（一）违反治安管理处罚条例的案件，告知原告向公安机关申请解决；

（二）依法应当由其他行政机关处理的争议，告知原告向有关行政机关申请解决；

（三）对判决、裁定已经发生法律效力的案件，当事人又起诉的，告知原告按申诉处理；

（四）依法在一定时期内不得起诉的案件，在不得起诉的期限内起诉的，不予受理；

（五）判决不准离婚的案件，没有新情况、新理由，在六个月内又起诉的，不予受理。

第八十五条　人民法院接到起诉状或者口头起诉，经审查，符合本法规定的受理条件的，应当在七日内立案；不符合本法规定的受理条件的，应当在七日内通知原告不予受理，并说明理由。

第二节　审理前的准备

第八十六条　人民法院对追索赡养费、扶养费、抚育费、抚恤金和劳动报酬的案件，应当在受理后五日内将起诉状副本发送被告；被告在收到后十日内提出答辩状。其他案件的起诉状副本，应当在受理后五日内发送被告；被告在收到后十五日内提出答辩状。

被告不提出答辩状的，不影响人民法院审理。

第八十七条　审判人员必须认真审阅诉讼材料，进行调查研究，收集证据。

有关单位有义务协助人民法院进行调查。

第八十八条　人民法院派出人员进行调查时，应当先向被调查人出示证件。

调查笔录经被调查人校阅后，由被调查人、调查人签名或者盖章。

第八十九条　人民法院在必要时可以委托外地人民法院调查。

委托调查，必须提出明确的项目和要求。受委托人民法院可以主动补充调查。

受委托人民法院收到委托书后，应当在三十日内完成调查；因故不能完成的，应当在上述期限内函告委托人民法院。

第九十条　起诉或者应诉的人不符合当事人条件的，人民法院应当通知符合条件的当事人参加诉讼，更换不符合条件的当事人。

第九十一条　必须共同进行诉讼的当事人没有参加诉讼的，人民法院应当通知其参加诉讼。

第三节　诉讼保全和先行给付

第九十二条　人民法院对于可能因当事人一方的行为或者其他原因，使判决不能执行或者难以执行的案件，可以根据对方当事人的申请，或者依职权作出诉讼保全的裁定。

人民法院接受当事人诉讼保全的申请后，对情况紧急的，必须在四十八小时内作出裁定，并开始执行。

第九十三条 诉讼保全限于诉讼请求的范围，或者与本案有关的财物。

诉讼保全采取查封、扣押、冻结、责令提供担保或者法律准许的其他方法。

人民法院对查封、扣押的物品，不宜长期保存的，可以变卖，保存价款。

第九十四条 人民法院决定采取诉讼保全措施，可以令申请人提供担保；拒绝提供的，驳回申请。

申请人败诉的，应当赔偿被申请人因诉讼保全所遭受的财产损失。

第九十五条 人民法院对下列案件，必要时可以书面裁定先行给付，并立即执行：

（一）追索赡养费、扶养费、抚育费、抚恤金的；

（二）追索劳动报酬的；

（三）其他需要先行给付的。

第九十六条 当事人不服诉讼保全或者先行给付裁定的，可以申请复议一次。复议期间，不停止裁定的执行。

第四节　调　　解

第九十七条 人民法院受理的民事案件，能够调解的，应当在查明事实、分清是非的基础上进行调解，促使当事人互相谅解，达成协议。

第九十八条 人民法院进行调解，可以由审判员一人主持，也可以由合议庭主持，并且尽可能就地进行。

第九十九条 人民法院进行调解，根据案件需要，可以邀请有关单位和群众协助。被邀请的单位和个人，应当协助人民法院进行调解。

第一百条 调解达成协议，必须双方自愿，不得强迫。

第一百零一条 调解达成协议，应当制作调解书，由审判人员、书记员署名，并加盖人民法院印章。调解书送达后，即具有法律效力。

对不需要制作调解书的协议，应当记入笔录，由双方当事人、审判人员、书记员签名或者盖章后，即具有法律效力。

第一百零二条 调解未达成协议或者调解书送达前一方翻悔的，人民法院应当进行审判，不应久调不决。

第五节　开庭审理

第一百零三条 人民法院审理民事案件，除涉及国家机密、个人隐私或者法律另有规定的以外，一律公开进行。

离婚案件当事人申请不公开审理的，可以不公开审理。

第一百零四条 人民法院审理民事案件，应当根据需要和可能，派出法庭巡回就地开庭审理。

人民法院派出法庭巡回审理时，除重大、复杂的案件以外，适用简易程序。

第一百零五条　人民法院审理民事案件，应当在开庭三日前通知当事人和其他诉讼参与人。公开审理的，应当公告当事人姓名、案由和开庭时间、地点。

第一百零六条　开庭审理前，书记员应当查明当事人和其他诉讼参与人是否到庭，宣布法庭纪律。

开庭审理时，由审判长或者独任审判员核对当事人，宣布案由，宣布审判人员、书记员名单，告知当事人的诉讼权利和义务，询问当事人是否申请回避。

第一百零七条　法庭调查按下列顺序进行：

（一）询问当事人和当事人陈述；

（二）告知证人的权利义务，询问证人，宣读未到庭的证人证言；

（三）询问鉴定人，宣读鉴定结论；

（四）出示书证、物证和视听资料；

（五）宣读勘验笔录。

第一百零八条　当事人在法庭上可以提出新的证据。

当事人经法庭许可，可以向证人、鉴定人、勘验人发问。

当事人可以要求重新进行鉴定、调查或者勘验，是否准许，由人民法院决定。

第一百零九条　原告增加诉讼请求，被告提出反诉，第三人提出与本案有关的诉讼请求，可以合并审理。

第一百一十条　法庭辩论按下列顺序进行：

（一）原告及其诉讼代理人发言；

（二）被告及其诉讼代理人答辩；

（三）双方互相辩论。

法庭辩论终结，由审判长按原告、被告的先后顺序征询双方最后意见。

第一百一十一条　法庭辩论终结，可以再行调解；调解未达成协议的，依法作出判决。

第一百一十二条　原告经人民法院两次合法传唤，无正当理由拒不到庭的，或者未经法庭许可中途退庭的，可以按撤诉处理；被告反诉的，可以缺席判决。

第一百一十三条　被告经人民法院两次合法传唤，无正当理由拒不到庭的，或者未经法庭许可中途退庭的，除适用本法第七十六条规定外，可以缺席判决。

第一百一十四条　宣判前，原告申请撤诉的，是否准许，由人民法院裁定。

第一百一十五条　人民法院宣告判决，一律公开进行。当庭宣判的，应当在十日内发送判决书；定期宣判的，宣判后立即发给判决书。

宣告判决时，必须告知当事人上诉权利、上诉期限和上诉审法院。

宣告离婚判决，必须告知当事人在判决发生法律效力前不得另行结婚。

第一百一十六条　有下列情形之一的，延期审理：

（一）必须到庭的当事人和其他诉讼参与人没有到庭；

（二）因当事人申请回避不能进行审理；

（三）需要通知新的证人到庭，调取新的证据，重新鉴定、勘验，或者需要补充调查；

（四）其他应当延期审理的情况。

第一百一十七条 书记员应当将法庭审理的全部活动记入笔录，由审判人员和书记员签名。

法庭笔录应当当庭宣读，也可以告知当事人和其他诉讼参与人当庭或者在五日内阅读。当事人和其他诉讼参与人认为对自己的陈述记载确有遗漏或者差错的，有权申请补正。

法庭笔录由当事人和其他诉讼参与人签名或者盖章；拒绝签名盖章的，记明情况附卷。

第六节　诉讼中止和终结

第一百一十八条 有下列情形之一的，中止诉讼：

（一）一方当事人死亡，需要等待继承人参加诉讼；

（二）一方当事人丧失诉讼行为能力，尚未确定法定代理人；

（三）一方当事人因不可抗拒的事由，不能参加诉讼；

（四）本案必须以另一案的审理结果为依据，而另一案尚未审结；

（五）其他应当中止诉讼的情况。

中止诉讼的原因消除后，恢复诉讼程序。

第一百一十九条 有下列情形之一的，终结诉讼：

（一）原告死亡，没有继承人，或者继承人放弃诉讼权利；

（二）被告死亡，没有遗产，也没有应当承担义务的人；

（三）一方当事人死亡，中止诉讼满六个月没有继承人参加诉讼；

（四）离婚案件一方当事人死亡。

第七节　判决和裁定

第一百二十条 判决书应当写明：

（一）案由、诉讼请求、争议的事实和理由；

（二）判决认定的事实、理由和适用的法律；

（三）判决结果和诉讼费用的负担；

（四）上诉期限和上诉审法院。

判决书由审判人员、书记员署名，加盖人民法院印章。

第一百二十一条 人民法院审理的案件，其中一部分事实已经清楚，可以就该部分先行判决。

第一百二十二条 裁定适用于下列范围：

（一）驳回起诉；

（二）关于诉讼保全和先行给付；

（三）准予或者不准撤诉；

（四）中止或者终结诉讼；

（五）补正判决书中的失误；

（六）其他需要裁定解决的事项。

对第（一）项裁定，可以上诉。

裁定书由审判人员、书记员署名，加盖人民法院印章。口头裁定的，记入笔录。

第一百二十三条　最高人民法院的判决、裁定，以及依法不准上诉或者超过上诉期没有上诉的判决、裁定，是发生法律效力的判决、裁定。

第十一章　简易程序

第一百二十四条　基层人民法院和它派出的法庭审理简单的民事案件，可以适用本章规定的简易程序。

第一百二十五条　对简单的民事案件，原告可以口头起诉。

当事人双方可以同时到基层人民法院或者它派出的法庭，请求解决争议。基层人民法院或者它派出的法庭可以当即审理，也可以另定日期审理。

第一百二十六条　基层人民法院和它派出的法庭审理简单的民事案件，可以用简便方式随时传唤当事人、证人。

第一百二十七条　简单的民事案件由审判员一人独任审判，并不受本法第一百零五条、第一百零七条、第一百一十条规定的限制。

第十二章　特别程序

第一节　一般规定

第一百二十八条　人民法院审理选民名单案件、宣告失踪人死亡案件、认定公民无行为能力案件和认定财产无主案件，适用本章规定。本章没有规定的，适用本法和其他法律的有关规定。

第一百二十九条　依照本章程序审理的案件，实行一审终审。选民名单案件或者重大、疑难的案件，由审判员组成合议庭审判；其他案件由审判员一人独任审判。

第一百三十条　人民法院在依照本章程序审理案件的过程中，发现本案属于民事权益争议的，应当裁定终结特别程序，并告知利害关系人按照普通程序或者简易程序另行起诉。

第二节　选民名单案件

第一百三十一条　公民不服选举委员会对于选民名单的申诉所作的决定，向选区所在地的基层人民法院起诉。

第一百三十二条　人民法院受理选民名单案件后，必须在选举前审理。

审理时，起诉人、选举委员会的代表和有关公民必须参加。

人民法院的判决书，应当立即送达选举委员会和起诉人，并通知有关公民。

第三节　宣告失踪人死亡案件

第一百三十三条　利害关系人要求宣告失踪人死亡的申请，向失踪人最后居所地的基层人民法院提出。

申请书应当写明失踪的事实、时间和请求，并附有公安机关关于该公民失踪的书面证明。

第一百三十四条 人民法院受理宣告失踪人死亡案件后，应当发出寻找失踪人的公告。公告期间为一年。

公告期间届满，人民法院根据被宣告失踪人死亡的事实是否得到确认，作出终结审理的裁定或者宣告死亡的判决。

第一百三十五条 被宣告死亡的公民重新出现，经本人或者利害关系人申请，人民法院应当作出新判决，撤销原判决。

第四节　认定公民无行为能力案件

第一百三十六条 申请认定公民无行为能力，由其近亲属或者所在单位，向该公民户籍所在地基层人民法院提出。

申请书应当写明该公民无行为能力的事实和根据。

第一百三十七条 人民法院受理申请后，必要时应当对被要求认定为无行为能力的公民进行鉴定；申请人已提供鉴定结论的，应当对鉴定结论进行审查。

第一百三十八条 人民法院审理认定公民无行为能力的案件，必要时应当为该公民指定代理人，并且应当询问本人；本人健康情况许可的，应当传唤到庭。

第一百三十九条 人民法院判决认定该公民为无行为能力的人，应当依法为他指定监护人。

人民法院认定申请无理的，应当予以驳回。

第一百四十条 人民法院根据被认定为无行为能力的人或者他的监护人的申请，证实该公民无行为能力的原因已经消除的，应当作出新判决，撤销原判决。

第五节　认定财产无主案件

第一百四十一条 申请认定财产无主，由有关机关、团体、企业事业单位、基层组织或者个人，向财产所在地基层人民法院提出。

申请书应当写明财产的种类、数量以及要求认定财产无主的根据。

第一百四十二条 人民法院对认定财产无主的申请，经审查核实，公告满一年后无人认领的，即判决认定财产无主，收归国家或者集体所有。

第一百四十三条 判决认定财产无主后，原财产所有人或者合法继承人出现，并对财产提出请求的，人民法院审查属实后，应当作出新判决，撤销原判决。

第三编　第二审程序、审判监督程序

第十三章　第二审程序

第一百四十四条　当事人不服地方各级人民法院第一审判决、裁定的，有权向上一级人民法院提起上诉。

第一百四十五条　对判决提起上诉的期限为十五日，对裁定提起上诉的期限为十日。

第一百四十六条　上诉状的内容，应当包括当事人的姓名，企业事业单位、机关、团体的名称及其法定代表人的姓名；原审人民法院名称、案件的编号和案由；上诉的请求和理由。

第一百四十七条　上诉状应当通过原审人民法院提出，并且按照对方当事人的人数提出副本。

当事人直接向第二审人民法院上诉的，第二审人民法院应当在五日内将上诉状发交原审人民法院。

第一百四十八条　原审人民法院收到上诉状，应当在五日内将上诉状副本送达对方当事人。对方当事人收到上诉状副本，应当在十五日内提出答辩状。当事人不提出答辩状的，不影响人民法院审理。

原审人民法院收到上诉状、答辩状，应当连同全部案卷和证据，尽快报送第二审人民法院。

第一百四十九条　第二审人民法院必须全面审查第一审人民法院认定的事实和适用的法律，不受上诉范围的限制。

第一百五十条　第二审人民法院对上诉案件，应当组成合议庭，开庭审判。经过阅卷和调查，询问当事人，在事实核对清楚后，合议庭认为不需要开庭审判的，也可以径行判决。

第二审人民法院审判上诉案件，可以在本法院进行，也可以到案件发生地或者原审人民法院所在地就地进行。

第一百五十一条　第二审人民法院对上诉案件，经过审理，按照下列情形，分别处理：

（一）原判决认定事实清楚，适用法律正确的，判决驳回上诉，维持原判；

（二）原判决认定事实清楚，但是适用法律错误的，依法改判；

（三）原判决认定事实不清，证据不足，或者由于违反法定程序可能影响案件正确判决的，裁定撤销原判，发回原审人民法院重审，也可以查清事实后改判。

当事人对重审案件的判决、裁定，可以上诉。

第一百五十二条　第二审人民法院对不服第一审人民法院裁定的上诉案件的处理，一律使用裁定。

第一百五十三条　第二审人民法院审理上诉案件，可以进行调解。调解达成协议，应当制作调解书，由审判人员、书记员署名，并加盖人民法院印章。调解书送达后，原审人民法院的判决即视为撤销。

第一百五十四条 第二审人民法院宣判前，上诉人申请撤回上诉的，由第二审人民法院裁定。

第一百五十五条 第二审人民法院审判上诉案件，除依照本章规定外，适用第一审普通程序。

第一百五十六条 第二审人民法院的判决、裁定，是终审的判决、裁定。

第十四章　审判监督程序

第一百五十七条 各级人民法院院长对本院已经发生法律效力的判决、裁定，发现确有错误，需要再审的，提交审判委员会讨论决定。

最高人民法院对地方各级人民法院已经发生法律效力的判决、裁定，上级人民法院对下级人民法院已经发生法律效力的判决、裁定，发现确有错误的，有权提审或者指令下级人民法院再审。

第一百五十八条 当事人、法定代理人对已发生法律效力的判决、裁定，认为确有错误的，可以向原审人民法院或者上级人民法院申诉，但是不停止判决、裁定的执行。

人民法院对已经发生法律效力的判决、裁定的申诉，经过复查，认为原判决、裁定正确，申诉无理的，通知驳回；原判决、裁定确有错误的，由院长提交审判委员会讨论决定。

第一百五十九条 按照审判监督程序决定再审的案件，裁定中止原判决的执行。裁定由院长署名，加盖人民法院印章。

第一百六十条 人民法院按照审判监督程序再审的案件，原来是第一审的，按照第一审程序审判，所作的判决、裁定，当事人可以上诉；原来是第二审的，或者是上级人民法院提审的，按照第二审程序审判，所作的判决、裁定，是发生法律效力的判决、裁定。

第十五章　一般规定

第一百六十一条 发生法律效力的民事判决、裁定和调解协议，以及刑事判决、裁定中的财产部分，由原第一审人民法院执行。

法律规定由人民法院执行的其他法律文书，由有管辖权的人民法院执行。

第一百六十二条 执行过程中，案外人对执行标的提出异议的，执行员应当进行审查。无理由的，予以驳回；有理由的，报院长批准中止执行，由合议庭审查或者审判委员会讨论决定。

第一百六十三条 执行工作由执行员、书记员进行；重大执行措施，应当有司法警察参加。

采取强制执行措施时，执行员应当向被执行人或者他的成年家属出示证件；并将执行情况制作笔录，由在场的有关人员签名或者盖章。

第一百六十四条 有关单位和个人都有义务按照人民法院的通知，协助执行。无故推拖、拒绝或者妨碍执行的，依照本法第七十七条的规定处理。

第一百六十五条 被执行人、被执行的财产在外地的，可以委托当地人民法院代为执行。受委托人民法院收到委托函件后，应当在十五日内开始执行；执行完毕后，应当把执行结果及时函复委托人民法院。

第四编　执行程序

第十六章　执行的移送和申请

第一百六十六条　发生法律效力的民事判决、裁定、调解协议和其他应当由人民法院执行的法律文书，当事人必须履行。一方拒绝履行的，由审判员移送执行员执行，对方当事人也可以向人民法院申请执行。

第一百六十七条　仲裁机构的裁决发生法律效力后，一方当事人不履行的，对方当事人可以向有管辖权的人民法院申请执行。

第一百六十八条　公证机关依法赋予强制执行效力的债权文书，一方当事人不履行的，对方当事人可以向有管辖权的基层人民法院申请执行。受申请的人民法院发现公证文书确有错误的，不予执行，并通知原公证机关。

第一百六十九条　申请执行的期限，双方或者一方当事人是个人的为一年；双方是企业事业单位、机关、团体的为六个月。

前款规定的期限，从法律文书规定履行期限的最后一日起计算；法律文书规定分期履行的，从规定的每次履行期限的最后一日起计算。

第一百七十条　执行员接到申请执行书或者移交执行书，应当在十日内了解案情，并通知被执行人在指定的期限内履行。逾期不履行的，强制执行。

第十七章　执行措施

第一百七十一条　人民法院为扣留、提取被执行人的储蓄存款或者劳动收入而发出的协助执行通知书，有关单位必须按照办理。

人民法院决定扣留、提取劳动收入时，应当保留被执行人及其所供养家属的生活必需费用。

第一百七十二条　人民法院查封、扣押、冻结、变卖被执行人的财产，应当保留被执行人必要的生产工具和他本人及其所供养家属的生活必需品。

采取前款措施，必须经人民法院院长批准。

第一百七十三条　人民法院查封、扣押财产时，应当通知被执行人或者他的成年家属到场；拒不到场的，不影响执行。被执行人的工作单位和财产所在地的基层组织应当派人参加。

对于被查封、扣押的财产，必须造具清单，由在场人签名或者盖章后，交被执行人或者他的成年家属一份。

第一百七十四条　被查封的财产，执行员可以指定被执行人负责保管；因被执行人的过错造成的损失，由被执行人承担。

第一百七十五条 财产被查封、扣押后，执行员应当通知被执行人在指定期限内履行法律文书确定的义务；逾期不履行的，交有关单位收购、变卖。

第一百七十六条 法律文书指定交付的财物或者票证，由执行员传唤双方当事人当面交付，或者由执行员转交，并由被交付人签收。

有关单位持有该项财物或者票证的，应当根据人民法院的协助执行通知书转交，并由被交付人签收。

当事人以外的人持有该项财物或者票证的，人民法院通知其交出。拒不交出的，强制执行。

第一百七十七条 强制迁出房屋或者强制退出土地，由院长签发公告，通知被执行人在指定的期限内履行。逾期不履行的，由执行员强制执行。

强制执行时，被执行人的工作单位和房屋、土地所在地的基层组织应当派人参加。被执行人或者他的成年家属应当到场；拒不到场的，不影响执行。执行员应当将强制执行情况记入笔录，由在场人签名或者盖章。

强制执行的财物，由人民法院派人运至指定处所，交给被执行人或者他的成年家属；因拒绝接收而造成的损失，由被执行人承担。

第一百七十八条 对于法律文书指定的行为，执行员应当通知被执行人履行；无正当理由拒不履行的，人民法院可以委托有关单位或者其他人完成，费用由被执行人负担。

第一百七十九条 执行企业事业单位、机关、团体的存款，由银行、信用合作社根据人民法院的协助执行通知书划拨或者转交。

第一百八十条 被执行人被执行的财产，不能满足所有申请人要求的，按下列顺序清偿：

（一）工资、生活费；

（二）国家税收；

（三）国家银行和信用合作社贷款；

（四）其他债务。

不足清偿同一顺序的申请人要求的，按比例分配。

第一百八十一条 在执行中，双方当事人自行和解达成协议的，执行员应当将协议内容记入笔录，由双方当事人签名或者盖章。

第十八章　执行中止和终结

第一百八十二条 有下列情形之一的，人民法院裁定中止执行：

（一）申请人表示可以延期执行；

（二）案外人对执行提出确有理由的异议；

（三）被执行人短期内无偿付能力；

（四）一方当事人死亡，需要等待继承人继承权利或者承担义务；

（五）人民法院认为应当中止执行的其他情况。

造成中止的情况消失后，恢复执行。

第一百八十三条　有下列情形之一的，人民法院裁定终结执行：

（一）申请人撤销申请；

（二）据以执行的法律文书被撤销；

（三）被执行人死亡，无遗产可供执行，又无义务承担人；

（四）追索赡养费、扶养费、抚育费案件的权利人死亡；

（五）人民法院认为应当终结执行的其他情况。

第一百八十四条　中止和终结执行的裁定，送达当事人后立即生效。

第五编　涉外民事诉讼程序的特别规定

第十九章　一般原则

第一百八十五条　外国人、无国籍人、外国企业和组织在中华人民共和国领域内进行民事诉讼，适用本编规定。本编没有规定的，适用本法其他有关规定。

第一百八十六条　外国人、无国籍人在人民法院起诉、应诉，同中华人民共和国公民有同等的诉讼权利和义务。

外国企业和组织在人民法院起诉、应诉，依照本法规定享有诉讼权利，承担诉讼义务。

第一百八十七条　外国法院对中华人民共和国公民、企业和组织的民事诉讼权利加以限制的，人民法院对该国公民、企业和组织的民事诉讼权利，实行对等原则。

第一百八十八条　对享有司法豁免权的外国人、外国组织或者国际组织提起的民事诉讼，人民法院根据中华人民共和国法律和我国缔结或者参加的国际条约的规定办理。

第一百八十九条　中华人民共和国缔结或者参加的国际条约同本法有不同规定的，适用该国际条约的规定。但是，我国声明保留的条款除外。

第一百九十条　人民法院审理涉外案件，用中华人民共和国通用的语言、文字。当事人要求提供翻译的，可以提供，费用由当事人负担。

第一百九十一条　外国人、无国籍人、外国企业和组织在人民法院起诉、应诉，委托律师代理诉讼的，必须委托中华人民共和国的律师。

不在中华人民共和国领域内居住的外国人、无国籍人，寄给中国律师或者中国公民的授权委托书，必须经所在国公证机关证明，并经我国驻该国使、领馆认证，才具有效力。

第二十章　仲　　裁

第一百九十二条　对外经济、贸易、运输和海事中发生的纠纷，当事人有书面协议提交中华人民共和国的涉外仲裁机构仲裁的，不得向人民法院起诉；没有书面协议的，可以向人民法院起诉。

外国企业、组织之间的经济、贸易、运输和海事中发生的纠纷，当事人按照书面协议，可以提交中华人民共和国的涉外仲裁机构仲裁，也可以向有管辖权的人民法院起诉。

第一百九十三条　经中华人民共和国的涉外仲裁机构裁决的案件，当事人不得向人民法院起诉。

第一百九十四条 中华人民共和国的涉外仲裁机构根据当事人的申请，认为需要采取保全措施的，应当提请被申请人财产所在地或者仲裁机构所在地的中级人民法院裁定。

第一百九十五条 对中华人民共和国的涉外仲裁机构的裁决，一方当事人不履行的，对方当事人可以申请该仲裁机构所在地或者财产所在地的中级人民法院依照本法的有关规定执行。

第二十一章　送达、期间

第一百九十六条 人民法院对不在中华人民共和国领域内居住的当事人送达诉讼文书，可以用下列方式：

（一）通过外交途径送达；

（二）对中国籍当事人，可以委托所在国的中华人民共和国使、领馆代为送达；

（三）当事人所在国的法律允许邮寄送达的，邮寄送达；

（四）当事人所在国和中华人民共和国有司法协助协议的，可以委托外国法院代为送达，或者按协议规定的其他方式送达；

（五）由当事人的诉讼代理人送达；

（六）不能用上述方式送达的，公告送达。自公告之日起，满六个月，即视为送达。

第一百九十七条 被告不在中华人民共和国领域内居住的，人民法院在送给被告的起诉状副本上加盖收文印章，通知被告在收到起诉状副本后六十日内提出答辩状。被告申请延期的，可以准许，所延期限不得超过三十日。

第一百九十八条 不在中华人民共和国领域内居住的当事人，不服第一审人民法院判决的上诉期为六十日。被上诉人在收到上诉状副本后，应当在六十日内提出答辩状。当事人不能在规定期限内提起上诉或者提出答辩状，申请延期的，可以准许，所延期限不得超过三十日。

第二十二章　诉讼保全

第一百九十九条 人民法院裁定准许当事人诉讼保全的申请后，应当责令被申请人提供担保；拒不提供的，即发布扣押命令，扣押其财产。

第二百条 人民法院决定扣押的财产，需要监督的，应当通知有关单位实行监督，费用由被申请人负担。由于申请错误所造成的损失和费用，由申请人负担。

第二百零一条 人民法院解除扣押的命令由执行员执行，或者通知监督单位执行。

第二十三章　司法协助

第二百零二条 根据中华人民共和国缔结或者参加的国际条约，或者按照互惠原则，人民法院和外国法院可以互相委托，代为一定的诉讼行为。

外国法院委托的事项同中华人民共和国的主权、安全不相容的，予以驳回；不属于人民法院职权范围的，应当说明理由，退回外国法院。

第二百零三条　中华人民共和国人民法院发生法律效力的判决，或者仲裁机构确定的裁决，申请人要求强制执行的，如果被申请人或者他的财产不在我国领域内，人民法院可以根据我国缔结或者参加的国际条约，或者按照互惠原则，委托外国法院协助执行。

第二百零四条　中华人民共和国人民法院对外国法院委托执行的已经确定的判决、裁决，应当根据中华人民共和国缔结或者参加的国际条约，或者按照互惠原则进行审查，认为不违反中华人民共和国法律的基本准则或者我国国家、社会利益的，裁定承认其效力，并且依照本法规定的程序执行。否则，应当退回外国法院。

第二百零五条　外国法院委托中华人民共和国人民法院代为送达、协助执行的法律文书，以及委托代为一定诉讼行为的委托书，必须附有中文译本。

人民法院委托外国法院代为送达、协助执行的法律文书，以及委托代为一定诉讼行为的委托书，必须附有外文译本。

附录二

中华人民共和国民事诉讼法（1991年）

（1991年4月9日第七届全国人民代表大会第四次会议通过）

第一编　总　　则

第一章　任务、适用范围和基本原则

第一条　中华人民共和国民事诉讼法以宪法为根据，结合我国民事审判工作的经验和实际情况制定。

第二条　中华人民共和国民事诉讼法的任务，是保护当事人行使诉讼权利，保证人民法院查明事实，分清是非，正确适用法律，及时审理民事案件，确认民事权利义务关系，制裁民事违法行为，保护当事人的合法权益，教育公民自觉遵守法律，维护社会秩序、经济秩序，保障社会主义建设事业顺利进行。

第三条　人民法院受理公民之间、法人之间、其他组织之间以及他们相互之间因财产关系和人身关系提起的民事诉讼，适用本法的规定。

第四条　凡在中华人民共和国领域内进行民事诉讼，必须遵守本法。

第五条　外国人、无国籍人、外国企业和组织在人民法院起诉、应诉，同中华人民共和国公民、法人和其他组织有同等的诉讼权利义务。

外国法院对中华人民共和国公民、法人和其他组织的民事诉讼权利加以限制的，中华人民共和国人民法院对该国公民、企业和组织的民事诉讼权利，实行对等原则。

第六条　民事案件的审判权由人民法院行使。

人民法院依照法律规定对民事案件独立进行审判，不受行政机关、社会团体和个人的干涉。

第七条　人民法院审理民事案件，必须以事实为根据，以法律为准绳。

第八条　民事诉讼当事人有平等的诉讼权利。人民法院审理民事案件，应当保障和便利当事人行使诉讼权利，对当事人在适用法律上一律平等。

第九条　人民法院审理民事案件，应当根据自愿和合法的原则进行调解；调解不成的，应当及时判决。

第十条　人民法院审理民事案件，依照法律规定实行合议、回避、公开审判和两审终

审制度。

第十一条　各民族公民都有用本民族语言、文字进行民事诉讼的权利。

在少数民族聚居或者多民族共同居住的地区，人民法院应当用当地民族通用的语言、文字进行审理和发布法律文书。

人民法院应当对不通晓当地民族通用的语言、文字的诉讼参与人提供翻译。

第十二条　人民法院审理民事案件时，当事人有权进行辩论。

第十三条　当事人有权在法律规定的范围内处分自己的民事权利和诉讼权利。

第十四条　人民检察院有权对民事审判活动实行法律监督。

第十五条　机关、社会团体、企业事业单位对损害国家、集体或者个人民事权益的行为，可以支持受损害的单位或者个人向人民法院起诉。

第十六条　人民调解委员会是在基层人民政府和基层人民法院指导下，调解民间纠纷的群众性组织。

人民调解委员会依照法律规定，根据自愿原则进行调解。当事人对调解达成的协议应当履行；不愿调解、调解不成或者反悔的，可以向人民法院起诉。

人民调解委员会调解民间纠纷，如有违背法律的，人民法院应当予以纠正。

第十七条　民族自治地方的人民代表大会根据宪法和本法的原则，结合当地民族的具体情况，可以制定变通或者补充的规定。自治区的规定，报全国人民代表大会常务委员会批准。自治州、自治县的规定，报省或者自治区的人民代表大会常务委员会批准，并报全国人民代表大会常务委员会备案。

第二章　管　　辖

第一节　级别管辖

第十八条　基层人民法院管辖第一审民事案件，但本法另有规定的除外。

第十九条　中级人民法院管辖下列第一审民事案件：

（一）重大涉外案件；

（二）在本辖区有重大影响的案件；

（三）最高人民法院确定由中级人民法院管辖的案件。

第二十条　高级人民法院管辖在本辖区有重大影响的第一审民事案件。

第二十一条　最高人民法院管辖下列第一审民事案件：

（一）在全国有重大影响的案件；

（二）认为应当由本院审理的案件。

第二节　地域管辖

第二十二条　对公民提起的民事诉讼，由被告住所地人民法院管辖；被告住所地与经常居住地不一致的，由经常居住地人民法院管辖。

对法人或者其他组织提起的民事诉讼，由被告住所地人民法院管辖。

同一诉讼的几个被告住所地、经常居住地在两个以上人民法院辖区的，各该人民法院都有管辖权。

第二十三条 下列民事诉讼，由原告住所地人民法院管辖；原告住所地与经常居住地不一致的，由原告经常居住地人民法院管辖：

（一）对不在中华人民共和国领域内居住的人提起的有关身份关系的诉讼；

（二）对下落不明或者宣告失踪的人提起的有关身份关系的诉讼；

（三）对被劳动教养的人提起的诉讼；

（四）对被监禁的人提起的诉讼。

第二十四条 因合同纠纷提起的诉讼，由被告住所地或者合同履行地人民法院管辖。

第二十五条 合同的双方当事人可以在书面合同中协议选择被告住所地、合同履行地、合同签订地、原告住所地、标的物所在地人民法院管辖，但不得违反本法对级别管辖和专属管辖的规定。

第二十六条 因保险合同纠纷提起的诉讼，由被告住所地或者保险标的物所在地人民法院管辖。

第二十七条 因票据纠纷提起的诉讼，由票据兑付地或者被告住所地人民法院管辖。

第二十八条 因铁路、公路、水上、航空运输和联合运输合同纠纷提起的诉讼，由运输始发地、目的地或者被告住所地人民法院管辖。

第二十九条 因侵权行为提起的诉讼，由侵权行为地或者被告住所地人民法院管辖。

第三十条 因铁路、公路、水上和航空事故请求损害赔偿提起的诉讼，由事故发生地或者车辆、船舶最先到达地、航空器最先降落地或者被告住所地人民法院管辖。

第三十一条 因船舶碰撞或者其他海事损害事故请求损害赔偿提起的诉讼，由碰撞发生地、碰撞船舶最先到达地、加害船舶被扣留地或者被告住所地人民法院管辖。

第三十二条 因海难救助费用提起的诉讼，由救助地或者被救助船舶最先到达地人民法院管辖。

第三十三条 因共同海损提起的诉讼，由船舶最先到达地、共同海损理算地或者航程终止地的人民法院管辖。

第三十四条 下列案件，由本条规定的人民法院专属管辖：

（一）因不动产纠纷提起的诉讼，由不动产所在地人民法院管辖；

（二）因港口作业中发生纠纷提起的诉讼，由港口所在地人民法院管辖；

（三）因继承遗产纠纷提起的诉讼，由被继承人死亡时住所地或者主要遗产所在地人民法院管辖。

第三十五条 两个以上人民法院都有管辖权的诉讼，原告可以向其中一个人民法院起诉；原告向两个以上有管辖权的人民法院起诉的，由最先立案的人民法院管辖。

第三节 移送管辖和指定管辖

第三十六条 人民法院发现受理的案件不属于本院管辖的，应当移送有管辖权的人民法院，受移送的人民法院应当受理。受移送的人民法院认为受移送的案件依照规定不属于本院管辖的，应当报请上级人民法院指定管辖，不得再自行移送。

第三十七条　有管辖权的人民法院由于特殊原因，不能行使管辖权的，由上级人民法院指定管辖。

人民法院之间因管辖权发生争议，由争议双方协商解决；协商解决不了的，报请它们的共同上级人民法院指定管辖。

第三十八条　人民法院受理案件后，当事人对管辖权有异议的，应当在提交答辩状期间提出。人民法院对当事人提出的异议，应当审查。异议成立的，裁定将案件移送有管辖权的人民法院；异议不成立的，裁定驳回。

第三十九条　上级人民法院有权审理下级人民法院管辖的第一审民事案件，也可以把本院管辖的第一审民事案件交下级人民法院审理。

下级人民法院对它所管辖的第一审民事案件，认为需要由上级人民法院审理的，可以报请上级人民法院审理。

第三章　审判组织

第四十条　人民法院审理第一审民事案件，由审判员、陪审员共同组成合议庭或者由审判员组成合议庭。合议庭的成员人数，必须是单数。

适用简易程序审理的民事案件，由审判员一人独任审理。

陪审员在执行陪审职务时，与审判员有同等的权利义务。

第四十一条　人民法院审理第二审民事案件，由审判员组成合议庭。合议庭的成员人数，必须是单数。

发回重审的案件，原审人民法院应当按照第一审程序另行组成合议庭。

审理再审案件，原来是第一审的，按照第一审程序另行组成合议庭；原来是第二审的或者是上级人民法院提审的，按照第二审程序另行组成合议庭。

第四十二条　合议庭的审判长由院长或者庭长指定审判员一人担任；院长或者庭长参加审判的，由院长或者庭长担任。

第四十三条　合议庭评议案件，实行少数服从多数的原则。评议应当制作笔录，由合议庭成员签名。评议中的不同意见，必须如实记入笔录。

第四十四条　审判人员应当依法秉公办案。

审判人员不得接受当事人及其诉讼代理人请客送礼。

审判人员有贪污受贿，徇私舞弊，枉法裁判行为的，应当追究法律责任；构成犯罪的，依法追究刑事责任。

第四章　回　　避

第四十五条　审判人员有下列情形之一的，必须回避，当事人有权用口头或者书面方式申请他们回避：

（一）是本案当事人或者当事人、诉讼代理人的近亲属；

（二）与本案有利害关系；

（三）与本案当事人有其他关系，可能影响对案件公正审理的。

前款规定，适用于书记员、翻译人员、鉴定人、勘验人。

第四十六条 当事人提出回避申请，应当说明理由，在案件开始审理时提出；回避事由在案件开始审理后知道的，也可以在法庭辩论终结前提出。

被申请回避的人员在人民法院作出是否回避的决定前，应当暂停参与本案的工作，但案件需要采取紧急措施的除外。

第四十七条 院长担任审判长时的回避，由审判委员会决定；审判人员的回避，由院长决定；其他人员的回避，由审判长决定。

第四十八条 人民法院对当事人提出的回避申请，应当在申请提出的三日内，以口头或者书面形式作出决定。申请人对决定不服的，可以在接到决定时申请复议一次。复议期间，被申请回避的人员，不停止参与本案的工作。人民法院对复议申请，应当在三日内作出复议决定，并通知复议申请人。

第五章 诉讼参加人

第一节 当 事 人

第四十九条 公民、法人和其他组织可以作为民事诉讼的当事人。

法人由其法定代表人进行诉讼。其他组织由其主要负责人进行诉讼。

第五十条 当事人有权委托代理人，提出回避申请，收集、提供证据，进行辩论，请求调解，提起上诉，申请执行。

当事人可以查阅本案有关材料，并可以复制本案有关材料和法律文书。查阅、复制本案有关材料的范围和办法由最高人民法院规定。

当事人必须依法行使诉讼权利，遵守诉讼秩序，履行发生法律效力的判决书、裁定书和调解书。

第五十一条 双方当事人可以自行和解。

第五十二条 原告可以放弃或者变更诉讼请求。被告可以承认或者反驳诉讼请求，有权提起反诉。

第五十三条 当事人一方或者双方为二人以上，其诉讼标的是共同的，或者诉讼标的是同一种类、人民法院认为可以合并审理并经当事人同意的，为共同诉讼。

共同诉讼的一方当事人对诉讼标的有共同权利义务的，其中一人的诉讼行为经其他共同诉讼人承认，对其他共同诉讼人发生效力；对诉讼标的没有共同权利义务的，其中一人的诉讼行为对其他共同诉讼人不发生效力。

第五十四条 当事人一方人数众多的共同诉讼，可以由当事人推选代表人进行诉讼。代表人的诉讼行为对其所代表的当事人发生效力，但代表人变更、放弃诉讼请求或者承认对方当事人的诉讼请求，进行和解，必须经被代表的当事人同意。

第五十五条 诉讼标的是同一种类、当事人一方人数众多在起诉时人数尚未确定的，人民法院可以发出公告，说明案件情况和诉讼请求，通知权利人在一定期间向人民法院登记。

向人民法院登记的权利人可以推选代表人进行诉讼；推选不出代表人的，人民法院可以与参加登记的权利人商定代表人。

代表人的诉讼行为对其所代表的当事人发生效力，但代表人变更、放弃诉讼请求或者承认对方当事人的诉讼请求，进行和解，必须经被代表的当事人同意。

人民法院作出的判决、裁定，对参加登记的全体权利人发生效力。未参加登记的权利人在诉讼时效期间提起诉讼的，适用该判决、裁定。

第五十六条　对当事人双方的诉讼标的，第三人认为有独立请求权的，有权提起诉讼。

对当事人双方的诉讼标的，第三人虽然没有独立请求权，但案件处理结果同他有法律上的利害关系的，可以申请参加诉讼，或者由人民法院通知他参加诉讼。人民法院判决承担民事责任的第三人，有当事人的诉讼权利义务。

第二节　诉讼代理人

第五十七条　无诉讼行为能力人由他的监护人作为法定代理人代为诉讼。法定代理人之间互相推诿代理责任的，由人民法院指定其中一人代为诉讼。

第五十八条　当事人、法定代理人可以委托一至二人作为诉讼代理人。

律师、当事人的近亲属、有关的社会团体或者所在单位推荐的人、经人民法院许可的其他公民，都可以被委托为诉讼代理人。

第五十九条　委托他人代为诉讼，必须向人民法院提交由委托人签名或者盖章的授权委托书。

授权委托书必须记明委托事项和权限。诉讼代理人代为承认、放弃、变更诉讼请求，进行和解，提起反诉或者上诉，必须有委托人的特别授权。

侨居在国外的中华人民共和国公民从国外寄交或者托交的授权委托书，必须经中华人民共和国驻该国的使领馆证明；没有使领馆的，由与中华人民共和国有外交关系的第三国驻该国的使领馆证明，再转由中华人民共和国驻该第三国使领馆证明，或者由当地的爱国华侨团体证明。

第六十条　诉讼代理人的权限如果变更或者解除，当事人应当书面告知人民法院，并由人民法院通知对方当事人。

第六十一条　代理诉讼的律师和其他诉讼代理人有权调查收集证据，可以查阅本案有关材料。查阅本案有关材料的范围和办法由最高人民法院规定。

第六十二条　离婚案件有诉讼代理人的，本人除不能表达意志的以外，仍应出庭；确因特殊情况无法出庭的，必须向人民法院提交书面意见。

第六章　证　　据

第六十三条　证据有下列几种：

（一）书证；

（二）物证；

（三）视听资料；

（四）证人证言；

（五）当事人的陈述；

（六）鉴定结论；

（七）勘验笔录。

以上证据必须查证属实，才能作为认定事实的根据。

第六十四条 当事人对自己提出的主张，有责任提供证据。

当事人及其诉讼代理人因客观原因不能自行收集的证据，或者人民法院认为审理案件需要的证据，人民法院应当调查收集。

人民法院应当按照法定程序，全面地、客观地审查核实证据。

第六十五条 人民法院有权向有关单位和个人调查取证，有关单位和个人不得拒绝。

人民法院对有关单位和个人提出的证明文书，应当辨别真伪，审查确定其效力。

第六十六条 证据应当在法庭上出示，并由当事人互相质证。对涉及国家秘密、商业秘密和个人隐私的证据应当保密，需要在法庭出示的，不得在公开开庭时出示。

第六十七条 经过法定程序公证证明的法律行为、法律事实和文书，人民法院应当作为认定事实的根据。但有相反证据足以推翻公证证明的除外。

第六十八条 书证应当提交原件。物证应当提交原物。提交原件或者原物确有困难的，可以提交复制品、照片、副本、节录本。

提交外文书证，必须附有中文译本。

第六十九条 人民法院对视听资料，应当辨别真伪，并结合本案的其他证据，审查确定能否作为认定事实的根据。

第七十条 凡是知道案件情况的单位和个人，都有义务出庭作证。有关单位的负责人应当支持证人作证。证人确有困难不能出庭的，经人民法院许可，可以提交书面证言。

不能正确表达意志的人，不能作证。

第七十一条 人民法院对当事人的陈述，应当结合本案的其他证据，审查确定能否作为认定事实的根据。

当事人拒绝陈述的，不影响人民法院根据证据认定案件事实。

第七十二条 人民法院对专门性问题认为需要鉴定的，应当交由法定鉴定部门鉴定；没有法定鉴定部门的，由人民法院指定的鉴定部门鉴定。

鉴定部门及其指定的鉴定人有权了解进行鉴定所需要的案件材料，必要时可以询问当事人、证人。

鉴定部门和鉴定人应当提出书面鉴定结论，在鉴定书上签名或者盖章。鉴定人鉴定的，应当由鉴定人所在单位加盖印章，证明鉴定人身份。

第七十三条 勘验物证或者现场，勘验人必须出示人民法院的证件，并邀请当地基层组织或者当事人所在单位派人参加。当事人或者当事人的成年家属应当到场，拒不到场的，不影响勘验的进行。

有关单位和个人根据人民法院的通知，有义务保护现场，协助勘验工作。

勘验人应当将勘验情况和结果制作笔录，由勘验人、当事人和被邀参加人签名或者盖章。

第七十四条 在证据可能灭失或者以后难以取得的情况下，诉讼参加人可以向人民法院申请保全证据，人民法院也可以主动采取保全措施。

第七章 期间、送达

第一节 期 间

第七十五条 期间包括法定期间和人民法院指定的期间。

期间以时、日、月、年计算。期间开始的时和日，不计算在期间内。

期间届满的最后一日是节假日的，以节假日后的第一日为期间届满的日期。

期间不包括在途时间，诉讼文书在期满前交邮的，不算过期。

第七十六条 当事人因不可抗拒的事由或者其他正当理由耽误期限的，在障碍消除后的十日内，可以申请顺延期限，是否准许，由人民法院决定。

第二节 送 达

第七十七条 送达诉讼文书必须有送达回证，由受送达人在送达回证上记明收到日期，签名或者盖章。

受送达人在送达回证上的签收日期为送达日期。

第七十八条 送达诉讼文书，应当直接送交受送达人。受送达人是公民的，本人不在交他的同住成年家属签收；受送达人是法人或者其他组织的，应当由法人的法定代表人、其他组织的主要负责人或者该法人、组织负责收件的人签收；受送达人有诉讼代理人的，可以送交其代理人签收；受送达人已向人民法院指定代收人的，送交代收人签收。

受送达人的同住成年家属，法人或者其他组织的负责收件的人，诉讼代理人或者代收人在送达回证上签收的日期为送达日期。

第七十九条 受送达人或者他的同住成年家属拒绝接收诉讼文书的，送达人应当邀请有关基层组织或者所在单位的代表到场，说明情况，在送达回证上记明拒收事由和日期，由送达人、见证人签名或者盖章，把诉讼文书留在受送达人的住所，即视为送达。

第八十条 直接送达诉讼文书有困难的，可以委托其他人民法院代为送达，或者邮寄送达。邮寄送达的，以回执上注明的收件日期为送达日期。

第八十一条 受送达人是军人的，通过其所在部队团以上单位的政治机关转交。

第八十二条 受送达人是被监禁的，通过其所在监所或者劳动改造单位转交。

受送达人是被劳动教养的，通过其所在劳动教养单位转交。

第八十三条 代为转交的机关、单位收到诉讼文书后，必须立即交受送达人签收，以在送达回证上的签收日期，为送达日期。

第八十四条 受送达人下落不明，或者用本节规定的其他方式无法送达的，公告送达。自发出公告之日起，经过六十日，即视为送达。

公告送达，应当在案卷中记明原因和经过。

第八章　调　　解

第八十五条　人民法院审理民事案件，根据当事人自愿的原则，在事实清楚的基础上，分清是非，进行调解。

第八十六条　人民法院进行调解，可以由审判员一人主持，也可以由合议庭主持，并尽可能就地进行。

人民法院进行调解，可以用简便方式通知当事人、证人到庭。

第八十七条　人民法院进行调解，可以邀请有关单位和个人协助。被邀请的单位和个人，应当协助人民法院进行调解。

第八十八条　调解达成协议，必须双方自愿，不得强迫。调解协议的内容不得违反法律规定。

第八十九条　调解达成协议，人民法院应当制作调解书。调解书应当写明诉讼请求、案件的事实和调解结果。

调解书由审判人员、书记员署名，加盖人民法院印章，送达双方当事人。

调解书经双方当事人签收后，即具有法律效力。

第九十条　下列案件调解达成协议，人民法院可以不制作调解书：

（一）调解和好的离婚案件；

（二）调解维持收养关系的案件；

（三）能够即时履行的案件；

（四）其他不需要制作调解书的案件。

对不需要制作调解书的协议，应当记入笔录，由双方当事人、审判人员、书记员签名或者盖章后，即具有法律效力。

第九十一条　调解未达成协议或者调解书送达前一方反悔的，人民法院应当及时判决。

第九章　财产保全和先予执行

第九十二条　人民法院对于可能因当事人一方的行为或者其他原因，使判决不能执行或者难以执行的案件，可以根据对方当事人的申请，作出财产保全的裁定；当事人没有提出申请的，人民法院在必要时也可以裁定采取财产保全措施。

人民法院采取财产保全措施，可以责令申请人提供担保；申请人不提供担保的，驳回申请。

人民法院接受申请后，对情况紧急的，必须在四十八小时内作出裁定；裁定采取财产保全措施的，应当立即开始执行。

第九十三条　利害关系人因情况紧急，不立即申请财产保全将会使其合法权益受到难以弥补的损害的，可以在起诉前向人民法院申请采取财产保全措施。申请人应当提供担保，不提供担保的，驳回申请。

人民法院接受申请后，必须在四十八小时内作出裁定；裁定采取财产保全措施的，应当立即开始执行。

申请人在人民法院采取保全措施后十五日内不起诉的，人民法院应当解除财产保全。

第九十四条　财产保全限于请求的范围，或者与本案有关的财物。

财产保全采取查封、扣押、冻结或者法律规定的其他方法。

人民法院冻结财产后，应当立即通知被冻结财产的人。

财产已被查封、冻结的，不得重复查封、冻结。

第九十五条　被申请人提供担保的，人民法院应当解除财产保全。

第九十六条　申请有错误的，申请人应赔偿被申请人因财产保全所遭受的损失。

第九十七条　人民法院对下列案件，根据当事人的申请，可以裁定先予执行：

（一）追索赡养费、扶养费、抚育费、抚恤金、医疗费用的；

（二）追索劳动报酬的；

（三）因情况紧急需要先予执行的。

第九十八条　人民法院裁定先予执行的，应当符合下列条件：

（一）当事人之间权利义务关系明确，不先予执行将严重影响申请人的生活或者生产经营的；

（二）被申请人有履行能力。

人民法院可以责令申请人提供担保，申请人不提供担保的，驳回申请。申请人败诉的，应当赔偿被申请人因先予执行遭受的财产损失。

第九十九条　当事人对财产保全或者先予执行的裁定不服的，可以申请复议一次。复议期间不停止裁定的执行。

第十章　对妨害民事诉讼的强制措施

第一百条　人民法院对必须到庭的被告，经两次传票传唤，无正当理由拒不到庭的，可以拘传。

第一百零一条　诉讼参与人和其他人应当遵守法庭规则。

人民法院对违反法庭规则的人，可以予以训诫，责令退出法庭或者予以罚款、拘留。

人民法院对哄闹、冲击法庭、侮辱、诽谤、威胁、殴打审判人员，严重扰乱法庭秩序的人，依法追究刑事责任；情节较轻的，予以罚款、拘留。

第一百零二条　诉讼参与人或者其他人有下列行为之一的，人民法院可以根据情节轻重予以罚款、拘留；构成犯罪的，依法追究刑事责任：

（一）伪造、毁灭重要证据，妨碍人民法院审理案件的；

（二）以暴力、威胁、贿买方法阻止证人作证或者指使、贿买、胁迫他人作伪证的；

（三）隐藏、转移、变卖、毁损已被查封、扣押的财产，或者已被清点并责令其保管的财产，转移已被冻结的财产的；

（四）对司法工作人员、诉讼参加人、证人、翻译人员、鉴定人、勘验人、协助执行的人，进行侮辱、诽谤、诬陷、殴打或者打击报复的；

（五）以暴力、威胁或者其他方法阻碍司法工作人员执行职务的；

（六）拒不履行人民法院已经发生法律效力的判决、裁定的。

人民法院对有前款规定的行为之一的单位，可以对其主要负责人或者直接责任人员予以罚款、拘留；构成犯罪的，依法追究刑事责任。

第一百零三条 有义务协助调查、执行的单位有下列行为之一的，人民法院除责令其履行协助义务外，并可以予以罚款：

（一）有关单位拒绝或者妨碍人民法院调查取证的；

（二）银行、信用合作社和其他有储蓄业务的单位接到人民法院协助执行通知书后，拒不协助查询、冻结或者划拨存款的；

（三）有关单位接到人民法院协助执行通知书后，拒不协助扣留被执行人的收入、办理有关财产权证照转移手续、转交有关票证、证照或者其他财产的；

（四）其他拒绝协助执行的。

人民法院对有前款规定的行为之一的单位，可以对其主要负责人或者直接责任人员予以罚款；还可以向监察机关或者有关机关提出予以纪律处分的司法建议。

第一百零四条 对个人的罚款金额，为人民币一千元以下。对单位的罚款金额，为人民币一千元以上三万元以下。

拘留的期限，为十五日以下。

被拘留的人，由人民法院交公安机关看管。在拘留期间，被拘留人承认并改正错误的，人民法院可以决定提前解除拘留。

第一百零五条 拘传、罚款、拘留必须经院长批准。

拘传应当发拘传票。

罚款、拘留应当用决定书。对决定不服的，可以向上一级人民法院申请复议一次。复议期间不停止执行。

第一百零六条 采取对妨害民事诉讼的强制措施必须由人民法院决定。任何单位和个人采取非法拘禁他人或者非法私自扣押他人财产追索债务的，应当依法追究刑事责任，或者予以拘留、罚款。

第十一章 诉讼费用

第一百零七条 当事人进行民事诉讼，应当按照规定交纳案件受理费。财产案件除交纳案件受理费外，并按照规定交纳其他诉讼费用。

当事人交纳诉讼费用确有困难的，可以按照规定向人民法院申请缓交、减交或者免交。

收取诉讼费用的办法另行制定。

第二编　审判程序

第十二章　第一审普通程序

第一节　起诉和受理

第一百零八条　起诉必须符合下列条件：

（一）原告是与本案有直接利害关系的公民、法人和其他组织；

（二）有明确的被告；

（三）有具体的诉讼请求和事实、理由；

（四）属于人民法院受理民事诉讼的范围和受诉人民法院管辖。

第一百零九条　起诉应当向人民法院递交起诉状，并按照被告人数提出副本。

书写起诉状确有困难的，可以口头起诉，由人民法院记入笔录，并告知对方当事人。

第一百一十条　起诉状应当记明下列事项：

（一）当事人的姓名、性别、年龄、民族、职业、工作单位和住所，法人或者其他组织的名称、住所和法定代表人或者主要负责人的姓名、职务；

（二）诉讼请求和所根据的事实与理由；

（三）证据和证据来源，证人姓名和住所。

第一百一十一条　人民法院对符合本法第一百零八条的起诉，必须受理；对下列起诉，分别情形，予以处理：

（一）依照行政诉讼法的规定，属于行政诉讼受案范围的，告知原告提起行政诉讼；

（二）依照法律规定，双方当事人对合同纠纷自愿达成书面仲裁协议向仲裁机构申请仲裁、不得向人民法院起诉的，告知原告向仲裁机构申请仲裁；

（三）依照法律规定，应当由其他机关处理的争议，告知原告向有关机关申请解决；

（四）对不属于本院管辖的案件，告知原告向有管辖权的人民法院起诉；

（五）对判决、裁定已经发生法律效力的案件，当事人又起诉的，告知原告按照申诉处理，但人民法院准许撤诉的裁定除外；

（六）依照法律规定，在一定期限内不得起诉的案件，在不得起诉的期限内起诉的，不予受理；

（七）判决不准离婚和调解和好的离婚案件，判决、调解维持收养关系的案件，没有新情况、新理由，原告在六个月内又起诉的，不予受理。

第一百一十二条　人民法院收到起诉状或者口头起诉，经审查，认为符合起诉条件的，应当在七日内立案，并通知当事人；认为不符合起诉条件的，应当在七日内裁定不予受理；原告对裁定不服的，可以提起上诉。

第二节　审理前的准备

第一百一十三条　人民法院应当在立案之日起五日内将起诉状副本发送被告，被告在收到之日起十五日内提出答辩状。

被告提出答辩状的，人民法院应当在收到之日起五日内将答辩状副本发送原告。被告不提出答辩状的，不影响人民法院审理。

第一百一十四条 人民法院对决定受理的案件，应当在受理案件通知书和应诉通知书中向当事人告知有关的诉讼权利义务，或者口头告知。

第一百一十五条 合议庭组成人员确定后，应当在三日内告知当事人。

第一百一十六条 审判人员必须认真审核诉讼材料，调查收集必要的证据。

第一百一十七条 人民法院派出人员进行调查时，应当向被调查人出示证件。

调查笔录经被调查人校阅后，由被调查人、调查人签名或者盖章。

第一百一十八条 人民法院在必要时可以委托外地人民法院调查。

委托调查，必须提出明确的项目和要求。受委托人民法院可以主动补充调查。

受委托人民法院收到委托书后，应当在三十日内完成调查。因故不能完成的，应当在上述期限内函告委托人民法院。

第一百一十九条 必须共同进行诉讼的当事人没有参加诉讼的，人民法院应当通知其参加诉讼。

第三节 开庭审理

第一百二十条 人民法院审理民事案件，除涉及国家秘密、个人隐私或者法律另有规定的以外，应当公开进行。

离婚案件，涉及商业秘密的案件，当事人申请不公开审理的，可以不公开审理。

第一百二十一条 人民法院审理民事案件，根据需要进行巡回审理，就地办案。

第一百二十二条 人民法院审理民事案件，应当在开庭三日前通知当事人和其他诉讼参与人。公开审理的，应当公告当事人姓名、案由和开庭的时间、地点。

第一百二十三条 开庭审理前，书记员应当查明当事人和其他诉讼参与人是否到庭，宣布法庭纪律。

开庭审理时，由审判长核对当事人，宣布案由，宣布审判人员、书记员名单，告知当事人有关的诉讼权利义务，询问当事人是否提出回避申请。

第一百二十四条 法庭调查按照下列顺序进行：

（一）当事人陈述；

（二）告知证人的权利义务，证人作证，宣读未到庭的证人证言；

（三）出示书证、物证和视听资料；

（四）宣读鉴定结论；

（五）宣读勘验笔录。

第一百二十五条 当事人在法庭上可以提出新的证据。

当事人经法庭许可，可以向证人、鉴定人、勘验人发问。

当事人要求重新进行调查、鉴定或者勘验的，是否准许，由人民法院决定。

第一百二十六条 原告增加诉讼请求，被告提出反诉，第三人提出与本案有关的诉讼请求，可以合并审理。

第一百二十七条　法庭辩论按照下列顺序进行：

（一）原告及其诉讼代理人发言；

（二）被告及其诉讼代理人答辩；

（三）第三人及其诉讼代理人发言或者答辩；

（四）互相辩论。

法庭辩论终结，由审判长按照原告、被告、第三人的先后顺序征询各方最后意见。

第一百二十八条　法庭辩论终结，应当依法作出判决。判决前能够调解的，还可以进行调解，调解不成的，应当及时判决。

第一百二十九条　原告经传票传唤，无正当理由拒不到庭的，或者未经法庭许可中途退庭的，可以按撤诉处理；被告反诉的，可以缺席判决。

第一百三十条　被告经传票传唤，无正当理由拒不到庭的，或者未经法庭许可中途退庭的，可以缺席判决。

第一百三十一条　宣判前，原告申请撤诉的，是否准许，由人民法院裁定。

人民法院裁定不准许撤诉的，原告经传票传唤，无正当理由拒不到庭的，可以缺席判决。

第一百三十二条　有下列情形之一的，可以延期开庭审理：

（一）必须到庭的当事人和其他诉讼参与人有正当理由没有到庭的；

（二）当事人临时提出回避申请的；

（三）需要通知新的证人到庭，调取新的证据，重新鉴定、勘验，或者需要补充调查的；

（四）其他应当延期的情形。

第一百三十三条　书记员应当将法庭审理的全部活动记入笔录，由审判人员和书记员签名。

法庭笔录应当当庭宣读，也可以告知当事人和其他诉讼参与人当庭或者在五日内阅读。当事人和其他诉讼参与人认为对自己的陈述记录有遗漏或者差错的，有权申请补正。如果不予补正，应当将申请记录在案。

法庭笔录由当事人和其他诉讼参与人签名或者盖章。拒绝签名盖章的，记明情况附卷。

第一百三十四条　人民法院对公开审理或者不公开审理的案件，一律公开宣告判决。

当庭宣判的，应当在十日内发送判决书；定期宣判的，宣判后立即发给判决书。

宣告判决时，必须告知当事人上诉权利、上诉期限和上诉的法院。

宣告离婚判决，必须告知当事人在判决发生法律效力前不得另行结婚。

第一百三十五条　人民法院适用普通程序审理的案件，应当在立案之日起六个月内审结。有特殊情况需要延长的，由本院院长批准，可以延长六个月；还需要延长的，报请上级人民法院批准。

第四节　诉讼中止和终结

第一百三十六条　有下列情形之一的，中止诉讼：

（一）一方当事人死亡，需要等待继承人表明是否参加诉讼的；
（二）一方当事人丧失诉讼行为能力，尚未确定法定代理人的；
（三）作为一方当事人的法人或者其他组织终止，尚未确定权利义务承受人的；
（四）一方当事人因不可抗拒的事由，不能参加诉讼的；
（五）本案必须以另一案的审理结果为依据，而另一案尚未审结的；
（六）其他应当中止诉讼的情形。
中止诉讼的原因消除后，恢复诉讼。

第一百三十七条 有下列情形之一的，终结诉讼：
（一）原告死亡，没有继承人，或者继承人放弃诉讼权利的；
（二）被告死亡，没有遗产，也没有应当承担义务的人的；
（三）离婚案件一方当事人死亡的；
（四）追索赡养费、扶养费、抚育费以及解除收养关系案件的一方当事人死亡的。

第五节 判决和裁定

第一百三十八条 判决书应当写明：
（一）案由、诉讼请求、争议的事实和理由；
（二）判决认定的事实、理由和适用的法律依据；
（三）判决结果和诉讼费用的负担；
（四）上诉期间和上诉的法院。
判决书由审判人员、书记员署名，加盖人民法院印章。

第一百三十九条 人民法院审理案件，其中一部分事实已经清楚，可以就该部分先行判决。

第一百四十条 裁定适用于下列范围：
（一）不予受理；
（二）对管辖权有异议的；
（三）驳回起诉；
（四）财产保全和先予执行；
（五）准许或者不准许撤诉；
（六）中止或者终结诉讼；
（七）补正判决书中的笔误；
（八）中止或者终结执行；
（九）不予执行仲裁裁决；
（十）不予执行公证机关赋予强制执行效力的债权文书；
（十一）其他需要裁定解决的事项。
对前款第（一）、（二）、（三）项裁定，可以上诉。
裁定书由审判人员、书记员署名，加盖人民法院印章。口头裁定的，记入笔录。

第一百四十一条 最高人民法院的判决、裁定，以及依法不准上诉或者超过上诉期没有上诉的判决、裁定，是发生法律效力的判决、裁定。

第十三章　简易程序

第一百四十二条　基层人民法院和它派出的法庭审理事实清楚、权利义务关系明确、争议不大的简单的民事案件，适用本章规定。

第一百四十三条　对简单的民事案件，原告可以口头起诉。

当事人双方可以同时到基层人民法院或者它派出的法庭，请求解决纠纷。基层人民法院或者它派出的法庭可以当即审理，也可以另定日期审理。

第一百四十四条　基层人民法院和它派出的法庭审理简单的民事案件，可以用简便方式随时传唤当事人、证人。

第一百四十五条　简单的民事案件由审判员一人独任审理，并不受本法第一百二十二条、第一百二十四条、第一百二十七条规定的限制。

第一百四十六条　人民法院适用简易程序审理案件，应当在立案之日起三个月内审结。

第十四章　第二审程序

第一百四十七条　当事人不服地方人民法院第一审判决的，有权在判决书送达之日起十五日内向上一级人民法院提起上诉。

当事人不服地方人民法院第一审裁定的，有权在裁定书送达之日起十日内向上一级人民法院提起上诉。

第一百四十八条　上诉应当递交上诉状。上诉状的内容，应当包括当事人的姓名，法人的名称及其法定代表人的姓名或者其他组织的名称及其主要负责人的姓名；原审人民法院名称、案件的编号和案由；上诉的请求和理由。

第一百四十九条　上诉状应当通过原审人民法院提出，并按照对方当事人或者代表人的人数提出副本。

当事人直接向第二审人民法院上诉的，第二审人民法院应当在五日内将上诉状移交原审人民法院。

第一百五十条　原审人民法院收到上诉状，应当在五日内将上诉状副本送达对方当事人，对方当事人在收到之日起十五日内提出答辩状。人民法院应当在收到答辩状之日起五日内将副本送达上诉人。对方当事人不提出答辩状的，不影响人民法院审理。

原审人民法院收到上诉状、答辩状，应当在五日内连同全部案卷和证据，报送第二审人民法院。

第一百五十一条　第二审人民法院应当对上诉请求的有关事实和适用法律进行审查。

第一百五十二条　第二审人民法院对上诉案件，应当组成合议庭，开庭审理。经过阅卷和调查，询问当事人，在事实核对清楚后，合议庭认为不需要开庭审理的，也可以迳行判决、裁定。

第二审人民法院审理上诉案件，可以在本院进行，也可以到案件发生地或者原审人民法院所在地进行。

第一百五十三条 第二审人民法院对上诉案件，经过审理，按照下列情形，分别处理：

（一）原判决认定事实清楚，适用法律正确的，判决驳回上诉，维持原判决；

（二）原判决适用法律错误的，依法改判；

（三）原判决认定事实错误，或者原判决认定事实不清，证据不足，裁定撤销原判决，发回原审人民法院重审，或者查清事实后改判；

（四）原判决违反法定程序，可能影响案件正确判决的，裁定撤销原判决，发回原审人民法院重审。

当事人对重审案件的判决、裁定，可以上诉。

第一百五十四条 第二审人民法院对不服第一审人民法院裁定的上诉案件的处理，一律使用裁定。

第一百五十五条 第二审人民法院审理上诉案件，可以进行调解。调解达成协议，应当制作调解书，由审判人员、书记员署名，加盖人民法院印章。调解书送达后，原审人民法院的判决即视为撤销。

第一百五十六条 第二审人民法院判决宣告前，上诉人申请撤回上诉的，是否准许，由第二审人民法院裁定。

第一百五十七条 第二审人民法院审理上诉案件，除依照本章规定外，适用第一审普通程序。

第一百五十八条 第二审人民法院的判决、裁定，是终审的判决、裁定。

第一百五十九条 人民法院审理对判决的上诉案件，应当在第二审立案之日起三个月内审结。有特殊情况需要延长的，由本院院长批准。

人民法院审理对裁定的上诉案件，应当在第二审立案之日起三十日内作出终审裁定。

第十五章 特别程序

第一节 一般规定

第一百六十条 人民法院审理选民资格案件、宣告失踪或者宣告死亡案件、认定公民无民事行为能力或者限制民事行为能力案件和认定财产无主案件，适用本章规定。本章没有规定的，适用本法和其他法律的有关规定。

第一百六十一条 依照本章程序审理的案件，实行一审终审。选民资格案件或者重大、疑难的案件，由审判员组成合议庭审理；其他案件由审判员一人独任审理。

第一百六十二条 人民法院在依照本章程序审理案件的过程中，发现本案属于民事权益争议的，应当裁定终结特别程序，并告知利害关系人可以另行起诉。

第一百六十三条 人民法院适用特别程序审理的案件，应当在立案之日起三十日内或者公告期满后三十日内审结。有特殊情况需要延长的，由本院院长批准。但审理选民资格的案件除外。

第二节 选民资格案件

第一百六十四条 公民不服选举委员会对选民资格的申诉所作的处理决定，可以在选举日的五日以前向选区所在地基层人民法院起诉。

第一百六十五条　人民法院受理选民资格案件后，必须在选举日前审结。

审理时，起诉人、选举委员会的代表和有关公民必须参加。

人民法院的判决书，应当在选举日前送达选举委员会和起诉人，并通知有关公民。

第三节　宣告失踪、宣告死亡案件

第一百六十六条　公民下落不明满二年，利害关系人申请宣告其失踪的，向下落不明人住所地基层人民法院提出。

申请书应当写明失踪的事实、时间和请求，并附有公安机关或者其他有关机关关于该公民下落不明的书面证明。

第一百六十七条　公民下落不明满四年，或者因意外事故下落不明满二年，或者因意外事故下落不明，经有关机关证明该公民不可能生存，利害关系人申请宣告其死亡的，向下落不明人住所地基层人民法院提出。

申请书应当写明下落不明的事实、时间和请求，并附有公安机关或者其他有关机关关于该公民下落不明的书面证明。

第一百六十八条　人民法院受理宣告失踪、宣告死亡案件后，应当发出寻找下落不明人的公告。宣告失踪的公告期间为三个月，宣告死亡的公告期间为一年。因意外事故下落不明，经有关机关证明该公民不可能生存的，宣告死亡的公告期间为三个月。

公告期间届满，人民法院应当根据被宣告失踪、宣告死亡的事实是否得到确认，作出宣告失踪、宣告死亡的判决或者驳回申请的判决。

第一百六十九条　被宣告失踪、宣告死亡的公民重新出现，经本人或者利害关系人申请，人民法院应当作出新判决，撤销原判决。

第四节　认定公民无民事行为能力、限制民事行为能力案件

第一百七十条　申请认定公民无民事行为能力或者限制民事行为能力，由其近亲属或者其他利害关系人向该公民住所地基层人民法院提出。

申请书应当写明该公民无民事行为能力或者限制民事行为能力的事实和根据。

第一百七十一条　人民法院受理申请后，必要时应当对被请求认定为无民事行为能力或者限制民事行为能力的公民进行鉴定。申请人已提供鉴定结论的，应当对鉴定结论进行审查。

第一百七十二条　人民法院审理认定公民无民事行为能力或者限制民事行为能力的案件，应当由该公民的近亲属为代理人，但申请人除外。近亲属互相推诿的，由人民法院指定其中一人为代理人。该公民健康情况许可的，还应当询问本人的意见。

人民法院经审理认定申请有事实根据的，判决该公民为无民事行为能力或者限制民事行为能力人；认定申请没有事实根据的，应当判决予以驳回。

第一百七十三条　人民法院根据被认定为无民事行为能力人、限制民事行为能力人或者他的监护人的申请。证实该公民无民事行为能力或者限制民事行为能力的原因已经消除

的，应当作出新判决，撤销原判决。

第五节　认定财产无主案件

第一百七十四条　申请认定财产无主，由公民、法人或者其他组织向财产所在地基层人民法院提出。

申请书应当写明财产的种类、数量以及要求认定财产无主的根据。

第一百七十五条　人民法院受理申请后，经审查核实，应当发出财产认领公告。公告满一年无人认领的，判决认定财产无主，收归国家或者集体所有。

第一百七十六条　判决认定财产无主后，原财产所有人或者继承人出现，在民法通则规定的诉讼时效期间可以对财产提出请求，人民法院审查属实后，应当作出新判决，撤销原判决。

第十六章　审判监督程序

第一百七十七条　各级人民法院院长对本院已经发生法律效力的判决、裁定，发现确有错误，认为需要再审的，应当提交审判委员会讨论决定。

最高人民法院对地方各级人民法院已经发生法律效力的判决、裁定，上级人民法院对下级人民法院已经发生法律效力的判决、裁定，发现确有错误的，有权提审或者指令下级人民法院再审。

第一百七十八条　当事人对已经发生法律效力的判决、裁定，认为有错误的，可以向原审人民法院或者上一级人民法院申请再审，但不停止判决、裁定的执行。

第一百七十九条　当事人的申请符合下列情形之一的，人民法院应当再审：

（一）有新的证据，足以推翻原判决、裁定的；

（二）原判决、裁定认定事实的主要证据不足的；

（三）原判决、裁定适用法律确有错误的；

（四）人民法院违反法定程序，可能影响案件正确判决、裁定的；

（五）审判人员在审理该案件时有贪污受贿、徇私舞弊，枉法裁判行为的。

人民法院对不符合前款规定的申请，予以驳回。

第一百八十条　当事人对已经发生法律效力的调解书，提出证据证明调解违反自愿原则或者调解协议的内容违反法律的，可以申请再审。经人民法院审查属实的，应当再审。

第一百八十一条　当事人对已经发生法律效力的解除婚姻关系的判决，不得申请再审。

第一百八十二条　当事人申请再审，应当在判决、裁定发生法律效力后二年内提出。

第一百八十三条　按照审判监督程序决定再审的案件，裁定中止原判决的执行。裁定由院长署名，加盖人民法院印章。

第一百八十四条　人民法院按照审判监督程序再审的案件，发生法律效力的判决、裁定是由第一审法院作出的，按照第一审程序审理，所作的判决、裁定，当事人可以上诉；发生法律效力的判决、裁定是由第二审法院作出的，按照第二审程序审理，所作的判决、裁定，是发生法律效力的判决、裁定；上级人民法院按照审判监督程序提审的，按照第二审程序审理，所作的判决、裁定是发生法律效力的判决、裁定。

人民法院审理再审案件，应当另行组成合议庭。

第一百八十五条　最高人民检察院对各级人民法院已经发生法律效力的判决、裁定，上级人民检察院对下级人民法院已经发生法律效力的判决、裁定，发现有下列情形之一的，应当按照审判监督程序提出抗诉：

（一）原判决、裁定认定事实的主要证据不足的；

（二）原判决、裁定适用法律确有错误的；

（三）人民法院违反法定程序，可能影响案件正确判决、裁定的；

（四）审判人员在审理该案件时有贪污受贿、徇私舞弊，枉法裁判行为的。

地方各级人民检察院对同级人民法院已经发生法律效力的判决、裁定，发现有前款规定情形之一的，应当提请上级人民检察院按照审判监督程序提出抗诉。

第一百八十六条　人民检察院提出抗诉的案件，人民法院应当再审。

第一百八十七条　人民检察院决定对人民法院的判决、裁定提出抗诉的，应当制作抗诉书。

第一百八十八条　人民检察院提出抗诉的案件，人民法院再审时，应当通知人民检察院派员出席法庭。

第十七章　督促程序

第一百八十九条　债权人请求债务人给付金钱、有价证券，符合下列条件的，可以向有管辖权的基层人民法院申请支付令：

（一）债权人与债务人没有其他债务纠纷的；

（二）支付令能够送达债务人的。

申请书应当写明请求给付金钱或者有价证券的数量和所根据的事实、证据。

第一百九十条　债权人提出申请后，人民法院应当在五日内通知债权人是否受理。

第一百九十一条　人民法院受理申请后，经审查债权人提供的事实、证据，对债权债务关系明确、合法的，应当在受理之日起十五日内向债务人发出支付令；申请不成立的，裁定予以驳回。

债务人应当自收到支付令之日起十五日内清偿债务，或者向人民法院提出书面异议。

债务人在前款规定的期间不提出异议又不履行支付令的，债权人可以向人民法院申请执行。

第一百九十二条　人民法院收到债务人提出的书面异议后，应当裁定终结督促程序，支付令自行失效，债权人可以起诉。

第十八章　公示催告程序

第一百九十三条　按照规定可以背书转让的票据持有人，因票据被盗、遗失或者灭失，可以向票据支付地的基层人民法院申请公示催告。依照法律规定可以申请公示催告的其他事项，适用本章规定。

申请人应当向人民法院递交申请书，写明票面金额、发票人、持票人、背书人等票据主要内容和申请的理由、事实。

第一百九十四条 人民法院决定受理申请，应当同时通知支付人停止支付，并在三日内发生公告，催促利害关系人申报权利。公示催告的期间，由人民法院根据情况决定，但不得少于六十日。

第一百九十五条 支付人收到人民法院停止支付的通知，应当停止支付，至公示催告程序终结。

公示催告期间，转让票据权利的行为无效。

第一百九十六条 利害关系人应当在公示催告期间向人民法院申报。

人民法院收到利害关系人的申报后，应当裁定终结公示催告程序，并通知申请人和支付人。

申请人或者申报人可以向人民法院起诉。

第一百九十七条 没有人申报的，人民法院应当根据申请人的申请，作出判决，宣告票据无效。判决应当公告，并通知支付人。自判决公告之日起，申请人有权向支付人请求支付。

第一百九十八条 利害关系人因正当理由不能在判决前向人民法院申报的，自知道或者应当知道判决公告之日起一年内，可以向作出判决的人民法院起诉。

第十九章　企业法人破产还债程序

第一百九十九条 企业法人因严重亏损，无力清偿到期债务，债权人可以向人民法院申请宣告债务人破产还债，债务人也可以向人民法院申请宣告破产还债。

第二百条 人民法院裁定宣告进入破产还债程序后，应当在十日内通知债务人和已知的债权人，并发出公告。

债权人应当在收到通知后三十日内，未收到通知的债权人应当自公告之日起三个月内，向人民法院申报债权。逾期未申报债权的，视为放弃债权。

债权人可以组成债权人会议，讨论通过破产财产的处理和分配方案或者和解协议。

第二百零一条 人民法院可以组织有关机关和有关人员成立清算组织。清算组织负责破产财产的保管、清理、估价、处理和分配。清算组织可以依法进行必要的民事活动。

清算组织对人民法院负责并报告工作。

第二百零二条 企业法人与债权人会议达成和解协议的，经人民法院认可后，由人民法院发布公告，中止破产还债程序。和解协议自公告之日起具有法律效力。

第二百零三条 已作为银行贷款等债权的抵押物或者其他担保物的财产，银行和其他债权人享有就该抵押物或者其他担保物优先受偿的权利。抵押物或者其他担保物的价款超过其所担保的债务数额的，超过部分属于破产还债的财产。

第二百零四条 破产财产优先拨付破产费用后，按照下列顺序清偿：

（一）破产企业所欠职工工资和劳动保险费用；

（二）破产企业所欠税款；

（三）破产债权。

破产财产不足清偿同一顺序的清偿要求的，按照比例分配。

第二百零五条　企业法人破产还债，由该企业法人住所地的人民法院管辖。

第二百零六条　全民所有制企业的破产还债程序适用中华人民共和国企业破产法的规定。

不是法人的企业、个体工商户、农村承包经营户、个人合伙，不适用本章规定。

第三编　执行程序

第二十章　一般程序

第二百零七条　发生法律效力的民事判决、裁定，以及刑事判决、裁定中的财产部分，由第一审人民法院执行。

法律规定由人民法院执行的其他法律文书，由被执行人住所地或者被执行的财产所在地人民法院执行。

第二百零八条　执行过程中，案外人对执行标的提出异议的，执行员应当按照法定程序进行审查。理由不成立的，予以驳回；理由成立的，由院长批准中止执行。如果发现判决、裁定确有错误，按照审判监督程序处理。

第二百零九条　执行工作由执行员进行。

采取强制执行措施时，执行员应当出示证件。执行完毕后，应当将执行情况制作笔录，由在场的有关人员签名或者盖章。

基层人民法院、中级人民法院根据需要，可以设立执行机构。执行机构的职责由最高人民法院规定。

第二百一十条　被执行人或者被执行的财产在外地的，可以委托当地人民法院代为执行。受委托人民法院收到委托函件后，必须在十五日内开始执行，不得拒绝。执行完毕后，应当将执行结果及时函复委托人民法院；在三十日内如果还未执行完毕，也应当将执行情况函告委托人民法院。

受委托人民法院自收到委托函件之日起十五日内不执行的，委托人民法院可以请求受委托人民法院的上级人民法院指令受委托人民法院执行。

第二百一十一条　在执行中，双方当事人自行和解达成协议的，执行员应当将协议内容记入笔录，由双方当事人签名或者盖章。

一方当事人不履行和解协议的，人民法院可以根据对方当事人的申请，恢复对原生效法律文书的执行。

第二百一十二条　在执行中，被执行人向人民法院提供担保，并经申请执行人同意的，人民法院可以决定暂缓执行及暂缓执行的期限。被执行人逾期仍不履行的，人民法院有权执行被执行人的担保财产或者担保人的财产。

第二百一十三条　作为被执行人的公民死亡的，以其遗产偿还债务。作为被执行人的法人或者其他组织终止的，由其权利义务承受人履行义务。

第二百一十四条 执行完毕后，据以执行的判决、裁定和其他法律文书确有错误，被人民法院撤销的，对已被执行的财产，人民法院应当作出裁定，责令取得财产的人返还；拒不返还的，强制执行。

第二百一十五条 人民法院制作的调解书的执行，适用本编的规定。

第二十一章 执行的申请和移送

第二百一十六条 发生法律效力的民事判决、裁定，当事人必须履行。一方拒绝履行的，对方当事人可以向人民法院申请执行，也可以由审判员移送执行员执行。

调解书和其他应当由人民法院执行的法律文书，当事人必须履行。一方拒绝履行的，对方当事人可以向人民法院申请执行。

第二百一十七条 对依法设立的仲裁机构的裁决，一方当事人不履行的，对方当事人可以向有管辖权的人民法院申请执行。受申请的人民法院应当执行。

被申请人提出证据证明仲裁裁决有下列情形之一的，经人民法院组成合议庭审查核实，裁定不予执行：

（一）当事人在合同中没有订有仲裁条款或者事后没有达成书面仲裁协议的；

（二）裁决的事项不属于仲裁协议的范围或者仲裁机构无权仲裁的；

（三）仲裁庭的组成或者仲裁的程序违反法定程序的；

（四）认定事实的主要证据不足的；

（五）适用法律确有错误的；

（六）仲裁员在仲裁该案时有贪污受贿、徇私舞弊，枉法裁决行为的。

人民法院认定执行该裁决违背社会公共利益的，裁定不予执行。

裁定书应当送达双方当事人和仲裁机构。

仲裁裁决被人民法院裁定不予执行的，当事人可以根据双方达成的书面仲裁协议重新申请仲裁，也可以向人民法院起诉。

第二百一十八条 对公证机关依法赋予强制执行效力的债权文书，一方当事人不履行的，对方当事人可以向有管辖权的人民法院申请执行，受申请的人民法院应当执行。

公证债权文书确有错误的，人民法院裁定不予执行，并将裁定书送达双方当事人和公证机关。

第二百一十九条 申请执行的期限，双方或者一方当事人是公民的为一年，双方是法人或者其他组织的为六个月。

前款规定的期限，从法律文书规定履行期间的最后一日起计算；法律文书规定分期履行的，从规定的每次履行期间的最后一日起计算。

第二百二十条 执行员接到申请执行书或者移交执行书，应当向被执行人发出执行通知，责令其在指定的期间履行，逾期不履行的，强制执行。

第二十二章 执行措施

第二百二十一条 被执行人未按执行通知履行法律文书确定的义务，人民法院有权向银行、信用合作社和其他有储蓄业务的单位查询被执行人的存款情况，有权冻结、划拨被执行人的存款，但查询、冻结、划拨存款不得超出被执行人应当履行义务的范围。

人民法院决定冻结、划拨存款，应当作出裁定，并发出协助执行通知书，银行、信用合作社和其他有储蓄业务的单位必须办理。

第二百二十二条 被执行人未按执行通知履行法律文书确定的义务，人民法院有权扣留、提取被执行人应当履行义务部分的收入。但应当保留被执行人及其所扶养家属的生活必需费用。

人民法院扣留、提取收入时，应当作出裁定，并发出协助执行通知书，被执行人所在单位、银行、信用合作社和其他有储蓄业务的单位必须办理。

第二百二十三条 被执行人未按执行通知履行法律文书确定的义务，人民法院有权查封、扣押、冻结、拍卖、变卖被执行人应当履行义务部分的财产。但应当保留被执行人及其所扶养家属的生活必需品。

采取前款措施，人民法院应当作出裁定。

第二百二十四条 人民法院查封、扣押财产时，被执行人是公民的，应当通知被执行人或者他的成年家属到场；被执行人是法人或者其他组织的，应当通知其法定代表人或者主要负责人到场。拒不到场的，不影响执行。被执行人是公民的，其工作单位或者财产所在地的基层组织应当派人参加。

对被查封、扣押的财产，执行员必须造具清单，由在场人签名或者盖章后，交被执行人一份。被执行人是公民的，也可以交他的成年家属一份。

第二百二十五条 被查封的财产，执行员可以指定被执行人负责保管。因被执行人的过错造成的损失，由被执行人承担。

第二百二十六条 财产被查封、扣押后，执行员应当责令被执行人在指定期间履行法律文书确定的义务。被执行人逾期不履行的，人民法院可以按照规定交有关单位拍卖或者变卖被查封、扣押的财产。国家禁止自由买卖的物品，交有关单位按照国家规定的价格收购。

第二百二十七条 被执行人不履行法律文书确定的义务，并隐匿财产的，人民法院有权发出搜查令，对被执行人及其住所或者财产隐匿地进行搜查。

采取前款措施，由院长签发搜查令。

第二百二十八条 法律文书指定交付的财物或者票证，由执行员传唤双方当事人当面交付，或者由执行员转交，并由被交付人签收。

有关单位持有该项财物或者票证的，应当根据人民法院的协助执行通知书转交，并由被交付人签收。

有关公民持有该项财物或者票证的，人民法院通知其交出。拒不交出的，强制执行。

第二百二十九条 强制迁出房屋或者强制退出土地，由院长签发公告，责令被执行人在指定期间履行。被执行人逾期不履行的，由执行员强制执行。

强制执行时，被执行人是公民的，应当通知被执行人或者他的成年家属到场；被执行人是法人或者其他组织的，应当通知其法定代表人或者主要负责人到场。拒不到场的，不影响执行。被执行人是公民的，其工作单位或者房屋、土地所在地的基层组织应当派人参加。执行员应当将强制执行情况记入笔录，由在场人签名或者盖章。

强制迁出房屋被搬出的财物，由人民法院派人运至指定处所，交给被执行人。被执行人是公民的，也可以交给他的成年家属。因拒绝接收而造成的损失，由被执行人承担。

第二百三十条 在执行中，需要办理有关财产权证照转移手续的，人民法院可以向有关单位发出协助执行通知书，有关单位必须办理。

第二百三十一条 对判决、裁定和其他法律文书指定的行为，被执行人未按执行通知履行的，人民法院可以强制执行或者委托有关单位或者其他人完成，费用由被执行人承担。

第二百三十二条 被执行人未按判决、裁定和其他法律文书指定的期间履行给付金钱义务的，应当加倍支付迟延履行期间的债务利息。被执行人未按判决、裁定和其他法律文书指定的期间履行其他义务的，应当支付迟延履行金。

第二百三十三条 人民法院采取本法第二百二十一条、第二百二十二条、第二百二十三条规定的执行措施后，被执行人仍不能偿还债务的，应当继续履行义务。债权人发现被执行人有其他财产的，可以随时请求人民法院执行。

第二十三章　执行中止和终结

第二百三十四条 有下列情形之一的，人民法院应当裁定中止执行：

（一）申请人表示可以延期执行的；

（二）案外人对执行标的提出确有理由的异议的；

（三）作为一方当事人的公民死亡，需要等待继承人继承权利或者承担义务的；

（四）作为一方当事人的法人或者其他组织终止，尚未确定权利义务承受人的；

（五）人民法院认为应当中止执行的其他情形。

中止的情形消失后，恢复执行。

第二百三十五条 有下列情形之一的，人民法院裁定终结执行：

（一）申请人撤销申请的；

（二）据以执行的法律文书被撤销的；

（三）作为被执行人的公民死亡，无遗产可供执行，又无义务承担人的；

（四）追索赡养费、扶养费、抚育费案件的权利人死亡的；

（五）作为被执行人的公民因生活困难无力偿还借款，无收入来源，又丧失劳动能力的；

（六）人民法院认为应当终结执行的其他情形。

第二百三十六条 中止和终结执行的裁定，送达当事人后立即生效。

第四编　涉外民事诉讼程序的特别规定

第二十四章　一般原则

第二百三十七条 在中华人民共和国领域内进行涉外民事诉讼，适用本编规定。本编没有规定的，适用本法其他有关规定。

第二百三十八条 中华人民共和国缔结或者参加的国际条约同本法有不同规定的，适用该国际条约的规定，但中华人民共和国声明保留的条款除外。

第二百三十九条 对享有外交特权与豁免的外国人、外国组织或者国际组织提起的民事诉讼，应当依照中华人民共和国有关法律和中华人民共和国缔结或者参加的国际条约规定办理。

第二百四十条 人民法院审理涉外民事案件，应当使用中华人民共和国通用的语言、文字。当事人要求提供翻译的，可以提供，费用由当事人承担。

第二百四十一条 外国人、无国籍人、外国企业和组织在人民法院起诉、应诉，需要委托律师代理诉讼的，必须委托中华人民共和国的律师。

第二百四十二条 在中华人民共和国领域内没有住所的外国人、无国籍人、外国企业和组织委托中华人民共和国律师或者其他人代理诉讼，从中华人民共和国领域外寄交或者托交的授权委托书，应当经所在国公证机关证明，并经中华人民共和国驻该国使领馆认证，或者履行中华人民共和国与该所在国订立的有关条约中规定的证明手续后，才具有效力。

第二十五章 管 辖

第二百四十三条 因合同纠纷或者其他财产权益纠纷，对在中华人民共和国领域内没有住所的被告提起的诉讼，如果合同在中华人民共和国领域内签订或者履行，或者诉讼标的物在中华人民共和国领域内，或者被告在中华人民共和国领域内有可供扣押的财产，或者被告在中华人民共和国领域内设有代表机构，可以由合同签订地、合同履行地、诉讼标的物所在地、可供扣押财产所在地、侵权行为地或者代表机构住所地人民法院管辖。

第二百四十四条 涉外合同或者涉外财产权益纠纷的当事人，可以用书面协议选择与争议有实际联系的地点的法院管辖。选择中华人民共和国人民法院管辖的，不得违反本法关于级别管辖和专属管辖的规定。

第二百四十五条 涉外民事诉讼的被告对人民法院管辖不提出异议，并应诉答辩的，视为承认该人民法院为有管辖权的法院。

第二百四十六条 因在中华人民共和国履行中外合资经营企业合同、中外合作经营企业合同、中外合作勘探开发自然资源合同发生纠纷提起的诉讼，由中华人民共和国人民法院管辖。

第二十六章 送达、期间

第二百四十七条 人民法院对在中华人民共和国领域内没有住所的当事人送达诉讼文书，可以采用下列方式：

（一）依照受送达人所在国与中华人民共和国缔结或者共同参加的国际条约中规定的方式送达；

（二）通过外交途径送达；

（三）对具有中华人民共和国国籍的受送达人，可以委托中华人民共和国驻受送达人所在国的使领馆代为送达；

（四）向受送达人委托的有权代其接受送达的诉讼代理人送达；

（五）向受送达人在中华人民共和国领域内设立的代表机构或者有权接受送达的分支机构、业务代办人送达；

（六）受送达人所在国的法律允许邮寄送达的，可以邮寄送达。自邮寄之日起满六个月，送达回证没有退回，但根据各种情况足以认定已经送达的，期间届满之日视为送达；

（七）不能用上述方式送达的，公告送达，自公告之日起满六个月，即视为送达。

第二百四十八条 被告在中华人民共和国领域内没有住所的，人民法院应当将起诉状副本送达被告，并通知被告在收到起诉状副本后三十日内提出答辩状。被告申请延期的，是否准许，由人民法院决定。

第二百四十九条 在中华人民共和国领域内没有住所的当事人，不服第一审人民法院判决、裁定的，有权在判决书、裁定书送达之日起三十日内提起上诉。被上诉人在收到上诉状副本后，应当在三十日内提出答辩状。当事人不能在法定期间提起上诉或者提出答辩状，申请延期的，是否准许，由人民法院决定。

第二百五十条 人民法院审理涉外民事案件的期间，不受本法第一百三十五条、第一百五十九条规定的限制。

第二十七章 财产保全

第二百五十一条 当事人依照本法第九十二条的规定可以向人民法院申请财产保全。

利害关系人依照本法第九十三条的规定可以在起诉前向人民法院申请财产保全。

第二百五十二条 人民法院裁定准许诉前财产保全后，申请人应当在三十日内提起诉讼。逾期不起诉的，人民法院应当解除财产保全。

第二百五十三条 人民法院裁定准许财产保全后，被申请人提供担保的，人民法院应当解除财产保全。

第二百五十四条 申请有错误的，申请人应当赔偿被申请人因财产保全所遭受的损失。

第二百五十五条 人民法院决定保全的财产需要监督的，应当通知有关单位负责监督，费用由被申请人承担。

第二百五十六条 人民法院解除保全的命令由执行员执行。

第二十八章 仲　　裁

第二百五十七条 涉外经济贸易、运输和海事中发生的纠纷，当事人在合同中订有仲裁条款或者事后达成书面仲裁协议，提交中华人民共和国涉外仲裁机构或者其他仲裁机构仲裁的，当事人不得向人民法院起诉。

当事人在合同中没有订有仲裁条款或者事后没有达成书面仲裁协议的，可以向人民法院起诉。

第二百五十八条 当事人申请采取财产保全的，中华人民共和国的涉外仲裁机构应当将当事人的申请，提交被申请人住所地或者财产所在地的中级人民法院裁定。

第二百五十九条　经中华人民共和国涉外仲裁机构裁决的，当事人不得向人民法院起诉。一方当事人不履行仲裁裁决的，对方当事人可以向被申请人住所地或者财产所在地的中级人民法院申请执行。

第二百六十条　对中华人民共和国涉外仲裁机构作出的裁决，被申请人提出证据证明仲裁裁决有下列情形之一的，经人民法院组成合议庭审查核实，裁定不予执行：

（一）当事人在合同中没有订有仲裁条款或者事后没有达成书面仲裁协议的；

（二）被申请人没有得到指定仲裁员或者进行仲裁程序的通知，或者由于其他不属于被申请人负责的原因未能陈述意见的；

（三）仲裁庭的组成或者仲裁的程序与仲裁规则不符的；

（四）裁决的事项不属于仲裁协议的范围或者仲裁机构无权仲裁的。

人民法院认定执行该裁决违背社会公共利益的，裁定不予执行。

第二百六十一条　仲裁裁决被人民法院裁定不予执行的，当事人可以根据双方达成的书面仲裁协议重新申请仲裁，也可以向人民法院起诉。

第二十九章　司法协助

第二百六十二条　根据中华人民共和国缔结或者参加的国际条约，或者按照互惠原则，人民法院和外国法院可以相互请求，代为送达文书、调查取证以及进行其他诉讼行为。

外国法院请求协助的事项有损于中华人民共和国的主权、安全或者社会公共利益的，人民法院不予执行。

第二百六十三条　请求和提供司法协助，应当依照中华人民共和国缔结或者参加的国际条约所规定的途径进行；没有条约关系的，通过外交途径进行。

外国驻中华人民共和国的使领馆可以向该国公民送达文书和调查取证，但不得违反中华人民共和国的法律，并不得采取强制措施。

除前款规定的情况外，未经中华人民共和国主管机关准许，任何外国机关或者个人不得在中华人民共和国领域内送达文书、调查取证。

第二百六十四条　外国法院请求人民法院提供司法协助的请求书及其所附文件，应当附有中文译本或者国际条约规定的其他文字文本。

人民法院请求外国法院提供司法协助的请求书及其所附文件，应当附有该国文字译本或者国际条约规定的其他文字文本。

第二百六十五条　人民法院提供司法协助，依照中华人民共和国法律规定的程序进行。外国法院请求采用特殊方式的，也可以按照其请求的特殊方式进行，但请求采用的特殊方式不得违反中华人民共和国法律。

第二百六十六条　人民法院作出的发生法律效力的判决、裁定、如果被执行人或者其财产不在中华人民共和国领域内，当事人请求执行的，可以由当事人直接向有管辖权的外国法院申请承认和执行，也可以由人民法院依照中华人民共和国缔结或者参加的国际条约的规定，或者按照互惠原则，请求外国法院承认和执行。

中华人民共和国涉外仲裁机构作出的发生法律效力的仲裁裁决，当事人请求执行的，如果被执行人或者其财产不在中华人民共和国领域内，应当由当事人直接向有管辖权的外国法院申请承认和执行。

第二百六十七条 外国法院作出的发生法律效力的判决、裁定，需要中华人民共和国人民法院承认和执行的，可以由当事人直接向中华人民共和国有管辖权的中级人民法院申请承认和执行，也可以由外国法院依照该国与中华人民共和国缔结或者参加的国际条约的规定，或者按照互惠原则，请求人民法院承认和执行。

第二百六十八条 人民法院对申请或者请求承认和执行的外国法院作出的发生法律效力的判决、裁定，依照中华人民共和国缔结或者参加的国际条约，或者按照互惠原则进行审查后，认为不违反中华人民共和国法律的基本原则或者国家主权、安全、社会公共利益的，裁定承认其效力，需要执行的，发出执行令，依照本法的有关规定执行。违反中华人民共和国法律的基本原则或者国家主权、安全、社会公共利益的，不予承认和执行。

第二百六十九条 国外仲裁机构的裁决，需要中华人民共和国人民法院承认和执行的，应当由当事人直接向被执行人住所地或者其财产所在地的中级人民法院申请，人民法院应当依照中华人民共和国缔结或者参加的国际条约，或者按照互惠原则办理。

第二百七十条 本法自公布之日起施行，《中华人民共和国民事诉讼法（试行）》同时废止。

附录三

中华人民共和国民事诉讼法(2007 年)

(根据2007年10月28日第十届全国人民代表大会常务委员会第三十次会议《关于修改〈中华人民共和国民事诉讼法〉的决定》修正)

第一编　总　　则

第一章　任务、适用范围和基本原则

第一条　中华人民共和国民事诉讼法以宪法为根据，结合我国民事审判工作的经验和实际情况制定。

第二条　中华人民共和国民事诉讼法的任务，是保护当事人行使诉讼权利，保证人民法院查明事实，分清是非，正确适用法律，及时审理民事案件，确认民事权利义务关系，制裁民事违法行为，保护当事人的合法权益，教育公民自觉遵守法律，维护社会秩序、经济秩序，保障社会主义建设事业顺利进行。

第三条　人民法院受理公民之间、法人之间、其他组织之间以及他们相互之间因财产关系和人身关系提起的民事诉讼，适用本法的规定。

第四条　凡在中华人民共和国领域内进行民事诉讼，必须遵守本法。

第五条　外国人、无国籍人、外国企业和组织在人民法院起诉、应诉，同中华人民共和国公民、法人和其他组织有同等的诉讼权利义务。

外国法院对中华人民共和国公民、法人和其他组织的民事诉讼权利加以限制的，中华人民共和国人民法院对该国公民、企业和组织的民事诉讼权利，实行对等原则。

第六条　民事案件的审判权由人民法院行使。

人民法院依照法律规定对民事案件独立进行审判，不受行政机关、社会团体和个人的干涉。

第七条　人民法院审理民事案件，必须以事实为根据，以法律为准绳。

第八条　民事诉讼当事人有平等的诉讼权利。人民法院审理民事案件，应当保障和便利当事人行使诉讼权利，对当事人在适用法律上一律平等。

第九条　人民法院审理民事案件，应当根据自愿和合法的原则进行调解；调解不成的，应当及时判决。

第十条　人民法院审理民事案件，依照法律规定实行合议、回避、公开审判和两审终

审制度。

第十一条 各民族公民都有用本民族语言、文字进行民事诉讼的权利。

在少数民族聚居或者多民族共同居住的地区，人民法院应当用当地民族通用的语言、文字进行审理和发布法律文书。

人民法院应当对不通晓当地民族通用的语言、文字的诉讼参与人提供翻译。

第十二条 人民法院审理民事案件时，当事人有权进行辩论。

第十三条 当事人有权在法律规定的范围内处分自己的民事权利和诉讼权利。

第十四条 人民检察院有权对民事审判活动实行法律监督。

第十五条 机关、社会团体、企业事业单位对损害国家、集体或者个人民事权益的行为，可以支持受损害的单位或者个人向人民法院起诉。

第十六条 人民调解委员会是在基层人民政府和基层人民法院指导下，调解民间纠纷的群众性组织。

人民调解委员会依照法律规定，根据自愿原则进行调解。当事人对调解达成的协议应当履行；不愿调解、调解不成或者反悔的，可以向人民法院起诉。

人民调解委员会调解民间纠纷，如有违背法律的，人民法院应当予以纠正。

第十七条 民族自治地方的人民代表大会根据宪法和本法的原则，结合当地民族的具体情况，可以制定变通或者补充的规定。自治区的规定，报全国人民代表大会常务委员会批准。自治州、自治县的规定，报省或者自治区的人民代表大会常务委员会批准，并报全国人民代表大会常务委员会备案。

第二章　管　　辖

第一节　级别管辖

第十八条 基层人民法院管辖第一审民事案件，但本法另有规定的除外。

第十九条 中级人民法院管辖下列第一审民事案件：

（一）重大涉外案件；

（二）在本辖区有重大影响的案件；

（三）最高人民法院确定由中级人民法院管辖的案件。

第二十条 高级人民法院管辖在本辖区有重大影响的第一审民事案件。

第二十一条 最高人民法院管辖下列第一审民事案件：

（一）在全国有重大影响的案件；

（二）认为应当由本院审理的案件。

第二节　地域管辖

第二十二条 对公民提起的民事诉讼，由被告住所地人民法院管辖；被告住所地与经常居住地不一致的，由经常居住地人民法院管辖。

对法人或者其他组织提起的民事诉讼，由被告住所地人民法院管辖。

同一诉讼的几个被告住所地、经常居住地在两个以上人民法院辖区的，各该人民法院都有管辖权。

第二十三条 下列民事诉讼，由原告住所地人民法院管辖；原告住所地与经常居住地不一致的，由原告经常居住地人民法院管辖：

（一）对不在中华人民共和国领域内居住的人提起的有关身份关系的诉讼；

（二）对下落不明或者宣告失踪的人提起的有关身份关系的诉讼；

（三）对被劳动教养的人提起的诉讼；

（四）对被监禁的人提起的诉讼。

第二十四条 因合同纠纷提起的诉讼，由被告住所地或者合同履行地人民法院管辖。

第二十五条 合同的双方当事人可以在书面合同中协议选择被告住所地、合同履行地、合同签订地、原告住所地、标的物所在地人民法院管辖，但不得违反本法对级别管辖和专属管辖的规定。

第二十六条 因保险合同纠纷提起的诉讼，由被告住所地或者保险标的物所在地人民法院管辖。

第二十七条 因票据纠纷提起的诉讼，由票据支付地或者被告住所地人民法院管辖。

第二十八条 因铁路、公路、水上、航空运输和联合运输合同纠纷提起的诉讼，由运输始发地、目的地或者被告住所地人民法院管辖。

第二十九条 因侵权行为提起的诉讼，由侵权行为地或者被告住所地人民法院管辖。

第三十条 因铁路、公路、水上和航空事故请求损害赔偿提起的诉讼，由事故发生地或者车辆、船舶最先到达地、航空器最先降落地或者被告住所地人民法院管辖。

第三十一条 因船舶碰撞或者其他海事损害事故请求损害赔偿提起的诉讼，由碰撞发生地、碰撞船舶最先到达地、加害船舶被扣留地或者被告住所地人民法院管辖。

第三十二条 因海难救助费用提起的诉讼，由救助地或者被救助船舶最先到达地人民法院管辖。

第三十三条 因共同海损提起的诉讼，由船舶最先到达地、共同海损理算地或者航程终止地的人民法院管辖。

第三十四条 下列案件，由本条规定的人民法院专属管辖：

（一）因不动产纠纷提起的诉讼，由不动产所在地人民法院管辖；

（二）因港口作业中发生纠纷提起的诉讼，由港口所在地人民法院管辖；

（三）因继承遗产纠纷提起的诉讼，由被继承人死亡时住所地或者主要遗产所在地人民法院管辖。

第三十五条 两个以上人民法院都有管辖权的诉讼，原告可以向其中一个人民法院起诉；原告向两个以上有管辖权的人民法院起诉的，由最先立案的人民法院管辖。

第三节 移送管辖和指定管辖

第三十六条 人民法院发现受理的案件不属于本院管辖的，应当移送有管辖权的人民法院，受移送的人民法院应当受理。受移送的人民法院认为受移送的案件依照规定不属于本院管辖的，应当报请上级人民法院指定管辖，不得再自行移送。

第三十七条 有管辖权的人民法院由于特殊原因，不能行使管辖权的，由上级人民法院指定管辖。

人民法院之间因管辖权发生争议，由争议双方协商解决；协商解决不了的，报请它们的共同上级人民法院指定管辖。

第三十八条 人民法院受理案件后，当事人对管辖权有异议的，应当在提交答辩状期间提出。人民法院对当事人提出的异议，应当审查。异议成立的，裁定将案件移送有管辖权的人民法院；异议不成立的，裁定驳回。

第三十九条 上级人民法院有权审理下级人民法院管辖的第一审民事案件，也可以把本院管辖的第一审民事案件交下级人民法院审理。

下级人民法院对它所管辖的第一审民事案件，认为需要由上级人民法院审理的，可以报请上级人民法院审理。

第三章 审判组织

第四十条 人民法院审理第一审民事案件，由审判员、陪审员共同组成合议庭或者由审判员组成合议庭。合议庭的成员人数，必须是单数。

适用简易程序审理的民事案件，由审判员一人独任审理。

陪审员在执行陪审职务时，与审判员有同等的权利义务。

第四十一条 人民法院审理第二审民事案件，由审判员组成合议庭。合议庭的成员人数，必须是单数。

发回重审的案件，原审人民法院应当按照第一审程序另行组成合议庭。

审理再审案件，原来是第一审的，按照第一审程序另行组成合议庭；原来是第二审的或者是上级人民法院提审的，按照第二审程序另行组成合议庭。

第四十二条 合议庭的审判长由院长或者庭长指定审判员一人担任；院长或者庭长参加审判的，由院长或者庭长担任。

第四十三条 合议庭评议案件，实行少数服从多数的原则。评议应当制作笔录，由合议庭成员签名。评议中的不同意见，必须如实记入笔录。

第四十四条 审判人员应当依法秉公办案。

审判人员不得接受当事人及其诉讼代理人请客送礼。

审判人员有贪污受贿，徇私舞弊，枉法裁判行为的，应当追究法律责任；构成犯罪的，依法追究刑事责任。

第四章 回 避

第四十五条 审判人员有下列情形之一的，必须回避，当事人有权用口头或者书面方式申请他们回避：

（一）是本案当事人或者当事人、诉讼代理人的近亲属；

（二）与本案有利害关系；

（三）与本案当事人有其他关系，可能影响对案件公正审理的。

前款规定，适用于书记员、翻译人员、鉴定人、勘验人。

第四十六条　当事人提出回避申请，应当说明理由，在案件开始审理时提出；回避事由在案件开始审理后知道的，也可以在法庭辩论终结前提出。

被申请回避的人员在人民法院作出是否回避的决定前，应当暂停参与本案的工作，但案件需要采取紧急措施的除外。

第四十七条　院长担任审判长时的回避，由审判委员会决定；审判人员的回避，由院长决定；其他人员的回避，由审判长决定。

第四十八条　人民法院对当事人提出的回避申请，应当在申请提出的三日内，以口头或者书面形式作出决定。申请人对决定不服的，可以在接到决定时申请复议一次。复议期间，被申请回避的人员，不停止参与本案的工作。人民法院对复议申请，应当在三日内作出复议决定，并通知复议申请人。

第五章　诉讼参加人

第一节　当事人

第四十九条　公民、法人和其他组织可以作为民事诉讼的当事人。

法人由其法定代表人进行诉讼。其他组织由其主要负责人进行诉讼。

第五十条　当事人有权委托代理人，提出回避申请，收集、提供证据，进行辩论，请求调解，提起上诉，申请执行。

当事人可以查阅本案有关材料，并可以复制本案有关材料和法律文书。查阅、复制本案有关材料的范围和办法由最高人民法院规定。

当事人必须依法行使诉讼权利，遵守诉讼秩序，履行发生法律效力的判决书、裁定书和调解书。

第五十一条　双方当事人可以自行和解。

第五十二条　原告可以放弃或者变更诉讼请求。被告可以承认或者反驳诉讼请求，有权提起反诉。

第五十三条　当事人一方或者双方为二人以上，其诉讼标的是共同的，或者诉讼标的是同一种类、人民法院认为可以合并审理并经当事人同意的，为共同诉讼。

共同诉讼的一方当事人对诉讼标的有共同权利义务的，其中一人的诉讼行为经其他共同诉讼人承认，对其他共同诉讼人发生效力；对诉讼标的没有共同权利义务的，其中一人的诉讼行为对其他共同诉讼人不发生效力。

第五十四条　当事人一方人数众多的共同诉讼，可以由当事人推选代表人进行诉讼。代表人的诉讼行为对其所代表的当事人发生效力，但代表人变更、放弃诉讼请求或者承认对方当事人的诉讼请求，进行和解，必须经被代表的当事人同意。

第五十五条　诉讼标的是同一种类、当事人一方人数众多在起诉时人数尚未确定的，人民法院可以发出公告，说明案件情况和诉讼请求，通知权利人在一定期间向人民法院登记。

向人民法院登记的权利人可以推选代表人进行诉讼；推选不出代表人的，人民法院可以与参加登记的权利人商定代表人。

代表人的诉讼行为对其所代表的当事人发生效力，但代表人变更、放弃诉讼请求或者承认对方当事人的诉讼请求，进行和解，必须经被代表的当事人同意。

人民法院作出的判决、裁定，对参加登记的全体权利人发生效力。未参加登记的权利人在诉讼时效期间提起诉讼的，适用该判决、裁定。

第五十六条 对当事人双方的诉讼标的，第三人认为有独立请求权的，有权提起诉讼。

对当事人双方的诉讼标的，第三人虽然没有独立请求权，但案件处理结果同他有法律上的利害关系的，可以申请参加诉讼，或者由人民法院通知他参加诉讼。人民法院判决承担民事责任的第三人，有当事人的诉讼权利义务。

第二节　诉讼代理人

第五十七条 无诉讼行为能力人由他的监护人作为法定代理人代为诉讼。法定代理人之间互相推诿代理责任的，由人民法院指定其中一人代为诉讼。

第五十八条 当事人、法定代理人可以委托一至二人作为诉讼代理人。

律师、当事人的近亲属、有关的社会团体或者所在单位推荐的人、经人民法院许可的其他公民，都可以被委托为诉讼代理人。

第五十九条 委托他人代为诉讼，必须向人民法院提交由委托人签名或者盖章的授权委托书。

授权委托书必须记明委托事项和权限。诉讼代理人代为承认、放弃、变更诉讼请求，进行和解，提起反诉或者上诉，必须有委托人的特别授权。

侨居在国外的中华人民共和国公民从国外寄交或者托交的授权委托书，必须经中华人民共和国驻该国的使领馆证明；没有使领馆的，由与中华人民共和国有外交关系的第三国驻该国的使领馆证明，再转由中华人民共和国驻该第三国使领馆证明，或者由当地的爱国华侨团体证明。

第六十条 诉讼代理人的权限如果变更或者解除，当事人应当书面告知人民法院，并由人民法院通知对方当事人。

第六十一条 代理诉讼的律师和其他诉讼代理人有权调查收集证据，可以查阅本案有关材料。查阅本案有关材料的范围和办法由最高人民法院规定。

第六十二条 离婚案件有诉讼代理人的，本人除不能表达意志的以外，仍应出庭；确因特殊情况无法出庭的，必须向人民法院提交书面意见。

第六章　证　　据

第六十三条 证据有下列几种：

（一）书证；

（二）物证；

请求，可以合并审理。

第一百二十七条 法庭辩论按照下列顺序进行：

（一）原告及其诉讼代理人发言；

（二）被告及其诉讼代理人答辩；

（三）第三人及其诉讼代理人发言或者答辩；

（四）互相辩论。

法庭辩论终结，由审判长按照原告、被告、第三人的先后顺序征询各方最后意见。

第一百二十八条 法庭辩论终结，应当依法作出判决。判决前能够调解的，还可以进行调解，调解不成的，应当及时判决。

第一百二十九条 原告经传票传唤，无正当理由拒不到庭的，或者未经法庭许可中途退庭的，可以按撤诉处理；被告反诉的，可以缺席判决。

第一百三十条 被告经传票传唤，无正当理由拒不到庭的，或者未经法庭许可中途退庭的，可以缺席判决。

第一百三十一条 宣判前，原告申请撤诉的，是否准许，由人民法院裁定。

人民法院裁定不准许撤诉的，原告经传票传唤，无正当理由拒不到庭的，可以缺席判决。

第一百三十二条 有下列情形之一的，可以延期开庭审理：

（一）必须到庭的当事人和其他诉讼参与人有正当理由没有到庭的；

（二）当事人临时提出回避申请的；

（三）需要通知新的证人到庭，调取新的证据，重新鉴定、勘验，或者需要补充调查的；

（四）其他应当延期的情形。

第一百三十三条 书记员应当将法庭审理的全部活动记入笔录，由审判人员和书记员签名。

法庭笔录应当当庭宣读，也可以告知当事人和其他诉讼参与人当庭或者在五日内阅读。当事人和其他诉讼参与人认为对自己的陈述记录有遗漏或者差错的，有权申请补正。如果不予补正，应当将申请记录在案。

法庭笔录由当事人和其他诉讼参与人签名或者盖章。拒绝签名盖章的，记明情况附卷。

第一百三十四条 人民法院对公开审理或者不公开审理的案件，一律公开宣告判决。

当庭宣判的，应当在十日内发送判决书；定期宣判的，宣判后立即发给判决书。

宣告判决时，必须告知当事人上诉权利、上诉期限和上诉的法院。

宣告离婚判决，必须告知当事人在判决发生法律效力前不得另行结婚。

第一百三十五条 人民法院适用普通程序审理的案件，应当在立案之日起六个月内审结。有特殊情况需要延长的，由本院院长批准，可以延长六个月；还需要延长的，报请上级人民法院批准。

第四节 诉讼中止和终结

第一百三十六条 有下列情形之一的，中止诉讼：

（三）视听资料；

（四）证人证言；

（五）当事人的陈述；

（六）鉴定结论；

（七）勘验笔录。

以上证据必须查证属实，才能作为认定事实的根据。

第六十四条　当事人对自己提出的主张，有责任提供证据。

当事人及其诉讼代理人因客观原因不能自行收集的证据，或者人民法院认为审理案件需要的证据，人民法院应当调查收集。

人民法院应当按照法定程序，全面地、客观地审查核实证据。

第六十五条　人民法院有权向有关单位和个人调查取证，有关单位和个人不得拒绝。

人民法院对有关单位和个人提出的证明文书，应当辨别真伪，审查确定其效力。

第六十六条　证据应当在法庭上出示，并由当事人互相质证。对涉及国家秘密、商业秘密和个人隐私的证据应当保密，需要在法庭出示的，不得在公开开庭时出示。

第六十七条　经过法定程序公证证明的法律行为、法律事实和文书，人民法院应当作为认定事实的根据。但有相反证据足以推翻公证证明的除外。

第六十八条　书证应当提交原件。物证应当提交原物。提交原件或者原物确有困难的，可以提交复制品、照片、副本、节录本。

提交外文书证，必须附有中文译本。

第六十九条　人民法院对视听资料，应当辨别真伪，并结合本案的其他证据，审查确定能否作为认定事实的根据。

第七十条　凡是知道案件情况的单位和个人，都有义务出庭作证。有关单位的负责人应当支持证人作证。证人确有困难不能出庭的，经人民法院许可，可以提交书面证言。

不能正确表达意志的人，不能作证。

第七十一条　人民法院对当事人的陈述，应当结合本案的其他证据，审查确定能否作为认定事实的根据。

当事人拒绝陈述的，不影响人民法院根据证据认定案件事实。

第七十二条　人民法院对专门性问题认为需要鉴定的，应当交由法定鉴定部门鉴定；没有法定鉴定部门的，由人民法院指定的鉴定部门鉴定。

鉴定部门及其指定的鉴定人有权了解进行鉴定所需要的案件材料，必要时可以询问当事人、证人。

鉴定部门和鉴定人应当提出书面鉴定结论，在鉴定书上签名或者盖章。鉴定人鉴定的，应当由鉴定人所在单位加盖印章，证明鉴定人身份。

第七十三条　勘验物证或者现场，勘验人必须出示人民法院的证件，并邀请当地基层组织或者当事人所在单位派人参加。当事人或者当事人的成年家属应当到场，拒不到场的，不影响勘验的进行。

有关单位和个人根据人民法院的通知，有义务保护现场，协助勘验工作。

勘验人应当将勘验情况和结果制作笔录，由勘验人、当事人和被邀参加人签名或者盖章。

第七十四条 在证据可能灭失或者以后难以取得的情况下，诉讼参加人可以向人民法院申请保全证据，人民法院也可以主动采取保全措施。

第七章 期间、送达

第一节 期 间

第七十五条 期间包括法定期间和人民法院指定的期间。

期间以时、日、月、年计算。期间开始的时和日，不计算在期间内。

期间届满的最后一日是节假日的，以节假日后的第一日为期间届满的日期。

期间不包括在途时间，诉讼文书在期满前交邮的，不算过期。

第七十六条 当事人因不可抗拒的事由或者其他正当理由耽误期限的，在障碍消除后的十日内，可以申请顺延期限，是否准许，由人民法院决定。

第二节 送 达

第七十七条 送达诉讼文书必须有送达回证，由受送达人在送达回证上记明收到日期，签名或者盖章。

受送达人在送达回证上的签收日期为送达日期。

第七十八条 送达诉讼文书，应当直接送交受送达人。受送达人是公民的，本人不在交他的同住成年家属签收；受送达人是法人或者其他组织的，应当由法人的法定代表人、其他组织的主要负责人或者该法人、组织负责收件的人签收；受送达人有诉讼代理人的，可以送交其代理人签收；受送达人已向人民法院指定代收人的，送交代收人签收。

受送达人的同住成年家属，法人或者其他组织的负责收件的人，诉讼代理人或者代收人在送达回证上签收的日期为送达日期。

第七十九条 受送达人或者他的同住成年家属拒绝接收诉讼文书的，送达人应当邀请有关基层组织或者所在单位的代表到场，说明情况，在送达回证上记明拒收事由和日期，由送达人、见证人签名或者盖章，把诉讼文书留在受送达人的住所，即视为送达。

第八十条 直接送达诉讼文书有困难的，可以委托其他人民法院代为送达，或者邮寄送达。邮寄送达的，以回执上注明的收件日期为送达日期。

第八十一条 受送达人是军人的，通过其所在部队团以上单位的政治机关转交。

第八十二条 受送达人是被监禁的，通过其所在监所或者劳动改造单位转交。

受送达人是被劳动教养的，通过其所在劳动教养单位转交。

第八十三条 代为转交的机关、单位收到诉讼文书后，必须立即交受送达人签收，以在送达回证上的签收日期，为送达日期。

第八十四条 受送达人下落不明，或者用本节规定的其他方式无法送达的，公告送达。自发出公告之日起，经过六十日，即视为送达。

第二百三十三条 有下列情形之一的，人民法院裁定终结执行：

（一）申请人撤销申请的；

（二）据以执行的法律文书被撤销的；

（三）作为被执行人的公民死亡，无遗产可供执行，又无义务承担人的；

（四）追索赡养费、扶养费、抚育费案件的权利人死亡的；

（五）作为被执行人的公民因生活困难无力偿还借款，无收入来源，又丧失劳动能力的；

（六）人民法院认为应当终结执行的其他情形。

第二百三十四条 中止和终结执行的裁定，送达当事人后立即生效。

第四编 涉外民事诉讼程序的特别规定

第二十三章 一般原则

第二百三十五条 在中华人民共和国领域内进行涉外民事诉讼，适用本编规定。本编没有规定的，适用本法其他有关规定。

第二百三十六条 中华人民共和国缔结或者参加的国际条约同本法有不同规定的，适用该国际条约的规定，但中华人民共和国声明保留的条款除外。

第二百三十七条 对享有外交特权与豁免的外国人、外国组织或者国际组织提起的民事诉讼，应当依照中华人民共和国有关法律和中华人民共和国缔结或者参加的国际条约的规定办理。

第二百三十八条 人民法院审理涉外民事案件，应当使用中华人民共和国通用的语言、文字。当事人要求提供翻译的，可以提供，费用由当事人承担。

第二百三十九条 外国人、无国籍人、外国企业和组织在人民法院起诉、应诉，需要委托律师代理诉讼的，必须委托中华人民共和国的律师。

第二百四十条 在中华人民共和国领域内没有住所的外国人、无国籍人、外国企业和组织委托中华人民共和国律师或者其他人代理诉讼，从中华人民共和国领域外寄交或者托交的授权委托书，应当经所在国公证机关证明，并经中华人民共和国驻该国使领馆认证，或者履行中华人民共和国与该所在国订立的有关条约中规定的证明手续后，才具有效力。

第二十四章 管　　辖

第二百四十一条 因合同纠纷或者其他财产权益纠纷，对在中华人民共和国领域内没有住所的被告提起的诉讼，如果合同在中华人民共和国领域内签订或者履行，或者诉讼标的物在中华人民共和国领域内，或者被告在中华人民共和国领域内有可供扣押的财产，或者被告在中华人民共和国领域内设有代表机构，可以由合同签订地、合同履行地、诉讼标的物所在地、可供扣押财产所在地、侵权行为地或者代表机构住所地人民法院管辖。

第二百四十二条 涉外合同或者涉外财产权益纠纷的当事人，可以用书面协议选择与公告送达，应当在案卷中记明原因和经过。

第八章　调　　解

第八十五条　人民法院审理民事案件，根据当事人自愿的原则，在事实清楚的基础上，分清是非，进行调解。

第八十六条　人民法院进行调解，可以由审判员一人主持，也可以由合议庭主持，并尽可能就地进行。

人民法院进行调解，可以用简便方式通知当事人、证人到庭。

第八十七条　人民法院进行调解，可以邀请有关单位和个人协助。被邀请的单位和个人，应当协助人民法院进行调解。

第八十八条　调解达成协议，必须双方自愿，不得强迫。调解协议的内容不得违反法律规定。

第八十九条　调解达成协议，人民法院应当制作调解书。调解书应当写明诉讼请求、案件的事实和调解结果。

调解书由审判人员、书记员署名，加盖人民法院印章，送达双方当事人。

调解书经双方当事人签收后，即具有法律效力。

第九十条　下列案件调解达成协议，人民法院可以不制作调解书：

（一）调解和好的离婚案件；

（二）调解维持收养关系的案件；

（三）能够即时履行的案件；

（四）其他不需要制作调解书的案件。

对不需要制作调解书的协议，应当记入笔录，由双方当事人、审判人员、书记员签名或者盖章后，即具有法律效力。

第九十一条　调解未达成协议或者调解书送达前一方反悔的，人民法院应当及时判决。

第九章　财产保全和先予执行

第九十二条　人民法院对于可能因当事人一方的行为或者其他原因，使判决不能执行或者难以执行的案件，可以根据对方当事人的申请，作出财产保全的裁定；当事人没有提出申请的，人民法院在必要时也可以裁定采取财产保全措施。

人民法院采取财产保全措施，可以责令申请人提供担保；申请人不提供担保的，驳回申请。

人民法院接受申请后，对情况紧急的，必须在四十八小时内作出裁定；裁定采取财产保全措施的，应当立即开始执行。

第九十三条　利害关系人因情况紧急，不立即申请财产保全将会使其合法权益受到难以弥补的损害的，可以在起诉前向人民法院申请采取财产保全措施。申请人应当提供担保，不提供担保的，驳回申请。

人民法院接受申请后，必须在四十八小时内作出裁定；裁定采取财产保全措施的，应当立即开始执行。

申请人在人民法院采取保全措施后十五日内不起诉的，人民法院应当解除财产保全。

第九十四条 财产保全限于请求的范围，或者与本案有关的财物。

财产保全采取查封、扣押、冻结或者法律规定的其他方法。

人民法院冻结财产后，应当立即通知被冻结财产的人。

财产已被查封、冻结的，不得重复查封、冻结。

第九十五条 被申请人提供担保的，人民法院应当解除财产保全。

第九十六条 申请有错误的，申请人应当赔偿被申请人因财产保全所遭受的损失。

第九十七条 人民法院对下列案件，根据当事人的申请，可以裁定先予执行：

（一）追索赡养费、扶养费、抚育费、抚恤金、医疗费用的；

（二）追索劳动报酬的；

（三）因情况紧急需要先予执行的。

第九十八条 人民法院裁定先予执行的，应当符合下列条件：

（一）当事人之间权利义务关系明确，不先予执行将严重影响申请人的生活或者生产经营的；

（二）被申请人有履行能力。

人民法院可以责令申请人提供担保，申请人不提供担保的，驳回申请。申请人败诉的，应当赔偿被申请人因先予执行遭受的财产损失。

第九十九条 当事人对财产保全或者先予执行的裁定不服的，可以申请复议一次。复议期间不停止裁定的执行。

第十章 对妨害民事诉讼的强制措施

第一百条 人民法院对必须到庭的被告，经两次传票传唤，无正当理由拒不到庭的，可以拘传。

第一百零一条 诉讼参与人和其他人应当遵守法庭规则。

人民法院对违反法庭规则的人，可以予以训诫，责令退出法庭或者予以罚款、拘留。

人民法院对哄闹、冲击法庭，侮辱、诽谤、威胁、殴打审判人员，严重扰乱法庭秩序的人，依法追究刑事责任；情节较轻的，予以罚款、拘留。

第一百零二条 诉讼参与人或者其他人有下列行为之一的，人民法院可以根据情节轻重予以罚款、拘留；构成犯罪的，依法追究刑事责任：

（一）伪造、毁灭重要证据，妨碍人民法院审理案件的；

（二）以暴力、威胁、贿买方法阻止证人作证或者指使、贿买、胁迫他人作伪证的；

（三）隐藏、转移、变卖、毁损已被查封、扣押的财产，或者已被清点并责令其保管的财产，转移已被冻结的财产的；

（四）对司法工作人员、诉讼参加人、证人、翻译人员、鉴定人、勘验人、协助执行的人，进行侮辱、诽谤、诬陷、殴打或者打击报复的；

（五）以暴力、威胁或者其他方法阻碍司法工作人员执行职务的；

（六）拒不履行人民法院已经发生法律效力的判决、裁定的。

人民法院对有前款规定的行为之一的单位，可以对其主要负责人或者直接责任人员予以罚款、拘留；构成犯罪的，依法追究刑事责任。

第一百零三条　有义务协助调查、执行的单位有下列行为之一的，人民法院除责令其履行协助义务外，并可以予以罚款：

（一）有关单位拒绝或者妨碍人民法院调查取证的；

（二）银行、信用合作社和其他有储蓄业务的单位接到人民法院协助执行通知书后，拒不协助查询、冻结或者划拨存款的；

（三）有关单位接到人民法院协助执行通知书后，拒不协助扣留被执行人的收入、办理有关财产权证照转移手续、转交有关票证、证照或者其他财产的；

（四）其他拒绝协助执行的。

人民法院对有前款规定的行为之一的单位，可以对其主要负责人或者直接责任人员予以罚款；对仍不履行协助义务的，可以予以拘留；并可以向监察机关或者有关机关提出予以纪律处分的司法建议。

第一百零四条　对个人的罚款金额，为人民币一万元以下。对单位的罚款金额，为人民币一万元以上三十万元以下。

拘留的期限，为十五日以下。

被拘留的人，由人民法院交公安机关看管。在拘留期间，被拘留人承认并改正错误的，人民法院可以决定提前解除拘留。

第一百零五条　拘传、罚款、拘留必须经院长批准。

拘传应当发拘传票。

罚款、拘留应当用决定书。对决定不服的，可以向上一级人民法院申请复议一次。复议期间不停止执行。

第一百零六条　采取对妨害民事诉讼的强制措施必须由人民法院决定。任何单位和个人采取非法拘禁他人或者非法私自扣押他人财产追索债务的，应当依法追究刑事责任，或者予以拘留、罚款。

第十一章　诉讼费用

第一百零七条　当事人进行民事诉讼，应当按照规定交纳案件受理费。财产案件除交纳案件受理费外，并按照规定交纳其他诉讼费用。

当事人交纳诉讼费用确有困难的，可以按照规定向人民法院申请缓交、减交或者免交。

收取诉讼费用的办法另行制定。

第二编　审判程序

第十二章　第一审普通程序

第一节　起诉和受理

第一百零八条　起诉必须符合下列条件：

（一）原告是与本案有直接利害关系的公民、法人和其他组织；

（二）有明确的被告；

（三）有具体的诉讼请求和事实、理由；

（四）属于人民法院受理民事诉讼的范围和受诉人民法院管辖。

第一百零九条　起诉应当向人民法院递交起诉状，并按照被告人数提出副本。

书写起诉状确有困难的，可以口头起诉，由人民法院记入笔录，并告知对方当事人。

第一百一十条　起诉状应当记明下列事项：

（一）当事人的姓名、性别、年龄、民族、职业、工作单位和住所，法人或者其他组织的名称、住所和法定代表人或者主要负责人的姓名、职务；

（二）诉讼请求和所根据的事实与理由；

（三）证据和证据来源，证人姓名和住所。

第一百一十一条　人民法院对符合本法第一百零八条的起诉，必须受理；对下列起诉，分别情形，予以处理：

（一）依照行政诉讼法的规定，属于行政诉讼受案范围的，告知原告提起行政诉讼；

（二）依照法律规定，双方当事人对合同纠纷自愿达成书面仲裁协议向仲裁机构申请仲裁、不得向人民法院起诉的，告知原告向仲裁机构申请仲裁；

（三）依照法律规定，应当由其他机关处理的争议，告知原告向有关机关申请解决；

（四）对不属于本院管辖的案件，告知原告向有管辖权的人民法院起诉；

（五）对判决、裁定已经发生法律效力的案件，当事人又起诉的，告知原告按照申诉处理，但人民法院准许撤诉的裁定除外；

（六）依照法律规定，在一定期限内不得起诉的案件，在不得起诉的期限内起诉的，不予受理；

（七）判决不准离婚和调解和好的离婚案件，判决、调解维持收养关系的案件，没有新情况、新理由，原告在六个月内又起诉的，不予受理。

第一百一十二条　人民法院收到起诉状或者口头起诉，经审查，认为符合起诉条件的，应当在七日内立案，并通知当事人；认为不符合起诉条件的，应当在七日内裁定不予受理；原告对裁定不服的，可以提起上诉。

第二节　审理前的准备

第一百一十三条　人民法院应当在立案之日起五日内将起诉状副本发送被告，被告在收到之日起十五日内提出答辩状。

被告提出答辩状的，人民法院应当在收到之日起五日内将答辩状副本发送原告。被告不提出答辩状的，不影响人民法院审理。

第一百一十四条　人民法院对决定受理的案件，应当在受理案件通知书和应诉通知书中向当事人告知有关的诉讼权利义务，或者口头告知。

第一百一十五条　合议庭组成人员确定后，应当在三日内告知当事人。

第一百一十六条　审判人员必须认真审核诉讼材料，调查收集必要的证据。

第一百一十七条　人民法院派出人员进行调查时，应当向被调查人出示证件。

调查笔录经被调查人校阅后，由被调查人、调查人签名或者盖章。

第一百一十八条　人民法院在必要时可以委托外地人民法院调查。

委托调查，必须提出明确的项目和要求。受委托人民法院可以主动补充调查。

受委托人民法院收到委托书后，应当在三十日内完成调查。因故不能完成的，应当在上述期限内函告委托人民法院。

第一百一十九条　必须共同进行诉讼的当事人没有参加诉讼的，人民法院应当通知其参加诉讼。

第三节　开庭审理

第一百二十条　人民法院审理民事案件，除涉及国家秘密、个人隐私或者法律另有规定的以外，应当公开进行。

离婚案件，涉及商业秘密的案件，当事人申请不公开审理的，可以不公开审理。

第一百二十一条　人民法院审理民事案件，根据需要进行巡回审理，就地办案。

第一百二十二条　人民法院审理民事案件，应当在开庭三日前通知当事人和其他诉讼参与人。公开审理的，应当公告当事人姓名、案由和开庭的时间、地点。

第一百二十三条　开庭审理前，书记员应当查明当事人和其他诉讼参与人是否到庭，宣布法庭纪律。

开庭审理时，由审判长核对当事人，宣布案由，宣布审判人员、书记员名单，告知当事人有关的诉讼权利义务，询问当事人是否提出回避申请。

第一百二十四条　法庭调查按照下列顺序进行：

（一）当事人陈述；

（二）告知证人的权利义务，证人作证，宣读未到庭的证人证言；

（三）出示书证、物证和视听资料；

（四）宣读鉴定结论；

（五）宣读勘验笔录。

第一百二十五条　当事人在法庭上可以提出新的证据。

当事人经法庭许可，可以向证人、鉴定人、勘验人发问。

当事人要求重新进行调查、鉴定或者勘验的，是否准许，由人民法院决定。

第一百二十六条　原告增加诉讼请求，被告提出反诉，第三人提出与本案有关的诉讼

（一）一方当事人死亡，需要等待继承人表明是否参加诉讼的；
（二）一方当事人丧失诉讼行为能力，尚未确定法定代理人的；
（三）作为一方当事人的法人或者其他组织终止，尚未确定权利义务承受人的；
（四）一方当事人因不可抗拒的事由，不能参加诉讼的；
（五）本案必须以另一案的审理结果为依据，而另一案尚未审结的；
（六）其他应当中止诉讼的情形。
中止诉讼的原因消除后，恢复诉讼。

第一百三十七条　有下列情形之一的，终结诉讼：
（一）原告死亡，没有继承人，或者继承人放弃诉讼权利的；
（二）被告死亡，没有遗产，也没有应当承担义务的人的；
（三）离婚案件一方当事人死亡的；
（四）追索赡养费、扶养费、抚育费以及解除收养关系案件的一方当事人死亡的。

第五节　判决和裁定

第一百三十八条　判决书应当写明：
（一）案由、诉讼请求、争议的事实和理由；
（二）判决认定的事实、理由和适用的法律依据；
（三）判决结果和诉讼费用的负担；
（四）上诉期间和上诉的法院。
判决书由审判人员、书记员署名，加盖人民法院印章。

第一百三十九条　人民法院审理案件，其中一部分事实已经清楚，可以就该部分先行判决。

第一百四十条　裁定适用于下列范围：
（一）不予受理；
（二）对管辖权有异议的；
（三）驳回起诉；
（四）财产保全和先予执行；
（五）准许或者不准许撤诉；
（六）中止或者终结诉讼；
（七）补正判决书中的笔误；
（八）中止或者终结执行；
（九）不予执行仲裁裁决；
（十）不予执行公证机关赋予强制执行效力的债权文书；
（十一）其他需要裁定解决的事项。
对前款第（一）、（二）、（三）项裁定，可以上诉。
裁定书由审判人员、书记员署名，加盖人民法院印章。口头裁定的，记入笔录。

第一百四十一条　最高人民法院的判决、裁定，以及依法不准上诉或者超过上诉期没有上诉的判决、裁定，是发生法律效力的判决、裁定。

第十三章 简易程序

第一百四十二条 基层人民法院和它派出的法庭审理事实清楚、权利义务关系明确、争议不大的简单的民事案件，适用本章规定。

第一百四十三条 对简单的民事案件，原告可以口头起诉。

当事人双方可以同时到基层人民法院或者它派出的法庭，请求解决纠纷。基层人民法院或者它派出的法庭可以当即审理，也可以另定日期审理。

第一百四十四条 基层人民法院和它派出的法庭审理简单的民事案件，可以用简便方式随时传唤当事人、证人。

第一百四十五条 简单的民事案件由审判员一人独任审理，并不受本法第一百二十二条、第一百二十四条、第一百二十七条规定的限制。

第一百四十六条 人民法院适用简易程序审理案件，应当在立案之日起三个月内审结。

第十四章 第二审程序

第一百四十七条 当事人不服地方人民法院第一审判决的，有权在判决书送达之日起十五日内向上一级人民法院提起上诉。

当事人不服地方人民法院第一审裁定的，有权在裁定书送达之日起十日内向上一级人民法院提起上诉。

第一百四十八条 上诉应当递交上诉状。上诉状的内容，应当包括当事人的姓名，法人的名称及其法定代表人的姓名或者其他组织的名称及其主要负责人的姓名；原审人民法院名称、案件的编号和案由；上诉的请求和理由。

第一百四十九条 上诉状应当通过原审人民法院提出，并按照对方当事人或者代表人的人数提出副本。

当事人直接向第二审人民法院上诉的，第二审人民法院应当在五日内将上诉状移交原审人民法院。

第一百五十条 原审人民法院收到上诉状，应当在五日内将上诉状副本送达对方当事人，对方当事人在收到之日起十五日内提出答辩状。人民法院应当在收到答辩状之日起五日内将副本送达上诉人。对方当事人不提出答辩状的，不影响人民法院审理。

原审人民法院收到上诉状、答辩状，应当在五日内连同全部案卷和证据，报送第二审人民法院。

第一百五十一条 第二审人民法院应当对上诉请求的有关事实和适用法律进行审查。

第一百五十二条 第二审人民法院对上诉案件，应当组成合议庭，开庭审理。经过阅卷和调查，询问当事人，在事实核对清楚后，合议庭认为不需要开庭审理的，也可以径行判决、裁定。

第二审人民法院审理上诉案件，可以在本院进行，也可以到案件发生地或者原审人民法院所在地进行。

第一百五十三条　第二审人民法院对上诉案件，经过审理，按照下列情形，分别处理：

（一）原判决认定事实清楚，适用法律正确的，判决驳回上诉，维持原判决；

（二）原判决适用法律错误的，依法改判；

（三）原判决认定事实错误，或者原判决认定事实不清，证据不足，裁定撤销原判决，发回原审人民法院重审，或者查清事实后改判；

（四）原判决违反法定程序，可能影响案件正确判决的，裁定撤销原判决，发回原审人民法院重审。

当事人对重审案件的判决、裁定，可以上诉。

第一百五十四条　第二审人民法院对不服第一审人民法院裁定的上诉案件的处理，一律使用裁定。

第一百五十五条　第二审人民法院审理上诉案件，可以进行调解。调解达成协议，应当制作调解书，由审判人员、书记员署名，加盖人民法院印章。调解书送达后，原审人民法院的判决即视为撤销。

第一百五十六条　第二审人民法院判决宣告前，上诉人申请撤回上诉的，是否准许，由第二审人民法院裁定。

第一百五十七条　第二审人民法院审理上诉案件，除依照本章规定外，适用第一审普通程序。

第一百五十八条　第二审人民法院的判决、裁定，是终审的判决、裁定。

第一百五十九条　人民法院审理对判决的上诉案件，应当在第二审立案之日起三个月内审结。有特殊情况需要延长的，由本院院长批准。

人民法院审理对裁定的上诉案件，应当在第二审立案之日起三十日内作出终审裁定。

第十五章　特别程序

第一节　一般规定

第一百六十条　人民法院审理选民资格案件、宣告失踪或者宣告死亡案件、认定公民无民事行为能力或者限制民事行为能力案件和认定财产无主案件，适用本章规定。本章没有规定的，适用本法和其他法律的有关规定。

第一百六十一条　依照本章程序审理的案件，实行一审终审。选民资格案件或者重大、疑难的案件，由审判员组成合议庭审理；其他案件由审判员一人独任审理。

第一百六十二条　人民法院在依照本章程序审理案件的过程中，发现本案属于民事权益争议的，应当裁定终结特别程序，并告知利害关系人可以另行起诉。

第一百六十三条　人民法院适用特别程序审理的案件，应当在立案之日起三十日内或者公告期满后三十日内审结。有特殊情况需要延长的，由本院院长批准。但审理选民资格的案件除外。

第二节　选民资格案件

第一百六十四条　公民不服选举委员会对选民资格的申诉所作的处理决定，可以在选举日的五日以前向选区所在地基层人民法院起诉。

第一百六十五条 人民法院受理选民资格案件后，必须在选举日前审结。

审理时，起诉人、选举委员会的代表和有关公民必须参加。

人民法院的判决书，应当在选举日前送达选举委员会和起诉人，并通知有关公民。

第三节 宣告失踪、宣告死亡案件

第一百六十六条 公民下落不明满二年，利害关系人申请宣告其失踪的，向下落不明人住所地基层人民法院提出。

申请书应当写明失踪的事实、时间和请求，并附有公安机关或者其他有关机关关于该公民下落不明的书面证明。

第一百六十七条 公民下落不明满四年，或者因意外事故下落不明满二年，或者因意外事故下落不明，经有关机关证明该公民不可能生存，利害关系人申请宣告其死亡的，向下落不明人住所地基层人民法院提出。

申请书应当写明下落不明的事实、时间和请求，并附有公安机关或者其他有关机关关于该公民下落不明的书面证明。

第一百六十八条 人民法院受理宣告失踪、宣告死亡案件后，应当发出寻找下落不明人的公告。宣告失踪的公告期间为三个月，宣告死亡的公告期间为一年。因意外事故下落不明，经有关机关证明该公民不可能生存的，宣告死亡的公告期间为三个月。

公告期间届满，人民法院应当根据被宣告失踪、宣告死亡的事实是否得到确认，作出宣告失踪、宣告死亡的判决或者驳回申请的判决。

第一百六十九条 被宣告失踪、宣告死亡的公民重新出现，经本人或者利害关系人申请，人民法院应当作出新判决，撤销原判决。

第四节 认定公民无民事行为能力、限制民事行为能力案件

第一百七十条 申请认定公民无民事行为能力或者限制民事行为能力，由其近亲属或者其他利害关系人向该公民住所地基层人民法院提出。

申请书应当写明该公民无民事行为能力或者限制民事行为能力的事实和根据。

第一百七十一条 人民法院受理申请后，必要时应当对被请求认定为无民事行为能力或者限制民事行为能力的公民进行鉴定。申请人已提供鉴定结论的，应当对鉴定结论进行审查。

第一百七十二条 人民法院审理认定公民无民事行为能力或者限制民事行为能力的案件，应当由该公民的近亲属为代理人，但申请人除外。近亲属互相推诿的，由人民法院指定其中一人为代理人。该公民健康情况许可的，还应当询问本人的意见。

人民法院经审理认定申请有事实根据的，判决该公民为无民事行为能力或者限制民事行为能力人；认定申请没有事实根据的，应当判决予以驳回。

第一百七十三条 人民法院根据被认定为无民事行为能力人、限制民事行为能力人或者他的监护人的申请，证实该公民无民事行为能力或者限制民事行为能力的原因已经消除

的，应当作出新判决，撤销原判决。

第五节　认定财产无主案件

第一百七十四条　申请认定财产无主，由公民、法人或者其他组织向财产所在地基层人民法院提出。

申请书应当写明财产的种类、数量以及要求认定财产无主的根据。

第一百七十五条　人民法院受理申请后，经审查核实，应当发出财产认领公告。公告满一年无人认领的，判决认定财产无主，收归国家或者集体所有。

第一百七十六条　判决认定财产无主后，原财产所有人或者继承人出现，在民法通则规定的诉讼时效期间可以对财产提出请求，人民法院审查属实后，应当作出新判决，撤销原判决。

第十六章　审判监督程序

第一百七十七条　各级人民法院院长对本院已经发生法律效力的判决、裁定，发现确有错误，认为需要再审的，应当提交审判委员会讨论决定。

最高人民法院对地方各级人民法院已经发生法律效力的判决、裁定，上级人民法院对下级人民法院已经发生法律效力的判决、裁定，发现确有错误的，有权提审或者指令下级人民法院再审。

第一百七十八条　当事人对已经发生法律效力的判决、裁定，认为有错误的，可以向上一级人民法院申请再审，但不停止判决、裁定的执行。

第一百七十九条　当事人的申请符合下列情形之一的，人民法院应当再审：

（一）有新的证据，足以推翻原判决、裁定的；

（二）原判决、裁定认定的基本事实缺乏证据证明的；

（三）原判决、裁定认定事实的主要证据是伪造的；

（四）原判决、裁定认定事实的主要证据未经质证的；

（五）对审理案件需要的证据，当事人因客观原因不能自行收集，书面申请人民法院调查收集，人民法院未调查收集的；

（六）原判决、裁定适用法律确有错误的；

（七）违反法律规定，管辖错误的；

（八）审判组织的组成不合法或者依法应当回避的审判人员没有回避的；

（九）无诉讼行为能力人未经法定代理人代为诉讼或者应当参加诉讼的当事人，因不能归责于本人或者其诉讼代理人的事由，未参加诉讼的；

（十）违反法律规定，剥夺当事人辩论权利的；

（十一）未经传票传唤，缺席判决的；

（十二）原判决、裁定遗漏或者超出诉讼请求的；

（十三）据以作出原判决、裁定的法律文书被撤销或者变更的。

对违反法定程序可能影响案件正确判决、裁定的情形，或者审判人员在审理该案件时有贪污受贿，徇私舞弊，枉法裁判行为的，人民法院应当再审。

第一百八十条 当事人申请再审的，应当提交再审申请书等材料。人民法院应当自收到再审申请书之日起五日内将再审申请书副本发送对方当事人。对方当事人应当自收到再审申请书副本之日起十五日内提交书面意见；不提交书面意见的，不影响人民法院审查。人民法院可以要求申请人和对方当事人补充有关材料，询问有关事项。

第一百八十一条 人民法院应当自收到再审申请书之日起三个月内审查，符合本法第一百七十九条规定情形之一的，裁定再审；不符合本法第一百七十九条规定的，裁定驳回申请。有特殊情况需要延长的，由本院院长批准。

因当事人申请裁定再审的案件由中级人民法院以上的人民法院审理。最高人民法院、高级人民法院裁定再审的案件，由本院再审或者交其他人民法院再审，也可以交原审人民法院再审。

第一百八十二条 当事人对已经发生法律效力的调解书，提出证据证明调解违反自愿原则或者调解协议的内容违反法律的，可以申请再审。经人民法院审查属实的，应当再审。

第一百八十三条 当事人对已经发生法律效力的解除婚姻关系的判决，不得申请再审。

第一百八十四条 当事人申请再审，应当在判决、裁定发生法律效力后二年内提出；二年后据以作出原判决、裁定的法律文书被撤销或者变更，以及发现审判人员在审理该案件时有贪污受贿，徇私舞弊，枉法裁判行为的，自知道或者应当知道之日起三个月内提出。

第一百八十五条 按照审判监督程序决定再审的案件，裁定中止原判决的执行。裁定由院长署名，加盖人民法院印章。

第一百八十六条 人民法院按照审判监督程序再审的案件，发生法律效力的判决、裁定是由第一审法院作出的，按照第一审程序审理，所作的判决、裁定，当事人可以上诉；发生法律效力的判决、裁定是由第二审法院作出的，按照第二审程序审理，所作的判决、裁定，是发生法律效力的判决、裁定；上级人民法院按照审判监督程序提审的，按照第二审程序审理，所作的判决、裁定是发生法律效力的判决、裁定。

人民法院审理再审案件，应当另行组成合议庭。

第一百八十七条 最高人民检察院对各级人民法院已经发生法律效力的判决、裁定，上级人民检察院对下级人民法院已经发生法律效力的判决、裁定，发现有本法第一百七十九条规定情形之一的，应当提出抗诉。

地方各级人民检察院对同级人民法院已经发生法律效力的判决、裁定，发现有本法第一百七十九条规定情形之一的，应当提请上级人民检察院向同级人民法院提出抗诉。

第一百八十八条 人民检察院提出抗诉的案件，接受抗诉的人民法院应当自收到抗诉书之日起三十日内作出再审的裁定；有本法第一百七十九条第一款第（一）项至第（五）项规定情形之一的，可以交下一级人民法院再审。

第一百八十九条 人民检察院决定对人民法院的判决、裁定提出抗诉的，应当制作抗诉书。

第一百九十条 人民检察院提出抗诉的案件，人民法院再审时，应当通知人民检察院派员出席法庭。

第十七章　督促程序

第一百九十一条　债权人请求债务人给付金钱、有价证券，符合下列条件的，可以向有管辖权的基层人民法院申请支付令：

（一）债权人与债务人没有其他债务纠纷的；

（二）支付令能够送达债务人的。

申请书应当写明请求给付金钱或者有价证券的数量和所根据的事实、证据。

第一百九十二条　债权人提出申请后，人民法院应当在五日内通知债权人是否受理。

第一百九十三条　人民法院受理申请后，经审查债权人提供的事实、证据，对债权债务关系明确、合法的，应当在受理之日起十五日内向债务人发出支付令；申请不成立的，裁定予以驳回。

债务人应当自收到支付令之日起十五日内清偿债务，或者向人民法院提出书面异议。

债务人在前款规定的期间不提出异议又不履行支付令的，债权人可以向人民法院申请执行。

第一百九十四条　人民法院收到债务人提出的书面异议后，应当裁定终结督促程序，支付令自行失效，债权人可以起诉。

第十八章　公示催告程序

第一百九十五条　按照规定可以背书转让的票据持有人，因票据被盗、遗失或者灭失，可以向票据支付地的基层人民法院申请公示催告。依照法律规定可以申请公示催告的其他事项，适用本章规定。

申请人应当向人民法院递交申请书，写明票面金额、发票人、持票人、背书人等票据主要内容和申请的理由、事实。

第一百九十六条　人民法院决定受理申请，应当同时通知支付人停止支付，并在三日内发出公告，催促利害关系人申报权利。公示催告的期间，由人民法院根据情况决定，但不得少于六十日。

第一百九十七条　支付人收到人民法院停止支付的通知，应当停止支付，至公示催告程序终结。

公示催告期间，转让票据权利的行为无效。

第一百九十八条　利害关系人应当在公示催告期间向人民法院申报。

人民法院收到利害关系人的申报后，应当裁定终结公示催告程序，并通知申请人和支付人。

申请人或者申报人可以向人民法院起诉。

第一百九十九条　没有人申报的，人民法院应当根据申请人的申请，作出判决，宣告票据无效。判决应当公告，并通知支付人。自判决公告之日起，申请人有权向支付人请求支付。

第二百条　利害关系人因正当理由不能在判决前向人民法院申报的，自知道或者应当知道判决公告之日起一年内，可以向作出判决的人民法院起诉。

第三编　执行程序

第十九章　一般规定

第二百零一条　发生法律效力的民事判决、裁定，以及刑事判决、裁定中的财产部分，由第一审人民法院或者与第一审人民法院同级的被执行的财产所在地人民法院执行。

法律规定由人民法院执行的其他法律文书，由被执行人住所地或者被执行的财产所在地人民法院执行。

第二百零二条　当事人、利害关系人认为执行行为违反法律规定的，可以向负责执行的人民法院提出书面异议。当事人、利害关系人提出书面异议的，人民法院应当自收到书面异议之日起十五日内审查，理由成立的，裁定撤销或者改正；理由不成立的，裁定驳回。当事人、利害关系人对裁定不服的，可以自裁定送达之日起十日内向上一级人民法院申请复议。

第二百零三条　人民法院自收到申请执行书之日起超过六个月未执行的，申请执行人可以向上一级人民法院申请执行。上一级人民法院经审查，可以责令原人民法院在一定期限内执行，也可以决定由本院执行或者指令其他人民法院执行。

第二百零四条　执行过程中，案外人对执行标的提出书面异议的，人民法院应当自收到书面异议之日起十五日内审查，理由成立的，裁定中止对该标的的执行；理由不成立的，裁定驳回。案外人、当事人对裁定不服，认为原判决、裁定错误的，依照审判监督程序办理；与原判决、裁定无关的，可以自裁定送达之日起十五日内向人民法院提起诉讼。

第二百零五条　执行工作由执行员进行。

采取强制执行措施时，执行员应当出示证件。执行完毕后，应当将执行情况制作笔录，由在场的有关人员签名或者盖章。

人民法院根据需要可以设立执行机构。

第二百零六条　被执行人或者被执行的财产在外地的，可以委托当地人民法院代为执行。受委托人民法院收到委托函件后，必须在十五日内开始执行，不得拒绝。执行完毕后，应当将执行结果及时函复委托人民法院；在三十日内如果还未执行完毕，也应当将执行情况函告委托人民法院。

受委托人民法院自收到委托函件之日起十五日内不执行的，委托人民法院可以请求受委托人民法院的上级人民法院指令受委托人民法院执行。

第二百零七条　在执行中，双方当事人自行和解达成协议的，执行员应当将协议内容记入笔录，由双方当事人签名或者盖章。

一方当事人不履行和解协议的，人民法院可以根据对方当事人的申请，恢复对原生效法律文书的执行。

第二百零八条　在执行中，被执行人向人民法院提供担保，并经申请执行人同意的，人民法院可以决定暂缓执行及暂缓执行的期限。被执行人逾期仍不履行的，人民法院有权执行被执行人的担保财产或者担保人的财产。

第二百零九条　作为被执行人的公民死亡的，以其遗产偿还债务。作为被执行人的法人或者其他组织终止的，由其权利义务承受人履行义务。

第二百一十条　执行完毕后，据以执行的判决、裁定和其他法律文书确有错误，被人民法院撤销的，对已被执行的财产，人民法院应当作出裁定，责令取得财产的人返还；拒不返还的，强制执行。

第二百一十一条　人民法院制作的调解书的执行，适用本编的规定。

第二十章　执行的申请和移送

第二百一十二条　发生法律效力的民事判决、裁定，当事人必须履行。一方拒绝履行的，对方当事人可以向人民法院申请执行，也可以由审判员移送执行员执行。

调解书和其他应当由人民法院执行的法律文书，当事人必须履行。一方拒绝履行的，对方当事人可以向人民法院申请执行。

第二百一十三条　对依法设立的仲裁机构的裁决，一方当事人不履行的，对方当事人可以向有管辖权的人民法院申请执行。受申请的人民法院应当执行。

被申请人提出证据证明仲裁裁决有下列情形之一的，经人民法院组成合议庭审查核实，裁定不予执行：

（一）当事人在合同中没有订有仲裁条款或者事后没有达成书面仲裁协议的；

（二）裁决的事项不属于仲裁协议的范围或者仲裁机构无权仲裁的；

（三）仲裁庭的组成或者仲裁的程序违反法定程序的；

（四）认定事实的主要证据不足的；

（五）适用法律确有错误的；

（六）仲裁员在仲裁该案时有贪污受贿，徇私舞弊，枉法裁决行为的。

人民法院认定执行该裁决违背社会公共利益的，裁定不予执行。

裁定书应当送达双方当事人和仲裁机构。

仲裁裁决被人民法院裁定不予执行的，当事人可以根据双方达成的书面仲裁协议重新申请仲裁，也可以向人民法院起诉。

第二百一十四条　对公证机关依法赋予强制执行效力的债权文书，一方当事人不履行的，对方当事人可以向有管辖权的人民法院申请执行，受申请的人民法院应当执行。

公证债权文书确有错误的，人民法院裁定不予执行，并将裁定书送达双方当事人和公证机关。

第二百一十五条　申请执行的期间为二年。申请执行时效的中止、中断，适用法律有关诉讼时效中止、中断的规定。

前款规定的期间，从法律文书规定履行期间的最后一日起计算；法律文书规定分期履行的，从规定的每次履行期间的最后一日起计算；法律文书未规定履行期间的，从法律文书生效之日起计算。

第二百一十六条 执行员接到申请执行书或者移交执行书，应当向被执行人发出执行通知，责令其在指定的期间履行，逾期不履行的，强制执行。

被执行人不履行法律文书确定的义务，并有可能隐匿、转移财产的，执行员可以立即采取强制执行措施。

第二十一章 执行措施

第二百一十七条 被执行人未按执行通知履行法律文书确定的义务，应当报告当前以及收到执行通知之日前一年的财产情况。被执行人拒绝报告或者虚假报告的，人民法院可以根据情节轻重对被执行人或者其法定代理人、有关单位的主要负责人或者直接责任人员予以罚款、拘留。

第二百一十八条 被执行人未按执行通知履行法律文书确定的义务，人民法院有权向银行、信用合作社和其他有储蓄业务的单位查询被执行人的存款情况，有权冻结、划拨被执行人的存款，但查询、冻结、划拨存款不得超出被执行人应当履行义务的范围。

人民法院决定冻结、划拨存款，应当作出裁定，并发出协助执行通知书，银行、信用合作社和其他有储蓄业务的单位必须办理。

第二百一十九条 被执行人未按执行通知履行法律文书确定的义务，人民法院有权扣留、提取被执行人应当履行义务部分的收入。但应当保留被执行人及其所扶养家属的生活必需费用。

人民法院扣留、提取收入时，应当作出裁定，并发出协助执行通知书，被执行人所在单位、银行、信用合作社和其他有储蓄业务的单位必须办理。

第二百二十条 被执行人未按执行通知履行法律文书确定的义务，人民法院有权查封、扣押、冻结、拍卖、变卖被执行人应当履行义务部分的财产。但应当保留被执行人及其所扶养家属的生活必需品。

采取前款措施，人民法院应当作出裁定。

第二百二十一条 人民法院查封、扣押财产时，被执行人是公民的，应当通知被执行人或者他的成年家属到场；被执行人是法人或者其他组织的，应当通知其法定代表人或者主要负责人到场。拒不到场的，不影响执行。被执行人是公民的，其工作单位或者财产所在地的基层组织应当派人参加。

对被查封、扣押的财产，执行员必须造具清单，由在场人签名或者盖章后，交被执行人一份。被执行人是公民的，也可以交他的成年家属一份。

第二百二十二条 被查封的财产，执行员可以指定被执行人负责保管。因被执行人的过错造成的损失，由被执行人承担。

第二百二十三条 财产被查封、扣押后，执行员应当责令被执行人在指定期间履行法律文书确定的义务。被执行人逾期不履行的，人民法院可以按照规定交有关单位拍卖或者变卖被查封、扣押的财产。国家禁止自由买卖的物品，交有关单位按照国家规定的价格收购。

第二百二十四条 被执行人不履行法律文书确定的义务，并隐匿财产的，人民法院有权发出搜查令，对被执行人及其住所或者财产隐匿地进行搜查。

采取前款措施，由院长签发搜查令。

第二百二十五条　法律文书指定交付的财物或者票证，由执行员传唤双方当事人当面交付，或者由执行员转交，并由被交付人签收。

有关单位持有该项财物或者票证的，应当根据人民法院的协助执行通知书转交，并由被交付人签收。

有关公民持有该项财物或者票证的，人民法院通知其交出。拒不交出的，强制执行。

第二百二十六条　强制迁出房屋或者强制退出土地，由院长签发公告，责令被执行人在指定期间履行。被执行人逾期不履行的，由执行员强制执行。

强制执行时，被执行人是公民的，应当通知被执行人或者他的成年家属到场；被执行人是法人或者其他组织的，应当通知其法定代表人或者主要负责人到场。拒不到场的，不影响执行。被执行人是公民的，其工作单位或者房屋、土地所在地的基层组织应当派人参加。执行员应当将强制执行情况记入笔录，由在场人签名或者盖章。

强制迁出房屋被搬出的财物，由人民法院派人运至指定处所，交给被执行人。被执行人是公民的，也可以交给他的成年家属。因拒绝接收而造成的损失，由被执行人承担。

第二百二十七条　在执行中，需要办理有关财产权证照转移手续的，人民法院可以向有关单位发出协助执行通知书，有关单位必须办理。

第二百二十八条　对判决、裁定和其他法律文书指定的行为，被执行人未按执行通知履行的，人民法院可以强制执行或者委托有关单位或者其他人完成，费用由被执行人承担。

第二百二十九条　被执行人未按判决、裁定和其他法律文书指定的期间履行给付金钱义务的，应当加倍支付迟延履行期间的债务利息。被执行人未按判决、裁定和其他法律文书指定的期间履行其他义务的，应当支付迟延履行金。

第二百三十条　人民法院采取本法第二百一十八条、第二百一十九条、第二百二十条规定的执行措施后，被执行人仍不能偿还债务的，应当继续履行义务。债权人发现被执行人有其他财产的，可以随时请求人民法院执行。

第二百三十一条　被执行人不履行法律文书确定的义务的，人民法院可以对其采取或者通知有关单位协助采取限制出境，在征信系统记录、通过媒体公布不履行义务信息以及法律规定的其他措施。

第二十二章　执行中止和终结

第二百三十二条　有下列情形之一的，人民法院应当裁定中止执行：

（一）申请人表示可以延期执行的；

（二）案外人对执行标的提出确有理由的异议的；

（三）作为一方当事人的公民死亡，需要等待继承人继承权利或者承担义务的；

（四）作为一方当事人的法人或者其他组织终止，尚未确定权利义务承受人的；

（五）人民法院认为应当中止执行的其他情形。

中止的情形消失后，恢复执行。

争议有实际联系的地点的法院管辖。选择中华人民共和国人民法院管辖的，不得违反本法关于级别管辖和专属管辖的规定。

第二百四十三条　涉外民事诉讼的被告对人民法院管辖不提出异议，并应诉答辩的，视为承认该人民法院为有管辖权的法院。

第二百四十四条　因在中华人民共和国履行中外合资经营企业合同、中外合作经营企业合同、中外合作勘探开发自然资源合同发生纠纷提起的诉讼，由中华人民共和国人民法院管辖。

第二十五章　送达、期间

第二百四十五条　人民法院对在中华人民共和国领域内没有住所的当事人送达诉讼文书，可以采用下列方式：

（一）依照受送达人所在国与中华人民共和国缔结或者共同参加的国际条约中规定的方式送达；

（二）通过外交途径送达；

（三）对具有中华人民共和国国籍的受送达人，可以委托中华人民共和国驻受送达人所在国的使领馆代为送达；

（四）向受送达人委托的有权代其接受送达的诉讼代理人送达；

（五）向受送达人在中华人民共和国领域内设立的代表机构或者有权接受送达的分支机构、业务代办人送达；

（六）受送达人所在国的法律允许邮寄送达的，可以邮寄送达，自邮寄之日起满六个月，送达回证没有退回，但根据各种情况足以认定已经送达的，期间届满之日视为送达；

（七）不能用上述方式送达的，公告送达，自公告之日起满六个月，即视为送达。

第二百四十六条　被告在中华人民共和国领域内没有住所的，人民法院应当将起诉状副本送达被告，并通知被告在收到起诉状副本后三十日内提出答辩状。被告申请延期的，是否准许，由人民法院决定。

第二百四十七条　在中华人民共和国领域内没有住所的当事人，不服第一审人民法院判决、裁定的，有权在判决书、裁定书送达之日起三十日内提起上诉。被上诉人在收到上诉状副本后，应当在三十日内提出答辩状。当事人不能在法定期间提起上诉或者提出答辩状，申请延期的，是否准许，由人民法院决定。

第二百四十八条　人民法院审理涉外民事案件的期间，不受本法第一百三十五条、第一百五十九条规定的限制。

第二十六章　财产保全

第二百四十九条　当事人依照本法第九十二条的规定可以向人民法院申请财产保全。

利害关系人依照本法第九十三条的规定可以在起诉前向人民法院申请财产保全。

第二百五十条　人民法院裁定准许诉前财产保全后，申请人应当在三十日内提起诉讼。逾期不起诉的，人民法院应当解除财产保全。

第二百五十一条 人民法院裁定准许财产保全后，被申请人提供担保的，人民法院应当解除财产保全。

第二百五十二条 申请有错误的，申请人应当赔偿被申请人因财产保全所遭受的损失。

第二百五十三条 人民法院决定保全的财产需要监督的，应当通知有关单位负责监督，费用由被申请人承担。

第二百五十四条 人民法院解除保全的命令由执行员执行。

第二十七章　仲　　裁

第二百五十五条 涉外经济贸易、运输和海事中发生的纠纷，当事人在合同中订有仲裁条款或者事后达成书面仲裁协议，提交中华人民共和国涉外仲裁机构或者其他仲裁机构仲裁的，当事人不得向人民法院起诉。

当事人在合同中没有订有仲裁条款或者事后没有达成书面仲裁协议的，可以向人民法院起诉。

第二百五十六条 当事人申请采取财产保全的，中华人民共和国的涉外仲裁机构应当将当事人的申请，提交被申请人住所地或者财产所在地的中级人民法院裁定。

第二百五十七条 经中华人民共和国涉外仲裁机构裁决的，当事人不得向人民法院起诉。一方当事人不履行仲裁裁决的，对方当事人可以向被申请人住所地或者财产所在地的中级人民法院申请执行。

第二百五十八条 对中华人民共和国涉外仲裁机构作出的裁决，被申请人提出证据证明仲裁裁决有下列情形之一的，经人民法院组成合议庭审查核实，裁定不予执行：

（一）当事人在合同中没有订有仲裁条款或者事后没有达成书面仲裁协议的；

（二）被申请人没有得到指定仲裁员或者进行仲裁程序的通知，或者由于其他不属于被申请人负责的原因未能陈述意见的；

（三）仲裁庭的组成或者仲裁的程序与仲裁规则不符的；

（四）裁决的事项不属于仲裁协议的范围或者仲裁机构无权仲裁的。

人民法院认定执行该裁决违背社会公共利益的，裁定不予执行。

第二百五十九条 仲裁裁决被人民法院裁定不予执行的，当事人可以根据双方达成的书面仲裁协议重新申请仲裁，也可以向人民法院起诉。

第二十八章　司法协助

第二百六十条 根据中华人民共和国缔结或者参加的国际条约，或者按照互惠原则，人民法院和外国法院可以相互请求，代为送达文书、调查取证以及进行其他诉讼行为。

外国法院请求协助的事项有损于中华人民共和国的主权、安全或者社会公共利益的，人民法院不予执行。

第二百六十一条 请求和提供司法协助，应当依照中华人民共和国缔结或者参加的国际条约所规定的途径进行；没有条约关系的，通过外交途径进行。

外国驻中华人民共和国的使领馆可以向该国公民送达文书和调查取证，但不得违反中华人民共和国的法律，并不得采取强制措施。

除前款规定的情况外，未经中华人民共和国主管机关准许，任何外国机关或者个人不得在中华人民共和国领域内送达文书、调查取证。

第二百六十二条　外国法院请求人民法院提供司法协助的请求书及其所附文件，应当附有中文译本或者国际条约规定的其他文字文本。

人民法院请求外国法院提供司法协助的请求书及其所附文件，应当附有该国文字译本或者国际条约规定的其他文字文本。

第二百六十三条　人民法院提供司法协助，依照中华人民共和国法律规定的程序进行。外国法院请求采用特殊方式的，也可以按照其请求的特殊方式进行，但请求采用的特殊方式不得违反中华人民共和国法律。

第二百六十四条　人民法院作出的发生法律效力的判决、裁定，如果被执行人或者其财产不在中华人民共和国领域内，当事人请求执行的，可以由当事人直接向有管辖权的外国法院申请承认和执行，也可以由人民法院依照中华人民共和国缔结或者参加的国际条约的规定，或者按照互惠原则，请求外国法院承认和执行。

中华人民共和国涉外仲裁机构作出的发生法律效力的仲裁裁决，当事人请求执行的，如果被执行人或者其财产不在中华人民共和国领域内，应当由当事人直接向有管辖权的外国法院申请承认和执行。

第二百六十五条　外国法院作出的发生法律效力的判决、裁定，需要中华人民共和国人民法院承认和执行的，可以由当事人直接向中华人民共和国有管辖权的中级人民法院申请承认和执行，也可以由外国法院依照该国与中华人民共和国缔结或者参加的国际条约的规定，或者按照互惠原则，请求人民法院承认和执行。

第二百六十六条　人民法院对申请或者请求承认和执行的外国法院作出的发生法律效力的判决、裁定，依照中华人民共和国缔结或者参加的国际条约，或者按照互惠原则进行审查后，认为不违反中华人民共和国法律的基本原则或者国家主权、安全、社会公共利益的，裁定承认其效力，需要执行的，发出执行令，依照本法的有关规定执行。违反中华人民共和国法律的基本原则或者国家主权、安全、社会公共利益的，不予承认和执行。

第二百六十七条　国外仲裁机构的裁决，需要中华人民共和国人民法院承认和执行的，应当由当事人直接向被执行人住所地或者其财产所在地的中级人民法院申请，人民法院应当依照中华人民共和国缔结或者参加的国际条约，或者按照互惠原则办理。

第二百六十八条　本法自公布之日起施行，《中华人民共和国民事诉讼法（试行）》同时废止。

附录四

中华人民共和国民事诉讼法（2012年）

（1991年4月9日第七届全国人民代表大会第四次会议通过，根据2007年10月28日第十届全国人民代表大会常务委员会第三十次会议《关于修改〈中华人民共和国民事诉讼法〉的决定》第一次修正，根据2012年8月31日第十一届全国人民代表大会常务委员会第二十八次会议《关于修改〈中华人民共和国民事诉讼法〉的决定》第二次修正，自2013年1月1日起施行）

目　录

第一编　总　则

第一章　任务、适用范围和基本原则

第一条　中华人民共和国民事诉讼法以宪法为根据，结合我国民事审判工作的经验和实际情况制定。

第二条 中华人民共和国民事诉讼法的任务，是保护当事人行使诉讼权利，保证人民法院查明事实，分清是非，正确适用法律，及时审理民事案件，确认民事权利义务关系，制裁民事违法行为，保护当事人的合法权益，教育公民自觉遵守法律，维护社会秩序、经济秩序，保障社会主义建设事业顺利进行。

第三条 人民法院受理公民之间、法人之间、其他组织之间以及他们相互之间因财产关系和人身关系提起的民事诉讼，适用本法的规定。

第四条 凡在中华人民共和国领域内进行民事诉讼，必须遵守本法。

第五条 外国人、无国籍人、外国企业和组织在人民法院起诉、应诉，同中华人民共和国公民、法人和其他组织有同等的诉讼权利义务。

外国法院对中华人民共和国公民、法人和其他组织的民事诉讼权利加以限制的，中华人民共和国人民法院对该国公民、企业和组织的民事诉讼权利，实行对等原则。

第六条 民事案件的审判权由人民法院行使。

人民法院依照法律规定对民事案件独立进行审判，不受行政机关、社会团体和个人的干涉。

第七条 人民法院审理民事案件，必须以事实为根据，以法律为准绳。

第八条 民事诉讼当事人有平等的诉讼权利。人民法院审理民事案件，应当保障和便利当事人行使诉讼权利，对当事人在适用法律上一律平等。

第九条 人民法院审理民事案件，应当根据自愿和合法的原则进行调解；调解不成的，应当及时判决。

第十条 人民法院审理民事案件，依照法律规定实行合议、回避、公开审判和两审终审制度。

第十一条 各民族公民都有用本民族语言、文字进行民事诉讼的权利。

在少数民族聚居或者多民族共同居住的地区，人民法院应当用当地民族通用的语言、文字进行审理和发布法律文书。

人民法院应当对不通晓当地民族通用的语言、文字的诉讼参与人提供翻译。

第十二条 人民法院审理民事案件时，当事人有权进行辩论。

第十三条 **民事诉讼应当遵循诚实信用原则。**

当事人有权在法律规定的范围内处分自己的民事权利和诉讼权利。

第十四条 人民检察院有权对民事**诉讼**实行法律监督。

第十五条 机关、社会团体、企业事业单位对损害国家、集体或者个人民事权益的行为，可以支持受损害的单位或者个人向人民法院起诉。

第十六条 民族自治地方的人民代表大会根据宪法和本法的原则，结合当地民族的具体情况，可以制定变通或者补充的规定。自治区的规定，报全国人民代表大会常务委员会批准。自治州、自治县的规定，报省或者自治区的人民代表大会常务委员会批准，并报全国人民代表大会常务委员会备案。

第二章　管　　辖

第一节　级别管辖

第十七条　基层人民法院管辖第一审民事案件，但本法另有规定的除外。

第十八条　中级人民法院管辖下列第一审民事案件：

（一）重大涉外案件；

（二）在本辖区有重大影响的案件；

（三）最高人民法院确定由中级人民法院管辖的案件。

第十九条　高级人民法院管辖在本辖区有重大影响的第一审民事案件。

第二十条　最高人民法院管辖下列第一审民事案件：

（一）在全国有重大影响的案件；

（二）认为应当由本院审理的案件。

第二节　地域管辖

第二十一条　对公民提起的民事诉讼，由被告住所地人民法院管辖；被告住所地与经常居住地不一致的，由经常居住地人民法院管辖。

对法人或者其他组织提起的民事诉讼，由被告住所地人民法院管辖。

同一诉讼的几个被告住所地、经常居住地在两个以上人民法院辖区的，各该人民法院都有管辖权。

第二十二条　下列民事诉讼，由原告住所地人民法院管辖；原告住所地与经常居住地不一致的，由原告经常居住地人民法院管辖：

（一）对不在中华人民共和国领域内居住的人提起的有关身份关系的诉讼；

（二）对下落不明或者宣告失踪的人提起的有关身份关系的诉讼；

（三）对被**采取强制性教育措施**的人提起的诉讼；

（四）对被监禁的人提起的诉讼。

第二十三条　因合同纠纷提起的诉讼，由被告住所地或者合同履行地人民法院管辖。

第二十四条　因保险合同纠纷提起的诉讼，由被告住所地或者保险标的物所在地人民法院管辖。

第二十五条　因票据纠纷提起的诉讼，由票据支付地或者被告住所地人民法院管辖。

第二十六条　因公司设立、确认股东资格、分配利润、解散等纠纷提起的诉讼，由公司住所地人民法院管辖。

第二十七条　因铁路、公路、水上、航空运输和联合运输合同纠纷提起的诉讼，由运输始发地、目的地或者被告住所地人民法院管辖。

第二十八条　因侵权行为提起的诉讼，由侵权行为地或者被告住所地人民法院管辖。

第二十九条　因铁路、公路、水上和航空事故请求损害赔偿提起的诉讼，由事故发生地或者车辆、船舶最先到达地、航空器最先降落地或者被告住所地人民法院管辖。

第三十条 因船舶碰撞或者其他海事损害事故请求损害赔偿提起的诉讼，由碰撞发生地、碰撞船舶最先到达地、加害船舶被扣留地或者被告住所地人民法院管辖。

第三十一条 因海难救助费用提起的诉讼，由救助地或者被救助船舶最先到达地人民法院管辖。

第三十二条 因共同海损提起的诉讼，由船舶最先到达地、共同海损理算地或者航程终止地的人民法院管辖。

第三十三条 下列案件，由本条规定的人民法院专属管辖：

（一）因不动产纠纷提起的诉讼，由不动产所在地人民法院管辖；

（二）因港口作业中发生纠纷提起的诉讼，由港口所在地人民法院管辖；

（三）因继承遗产纠纷提起的诉讼，由被继承人死亡时住所地或者主要遗产所在地人民法院管辖。

第三十四条 **合同或者其他财产权益纠纷**的当事人可以书面协议选择被告住所地、合同履行地、合同签订地、原告住所地、标的物所在地**等与争议有实际联系的地点的**人民法院管辖，但不得违反本法对级别管辖和专属管辖的规定。

第三十五条 两个以上人民法院都有管辖权的诉讼，原告可以向其中一个人民法院起诉；原告向两个以上有管辖权的人民法院起诉的，由最先立案的人民法院管辖。

第三节　移送管辖和指定管辖

第三十六条 人民法院发现受理的案件不属于本院管辖的，应当移送有管辖权的人民法院，受移送的人民法院应当受理。受移送的人民法院认为受移送的案件依照规定不属于本院管辖的，应当报请上级人民法院指定管辖，不得再自行移送。

第三十七条 有管辖权的人民法院由于特殊原因，不能行使管辖权的，由上级人民法院指定管辖。

人民法院之间因管辖权发生争议，由争议双方协商解决；协商解决不了的，报请它们的共同上级人民法院指定管辖。

第三十八条 上级人民法院有权审理下级人民法院管辖的第一审民事案件；**确有必要将本院管辖的第一审民事案件交下级人民法院审理的，应当报请其上级人民法院批准**。

下级人民法院对它所管辖的第一审民事案件，认为需要由上级人民法院审理的，可以报请上级人民法院审理。

第三章　审判组织

第三十九条 人民法院审理第一审民事案件，由审判员、陪审员共同组成合议庭或者由审判员组成合议庭。合议庭的成员人数，必须是单数。

适用简易程序审理的民事案件，由审判员一人独任审理。

陪审员在执行陪审职务时，与审判员有同等的权利义务。

第四十条 人民法院审理第二审民事案件，由审判员组成合议庭。合议庭的成员人数，必须是单数。

发回重审的案件，原审人民法院应当按照第一审程序另行组成合议庭。

审理再审案件，原来是第一审的，按照第一审程序另行组成合议庭；原来是第二审的或者是上级人民法院提审的，按照第二审程序另行组成合议庭。

第四十一条　合议庭的审判长由院长或者庭长指定审判员一人担任；院长或者庭长参加审判的，由院长或者庭长担任。

第四十二条　合议庭评议案件，实行少数服从多数的原则。评议应当制作笔录，由合议庭成员签名。评议中的不同意见，必须如实记入笔录。

第四十三条　审判人员应当依法秉公办案。

审判人员不得接受当事人及其诉讼代理人请客送礼。

审判人员有贪污受贿，徇私舞弊，枉法裁判行为的，应当追究法律责任；构成犯罪的，依法追究刑事责任。

第四章　回　　避

第四十四条　审判人员有下列情形之一的，**应当自行**回避，当事人有权用口头或者书面方式申请他们回避：

（一）是本案当事人或者当事人、诉讼代理人近亲属的；

（二）与本案有利害关系的；

（三）与本案当事人、**诉讼代理人**有其他关系，可能影响对案件公正审理的。

审判人员接受当事人、诉讼代理人请客送礼，或者违反规定会见当事人、诉讼代理人的，当事人有权要求他们回避。

审判人员有前款规定的行为的，应当依法追究法律责任。

前**三**款规定，适用于书记员、翻译人员、鉴定人、勘验人。

第四十五条　当事人提出回避申请，应当说明理由，在案件开始审理时提出；回避事由在案件开始审理后知道的，也可以在法庭辩论终结前提出。

被申请回避的人员在人民法院作出是否回避的决定前，应当暂停参与本案的工作，但案件需要采取紧急措施的除外。

第四十六条　院长担任审判长时的回避，由审判委员会决定；审判人员的回避，由院长决定；其他人员的回避，由审判长决定。

第四十七条　人民法院对当事人提出的回避申请，应当在申请提出的三日内，以口头或者书面形式作出决定。申请人对决定不服的，可以在接到决定时申请复议一次。复议期间，被申请回避的人员，不停止参与本案的工作。人民法院对复议申请，应当在三日内作出复议决定，并通知复议申请人。

第五章　诉讼参加人

第一节　当　事　人

第四十八条　公民、法人和其他组织可以作为民事诉讼的当事人。

法人由其法定代表人进行诉讼。其他组织由其主要负责人进行诉讼。

第四十九条 当事人有权委托代理人，提出回避申请，收集、提供证据，进行辩论，请求调解，提起上诉，申请执行。

当事人可以查阅本案有关材料，并可以复制本案有关材料和法律文书。查阅、复制本案有关材料的范围和办法由最高人民法院规定。

当事人必须依法行使诉讼权利，遵守诉讼秩序，履行发生法律效力的判决书、裁定书和调解书。

第五十条 双方当事人可以自行和解。

第五十一条 原告可以放弃或者变更诉讼请求。被告可以承认或者反驳诉讼请求，有权提起反诉。

第五十二条 当事人一方或者双方为二人以上，其诉讼标的是共同的，或者诉讼标的是同一种类、人民法院认为可以合并审理并经当事人同意的，为共同诉讼。

共同诉讼的一方当事人对诉讼标的有共同权利义务的，其中一人的诉讼行为经其他共同诉讼人承认，对其他共同诉讼人发生效力；对诉讼标的没有共同权利义务的，其中一人的诉讼行为对其他共同诉讼人不发生效力。

第五十三条 当事人一方人数众多的共同诉讼，可以由当事人推选代表人进行诉讼。代表人的诉讼行为对其所代表的当事人发生效力，但代表人变更、放弃诉讼请求或者承认对方当事人的诉讼请求，进行和解，必须经被代表的当事人同意。

第五十四条 诉讼标的是同一种类、当事人一方人数众多在起诉时人数尚未确定的，人民法院可以发出公告，说明案件情况和诉讼请求，通知权利人在一定期间向人民法院登记。

向人民法院登记的权利人可以推选代表人进行诉讼；推选不出代表人的，人民法院可以与参加登记的权利人商定代表人。

代表人的诉讼行为对其所代表的当事人发生效力，但代表人变更、放弃诉讼请求或者承认对方当事人的诉讼请求，进行和解，必须经被代表的当事人同意。

人民法院作出的判决、裁定，对参加登记的全体权利人发生效力。未参加登记的权利人在诉讼时效期间提起诉讼的，适用该判决、裁定。

第五十五条 对污染环境、侵害众多消费者合法权益等损害社会公共利益的行为，法律规定的机关和有关组织可以向人民法院提起诉讼。

第五十六条 对当事人双方的诉讼标的，第三人认为有独立请求权的，有权提起诉讼。

对当事人双方的诉讼标的，第三人虽然没有独立请求权，但案件处理结果同他有法律上的利害关系的，可以申请参加诉讼，或者由人民法院通知他参加诉讼。人民法院判决承担民事责任的第三人，有当事人的诉讼权利义务。

前两款规定的第三人，因不能归责于本人的事由未参加诉讼，但有证据证明发生法律效力的判决、裁定、调解书的部分或者全部内容错误，损害其民事权益的，可以自知道或者应当知道其民事权益受到损害之日起六个月内，向作出该判决、裁定、调解书的人民法院提起诉讼。人民法院经审理，诉讼请求成立的，应当改变或者撤销原判决、裁定、调解

书；诉讼请求不成立的，驳回诉讼请求。

第二节 诉讼代理人

第五十七条 无诉讼行为能力人由他的监护人作为法定代理人代为诉讼。法定代理人之间互相推诿代理责任的，由人民法院指定其中一人代为诉讼。

第五十八条 当事人、法定代理人可以委托一至二人作为诉讼代理人。

下列人员可以被委托为诉讼代理人：

（一）律师、基层法律服务工作者；

（二）当事人的近亲属或者工作人员；

（三）当事人所在社区、单位以及有关社会团体推荐的公民。

第五十九条 委托他人代为诉讼，必须向人民法院提交由委托人签名或者盖章的授权委托书。

授权委托书必须记明委托事项和权限。诉讼代理人代为承认、放弃、变更诉讼请求，进行和解，提起反诉或者上诉，必须有委托人的特别授权。

侨居在国外的中华人民共和国公民从国外寄交或者托交的授权委托书，必须经中华人民共和国驻该国的使领馆证明；没有使领馆的，由与中华人民共和国有外交关系的第三国驻该国的使领馆证明，再转由中华人民共和国驻该第三国使领馆证明，或者由当地的爱国华侨团体证明。

第六十条 诉讼代理人的权限如果变更或者解除，当事人应当书面告知人民法院，并由人民法院通知对方当事人。

第六十一条 代理诉讼的律师和其他诉讼代理人有权调查收集证据，可以查阅本案有关材料。查阅本案有关材料的范围和办法由最高人民法院规定。

第六十二条 离婚案件有诉讼代理人的，本人除不能表达意思的以外，仍应出庭；确因特殊情况无法出庭的，必须向人民法院提交书面意见。

第六章 证 据

第六十三条 证据包括：

（一）当事人的陈述；

（二）书证；

（三）物证；

（四）视听资料；

（五）电子数据；

（六）证人证言；

（七）鉴定意见；

（八）勘验笔录。

证据必须查证属实，才能作为认定事实的根据。

第六十四条 当事人对自己提出的主张，有责任提供证据。

当事人及其诉讼代理人因客观原因不能自行收集的证据，或者人民法院认为审理案件需要的证据，人民法院应当调查收集。

人民法院应当按照法定程序，全面地、客观地审查核实证据。

第六十五条　当事人对自己提出的主张应当及时提供证据。

人民法院根据当事人的主张和案件审理情况，确定当事人应当提供的证据及其期限。当事人在该期限内提供证据确有困难的，可以向人民法院申请延长期限，人民法院根据当事人的申请适当延长。当事人逾期提供证据的，人民法院应当责令其说明理由；拒不说明理由或者理由不成立的，人民法院根据不同情形可以不予采纳该证据，或者采纳该证据但予以训诫、罚款。

第六十六条　人民法院收到当事人提交的证据材料，应当出具收据，写明证据名称、页数、份数、原件或者复印件以及收到时间等，并由经办人员签名或者盖章。

第六十七条　人民法院有权向有关单位和个人调查取证，有关单位和个人不得拒绝。

人民法院对有关单位和个人提出的证明文书，应当辨别真伪，审查确定其效力。

第六十八条　证据应当在法庭上出示，并由当事人互相质证。对涉及国家秘密、商业秘密和个人隐私的证据应当保密，需要在法庭出示的，不得在公开开庭时出示。

第六十九条　经过法定程序公证证明的法律事实和文书，人民法院应当作为认定事实的根据，但有相反证据足以推翻公证证明的除外。

第七十条　书证应当提交原件。物证应当提交原物。提交原件或者原物确有困难的，可以提交复制品、照片、副本、节录本。

提交外文书证，必须附有中文译本。

第七十一条　人民法院对视听资料，应当辨别真伪，并结合本案的其他证据，审查确定能否作为认定事实的根据。

第七十二条　凡是知道案件情况的单位和个人，都有义务出庭作证。有关单位的负责人应当支持证人作证。

不能正确表达意思的人，不能作证。

第七十三条　经人民法院通知，证人应当出庭作证。有下列情形之一的，经人民法院许可，可以通过书面证言、视听传输技术或者视听资料等方式作证：

（一）因健康原因不能出庭的；

（二）因路途遥远，交通不便不能出庭的；

（三）因自然灾害等不可抗力不能出庭的；

（四）其他有正当理由不能出庭的。

第七十四条　证人因履行出庭作证义务而支出的交通、住宿、就餐等必要费用以及误工损失，由败诉一方当事人负担。当事人申请证人作证的，由该当事人先行垫付；当事人没有申请，人民法院通知证人作证的，由人民法院先行垫付。

第七十五条　人民法院对当事人的陈述，应当结合本案的其他证据，审查确定能否作为认定事实的根据。

当事人拒绝陈述的，不影响人民法院根据证据认定案件事实。

第七十六条　当事人可以就查明事实的专门性问题向人民法院申请鉴定。当事人申请鉴定的，由双方当事人协商确定具备资格的鉴定人；协商不成的，由人民法院指定。

当事人未申请鉴定，人民法院对专门性问题认为需要鉴定的，应当委托具备资格的鉴定人进行鉴定。

第七十七条　鉴定人有权了解进行鉴定所需要的案件材料，必要时可以询问当事人、证人。

鉴定人应当提出书面鉴定意见，在鉴定书上签名或者盖章。

第七十八条　当事人对鉴定意见有异议或者人民法院认为鉴定人有必要出庭的，鉴定人应当出庭作证。经人民法院通知，鉴定人拒不出庭作证的，鉴定意见不得作为认定事实的根据；支付鉴定费用的当事人可以要求返还鉴定费用。

第七十九条　当事人可以申请人民法院通知有专门知识的人出庭，就鉴定人作出的鉴定意见或者专业问题提出意见。

第八十条　勘验物证或者现场，勘验人必须出示人民法院的证件，并邀请当地基层组织或者当事人所在单位派人参加。当事人或者当事人的成年家属应当到场，拒不到场的，不影响勘验的进行。

有关单位和个人根据人民法院的通知，有义务保护现场，协助勘验工作。

勘验人应当将勘验情况和结果制作笔录，由勘验人、当事人和被邀参加人签名或者盖章。

第八十一条　在证据可能灭失或者以后难以取得的情况下，当事人可以在诉讼过程中向人民法院申请保全证据，人民法院也可以主动采取保全措施。

因情况紧急，在证据可能灭失或者以后难以取得的情况下，利害关系人可以在提起诉讼或者申请仲裁前向证据所在地、被申请人住所地或者对案件有管辖权的人民法院申请保全证据。

证据保全的其他程序，参照适用本法第九章保全的有关规定。

第七章　期间、送达

第一节　期　　间

第八十二条　期间包括法定期间和人民法院指定的期间。

期间以时、日、月、年计算。期间开始的时和日，不计算在期间内。

期间届满的最后一日是节假日的，以节假日后的第一日为期间届满的日期。

期间不包括在途时间，诉讼文书在期满前交邮的，不算过期。

第八十三条　当事人因不可抗拒的事由或者其他正当理由耽误期限的，在障碍消除后的十日内，可以申请顺延期限，是否准许，由人民法院决定。

第二节　送　　达

第八十四条　送达诉讼文书必须有送达回证，由受送达人在送达回证上记明收到日期，签名或者盖章。

受送达人在送达回证上的签收日期为送达日期。

第八十五条 送达诉讼文书，应当直接送交受送达人。受送达人是公民的，本人不在交他的同住成年家属签收；受送达人是法人或者其他组织的，应当由法人的法定代表人、其他组织的主要负责人或者该法人、组织负责收件的人签收；受送达人有诉讼代理人的，可以送交其代理人签收；受送达人已向人民法院指定代收人的，送交代收人签收。

受送达人的同住成年家属，法人或者其他组织的负责收件的人，诉讼代理人或者代收人在送达回证上签收的日期为送达日期。

第八十六条 受送达人或者他的同住成年家属拒绝接收诉讼文书的，送达人**可以**邀请有关基层组织或者所在单位的代表到场，说明情况，在送达回证上记明拒收事由和日期，由送达人、见证人签名或者盖章，把诉讼文书留在受送达人的住所；**也可以把诉讼文书留在受送达人的住所，并采用拍照、录像等方式记录送达过程，**即视为送达。

第八十七条 **经受送达人同意，人民法院可以采用传真、电子邮件等能够确认其收悉的方式送达诉讼文书，但判决书、裁定书、调解书除外。**

采用前款方式送达的，以传真、电子邮件等到达受送达人特定系统的日期为送达日期。

第八十八条 直接送达诉讼文书有困难的，可以委托其他人民法院代为送达，或者邮寄送达。邮寄送达的，以回执上注明的收件日期为送达日期。

第八十九条 受送达人是军人的，通过其所在部队团以上单位的政治机关转交。

第九十条 受送达人被监禁的，通过其所在监所转交。

受送达人**被采取强制性教育措施**的，通过其所在**强制性教育机构**转交。

第九十一条 代为转交的机关、单位收到诉讼文书后，必须立即交受送达人签收，以在送达回证上的签收日期，为送达日期。

第九十二条 受送达人下落不明，或者用本节规定的其他方式无法送达的，公告送达。自发出公告之日起，经过六十日，即视为送达。

公告送达，应当在案卷中记明原因和经过。

第八章　调　　解

第九十三条 人民法院审理民事案件，根据当事人自愿的原则，在事实清楚的基础上，分清是非，进行调解。

第九十四条 人民法院进行调解，可以由审判员一人主持，也可以由合议庭主持，并尽可能就地进行。

人民法院进行调解，可以用简便方式通知当事人、证人到庭。

第九十五条 人民法院进行调解，可以邀请有关单位和个人协助。被邀请的单位和个人，应当协助人民法院进行调解。

第九十六条 调解达成协议，必须双方自愿，不得强迫。调解协议的内容不得违反法律规定。

第九十七条 调解达成协议，人民法院应当制作调解书。调解书应当写明诉讼请求、案件的事实和调解结果。

调解书由审判人员、书记员署名，加盖人民法院印章，送达双方当事人。

调解书经双方当事人签收后，即具有法律效力。

第九十八条　下列案件调解达成协议，人民法院可以不制作调解书：

（一）调解和好的离婚案件；

（二）调解维持收养关系的案件；

（三）能够即时履行的案件；

（四）其他不需要制作调解书的案件。

对不需要制作调解书的协议，应当记入笔录，由双方当事人、审判人员、书记员签名或者盖章后，即具有法律效力。

第九十九条　调解未达成协议或者调解书送达前一方反悔的，人民法院应当及时判决。

第九章　保全和先予执行

第一百条　人民法院对于可能因当事人一方的行为或者其他原因，使判决难以执行**或者造成当事人其他损害**的案件，根据对方当事人的申请，**可以裁定对其财产进行保全、责令其作出一定行为或者禁止其作出一定行为；**当事人没有提出申请的，人民法院在必要时也可以裁定采取保全措施。

人民法院采取保全措施，可以责令申请人提供担保，申请人不提供担保的，**裁定**驳回申请。

人民法院接受申请后，对情况紧急的，必须在四十八小时内作出裁定；裁定采取保全措施的，应当立即开始执行。

第一百零一条　利害关系人因情况紧急，不立即申请保全将会使其合法权益受到难以弥补的损害的，可以在**提起诉讼或者申请仲裁前向被保全财产所在地、被申请人住所地或者对案件有管辖权的**人民法院申请采取保全措施。申请人应当提供担保，不提供担保的，**裁定**驳回申请。

人民法院接受申请后，必须在四十八小时内作出裁定；裁定采取保全措施的，应当立即开始执行。

申请人在人民法院采取保全措施后**三十**日内不**依法提起诉讼或者申请仲裁**的，人民法院应当解除保全。

第一百零二条　保全限于请求的范围，或者与本案有关的财物。

第一百零三条　财产保全采取查封、扣押、冻结或者法律规定的其他方法。人民法院**保全**财产后，应当立即通知被**保全**财产的人。

财产已被查封、冻结的，不得重复查封、冻结。

第一百零四条　**财产纠纷案件**，被申请人提供担保的，人民法院应当**裁定**解除保全。

第一百零五条　申请有错误的，申请人应当赔偿被申请人因保全所遭受的损失。

第一百零六条　人民法院对下列案件，根据当事人的申请，可以裁定先予执行：

（一）追索赡养费、扶养费、抚育费、抚恤金、医疗费用的；

（二）追索劳动报酬的；

（三）因情况紧急需要先予执行的。

第一百零七条 人民法院裁定先予执行的，应当符合下列条件：

（一）当事人之间权利义务关系明确，不先予执行将严重影响申请人的生活或者生产经营的；

（二）被申请人有履行能力。

人民法院可以责令申请人提供担保，申请人不提供担保的，驳回申请。申请人败诉的，应当赔偿被申请人因先予执行遭受的财产损失。

第一百零八条 当事人对保全或者先予执行的裁定不服的，可以申请复议一次。复议期间不停止裁定的执行。

第十章 对妨害民事诉讼的强制措施

第一百零九条 人民法院对必须到庭的被告，经两次传票传唤，无正当理由拒不到庭的，可以拘传。

第一百一十条 诉讼参与人和其他人应当遵守法庭规则。

人民法院对违反法庭规则的人，可以予以训诫，责令退出法庭或者予以罚款、拘留。

人民法院对哄闹、冲击法庭，侮辱、诽谤、威胁、殴打审判人员，严重扰乱法庭秩序的人，依法追究刑事责任；情节较轻的，予以罚款、拘留。

第一百一十一条 诉讼参与人或者其他人有下列行为之一的，人民法院可以根据情节轻重予以罚款、拘留；构成犯罪的，依法追究刑事责任：

（一）伪造、毁灭重要证据，妨碍人民法院审理案件的；

（二）以暴力、威胁、贿买方法阻止证人作证或者指使、贿买、胁迫他人作伪证的；

（三）隐藏、转移、变卖、毁损已被查封、扣押的财产，或者已被清点并责令其保管的财产，转移已被冻结的财产的；

（四）对司法工作人员、诉讼参加人、证人、翻译人员、鉴定人、勘验人、协助执行的人，进行侮辱、诽谤、诬陷、殴打或者打击报复的；

（五）以暴力、威胁或者其他方法阻碍司法工作人员执行职务的；

（六）拒不履行人民法院已经发生法律效力的判决、裁定的。

人民法院对有前款规定的行为之一的单位，可以对其主要负责人或者直接责任人员予以罚款、拘留；构成犯罪的，依法追究刑事责任。

第一百一十二条 当事人之间恶意串通，企图通过诉讼、调解等方式侵害他人合法权益的，人民法院应当驳回其请求，并根据情节轻重予以罚款、拘留；构成犯罪的，依法追究刑事责任。

第一百一十三条 被执行人与他人恶意串通，通过诉讼、仲裁、调解等方式逃避履行法律文书确定的义务的，人民法院应当根据情节轻重予以罚款、拘留；构成犯罪的，依法追究刑事责任。

第一百一十四条 有义务协助调查、执行的单位有下列行为之一的，人民法院除责令其履行协助义务外，并可以予以罚款：

（一）有关单位拒绝或者妨碍人民法院调查取证的；

（二）有关单位接到人民法院协助执行通知书后，拒不协助查询、扣押、冻结、划拨、变价财产的；

（三）有关单位接到人民法院协助执行通知书后，拒不协助扣留被执行人的收入、办理有关财产权证照转移手续、转交有关票证、证照或者其他财产的；

（四）其他拒绝协助执行的。

人民法院对有前款规定的行为之一的单位，可以对其主要负责人或者直接责任人员予以罚款；对仍不履行协助义务的，可以予以拘留；并可以向监察机关或者有关机关提出予以纪律处分的司法建议。

第一百一十五条　对个人的罚款金额，为人民币十万元以下。对单位的罚款金额，为人民币五万元以上一百万元以下。

拘留的期限，为十五日以下。

被拘留的人，由人民法院交公安机关看管。在拘留期间，被拘留人承认并改正错误的，人民法院可以决定提前解除拘留。

第一百一十六条　拘传、罚款、拘留必须经院长批准。

拘传应当发拘传票。

罚款、拘留应当用决定书。对决定不服的，可以向上一级人民法院申请复议一次。复议期间不停止执行。

第一百一十七条　采取对妨害民事诉讼的强制措施必须由人民法院决定。任何单位和个人采取非法拘禁他人或者非法私自扣押他人财产追索债务的，应当依法追究刑事责任，或者予以拘留、罚款。

第十一章　诉讼费用

第一百一十八条　当事人进行民事诉讼，应当按照规定交纳案件受理费。财产案件除交纳案件受理费外，并按照规定交纳其他诉讼费用。

当事人交纳诉讼费用确有困难的，可以按照规定向人民法院申请缓交、减交或者免交。

收取诉讼费用的办法另行制定。

第二编　审判程序

第十二章　第一审普通程序

第一节　起诉和受理

第一百一十九条　起诉必须符合下列条件：

（一）原告是与本案有直接利害关系的公民、法人和其他组织；

（二）有明确的被告；

（三）有具体的诉讼请求和事实、理由；

（四）属于人民法院受理民事诉讼的范围和受诉人民法院管辖。

第一百二十条 起诉应当向人民法院递交起诉状，并按照被告人数提出副本。

书写起诉状确有困难的，可以口头起诉，由人民法院记入笔录，并告知对方当事人。

第一百二十一条 起诉状应当记明下列事项：

（一）**原告**的姓名、性别、年龄、民族、职业、工作单位、住所、**联系方式**，法人或者其他组织的名称、住所和法定代表人或者主要负责人的姓名、职务、**联系方式**；

（二）被告的姓名、性别、工作单位、住所等信息，法人或者其他组织的名称、住所等信息；

（三）诉讼请求和所根据的事实与理由；

（四）证据和证据来源，证人姓名和住所。

第一百二十二条 当事人起诉到人民法院的民事纠纷，适宜调解的，先行调解，但当事人拒绝调解的除外。

第一百二十三条 人民法院**应当保障当事人依照法律规定享有的起诉权利**。对符合本法第一百**一十九**条的起诉，必须受理。符合起诉条件的，应当在七日内立案，并通知当事人；不符合起诉条件的，应当在七日内**作出裁定书**，不予受理；原告对裁定不服的，可以提起上诉。

第一百二十四条 人民法院对下列起诉，分别情形，予以处理：

（一）依照行政诉讼法的规定，属于行政诉讼受案范围的，告知原告提起行政诉讼；

（二）依照法律规定，双方当事人达成书面仲裁协议申请仲裁、不得向人民法院起诉的，告知原告向仲裁机构申请仲裁；

（三）依照法律规定，应当由其他机关处理的争议，告知原告向有关机关申请解决；

（四）对不属于本院管辖的案件，告知原告向有管辖权的人民法院起诉；

（五）对判决、裁定、**调解书**已经发生法律效力的案件，当事人又起诉的，告知原告**申请再审**，但人民法院准许撤诉的裁定除外；

（六）依照法律规定，在一定期限内不得起诉的案件，在不得起诉的期限内起诉的，不予受理；

（七）判决不准离婚和调解和好的离婚案件，判决、调解维持收养关系的案件，没有新情况、新理由，原告在六个月内又起诉的，不予受理。

第二节 审理前的准备

第一百二十五条 人民法院应当在立案之日起五日内将起诉状副本发送被告，被告应当在收到之日起十五日内提出答辩状。**答辩状应当记明被告的姓名、性别、年龄、民族、职业、工作单位、住所、联系方式；法人或者其他组织的名称、住所和法定代表人或者主要负责人的姓名、职务、联系方式。**人民法院应当在收到**答辩状**之日起五日内将答辩状副本发送原告。

被告不提出答辩状的，不影响人民法院审理。

第一百二十六条　人民法院对决定受理的案件，应当在受理案件通知书和应诉通知书中向当事人告知有关的诉讼权利义务，或者口头告知。

第一百二十七条　人民法院受理案件后，当事人对管辖权有异议的，应当在提交答辩状期间提出。人民法院对当事人提出的异议，应当审查。异议成立的，裁定将案件移送有管辖权的人民法院；异议不成立的，裁定驳回。

当事人未提出管辖异议，并应诉答辩的，视为受诉人民法院有管辖权，但违反级别管辖和专属管辖规定的除外。

第一百二十八条　合议庭组成人员确定后，应当在三日内告知当事人。

第一百二十九条　审判人员必须认真审核诉讼材料，调查收集必要的证据。

第一百三十条　人民法院派出人员进行调查时，应当向被调查人出示证件。

调查笔录经被调查人校阅后，由被调查人、调查人签名或者盖章。

第一百三十一条　人民法院在必要时可以委托外地人民法院调查。

委托调查，必须提出明确的项目和要求。受委托人民法院可以主动补充调查。

受委托人民法院收到委托书后，应当在三十日内完成调查。因故不能完成的，应当在上述期限内函告委托人民法院。

第一百三十二条　必须共同进行诉讼的当事人没有参加诉讼的，人民法院应当通知其参加诉讼。

第一百三十三条　人民法院对受理的案件，分别情形，予以处理：

（一）当事人没有争议，符合督促程序规定条件的，可以转入督促程序；

（二）开庭前可以调解的，采取调解方式及时解决纠纷；

（三）根据案件情况，确定适用简易程序或者普通程序；

（四）需要开庭审理的，通过要求当事人交换证据等方式，明确争议焦点。

第三节　开庭审理

第一百三十四条　人民法院审理民事案件，除涉及国家秘密、个人隐私或者法律另有规定的以外，应当公开进行。

离婚案件，涉及商业秘密的案件，当事人申请不公开审理的，可以不公开审理。

第一百三十五条　人民法院审理民事案件，根据需要进行巡回审理，就地办案。

第一百三十六条　人民法院审理民事案件，应当在开庭三日前通知当事人和其他诉讼参与人。公开审理的，应当公告当事人姓名、案由和开庭的时间、地点。

第一百三十七条　开庭审理前，书记员应当查明当事人和其他诉讼参与人是否到庭，宣布法庭纪律。

开庭审理时，由审判长核对当事人，宣布案由，宣布审判人员、书记员名单，告知当事人有关的诉讼权利义务，询问当事人是否提出回避申请。

第一百三十八条　法庭调查按照下列顺序进行：

（一）当事人陈述；

（二）告知证人的权利义务，证人作证，宣读未到庭的证人证言；

（三）出示书证、物证、视听资料和**电子数据**；

（四）宣读鉴定**意见**；

（五）宣读勘验笔录。

第一百三十九条 当事人在法庭上可以提出新的证据。

当事人经法庭许可，可以向证人、鉴定人、勘验人发问。

当事人要求重新进行调查、鉴定或者勘验的，是否准许，由人民法院决定。

第一百四十条 原告增加诉讼请求，被告提出反诉，第三人提出与本案有关的诉讼请求，可以合并审理。

第一百四十一条 法庭辩论按照下列顺序进行：

（一）原告及其诉讼代理人发言；

（二）被告及其诉讼代理人答辩；

（三）第三人及其诉讼代理人发言或者答辩；

（四）互相辩论。

法庭辩论终结，由审判长按照原告、被告、第三人的先后顺序征询各方最后意见。

第一百四十二条 法庭辩论终结，应当依法作出判决。判决前能够调解的，还可以进行调解，调解不成的，应当及时判决。

第一百四十三条 原告经传票传唤，无正当理由拒不到庭的，或者未经法庭许可中途退庭的，可以按撤诉处理；被告反诉的，可以缺席判决。

第一百四十四条 被告经传票传唤，无正当理由拒不到庭的，或者未经法庭许可中途退庭的，可以缺席判决。

第一百四十五条 宣判前，原告申请撤诉的，是否准许，由人民法院裁定。

人民法院裁定不准许撤诉的，原告经传票传唤，无正当理由拒不到庭的，可以缺席判决。

第一百四十六条 有下列情形之一的，可以延期开庭审理：

（一）必须到庭的当事人和其他诉讼参与人有正当理由没有到庭的；

（二）当事人临时提出回避申请的；

（三）需要通知新的证人到庭，调取新的证据，重新鉴定、勘验，或者需要补充调查的；

（四）其他应当延期的情形。

第一百四十七条 书记员应当将法庭审理的全部活动记入笔录，由审判人员和书记员签名。

法庭笔录应当当庭宣读，也可以告知当事人和其他诉讼参与人当庭或者在五日内阅读。当事人和其他诉讼参与人认为对自己的陈述记录有遗漏或者差错的，有权申请补正。如果不予补正，应当将申请记录在案。

法庭笔录由当事人和其他诉讼参与人签名或者盖章。拒绝签名盖章的，记明情况附卷。

第一百四十八条 人民法院对公开审理或者不公开审理的案件，一律公开宣告判决。

当庭宣判的，应当在十日内发送判决书；定期宣判的，宣判后立即发给判决书。

宣告判决时，必须告知当事人上诉权利、上诉期限和上诉的法院。

宣告离婚判决，必须告知当事人在判决发生法律效力前不得另行结婚。

第一百四十九条　人民法院适用普通程序审理的案件，应当在立案之日起六个月内审结。有特殊情况需要延长的，由本院院长批准，可以延长六个月；还需要延长的，报请上级人民法院批准。

第四节　诉讼中止和终结

第一百五十条　有下列情形之一的，中止诉讼：

（一）一方当事人死亡，需要等待继承人表明是否参加诉讼的；

（二）一方当事人丧失诉讼行为能力，尚未确定法定代理人的；

（三）作为一方当事人的法人或者其他组织终止，尚未确定权利义务承受人的；

（四）一方当事人因不可抗拒的事由，不能参加诉讼的；

（五）本案必须以另一案的审理结果为依据，而另一案尚未审结的；

（六）其他应当中止诉讼的情形。

中止诉讼的原因消除后，恢复诉讼。

第一百五十一条　有下列情形之一的，终结诉讼：

（一）原告死亡，没有继承人，或者继承人放弃诉讼权利的；

（二）被告死亡，没有遗产，也没有应当承担义务的人的；

（三）离婚案件一方当事人死亡的；

（四）追索赡养费、扶养费、抚育费以及解除收养关系案件的一方当事人死亡的。

第五节　判决和裁定

第一百五十二条　判决书应当写明判决结果和作出该判决的理由。判决书内容包括：

（一）案由、诉讼请求、争议的事实和理由；

（二）判决认定的事实和理由、适用的法律和理由；

（三）判决结果和诉讼费用的负担；

（四）上诉期间和上诉的法院。

判决书由审判人员、书记员署名，加盖人民法院印章。

第一百五十三条　人民法院审理案件，其中一部分事实已经清楚，可以就该部分先行判决。

第一百五十四条　裁定适用于下列范围：

（一）不予受理；

（二）对管辖权有异议的；

（三）驳回起诉；

（四）保全和先予执行；

（五）准许或者不准许撤诉；

（六）中止或者终结诉讼；

（七）补正判决书中的笔误；

（八）中止或者终结执行；

（九）**撤销或者不予执行仲裁裁决；**

（十）不予执行公证机关赋予强制执行效力的债权文书；

（十一）其他需要裁定解决的事项。

对前款第一项至第三项裁定，可以上诉。

裁定书应当写明裁定结果和作出该裁定的理由。裁定书由审判人员、书记员署名，加盖人民法院印章。口头裁定的，记入笔录。

第一百五十五条 最高人民法院的判决、裁定，以及依法不准上诉或者超过上诉期没有上诉的判决、裁定，是发生法律效力的判决、裁定。

第一百五十六条 公众可以查阅发生法律效力的判决书、裁定书，但涉及国家秘密、商业秘密和个人隐私的内容除外。

第十三章 简易程序

第一百五十七条 基层人民法院和它派出的法庭审理事实清楚、权利义务关系明确、争议不大的简单的民事案件，适用本章规定。

基层人民法院和它派出的法庭审理前款规定以外的民事案件，当事人双方也可以约定适用简易程序。

第一百五十八条 对简单的民事案件，原告可以口头起诉。

当事人双方可以同时到基层人民法院或者它派出的法庭，请求解决纠纷。基层人民法院或者它派出的法庭可以当即审理，也可以另定日期审理。

第一百五十九条 基层人民法院和它派出的法庭审理简单的民事案件，可以用简便方式传唤当事人和证人、**送达诉讼文书、审理案件，但应当保障当事人陈述意见的权利。**

第一百六十条 简单的民事案件由审判员一人独任审理，并不受本法第一百三十六条、第一百三十八条、第一百四十一条规定的限制。

第一百六十一条 人民法院适用简易程序审理案件，应当在立案之日起三个月内审结。

第一百六十二条 基层人民法院和它派出的法庭审理符合本法第一百五十七条第一款规定的简单的民事案件，标的额为各省、自治区、直辖市上年度就业人员年平均工资百分之三十以下的，实行一审终审。

第一百六十三条 人民法院在审理过程中，发现案件不宜适用简易程序的，裁定转为普通程序。

第十四章 第二审程序

第一百六十四条 当事人不服地方人民法院第一审判决的，有权在判决书送达之日起十五日内向上一级人民法院提起上诉。

当事人不服地方人民法院第一审裁定的，有权在裁定书送达之日起十日内向上一级人民法院提起上诉。

第一百六十五条 上诉应当递交上诉状。上诉状的内容，应当包括当事人的姓名，法人的名称及其法定代表人的姓名或者其他组织的名称及其主要负责人的姓名；原审人民法院名称、案件的编号和案由；上诉的请求和理由。

第一百六十六条 上诉状应当通过原审人民法院提出，并按照对方当事人或者代表人的人数提出副本。

当事人直接向第二审人民法院上诉的，第二审人民法院应当在五日内将上诉状移交原审人民法院。

第一百六十七条 原审人民法院收到上诉状，应当在五日内将上诉状副本送达对方当事人，对方当事人在收到之日起十五日内提出答辩状。人民法院应当在收到答辩状之日起五日内将副本送达上诉人。对方当事人不提出答辩状的，不影响人民法院审理。

原审人民法院收到上诉状、答辩状，应当在五日内连同全部案卷和证据，报送第二审人民法院。

第一百六十八条 第二审人民法院应当对上诉请求的有关事实和适用法律进行审查。

第一百六十九条 第二审人民法院对上诉案件，应当组成合议庭，开庭审理。经过阅卷、调查和询问当事人，**对没有提出新的事实、证据或者理由，**合议庭认为不需要开庭审理的，可以**不开庭审理。**

第二审人民法院审理上诉案件，可以在本院进行，也可以到案件发生地或者原审人民法院所在地进行。

第一百七十条 第二审人民法院对上诉案件，经过审理，按照下列情形，分别处理：

（一）原判决、**裁定**认定事实清楚，适用法律正确的，**以**判决、**裁定方式**驳回上诉，维持原判决、**裁定；**

（二）原判决、**裁定认定事实错误或者**适用法律错误的，**以判决、裁定方式**依法改判、**撤销或者变更；**

（三）原判决认定**基本**事实不清**的**，裁定撤销原判决，发回原审人民法院重审，或者查清事实后改判；

（四）原判决**遗漏当事人或者违法缺席判决等严重**违反法定程序的，裁定撤销原判决，发回原审人民法院重审。

原审人民法院对发回重审的案件作出判决后，当事人提起上诉的，第二审人民法院不得再次发回重审。

第一百七十一条 第二审人民法院对不服第一审人民法院裁定的上诉案件的处理，一律使用裁定。

第一百七十二条 第二审人民法院审理上诉案件，可以进行调解。调解达成协议，应当制作调解书，由审判人员、书记员署名，加盖人民法院印章。调解书送达后，原审人民法院的判决即视为撤销。

第一百七十三条 第二审人民法院判决宣告前，上诉人申请撤回上诉的，是否准许，由第二审人民法院裁定。

第一百七十四条 第二审人民法院审理上诉案件，除依照本章规定外，适用第一审普通程序。

第一百七十五条 第二审人民法院的判决、裁定，是终审的判决、裁定。

第一百七十六条 人民法院审理对判决的上诉案件，应当在第二审立案之日起三个月内审结。有特殊情况需要延长的，由本院院长批准。

人民法院审理对裁定的上诉案件，应当在第二审立案之日起三十日内作出终审裁定。

第十五章 特别程序

第一节 一般规定

第一百七十七条 人民法院审理选民资格案件、宣告失踪或者宣告死亡案件、认定公民无民事行为能力或者限制民事行为能力案件、认定财产无主案件、**确认调解协议案件和实现担保物权案件，**适用本章规定。本章没有规定的，适用本法和其他法律的有关规定。

第一百七十八条 依照本章程序审理的案件，实行一审终审。选民资格案件或者重大、疑难的案件，由审判员组成合议庭审理；其他案件由审判员一人独任审理。

第一百七十九条 人民法院在依照本章程序审理案件的过程中，发现本案属于民事权益争议的，应当裁定终结特别程序，并告知利害关系人可以另行起诉。

第一百八十条 人民法院适用特别程序审理的案件，应当在立案之日起三十日内或者公告期满后三十日内审结。有特殊情况需要延长的，由本院院长批准。但审理选民资格的案件除外。

第二节 选民资格案件

第一百八十一条 公民不服选举委员会对选民资格的申诉所作的处理决定，可以在选举日的五日以前向选区所在地基层人民法院起诉。

第一百八十二条 人民法院受理选民资格案件后，必须在选举日前审结。

审理时，起诉人、选举委员会的代表和有关公民必须参加。

人民法院的判决书，应当在选举日前送达选举委员会和起诉人，并通知有关公民。

第三节 宣告失踪、宣告死亡案件

第一百八十三条 公民下落不明满二年，利害关系人申请宣告其失踪的，向下落不明人住所地基层人民法院提出。

申请书应当写明失踪的事实、时间和请求，并附有公安机关或者其他有关机关关于该公民下落不明的书面证明。

第一百八十四条 公民下落不明满四年，或者因意外事故下落不明满二年，或者因意外事故下落不明，经有关机关证明该公民不可能生存，利害关系人申请宣告其死亡的，向下落不明人住所地基层人民法院提出。

申请书应当写明下落不明的事实、时间和请求，并附有公安机关或者其他有关机关关于该公民下落不明的书面证明。

第一百八十五条　人民法院受理宣告失踪、宣告死亡案件后，应当发出寻找下落不明人的公告。宣告失踪的公告期间为三个月，宣告死亡的公告期间为一年。因意外事故下落不明，经有关机关证明该公民不可能生存的，宣告死亡的公告期间为三个月。

公告期间届满，人民法院应当根据被宣告失踪、宣告死亡的事实是否得到确认，作出宣告失踪、宣告死亡的判决或者驳回申请的判决。

第一百八十六条　被宣告失踪、宣告死亡的公民重新出现，经本人或者利害关系人申请，人民法院应当作出新判决，撤销原判决。

第四节　认定公民无民事行为能力、限制民事行为能力案件

第一百八十七条　申请认定公民无民事行为能力或者限制民事行为能力，由其近亲属或者其他利害关系人向该公民住所地基层人民法院提出。

申请书应当写明该公民无民事行为能力或者限制民事行为能力的事实和根据。

第一百八十八条　人民法院受理申请后，必要时应当对被请求认定为无民事行为能力或者限制民事行为能力的公民进行鉴定。申请人已提供鉴定**意见**的，应当对鉴定**意见**进行审查。

第一百八十九条　人民法院审理认定公民无民事行为能力或者限制民事行为能力的案件，应当由该公民的近亲属为代理人，但申请人除外。近亲属互相推诿的，由人民法院指定其中一人为代理人。该公民健康情况许可的，还应当询问本人的意见。

人民法院经审理认定申请有事实根据的，判决该公民为无民事行为能力或者限制民事行为能力人；认定申请没有事实根据的，应当判决予以驳回。

第一百九十条　人民法院根据被认定为无民事行为能力人、限制民事行为能力人或者他的监护人的申请，证实该公民无民事行为能力或者限制民事行为能力的原因已经消除的，应当作出新判决，撤销原判决。

第五节　认定财产无主案件

第一百九十一条　申请认定财产无主，由公民、法人或者其他组织向财产所在地基层人民法院提出。

申请书应当写明财产的种类、数量以及要求认定财产无主的根据。

第一百九十二条　人民法院受理申请后，经审查核实，应当发出财产认领公告。公告满一年无人认领的，判决认定财产无主，收归国家或者集体所有。

第一百九十三条　判决认定财产无主后，原财产所有人或者继承人出现，在民法通则规定的诉讼时效期间可以对财产提出请求，人民法院审查属实后，应当作出新判决，撤销原判决。

第六节　确认调解协议案件

第一百九十四条　申请司法确认调解协议，由双方当事人依照人民调解法等法律，自

调解协议生效之日起三十日内，共同向调解组织所在地基层人民法院提出。

第一百九十五条　人民法院受理申请后，经审查，符合法律规定的，裁定调解协议有效，一方当事人拒绝履行或者未全部履行的，对方当事人可以向人民法院申请执行；不符合法律规定的，裁定驳回申请，当事人可以通过调解方式变更原调解协议或者达成新的调解协议，也可以向人民法院提起诉讼。

第七节　实现担保物权案件

第一百九十六条　申请实现担保物权，由担保物权人以及其他有权请求实现担保物权的人依照物权法等法律，向担保财产所在地或者担保物权登记地基层人民法院提出。

第一百九十七条　人民法院受理申请后，经审查，符合法律规定的，裁定拍卖、变卖担保财产，当事人依据该裁定可以向人民法院申请执行；不符合法律规定的，裁定驳回申请，当事人可以向人民法院提起诉讼。

第十六章　审判监督程序

第一百九十八条　各级人民法院院长对本院已经发生法律效力的判决、裁定、**调解书**，发现确有错误，认为需要再审的，应当提交审判委员会讨论决定。

最高人民法院对地方各级人民法院已经发生法律效力的判决、裁定、**调解书**，上级人民法院对下级人民法院已经发生法律效力的判决、裁定、**调解书**，发现确有错误的，有权提审或者指令下级人民法院再审。

第一百九十九条　当事人对已经发生法律效力的判决、裁定，认为有错误的，可以向上一级人民法院申请再审；**当事人一方人数众多或者当事人双方为公民的案件，也可以向原审人民法院申请再审。当事人申请再审的，**不停止判决、裁定的执行。

第二百条　当事人的申请符合下列情形之一的，人民法院应当再审：

（一）有新的证据，足以推翻原判决、裁定的；

（二）原判决、裁定认定的基本事实缺乏证据证明的；

（三）原判决、裁定认定事实的主要证据是伪造的；

（四）原判决、裁定认定事实的主要证据未经质证的；

（五）对审理案件需要的**主要**证据，当事人因客观原因不能自行收集，书面申请人民法院调查收集，人民法院未调查收集的；

（六）原判决、裁定适用法律确有错误的；

（七）审判组织的组成不合法或者依法应当回避的审判人员没有回避的；

（八）无诉讼行为能力人未经法定代理人代为诉讼或者应当参加诉讼的当事人，因不能归责于本人或者其诉讼代理人的事由，未参加诉讼的；

（九）违反法律规定，剥夺当事人辩论权利的；

（十）未经传票传唤，缺席判决的；

（十一）原判决、裁定遗漏或者超出诉讼请求的；

（十二）据以作出原判决、裁定的法律文书被撤销或者变更的；

（十三）审判人员审理该案件时有贪污受贿，徇私舞弊，枉法裁判行为的。

第二百零一条　当事人对已经发生法律效力的调解书，提出证据证明调解违反自愿原则或者调解协议的内容违反法律的，可以申请再审。经人民法院审查属实的，应当再审。

第二百零二条　当事人对已经发生法律效力的解除婚姻关系的判决、**调解书**，不得申请再审。

第二百零三条　当事人申请再审的，应当提交再审申请书等材料。人民法院应当自收到再审申请书之日起五日内将再审申请书副本发送对方当事人。对方当事人应当自收到再审申请书副本之日起十五日内提交书面意见；不提交书面意见的，不影响人民法院审查。人民法院可以要求申请人和对方当事人补充有关材料，询问有关事项。

第二百零四条　人民法院应当自收到再审申请书之日起三个月内审查，符合本法规定的，裁定再审；不符合本法规定的，裁定驳回申请。有特殊情况需要延长的，由本院院长批准。

因当事人申请裁定再审的案件由中级人民法院以上的人民法院审理，**但当事人依照本法第一百九十九条的规定选择向基层人民法院申请再审的除外**。最高人民法院、高级人民法院裁定再审的案件，由本院再审或者交其他人民法院再审，也可以交原审人民法院再审。

第二百零五条　当事人申请再审，应当在判决、裁定发生法律效力后**六个月**内提出；**有本法第二百条第一项、第三项、第十二项、第十三项规定情形**的，自知道或者应当知道之日起六个月内提出。

第二百零六条　按照审判监督程序决定再审的案件，裁定中止原判决、**裁定、调解书**的执行，**但追索赡养费、扶养费、抚育费、抚恤金、医疗费用、劳动报酬等案件，可以不中止执行。**

第二百零七条　人民法院按照审判监督程序再审的案件，发生法律效力的判决、裁定是由第一审法院作出的，按照第一审程序审理，所作的判决、裁定，当事人可以上诉；发生法律效力的判决、裁定是由第二审法院作出的，按照第二审程序审理，所作的判决、裁定，是发生法律效力的判决、裁定；上级人民法院按照审判监督程序提审的，按照第二审程序审理，所作的判决、裁定是发生法律效力的判决、裁定。

人民法院审理再审案件，应当另行组成合议庭。

第二百零八条　最高人民检察院对各级人民法院已经发生法律效力的判决、裁定，上级人民检察院对下级人民法院已经发生法律效力的判决、裁定，发现有本法第**二百**条规定情形之一的，**或者发现调解书损害国家利益、社会公共利益的**，应当提出抗诉。

地方各级人民检察院对同级人民法院已经发生法律效力的判决、裁定，发现有本法第二百条规定情形之一的，**或者发现调解书损害国家利益、社会公共利益的，可以向同级人民法院提出检察建议，并报上级人民检察院备案；也可以**提请上级人民检察院向同级人民法院提出抗诉。

各级人民检察院对审判监督程序以外的其他审判程序中审判人员的违法行为，有权向同级人民法院提出检察建议。

第二百零九条　**有下列情形之一的，当事人可以向人民检察院申请检察建议或者抗诉：**

（一）人民法院驳回再审申请的；

（二）人民法院逾期未对再审申请作出裁定的；

（三）再审判决、裁定有明显错误的。

人民检察院对当事人的申请应当在三个月内进行审查，作出提出或者不予提出检察建议或者抗诉的决定，当事人不得再次向人民检察院申请检察建议或者抗诉。

第二百一十条　人民检察院因履行法律监督职责提出检察建议或者抗诉的需要，可以向当事人或者案外人调查核实有关情况。

第二百一十一条　人民检察院提出抗诉的案件，接受抗诉的人民法院应当自收到抗诉书之日起三十日内作出再审的裁定；有本法第**二百**条第一项至第五项规定情形之一的，可以交下一级人民法院再审，**但经该下一级人民法院再审的除外。**

第二百一十二条　人民检察院决定对人民法院的判决、裁定、**调解书**提出抗诉的，应当制作抗诉书。

第二百一十三条　人民检察院提出抗诉的案件，人民法院再审时，应当通知人民检察院派员出席法庭。

第十七章　督促程序

第二百一十四条　债权人请求债务人给付金钱、有价证券，符合下列条件的，可以向有管辖权的基层人民法院申请支付令：

（一）债权人与债务人没有其他债务纠纷的；

（二）支付令能够送达债务人的。

申请书应当写明请求给付金钱或者有价证券的数量和所根据的事实、证据。

第二百一十五条　债权人提出申请后，人民法院应当在五日内通知债权人是否受理。

第二百一十六条　人民法院受理申请后，经审查债权人提供的事实、证据，对债权债务关系明确、合法的，应当在受理之日起十五日内向债务人发出支付令；申请不成立的，裁定予以驳回。

债务人应当自收到支付令之日起十五日内清偿债务，或者向人民法院提出书面异议。

债务人在前款规定的期间不提出异议又不履行支付令的，债权人可以向人民法院申请执行。

第二百一十七条　人民法院收到债务人提出的书面异议后，**经审查，异议成立的，**应当裁定终结督促程序，支付令自行失效。

支付令失效的，转入诉讼程序，但申请支付令的一方当事人不同意提起诉讼的除外。

第十八章　公示催告程序

第二百一十八条　按照规定可以背书转让的票据持有人，因票据被盗、遗失或者灭失，可以向票据支付地的基层人民法院申请公示催告。依照法律规定可以申请公示催告的其他事项，适用本章规定。

申请人应当向人民法院递交申请书，写明票面金额、发票人、持票人、背书人等票据主要内容和申请的理由、事实。

第二百一十九条　人民法院决定受理申请，应当同时通知支付人停止支付，并在三日内发出公告，催促利害关系人申报权利。公示催告的期间，由人民法院根据情况决定，但不得少于六十日。

第二百二十条　支付人收到人民法院停止支付的通知，应当停止支付，至公示催告程序终结。

公示催告期间，转让票据权利的行为无效。

第二百二十一条　利害关系人应当在公示催告期间向人民法院申报。

人民法院收到利害关系人的申报后，应当裁定终结公示催告程序，并通知申请人和支付人。

申请人或者申报人可以向人民法院起诉。

第二百二十二条　没有人申报的，人民法院应当根据申请人的申请，作出判决，宣告票据无效。判决应当公告，并通知支付人。自判决公告之日起，申请人有权向支付人请求支付。

第二百二十三条　利害关系人因正当理由不能在判决前向人民法院申报的，自知道或者应当知道判决公告之日起一年内，可以向作出判决的人民法院起诉。

第三编　执行程序

第十九章　一般规定

第二百二十四条　发生法律效力的民事判决、裁定，以及刑事判决、裁定中的财产部分，由第一审人民法院或者与第一审人民法院同级的被执行的财产所在地人民法院执行。

法律规定由人民法院执行的其他法律文书，由被执行人住所地或者被执行的财产所在地人民法院执行。

第二百二十五条　当事人、利害关系人认为执行行为违反法律规定的，可以向负责执行的人民法院提出书面异议。当事人、利害关系人提出书面异议的，人民法院应当自收到书面异议之日起十五日内审查，理由成立的，裁定撤销或者改正；理由不成立的，裁定驳回。当事人、利害关系人对裁定不服的，可以自裁定送达之日起十日内向上一级人民法院申请复议。

第二百二十六条　人民法院自收到申请执行书之日起超过六个月未执行的，申请执行人可以向上一级人民法院申请执行。上一级人民法院经审查，可以责令原人民法院在一定期限内执行，也可以决定由本院执行或者指令其他人民法院执行。

第二百二十七条　执行过程中，案外人对执行标的提出书面异议的，人民法院应当自收到书面异议之日起十五日内审查，理由成立的，裁定中止对该标的的执行；理由不成立的，裁定驳回。案外人、当事人对裁定不服，认为原判决、裁定错误的，依照审判监督程序办理；与原判决、裁定无关的，可以自裁定送达之日起十五日内向人民法院提起诉讼。

第二百二十八条 执行工作由执行员进行。

采取强制执行措施时，执行员应当出示证件。执行完毕后，应当将执行情况制作笔录，由在场的有关人员签名或者盖章。

人民法院根据需要可以设立执行机构。

第二百二十九条 被执行人或者被执行的财产在外地的，可以委托当地人民法院代为执行。受委托人民法院收到委托函件后，必须在十五日内开始执行，不得拒绝。执行完毕后，应当将执行结果及时函复委托人民法院；在三十日内如果还未执行完毕，也应当将执行情况函告委托人民法院。

受委托人民法院自收到委托函件之日起十五日内不执行的，委托人民法院可以请求受委托人民法院的上级人民法院指令受委托人民法院执行。

第二百三十条 在执行中，双方当事人自行和解达成协议的，执行员应当将协议内容记入笔录，由双方当事人签名或者盖章。

申请执行人因受欺诈、胁迫与被执行人达成和解协议，或者当事人不履行和解协议的，人民法院可以根据当事人的申请，恢复对原生效法律文书的执行。

第二百三十一条 在执行中，被执行人向人民法院提供担保，并经申请执行人同意的，人民法院可以决定暂缓执行及暂缓执行的期限。被执行人逾期仍不履行的，人民法院有权执行被执行人的担保财产或者担保人的财产。

第二百三十二条 作为被执行人的公民死亡的，以其遗产偿还债务。作为被执行人的法人或者其他组织终止的，由其权利义务承受人履行义务。

第二百三十三条 执行完毕后，据以执行的判决、裁定和其他法律文书确有错误，被人民法院撤销的，对已被执行的财产，人民法院应当作出裁定，责令取得财产的人返还；拒不返还的，强制执行。

第二百三十四条 人民法院制作的调解书的执行，适用本编的规定。

第二百三十五条 **人民检察院有权对民事执行活动实行法律监督。**

第二十章　执行的申请和移送

第二百三十六条 发生法律效力的民事判决、裁定，当事人必须履行。一方拒绝履行的，对方当事人可以向人民法院申请执行，也可以由审判员移送执行员执行。

调解书和其他应当由人民法院执行的法律文书，当事人必须履行。一方拒绝履行的，对方当事人可以向人民法院申请执行。

第二百三十七条 对依法设立的仲裁机构的裁决，一方当事人不履行的，对方当事人可以向有管辖权的人民法院申请执行。受申请的人民法院应当执行。

被申请人提出证据证明仲裁裁决有下列情形之一的，经人民法院组成合议庭审查核实，裁定不予执行：

（一）当事人在合同中没有订有仲裁条款或者事后没有达成书面仲裁协议的；

（二）裁决的事项不属于仲裁协议的范围或者仲裁机构无权仲裁的；

（三）仲裁庭的组成或者仲裁的程序违反法定程序的；

（四）**裁决所根据的证据是伪造的；**

（五）**对方当事人向仲裁机构隐瞒了足以影响公正裁决的证据的；**

（六）仲裁员在仲裁该案时有贪污受贿，徇私舞弊，枉法裁决行为的。

人民法院认定执行该裁决违背社会公共利益的，裁定不予执行。

裁定书应当送达双方当事人和仲裁机构。

仲裁裁决被人民法院裁定不予执行的，当事人可以根据双方达成的书面仲裁协议重新申请仲裁，也可以向人民法院起诉。

第二百三十八条　对公证机关依法赋予强制执行效力的债权文书，一方当事人不履行的，对方当事人可以向有管辖权的人民法院申请执行，受申请的人民法院应当执行。

公证债权文书确有错误的，人民法院裁定不予执行，并将裁定书送达双方当事人和公证机关。

第二百三十九条　申请执行的期间为二年。申请执行时效的中止、中断，适用法律有关诉讼时效中止、中断的规定。

前款规定的期间，从法律文书规定履行期间的最后一日起计算；法律文书规定分期履行的，从规定的每次履行期间的最后一日起计算；法律文书未规定履行期间的，从法律文书生效之日起计算。

第二百四十条　执行员接到申请执行书或者移交执行书，应当向被执行人发出执行通知，**并可以立即采取强制执行措施。**

第二十一章　执行措施

第二百四十一条　被执行人未按执行通知履行法律文书确定的义务，应当报告当前以及收到执行通知之日前一年的财产情况。被执行人拒绝报告或者虚假报告的，人民法院可以根据情节轻重对被执行人或者其法定代理人、有关单位的主要负责人或者直接责任人员予以罚款、拘留。

第二百四十二条　被执行人未按执行通知履行法律文书确定的义务，人民法院有权向**有关**单位查询被执行人的存款、**债券、股票、基金份额等财产**情况。**人民法院**有权**根据不同情形扣押**、冻结、划拨、**变价**被执行人的**财产。人民法院**查询、**扣押**、冻结、划拨、**变价的财产**不得超出被执行人应当履行义务的范围。

人民法院决定**扣押**、冻结、划拨、**变价财产**，应当作出裁定，并发出协助执行通知书，**有关**单位必须办理。

第二百四十三条　被执行人未按执行通知履行法律文书确定的义务，人民法院有权扣留、提取被执行人应当履行义务部分的收入。但应当保留被执行人及其所扶养家属的生活必需费用。

人民法院扣留、提取收入时，应当作出裁定，并发出协助执行通知书，被执行人所在单位、银行、信用合作社和其他有储蓄业务的单位必须办理。

第二百四十四条　被执行人未按执行通知履行法律文书确定的义务，人民法院有权查封、扣押、冻结、拍卖、变卖被执行人应当履行义务部分的财产。但应当保留被执行人及其所扶养家属的生活必需品。

采取前款措施，人民法院应当作出裁定。

第二百四十五条 人民法院查封、扣押财产时，被执行人是公民的，应当通知被执行人或者他的成年家属到场；被执行人是法人或者其他组织的，应当通知其法定代表人或者主要负责人到场。拒不到场的，不影响执行。被执行人是公民的，其工作单位或者财产所在地的基层组织应当派人参加。

对被查封、扣押的财产，执行员必须造具清单，由在场人签名或者盖章后，交被执行人一份。被执行人是公民的，也可以交他的成年家属一份。

第二百四十六条 被查封的财产，执行员可以指定被执行人负责保管。因被执行人的过错造成的损失，由被执行人承担。

第二百四十七条 财产被查封、扣押后，执行员应当责令被执行人在指定期间履行法律文书确定的义务。被执行人逾期不履行的，人民法院**应当拍卖**被查封、扣押的财产；**不适于拍卖或者当事人双方同意不进行拍卖的，人民法院可以委托**有关单位变卖**或者自行变卖**。国家禁止自由买卖的物品，交有关单位按照国家规定的价格收购。

第二百四十八条 被执行人不履行法律文书确定的义务，并隐匿财产的，人民法院有权发出搜查令，对被执行人及其住所或者财产隐匿地进行搜查。

采取前款措施，由院长签发搜查令。

第二百四十九条 法律文书指定交付的财物或者票证，由执行员传唤双方当事人当面交付，或者由执行员转交，并由被交付人签收。

有关单位持有该项财物或者票证的，应当根据人民法院的协助执行通知书转交，并由被交付人签收。

有关公民持有该项财物或者票证的，人民法院通知其交出。拒不交出的，强制执行。

第二百五十条 强制迁出房屋或者强制退出土地，由院长签发公告，责令被执行人在指定期间履行。被执行人逾期不履行的，由执行员强制执行。

强制执行时，被执行人是公民的，应当通知被执行人或者他的成年家属到场；被执行人是法人或者其他组织的，应当通知其法定代表人或者主要负责人到场。拒不到场的，不影响执行。被执行人是公民的，其工作单位或者房屋、土地所在地的基层组织应当派人参加。执行员应当将强制执行情况记入笔录，由在场人签名或者盖章。

强制迁出房屋被搬出的财物，由人民法院派人运至指定处所，交给被执行人。被执行人是公民的，也可以交给他的成年家属。因拒绝接收而造成的损失，由被执行人承担。

第二百五十一条 在执行中，需要办理有关财产权证照转移手续的，人民法院可以向有关单位发出协助执行通知书，有关单位必须办理。

第二百五十二条 对判决、裁定和其他法律文书指定的行为，被执行人未按执行通知履行的，人民法院可以强制执行或者委托有关单位或者其他人完成，费用由被执行人承担。

第二百五十三条 被执行人未按判决、裁定和其他法律文书指定的期间履行给付金钱义务的，应当加倍支付迟延履行期间的债务利息。被执行人未按判决、裁定和其他法律文书指定的期间履行其他义务的，应当支付迟延履行金。

第二百五十四条　人民法院采取本法第二百四十二条、第二百四十三条、第二百四十四条规定的执行措施后，被执行人仍不能偿还债务的，应当继续履行义务。债权人发现被执行人有其他财产的，可以随时请求人民法院执行。

第二百五十五条　被执行人不履行法律文书确定的义务的，人民法院可以对其采取或者通知有关单位协助采取限制出境，在征信系统记录、通过媒体公布不履行义务信息以及法律规定的其他措施。

第二十二章　执行中止和终结

第二百五十六条　有下列情形之一的，人民法院应当裁定中止执行：

（一）申请人表示可以延期执行的；

（二）案外人对执行标的提出确有理由的异议的；

（三）作为一方当事人的公民死亡，需要等待继承人继承权利或者承担义务的；

（四）作为一方当事人的法人或者其他组织终止，尚未确定权利义务承受人的；

（五）人民法院认为应当中止执行的其他情形。

中止的情形消失后，恢复执行。

第二百五十七条　有下列情形之一的，人民法院裁定终结执行：

（一）申请人撤销申请的；

（二）据以执行的法律文书被撤销的；

（三）作为被执行人的公民死亡，无遗产可供执行，又无义务承担人的；

（四）追索赡养费、扶养费、抚育费案件的权利人死亡的；

（五）作为被执行人的公民因生活困难无力偿还借款，无收入来源，又丧失劳动能力的；

（六）人民法院认为应当终结执行的其他情形。

第二百五十八条　中止和终结执行的裁定，送达当事人后立即生效。

第四编　涉外民事诉讼程序的特别规定

第二十三章　一般原则

第二百五十九条　在中华人民共和国领域内进行涉外民事诉讼，适用本编规定。本编没有规定的，适用本法其他有关规定。

第二百六十条　中华人民共和国缔结或者参加的国际条约同本法有不同规定的，适用该国际条约的规定，但中华人民共和国声明保留的条款除外。

第二百六十一条　对享有外交特权与豁免的外国人、外国组织或者国际组织提起的民事诉讼，应当依照中华人民共和国有关法律和中华人民共和国缔结或者参加的国际条约的规定办理。

第二百六十二条　人民法院审理涉外民事案件，应当使用中华人民共和国通用的语言、文字。当事人要求提供翻译的，可以提供，费用由当事人承担。

第二百六十三条 外国人、无国籍人、外国企业和组织在人民法院起诉、应诉，需要委托律师代理诉讼的，必须委托中华人民共和国的律师。

第二百六十四条 在中华人民共和国领域内没有住所的外国人、无国籍人、外国企业和组织委托中华人民共和国律师或者其他人代理诉讼，从中华人民共和国领域外寄交或者托交的授权委托书，应当经所在国公证机关证明，并经中华人民共和国驻该国使领馆认证，或者履行中华人民共和国与该所在国订立的有关条约中规定的证明手续后，才具有效力。

第二十四章 管　　辖

第二百六十五条 因合同纠纷或者其他财产权益纠纷，对在中华人民共和国领域内没有住所的被告提起的诉讼，如果合同在中华人民共和国领域内签订或者履行，或者诉讼标的物在中华人民共和国领域内，或者被告在中华人民共和国领域内有可供扣押的财产，或者被告在中华人民共和国领域内设有代表机构，可以由合同签订地、合同履行地、诉讼标的物所在地、可供扣押财产所在地、侵权行为地或者代表机构住所地人民法院管辖。

第二百六十六条 因在中华人民共和国履行中外合资经营企业合同、中外合作经营企业合同、中外合作勘探开发自然资源合同发生纠纷提起的诉讼，由中华人民共和国人民法院管辖。

第二十五章 送达、期间

第二百六十七条 人民法院对在中华人民共和国领域内没有住所的当事人送达诉讼文书，可以采用下列方式：

（一）依照受送达人所在国与中华人民共和国缔结或者共同参加的国际条约中规定的方式送达；

（二）通过外交途径送达；

（三）对具有中华人民共和国国籍的受送达人，可以委托中华人民共和国驻受送达人所在国的使领馆代为送达；

（四）向受送达人委托的有权代其接受送达的诉讼代理人送达；

（五）向受送达人在中华人民共和国领域内设立的代表机构或者有权接受送达的分支机构、业务代办人送达；

（六）受送达人所在国的法律允许邮寄送达的，可以邮寄送达，自邮寄之日起满三个月，送达回证没有退回，但根据各种情况足以认定已经送达的，期间届满之日视为送达；

（七）**采用传真、电子邮件等能够确认受送达人收悉的方式送达；**

（八）不能用上述方式送达的，公告送达，自公告之日起满三个月，即视为送达。

第二百六十八条 被告在中华人民共和国领域内没有住所的，人民法院应当将起诉状副本送达被告，并通知被告在收到起诉状副本后三十日内提出答辩状。被告申请延期的，是否准许，由人民法院决定。

第二百六十九条 在中华人民共和国领域内没有住所的当事人，不服第一审人民法院判决、裁定的，有权在判决书、裁定书送达之日起三十日内提起上诉。被上诉人在收到上诉状副本后，应当在三十日内提出答辩状。当事人不能在法定期间提起上诉或者提出答辩状，申请延期的，是否准许，由人民法院决定。

第二百七十条　人民法院审理涉外民事案件的期间，不受本法第一百四十九条、第一百七十六条规定的限制。

第二十六章　仲　　裁

第二百七十一条　涉外经济贸易、运输和海事中发生的纠纷，当事人在合同中订有仲裁条款或者事后达成书面仲裁协议，提交中华人民共和国涉外仲裁机构或者其他仲裁机构仲裁的，当事人不得向人民法院起诉。

当事人在合同中没有订有仲裁条款或者事后没有达成书面仲裁协议的，可以向人民法院起诉。

第二百七十二条　当事人申请采取保全的，中华人民共和国的涉外仲裁机构应当将当事人的申请，提交被申请人住所地或者财产所在地的中级人民法院裁定。

第二百七十三条　经中华人民共和国涉外仲裁机构裁决的，当事人不得向人民法院起诉。一方当事人不履行仲裁裁决的，对方当事人可以向被申请人住所地或者财产所在地的中级人民法院申请执行。

第二百七十四条　对中华人民共和国涉外仲裁机构作出的裁决，被申请人提出证据证明仲裁裁决有下列情形之一的，经人民法院组成合议庭审查核实，裁定不予执行：

（一）当事人在合同中没有订有仲裁条款或者事后没有达成书面仲裁协议的；

（二）被申请人没有得到指定仲裁员或者进行仲裁程序的通知，或者由于其他不属于被申请人负责的原因未能陈述意见的；

（三）仲裁庭的组成或者仲裁的程序与仲裁规则不符的；

（四）裁决的事项不属于仲裁协议的范围或者仲裁机构无权仲裁的。

人民法院认定执行该裁决违背社会公共利益的，裁定不予执行。

第二百七十五条　仲裁裁决被人民法院裁定不予执行的，当事人可以根据双方达成的书面仲裁协议重新申请仲裁，也可以向人民法院起诉。

第二十七章　司法协助

第二百七十六条　根据中华人民共和国缔结或者参加的国际条约，或者按照互惠原则，人民法院和外国法院可以相互请求，代为送达文书、调查取证以及进行其他诉讼行为。

外国法院请求协助的事项有损于中华人民共和国的主权、安全或者社会公共利益的，人民法院不予执行。

第二百七十七条　请求和提供司法协助，应当依照中华人民共和国缔结或者参加的国际条约所规定的途径进行；没有条约关系的，通过外交途径进行。

外国驻中华人民共和国的使领馆可以向该国公民送达文书和调查取证，但不得违反中华人民共和国的法律，并不得采取强制措施。

除前款规定的情况外，未经中华人民共和国主管机关准许，任何外国机关或者个人不得在中华人民共和国领域内送达文书、调查取证。

第二百七十八条 外国法院请求人民法院提供司法协助的请求书及其所附文件，应当附有中文译本或者国际条约规定的其他文字文本。

人民法院请求外国法院提供司法协助的请求书及其所附文件，应当附有该国文字译本或者国际条约规定的其他文字文本。

第二百七十九条 人民法院提供司法协助，依照中华人民共和国法律规定的程序进行。外国法院请求采用特殊方式的，也可以按照其请求的特殊方式进行，但请求采用的特殊方式不得违反中华人民共和国法律。

第二百八十条 人民法院作出的发生法律效力的判决、裁定，如果被执行人或者其财产不在中华人民共和国领域内，当事人请求执行的，可以由当事人直接向有管辖权的外国法院申请承认和执行，也可以由人民法院依照中华人民共和国缔结或者参加的国际条约的规定，或者按照互惠原则，请求外国法院承认和执行。

中华人民共和国涉外仲裁机构作出的发生法律效力的仲裁裁决，当事人请求执行的，如果被执行人或者其财产不在中华人民共和国领域内，应当由当事人直接向有管辖权的外国法院申请承认和执行。

第二百八十一条 外国法院作出的发生法律效力的判决、裁定，需要中华人民共和国人民法院承认和执行的，可以由当事人直接向中华人民共和国有管辖权的中级人民法院申请承认和执行，也可以由外国法院依照该国与中华人民共和国缔结或者参加的国际条约的规定，或者按照互惠原则，请求人民法院承认和执行。

第二百八十二条 人民法院对申请或者请求承认和执行的外国法院作出的发生法律效力的判决、裁定，依照中华人民共和国缔结或者参加的国际条约，或者按照互惠原则进行审查后，认为不违反中华人民共和国法律的基本原则或者国家主权、安全、社会公共利益的，裁定承认其效力，需要执行的，发出执行令，依照本法的有关规定执行。违反中华人民共和国法律的基本原则或者国家主权、安全、社会公共利益的，不予承认和执行。

第二百八十三条 国外仲裁机构的裁决，需要中华人民共和国人民法院承认和执行的，应当由当事人直接向被执行人住所地或者其财产所在地的中级人民法院申请，人民法院应当依照中华人民共和国缔结或者参加的国际条约，或者按照互惠原则办理。

第二百八十四条 本法自公布之日起施行，《中华人民共和国民事诉讼法（试行）》同时废止。

附录五

《中华人民共和国民事诉讼法》修正前后对照表

（条文中黑体字部分是对原法条文所作的修改或者补充内容）

修 正 前	修 正 后
第一编　总　　则	**第一编　总　　则**
第一章　任务、适用范围和基本原则	**第一章　任务、适用范围和基本原则**
第一条　中华人民共和国民事诉讼法以宪法为根据，结合我国民事审判工作的经验和实际情况制定。	**第一条**　中华人民共和国民事诉讼法以宪法为根据，结合我国民事审判工作的经验和实际情况制定。
第二条　中华人民共和国民事诉讼法的任务，是保护当事人行使诉讼权利，保证人民法院查明事实，分清是非，正确适用法律，及时审理民事案件，确认民事权利义务关系，制裁民事违法行为，保护当事人的合法权益，教育公民自觉遵守法律，维护社会秩序、经济秩序，保障社会主义建设事业顺利进行。	**第二条**　中华人民共和国民事诉讼法的任务，是保护当事人行使诉讼权利，保证人民法院查明事实，分清是非，正确适用法律，及时审理民事案件，确认民事权利义务关系，制裁民事违法行为，保护当事人的合法权益，教育公民自觉遵守法律，维护社会秩序、经济秩序，保障社会主义建设事业顺利进行。
第三条　人民法院受理公民之间、法人之间、其他组织之间以及他们相互之间因财产关系和人身关系提起的民事诉讼，适用本法的规定。	**第三条**　人民法院受理公民之间、法人之间、其他组织之间以及他们相互之间因财产关系和人身关系提起的民事诉讼，适用本法的规定。
第四条　凡在中华人民共和国领域内进行民事诉讼，必须遵守本法。	**第四条**　凡在中华人民共和国领域内进行民事诉讼，必须遵守本法。
第五条　外国人、无国籍人、外国企业和组织在人民法院起诉、应诉，同中华人民共和国公民、法人和其他组织有同等	**第五条**　外国人、无国籍人、外国企业和组织在人民法院起诉、应诉，同中华人民共和国公民、法人和其他组织有同等

的诉讼权利义务。 外国法院对中华人民共和国公民、法人和其他组织的民事诉讼权利加以限制的，中华人民共和国人民法院对该国公民、企业和组织的民事诉讼权利，实行对等原则。	的诉讼权利义务。 外国法院对中华人民共和国公民、法人和其他组织的民事诉讼权利加以限制的，中华人民共和国人民法院对该国公民、企业和组织的民事诉讼权利，实行对等原则。
第六条 民事案件的审判权由人民法院行使。 人民法院依照法律规定对民事案件独立进行审判，不受行政机关、社会团体和个人的干涉。	**第六条** 民事案件的审判权由人民法院行使。 人民法院依照法律规定对民事案件独立进行审判，不受行政机关、社会团体和个人的干涉。
第七条 人民法院审理民事案件，必须以事实为根据，以法律为准绳。	**第七条** 人民法院审理民事案件，必须以事实为根据，以法律为准绳。
第八条 民事诉讼当事人有平等的诉讼权利。人民法院审理民事案件，应当保障和便利当事人行使诉讼权利，对当事人在适用法律上一律平等。	**第八条** 民事诉讼当事人有平等的诉讼权利。人民法院审理民事案件，应当保障和便利当事人行使诉讼权利，对当事人在适用法律上一律平等。
第九条 人民法院审理民事案件，应当根据自愿和合法的原则进行调解；调解不成的，应当及时判决。	**第九条** 人民法院审理民事案件，应当根据自愿和合法的原则进行调解；调解不成的，应当及时判决。
第十条 人民法院审理民事案件，依照法律规定实行合议、回避、公开审判和两审终审制度。	**第十条** 人民法院审理民事案件，依照法律规定实行合议、回避、公开审判和两审终审制度。
第十一条 各民族公民都有用本民族语言、文字进行民事诉讼的权利。 在少数民族聚居或者多民族共同居住的地区，人民法院应当用当地民族通用的语言、文字进行审理和发布法律文书。 人民法院应当对不通晓当地民族通用的语言、文字的诉讼参与人提供翻译。	**第十一条** 各民族公民都有用本民族语言、文字进行民事诉讼的权利。 在少数民族聚居或者多民族共同居住的地区，人民法院应当用当地民族通用的语言、文字进行审理和发布法律文书。 人民法院应当对不通晓当地民族通用的语言、文字的诉讼参与人提供翻译。
第十二条 人民法院审理民事案件时，当事人有权进行辩论。	**第十二条** 人民法院审理民事案件时，当事人有权进行辩论。
第十三条 当事人有权在法律规定的范围内处分自己的民事权利和诉讼权利。	**第十三条** **民事诉讼应当遵循诚实信用原则。** 当事人有权在法律规定的范围内处分自己的民事权利和诉讼权利。

第十四条 人民检察院有权对民事审判活动实行法律监督。	**第十四条** 人民检察院有权对民事**诉讼**实行法律监督。
第十五条 机关、社会团体、企业事业单位对损害国家、集体或者个人民事权益的行为，可以支持受损害的单位或者个人向人民法院起诉。	**第十五条** 机关、社会团体、企业事业单位对损害国家、集体或者个人民事权益的行为，可以支持受损害的单位或者个人向人民法院起诉。
第十六条 人民调解委员会是在基层人民政府和基层人民法院指导下，调解民间纠纷的群众性组织。 人民调解委员会依照法律规定，根据自愿原则进行调解。当事人对调解达成的协议应当履行；不愿调解、调解不成或者反悔的，可以向人民法院起诉。 人民调解委员会调解民间纠纷，如有违背法律的，人民法院应当予以纠正。	
第十七条 民族自治地方的人民代表大会根据宪法和本法的原则，结合当地民族的具体情况，可以制定变通或者补充的规定。自治区的规定，报全国人民代表大会常务委员会批准。自治州、自治县的规定，报省或者自治区的人民代表大会常务委员会批准，并报全国人民代表大会常务委员会备案。	**第十六条** 民族自治地方的人民代表大会根据宪法和本法的原则，结合当地民族的具体情况，可以制定变通或者补充的规定。自治区的规定，报全国人民代表大会常务委员会批准。自治州、自治县的规定，报省或者自治区的人民代表大会常务委员会批准，并报全国人民代表大会常务委员会备案。
第二章 管 辖	**第二章 管 辖**
第一节 级别管辖	第一节 级别管辖
第十八条 基层人民法院管辖第一审民事案件，但本法另有规定的除外。	**第十七条** 基层人民法院管辖第一审民事案件，但本法另有规定的除外。
第十九条 中级人民法院管辖下列第一审民事案件： （一）重大涉外案件； （二）在本辖区有重大影响的案件； （三）最高人民法院确定由中级人民法院管辖的案件。	**第十八条** 中级人民法院管辖下列第一审民事案件： （一）重大涉外案件； （二）在本辖区有重大影响的案件； （三）最高人民法院确定由中级人民法院管辖的案件。
第二十条 高级人民法院管辖在本辖区有重大影响的第一审民事案件。	**第十九条** 高级人民法院管辖在本辖区有重大影响的第一审民事案件。

第二十一条 最高人民法院管辖下列第一审民事案件： （一）在全国有重大影响的案件； （二）认为应当由本院审理的案件。	**第二十条** 最高人民法院管辖下列第一审民事案件： （一）在全国有重大影响的案件； （二）认为应当由本院审理的案件。
第二节 地域管辖	第二节 地域管辖
第二十二条 对公民提起的民事诉讼，由被告住所地人民法院管辖；被告住所地与经常居住地不一致的，由经常居住地人民法院管辖。 对法人或者其他组织提起的民事诉讼，由被告住所地人民法院管辖。 同一诉讼的几个被告住所地、经常居住地在两个以上人民法院辖区的，各该人民法院都有管辖权。	**第二十一条** 对公民提起的民事诉讼，由被告住所地人民法院管辖；被告住所地与经常居住地不一致的，由经常居住地人民法院管辖。 对法人或者其他组织提起的民事诉讼，由被告住所地人民法院管辖。 同一诉讼的几个被告住所地、经常居住地在两个以上人民法院辖区的，各该人民法院都有管辖权。
第二十三条 下列民事诉讼，由原告住所地人民法院管辖；原告住所地与经常居住地不一致的，由原告经常居住地人民法院管辖： （一）对不在中华人民共和国领域内居住的人提起的有关身份关系的诉讼； （二）对下落不明或者宣告失踪的人提起的有关身份关系的诉讼； （三）对被劳动教养的人提起的诉讼； （四）对被监禁的人提起的诉讼。	**第二十二条** 下列民事诉讼，由原告住所地人民法院管辖；原告住所地与经常居住地不一致的，由原告经常居住地人民法院管辖： （一）对不在中华人民共和国领域内居住的人提起的有关身份关系的诉讼； （二）对下落不明或者宣告失踪的人提起的有关身份关系的诉讼； （三）对被**采取强制性教育措施**的人提起的诉讼； （四）对被监禁的人提起的诉讼。
第二十四条 因合同纠纷提起的诉讼，由被告住所地或者合同履行地人民法院管辖。	**第二十三条** 因合同纠纷提起的诉讼，由被告住所地或者合同履行地人民法院管辖。
第二十五条 合同的双方当事人可以在书面合同中协议选择被告住所地、合同履行地、合同签订地、原告住所地、标的物所在地人民法院管辖，但不得违反本法对级别管辖和专属管辖的规定。 （本条内容移至新条文第三十四条）	
第二十六条 因保险合同纠纷提起的诉讼，由被告住所地或者保险标的物所在	**第二十四条** 因保险合同纠纷提起的诉讼，由被告住所地或者保险标的物所在

地人民法院管辖。	地人民法院管辖。
第二十七条 因票据纠纷提起的诉讼，由票据支付地或者被告住所地人民法院管辖。	**第二十五条** 因票据纠纷提起的诉讼，由票据支付地或者被告住所地人民法院管辖。
	第二十六条 因公司设立、确认股东资格、分配利润、解散等纠纷提起的诉讼，由公司住所地人民法院管辖。
第二十八条 因铁路、公路、水上、航空运输和联合运输合同纠纷提起的诉讼，由运输始发地、目的地或者被告住所地人民法院管辖。	**第二十七条** 因铁路、公路、水上、航空运输和联合运输合同纠纷提起的诉讼，由运输始发地、目的地或者被告住所地人民法院管辖。
第二十九条 因侵权行为提起的诉讼，由侵权行为地或者被告住所地人民法院管辖。	**第二十八条** 因侵权行为提起的诉讼，由侵权行为地或者被告住所地人民法院管辖。
第三十条 因铁路、公路、水上和航空事故请求损害赔偿提起的诉讼，由事故发生地或者车辆、船舶最先到达地、航空器最先降落地或者被告住所地人民法院管辖。	**第二十九条** 因铁路、公路、水上和航空事故请求损害赔偿提起的诉讼，由事故发生地或者车辆、船舶最先到达地、航空器最先降落地或者被告住所地人民法院管辖。
第三十一条 因船舶碰撞或者其他海事损害事故请求损害赔偿提起的诉讼，由碰撞发生地、碰撞船舶最先到达地、加害船舶被扣留地或者被告住所地人民法院管辖。	**第三十条** 因船舶碰撞或者其他海事损害事故请求损害赔偿提起的诉讼，由碰撞发生地、碰撞船舶最先到达地、加害船舶被扣留地或者被告住所地人民法院管辖。
第三十二条 因海难救助费用提起的诉讼，由救助地或者被救助船舶最先到达地人民法院管辖。	**第三十一条** 因海难救助费用提起的诉讼，由救助地或者被救助船舶最先到达地人民法院管辖。
第三十三条 因共同海损提起的诉讼，由船舶最先到达地、共同海损理算地或者航程终止地的人民法院管辖。	**第三十二条** 因共同海损提起的诉讼，由船舶最先到达地、共同海损理算地或者航程终止地的人民法院管辖。
第三十四条 下列案件，由本条规定的人民法院专属管辖： （一）因不动产纠纷提起的诉讼，由不动产所在地人民法院管辖； （二）因港口作业中发生纠纷提起的	**第三十三条** 下列案件，由本条规定的人民法院专属管辖： （一）因不动产纠纷提起的诉讼，由不动产所在地人民法院管辖； （二）因港口作业中发生纠纷提起的

诉讼，由港口所在地人民法院管辖； （三）因继承遗产纠纷提起的诉讼，由被继承人死亡时住所地或者主要遗产所在地人民法院管辖。	诉讼，由港口所在地人民法院管辖； （三）因继承遗产纠纷提起的诉讼，由被继承人死亡时住所地或者主要遗产所在地人民法院管辖。
第三十五条 两个以上人民法院都有管辖权的诉讼，原告可以向其中一个人民法院起诉；原告向两个以上有管辖权的人民法院起诉的，由最先立案的人民法院管辖。	**第三十四条** 合同或者其他财产权益纠纷的当事人可以书面协议选择被告住所地、合同履行地、合同签订地、原告住所地、标的物所在地等与争议有实际联系的地点的人民法院管辖，但不得违反本法对级别管辖和专属管辖的规定。 **第三十五条** 两个以上人民法院都有管辖权的诉讼，原告可以向其中一个人民法院起诉；原告向两个以上有管辖权的人民法院起诉的，由最先立案的人民法院管辖。
第三节　移送管辖和指定管辖	第三节　移送管辖和指定管辖
第三十六条 人民法院发现受理的案件不属于本院管辖的，应当移送有管辖权的人民法院，受移送的人民法院应当受理。受移送的人民法院认为受移送的案件依照规定不属于本院管辖的，应当报请上级人民法院指定管辖，不得再自行移送。	**第三十六条** 人民法院发现受理的案件不属于本院管辖的，应当移送有管辖权的人民法院，受移送的人民法院应当受理。受移送的人民法院认为受移送的案件依照规定不属于本院管辖的，应当报请上级人民法院指定管辖，不得再自行移送。
第三十七条 有管辖权的人民法院由于特殊原因，不能行使管辖权的，由上级人民法院指定管辖。 人民法院之间因管辖权发生争议，由争议双方协商解决；协商解决不了的，报请它们的共同上级人民法院指定管辖。	**第三十七条** 有管辖权的人民法院由于特殊原因，不能行使管辖权的，由上级人民法院指定管辖。 人民法院之间因管辖权发生争议，由争议双方协商解决；协商解决不了的，报请它们的共同上级人民法院指定管辖。
第三十八条 人民法院受理案件后，当事人对管辖权有异议的，应当在提交答辩状期间提出。人民法院对当事人提出的异议，应当审查。异议成立的，裁定将案件移送有管辖权的人民法院；异议不成立的，裁定驳回。 （本条内容移至新条文第一百二十七条）	

第三十九条 上级人民法院有权审理下级人民法院管辖的第一审民事案件，也可以把本院管辖的第一审民事案件交下级人民法院审理。 下级人民法院对它所管辖的第一审民事案件，认为需要由上级人民法院审理的，可以报请上级人民法院审理。	**第三十八条** 上级人民法院有权审理下级人民法院管辖的第一审民事案件；**确有必要将**本院管辖的第一审民事案件交下级人民法院审理**的，应当报请其上级人民法院批准**。 下级人民法院对它所管辖的第一审民事案件，认为需要由上级人民法院审理的，可以报请上级人民法院审理。
第三章 审判组织	**第三章 审判组织**
第四十条 人民法院审理第一审民事案件，由审判员、陪审员共同组成合议庭或者由审判员组成合议庭。合议庭的成员人数，必须是单数。 适用简易程序审理的民事案件，由审判员一人独任审理。 陪审员在执行陪审职务时，与审判员有同等的权利义务。	**第三十九条** 人民法院审理第一审民事案件，由审判员、陪审员共同组成合议庭或者由审判员组成合议庭。合议庭的成员人数，必须是单数。 适用简易程序审理的民事案件，由审判员一人独任审理。 陪审员在执行陪审职务时，与审判员有同等的权利义务。
第四十一条 人民法院审理第二审民事案件，由审判员组成合议庭。合议庭的成员人数，必须是单数。 发回重审的案件，原审人民法院应当按照第一审程序另行组成合议庭。 审理再审案件，原来是第一审的，按照第一审程序另行组成合议庭；原来是第二审的或者是上级人民法院提审的，按照第二审程序另行组成合议庭。	**第四十条** 人民法院审理第二审民事案件，由审判员组成合议庭。合议庭的成员人数，必须是单数。 发回重审的案件，原审人民法院应当按照第一审程序另行组成合议庭。 审理再审案件，原来是第一审的，按照第一审程序另行组成合议庭；原来是第二审的或者是上级人民法院提审的，按照第二审程序另行组成合议庭。
第四十二条 合议庭的审判长由院长或者庭长指定审判员一人担任；院长或者庭长参加审判的，由院长或者庭长担任。	**第四十一条** 合议庭的审判长由院长或者庭长指定审判员一人担任；院长或者庭长参加审判的，由院长或者庭长担任。
第四十三条 合议庭评议案件，实行少数服从多数的原则。评议应当制作笔录，由合议庭成员签名。评议中的不同意见，必须如实记入笔录。	**第四十二条** 合议庭评议案件，实行少数服从多数的原则。评议应当制作笔录，由合议庭成员签名。评议中的不同意见，必须如实记入笔录。
第四十四条 审判人员应当依法秉公办案。 审判人员不得接受当事人及其诉讼代	**第四十三条** 审判人员应当依法秉公办案。 审判人员不得接受当事人及其诉讼代

理人请客送礼。 审判人员有贪污受贿，徇私舞弊，枉法裁判行为的，应当追究法律责任；构成犯罪的，依法追究刑事责任。	理人请客送礼。 审判人员有贪污受贿，徇私舞弊，枉法裁判行为的，应当追究法律责任；构成犯罪的，依法追究刑事责任。
第四章　回　避	**第四章　回　避**
第四十五条　审判人员有下列情形之一的，必须回避，当事人有权用口头或者书面方式申请他们回避： （一）是本案当事人或者当事人、诉讼代理人的近亲属； （二）与本案有利害关系； （三）与本案当事人有其他关系，可能影响对案件公正审理的。 前款规定，适用于书记员、翻译人员、鉴定人、勘验人。	**第四十四条**　审判人员有下列情形之一的，**应当自行**回避，当事人有权用口头或者书面方式申请他们回避： （一）是本案当事人或者当事人、诉讼代理人近亲属**的**； （二）与本案有利害关系**的**； （三）与本案当事人、**诉讼代理人**有其他关系，可能影响对案件公正审理的。 **审判人员接受当事人、诉讼代理人请客送礼，或者违反规定会见当事人、诉讼代理人的，当事人有权要求他们回避。** **审判人员有前款规定的行为的，应当依法追究法律责任。** 前三款规定，适用于书记员、翻译人员、鉴定人、勘验人。
第四十六条　当事人提出回避申请，应当说明理由，在案件开始审理时提出；回避事由在案件开始审理后知道的，也可以在法庭辩论终结前提出。 被申请回避的人员在人民法院作出是否回避的决定前，应当暂停参与本案的工作，但案件需要采取紧急措施的除外。	**第四十五条**　当事人提出回避申请，应当说明理由，在案件开始审理时提出；回避事由在案件开始审理后知道的，也可以在法庭辩论终结前提出。 被申请回避的人员在人民法院作出是否回避的决定前，应当暂停参与本案的工作，但案件需要采取紧急措施的除外。
第四十七条　院长担任审判长时的回避，由审判委员会决定；审判人员的回避，由院长决定；其他人员的回避，由审判长决定。	**第四十六条**　院长担任审判长时的回避，由审判委员会决定；审判人员的回避，由院长决定；其他人员的回避，由审判长决定。
第四十八条　人民法院对当事人提出的回避申请，应当在申请提出的三日内，以口头或者书面形式作出决定。申请人对决定不服的，可以在接到决定时申请复议一次。复议期间，被申请回避的人员，不停止参与本案的工作。人民法院对复议申	**第四十七条**　人民法院对当事人提出的回避申请，应当在申请提出的三日内，以口头或者书面形式作出决定。申请人对决定不服的，可以在接到决定时申请复议一次。复议期间，被申请回避的人员，不停止参与本案的工作。人民法院对复议申

请，应当在三日内作出复议决定，并通知复议申请人。	请，应当在三日内作出复议决定，并通知复议申请人。
第五章　诉讼参加人	**第五章　诉讼参加人**
第一节　当事人	第一节　当事人
第四十九条　公民、法人和其他组织可以作为民事诉讼的当事人。 法人由其法定代表人进行诉讼。其他组织由其主要负责人进行诉讼。	**第四十八条**　公民、法人和其他组织可以作为民事诉讼的当事人。 法人由其法定代表人进行诉讼。其他组织由其主要负责人进行诉讼。
第五十条　当事人有权委托代理人，提出回避申请，收集、提供证据，进行辩论，请求调解，提起上诉，申请执行。 当事人可以查阅本案有关材料，并可以复制本案有关材料和法律文书。查阅、复制本案有关材料的范围和办法由最高人民法院规定。 当事人必须依法行使诉讼权利，遵守诉讼秩序，履行发生法律效力的判决书、裁定书和调解书。	**第四十九条**　当事人有权委托代理人，提出回避申请，收集、提供证据，进行辩论，请求调解，提起上诉，申请执行。 当事人可以查阅本案有关材料，并可以复制本案有关材料和法律文书。查阅、复制本案有关材料的范围和办法由最高人民法院规定。 当事人必须依法行使诉讼权利，遵守诉讼秩序，履行发生法律效力的判决书、裁定书和调解书。
第五十一条　双方当事人可以自行和解。	**第五十条**　双方当事人可以自行和解。
第五十二条　原告可以放弃或者变更诉讼请求。被告可以承认或者反驳诉讼请求，有权提起反诉。	**第五十一条**　原告可以放弃或者变更诉讼请求。被告可以承认或者反驳诉讼请求，有权提起反诉。
第五十三条　当事人一方或者双方为二人以上，其诉讼标的是共同的，或者诉讼标的是同一种类、人民法院认为可以合并审理并经当事人同意的，为共同诉讼。 共同诉讼的一方当事人对诉讼标的有共同权利义务的，其中一人的诉讼行为经其他共同诉讼人承认，对其他共同诉讼人发生效力；对诉讼标的没有共同权利义务的，其中一人的诉讼行为对其他共同诉讼人不发生效力。	**第五十二条**　当事人一方或者双方为二人以上，其诉讼标的是共同的，或者诉讼标的是同一种类、人民法院认为可以合并审理并经当事人同意的，为共同诉讼。 共同诉讼的一方当事人对诉讼标的有共同权利义务的，其中一人的诉讼行为经其他共同诉讼人承认，对其他共同诉讼人发生效力；对诉讼标的没有共同权利义务的，其中一人的诉讼行为对其他共同诉讼人不发生效力。
第五十四条　当事人一方人数众多的共同诉讼，可以由当事人推选代表人进行诉讼。代表人的诉讼行为对其所代表的当	**第五十三条**　当事人一方人数众多的共同诉讼，可以由当事人推选代表人进行诉讼。代表人的诉讼行为对其所代表的当

事人发生效力，但代表人变更、放弃诉讼请求或者承认对方当事人的诉讼请求，进行和解，必须经被代表的当事人同意。	事人发生效力，但代表人变更、放弃诉讼请求或者承认对方当事人的诉讼请求，进行和解，必须经被代表的当事人同意。
第五十五条 诉讼标的是同一种类、当事人一方人数众多在起诉时人数尚未确定的，人民法院可以发出公告，说明案件情况和诉讼请求，通知权利人在一定期间向人民法院登记。 向人民法院登记的权利人可以推选代表人进行诉讼；推选不出代表人的，人民法院可以与参加登记的权利人商定代表人。 代表人的诉讼行为对其所代表的当事人发生效力，但代表人变更、放弃诉讼请求或者承认对方当事人的诉讼请求，进行和解，必须经被代表的当事人同意。 人民法院作出的判决、裁定，对参加登记的全体权利人发生效力。未参加登记的权利人在诉讼时效期间提起诉讼的，适用该判决、裁定。	**第五十四条** 诉讼标的是同一种类、当事人一方人数众多在起诉时人数尚未确定的，人民法院可以发出公告，说明案件情况和诉讼请求，通知权利人在一定期间向人民法院登记。 向人民法院登记的权利人可以推选代表人进行诉讼；推选不出代表人的，人民法院可以与参加登记的权利人商定代表人。 代表人的诉讼行为对其所代表的当事人发生效力，但代表人变更、放弃诉讼请求或者承认对方当事人的诉讼请求，进行和解，必须经被代表的当事人同意。 人民法院作出的判决、裁定，对参加登记的全体权利人发生效力。未参加登记的权利人在诉讼时效期间提起诉讼的，适用该判决、裁定。
第五十六条 对当事人双方的诉讼标的，第三人认为有独立请求权的，有权提起诉讼。 对当事人双方的诉讼标的，第三人虽然没有独立请求权，但案件处理结果同他有法律上的利害关系的，可以申请参加诉讼，或者由人民法院通知他参加诉讼。人民法院判决承担民事责任的第三人，有当事人的诉讼权利义务。	**第五十五条 对污染环境、侵害众多消费者合法权益等损害社会公共利益的行为，法律规定的机关和有关组织可以向人民法院提起诉讼。** **第五十六条** 对当事人双方的诉讼标的，第三人认为有独立请求权的，有权提起诉讼。 对当事人双方的诉讼标的，第三人虽然没有独立请求权，但案件处理结果同他有法律上的利害关系的，可以申请参加诉讼，或者由人民法院通知他参加诉讼。人民法院判决承担民事责任的第三人，有当事人的诉讼权利义务。 **前两款规定的第三人，因不能归责于本人的事由未参加诉讼，但有证据证明发生法律效力的判决、裁定、调解书的部分或者全部内容错误，损害其民事权益的，可以自知道或者应当知道其民事权益受到损害之日起六个月内，向作出该判决、裁**

	定、调解书的人民法院提起诉讼。人民法院经审理，诉讼请求成立的，应当改变或者撤销原判决、裁定、调解书；诉讼请求不成立的，驳回诉讼请求。
第二节　诉讼代理人	第二节　诉讼代理人
第五十七条　无诉讼行为能力人由他的监护人作为法定代理人代为诉讼。法定代理人之间互相推诿代理责任的，由人民法院指定其中一人代为诉讼。	**第五十七条**　无诉讼行为能力人由他的监护人作为法定代理人代为诉讼。法定代理人之间互相推诿代理责任的，由人民法院指定其中一人代为诉讼。
第五十八条　当事人、法定代理人可以委托一至二人作为诉讼代理人。 律师、当事人的近亲属、有关的社会团体或者所在单位推荐的人、经人民法院许可的其他公民，都可以被委托为诉讼代理人。	**第五十八条**　当事人、法定代理人可以委托一至二人作为诉讼代理人。 **下列人员**可以被委托为诉讼代理人： （一）律师、**基层法律服务工作者；** （二）当事人的近亲属**或者工作人员；** （三）**当事人**所在**社区**、单位**以及**有关社会团体推荐的**公民**。
第五十九条　委托他人代为诉讼，必须向人民法院提交由委托人签名或者盖章的授权委托书。 授权委托书必须记明委托事项和权限。诉讼代理人代为承认、放弃、变更诉讼请求，进行和解，提起反诉或者上诉，必须有委托人的特别授权。 侨居在国外的中华人民共和国公民从国外寄交或者托交的授权委托书，必须经中华人民共和国驻该国的使领馆证明；没有使领馆的，由与中华人民共和国有外交关系的第三国驻该国的使领馆证明，再转由中华人民共和国驻该第三国使领馆证明，或者由当地的爱国华侨团体证明。	**第五十九条**　委托他人代为诉讼，必须向人民法院提交由委托人签名或者盖章的授权委托书。 授权委托书必须记明委托事项和权限。诉讼代理人代为承认、放弃、变更诉讼请求，进行和解，提起反诉或者上诉，必须有委托人的特别授权。 侨居在国外的中华人民共和国公民从国外寄交或者托交的授权委托书，必须经中华人民共和国驻该国的使领馆证明；没有使领馆的，由与中华人民共和国有外交关系的第三国驻该国的使领馆证明，再转由中华人民共和国驻该第三国使领馆证明，或者由当地的爱国华侨团体证明。
第六十条　诉讼代理人的权限如果变更或者解除，当事人应当书面告知人民法院，并由人民法院通知对方当事人。	**第六十条**　诉讼代理人的权限如果变更或者解除，当事人应当书面告知人民法院，并由人民法院通知对方当事人。
第六十一条　代理诉讼的律师和其他诉讼代理人有权调查收集证据，可以查阅本案有关材料。查阅本案有关材料的范围和办法由最高人民法院规定。	**第六十一条**　代理诉讼的律师和其他诉讼代理人有权调查收集证据，可以查阅本案有关材料。查阅本案有关材料的范围和办法由最高人民法院规定。

第六十二条 离婚案件有诉讼代理人的，本人除不能表达意志的以外，仍应出庭；确因特殊情况无法出庭的，必须向人民法院提交书面意见。	**第六十二条** 离婚案件有诉讼代理人的，本人除不能表达**意思**的以外，仍应出庭；确因特殊情况无法出庭的，必须向人民法院提交书面意见。
第六章 证 据	**第六章 证 据**
第六十三条 证据有下列几种： （一）书证； （二）物证； （三）视听资料； （四）证人证言； （五）当事人的陈述； （六）鉴定结论； （七）勘验笔录。 以上证据必须查证属实，才能作为认定事实的根据。	**第六十三条** 证据**包括**： （一）当事人的陈述； （二）书证； （三）物证； （四）视听资料； **（五）电子数据；** （六）证人证言； （七）鉴定**意见**； （八）勘验笔录。 证据必须查证属实，才能作为认定事实的根据。
第六十四条 当事人对自己提出的主张，有责任提供证据。 当事人及其诉讼代理人因客观原因不能自行收集的证据，或者人民法院认为审理案件需要的证据，人民法院应当调查收集。 人民法院应当按照法定程序，全面地、客观地审查核实证据。	**第六十四条** 当事人对自己提出的主张，有责任提供证据。 当事人及其诉讼代理人因客观原因不能自行收集的证据，或者人民法院认为审理案件需要的证据，人民法院应当调查收集。 人民法院应当按照法定程序，全面地、客观地审查核实证据。
	第六十五条 当事人对自己提出的主张应当及时提供证据。 **人民法院根据当事人的主张和案件审理情况，确定当事人应当提供的证据及其期限。当事人在该期限内提供证据确有困难的，可以向人民法院申请延长期限，人民法院根据当事人的申请适当延长。当事人逾期提供证据的，人民法院应当责令其说明理由；拒不说明理由或者理由不成立的，人民法院根据不同情形可以不予采纳该证据，或者采纳该证据但予以训诫、罚款。**
	第六十六条 人民法院收到当事人提交的证据材料，应当出具收据，写明证据

	名称、页数、份数、原件或者复印件以及收到时间等，并由经办人员签名或者盖章。
第六十五条 人民法院有权向有关单位和个人调查取证，有关单位和个人不得拒绝。 人民法院对有关单位和个人提出的证明文书，应当辨别真伪，审查确定其效力。	**第六十七条** 人民法院有权向有关单位和个人调查取证，有关单位和个人不得拒绝。 人民法院对有关单位和个人提出的证明文书，应当辨别真伪，审查确定其效力。
第六十六条 证据应当在法庭上出示，并由当事人互相质证。对涉及国家秘密、商业秘密和个人隐私的证据应当保密，需要在法庭出示的，不得在公开开庭时出示。	**第六十八条** 证据应当在法庭上出示，并由当事人互相质证。对涉及国家秘密、商业秘密和个人隐私的证据应当保密，需要在法庭出示的，不得在公开开庭时出示。
第六十七条 经过法定程序公证证明的法律行为、法律事实和文书，人民法院应当作为认定事实的根据。但有相反证据足以推翻公证证明的除外。	**第六十九条** 经过法定程序公证证明的法律事实和文书，人民法院应当作为认定事实的根据，但有相反证据足以推翻公证证明的除外。
第六十八条 书证应当提交原件。物证应当提交原物。提交原件或者原物确有困难的，可以提交复制品、照片、副本、节录本。 提交外文书证，必须附有中文译本。	**第七十条** 书证应当提交原件。物证应当提交原物。提交原件或者原物确有困难的，可以提交复制品、照片、副本、节录本。 提交外文书证，必须附有中文译本。
第六十九条 人民法院对视听资料，应当辨别真伪，并结合本案的其他证据，审查确定能否作为认定事实的根据。	**第七十一条** 人民法院对视听资料，应当辨别真伪，并结合本案的其他证据，审查确定能否作为认定事实的根据。
第七十条 凡是知道案件情况的单位和个人，都有义务出庭作证。有关单位的负责人应当支持证人作证。证人确有困难不能出庭的，经人民法院许可，可以提交书面证言。 不能正确表达意志的人，不能作证。	**第七十二条** 凡是知道案件情况的单位和个人，都有义务出庭作证。有关单位的负责人应当支持证人作证。 不能正确表达意思的人，不能作证。 **第七十三条 经人民法院通知，证人应当出庭作证。有下列情形之一的，经人民法院许可，可以通过书面证言、视听传输技术或者视听资料等方式作证：** **（一）因健康原因不能出庭的；** **（二）因路途遥远，交通不便不能出庭的；** **（三）因自然灾害等不可抗力不能出庭的；**

	（四）其他有正当理由不能出庭的。 **第七十四条　证人因履行出庭作证义务而支出的交通、住宿、就餐等必要费用以及误工损失，由败诉一方当事人负担。当事人申请证人作证的，由该当事人先行垫付；当事人没有申请，人民法院通知证人作证的，由人民法院先行垫付。**
第七十一条　人民法院对当事人的陈述，应当结合本案的其他证据，审查确定能否作为认定事实的根据。 当事人拒绝陈述的，不影响人民法院根据证据认定案件事实。	**第七十五条**　人民法院对当事人的陈述，应当结合本案的其他证据，审查确定能否作为认定事实的根据。 当事人拒绝陈述的，不影响人民法院根据证据认定案件事实。
第七十二条　人民法院对专门性问题认为需要鉴定的，应当交由法定鉴定部门鉴定；没有法定鉴定部门的，由人民法院指定的鉴定部门鉴定。 鉴定部门及其指定的鉴定人有权了解进行鉴定所需要的案件材料，必要时可以询问当事人、证人。 鉴定部门和鉴定人应当提出书面鉴定结论，在鉴定书上签名或者盖章。鉴定人鉴定的，应当由鉴定人所在单位加盖印章，证明鉴定人身份。	**第七十六条　当事人可以就查明事实的专门性问题向人民法院申请鉴定。当事人申请鉴定的，由双方当事人协商确定具备资格的鉴定人；协商不成的，由人民法院指定。** **当事人未申请鉴定**，人民法院对专门性问题认为需要鉴定的，应当**委托具备资格的鉴定人进行**鉴定。 **第七十七条**　鉴定人有权了解进行鉴定所需要的案件材料，必要时可以询问当事人、证人。 鉴定人应当提出书面鉴定**意见**，在鉴定书上签名或者盖章。 **第七十八条　当事人对鉴定意见有异议或者人民法院认为鉴定人有必要出庭的，鉴定人应当出庭作证。经人民法院通知，鉴定人拒不出庭作证的，鉴定意见不得作为认定事实的根据；支付鉴定费用的当事人可以要求返还鉴定费用。**
	第七十九条　当事人可以申请人民法院通知有专门知识的人出庭，就鉴定人作出的鉴定意见或者专业问题提出意见。
第七十三条　勘验物证或者现场，勘验人必须出示人民法院的证件，并邀请当地基层组织或者当事人所在单位派人参加。当事人或者当事人的成年家属应当到场，	**第八十条**　勘验物证或者现场，勘验人必须出示人民法院的证件，并邀请当地基层组织或者当事人所在单位派人参加。当事人或者当事人的成年家属应当到场，

拒不到场的，不影响勘验的进行。 有关单位和个人根据人民法院的通知，有义务保护现场，协助勘验工作。 勘验人应当将勘验情况和结果制作笔录，由勘验人、当事人和被邀参加人签名或者盖章。	拒不到场的，不影响勘验的进行。 有关单位和个人根据人民法院的通知，有义务保护现场，协助勘验工作。 勘验人应当将勘验情况和结果制作笔录，由勘验人、当事人和被邀参加人签名或者盖章。
第七十四条 在证据可能灭失或者以后难以取得的情况下，诉讼参加人可以向人民法院申请保全证据，人民法院也可以主动采取保全措施。	**第八十一条** 在证据可能灭失或者以后难以取得的情况下，**当事人**可以**在诉讼过程中**向人民法院申请保全证据，人民法院也可以主动采取保全措施。 **因情况紧急，在证据可能灭失或者以后难以取得的情况下，利害关系人可以在提起诉讼或者申请仲裁前向证据所在地、被申请人住所地或者对案件有管辖权的人民法院申请保全证据。** **证据保全的其他程序，参照适用本法第九章保全的有关规定。**
第七章 期间、送达	**第七章 期间、送达**
第一节 期 间	第一节 期 间
第七十五条 期间包括法定期间和人民法院指定的期间。 期间以时、日、月、年计算。期间开始的时和日，不计算在期间内。 期间届满的最后一日是节假日的，以节假日后的第一日为期间届满的日期。 期间不包括在途时间，诉讼文书在期满前交邮的，不算过期。	**第八十二条** 期间包括法定期间和人民法院指定的期间。 期间以时、日、月、年计算。期间开始的时和日，不计算在期间内。 期间届满的最后一日是节假日的，以节假日后的第一日为期间届满的日期。 期间不包括在途时间，诉讼文书在期满前交邮的，不算过期。
第七十六条 当事人因不可抗拒的事由或者其他正当理由耽误期限的，在障碍消除后的十日内，可以申请顺延期限，是否准许，由人民法院决定。	**第八十三条** 当事人因不可抗拒的事由或者其他正当理由耽误期限的，在障碍消除后的十日内，可以申请顺延期限，是否准许，由人民法院决定。
第二节 送 达	第二节 送 达
第七十七条 送达诉讼文书必须有送达回证，由受送达人在送达回证上记明收到日期，签名或者盖章。	**第八十四条** 送达诉讼文书必须有送达回证，由受送达人在送达回证上记明收到日期，签名或者盖章。

受送达人在送达回证上的签收日期为送达日期。	受送达人在送达回证上的签收日期为送达日期。
第七十八条　送达诉讼文书，应当直接送交受送达人。受送达人是公民的，本人不在交他的同住成年家属签收；受送达人是法人或者其他组织的，应当由法人的法定代表人、其他组织的主要负责人或者该法人、组织负责收件的人签收；受送达人有诉讼代理人的，可以送交其代理人签收；受送达人已向人民法院指定代收人的，送交代收人签收。 受送达人的同住成年家属，法人或者其他组织的负责收件的人，诉讼代理人或者代收人在送达回证上签收的日期为送达日期。	**第八十五条**　送达诉讼文书，应当直接送交受送达人。受送达人是公民的，本人不在交他的同住成年家属签收；受送达人是法人或者其他组织的，应当由法人的法定代表人、其他组织的主要负责人或者该法人、组织负责收件的人签收；受送达人有诉讼代理人的，可以送交其代理人签收；受送达人已向人民法院指定代收人的，送交代收人签收。 受送达人的同住成年家属，法人或者其他组织的负责收件的人，诉讼代理人或者代收人在送达回证上签收的日期为送达日期。
第七十九条　受送达人或者他的同住成年家属拒绝接收诉讼文书的，送达人应当邀请有关基层组织或者所在单位的代表到场，说明情况，在送达回证上记明拒收事由和日期，由送达人、见证人签名或者盖章，把诉讼文书留在受送达人的住所，即视为送达。	**第八十六条**　受送达人或者他的同住成年家属拒绝接收诉讼文书的，送达人**可以**邀请有关基层组织或者所在单位的代表到场，说明情况，在送达回证上记明拒收事由和日期，由送达人、见证人签名或者盖章，把诉讼文书留在受送达人的住所；**也可以把诉讼文书留在受送达人的住所，并采用拍照、录像等方式记录送达过程，**即视为送达。
	第八十七条　经受送达人同意，人民法院可以采用传真、电子邮件等能够确认其收悉的方式送达诉讼文书，但判决书、裁定书、调解书除外。 **采用前款方式送达的，以传真、电子邮件等到达受送达人特定系统的日期为送达日期。**
第八十条　直接送达诉讼文书有困难的，可以委托其他人民法院代为送达，或者邮寄送达。邮寄送达的，以回执上注明的收件日期为送达日期。	**第八十八条**　直接送达诉讼文书有困难的，可以委托其他人民法院代为送达，或者邮寄送达。邮寄送达的，以回执上注明的收件日期为送达日期。
第八十一条　受送达人是军人的，通过其所在部队团以上单位的政治机关转交。	**第八十九条**　受送达人是军人的，通过其所在部队团以上单位的政治机关转交。

第八十二条 受送达人是被监禁的，通过其所在监所或者劳动改造单位转交。 受送达人是被劳动教养的，通过其所在劳动教养单位转交。	**第九十条** 受送达人被监禁的，通过其所在监所转交。 受送达人**被采取强制性教育措施**的，通过其所在**强制性教育机构**转交。
第八十三条 代为转交的机关、单位收到诉讼文书后，必须立即交受送达人签收，以在送达回证上的签收日期，为送达日期。	**第九十一条** 代为转交的机关、单位收到诉讼文书后，必须立即交受送达人签收，以在送达回证上的签收日期，为送达日期。
第八十四条 受送达人下落不明，或者用本节规定的其他方式无法送达的，公告送达。自发出公告之日起，经过六十日，即视为送达。 公告送达，应当在案卷中记明原因和经过。	**第九十二条** 受送达人下落不明，或者用本节规定的其他方式无法送达的，公告送达。自发出公告之日起，经过六十日，即视为送达。 公告送达，应当在案卷中记明原因和经过。
第八章 调 解	**第八章 调 解**
第八十五条 人民法院审理民事案件，根据当事人自愿的原则，在事实清楚的基础上，分清是非，进行调解。	**第九十三条** 人民法院审理民事案件，根据当事人自愿的原则，在事实清楚的基础上，分清是非，进行调解。
第八十六条 人民法院进行调解，可以由审判员一人主持，也可以由合议庭主持，并尽可能就地进行。 人民法院进行调解，可以用简便方式通知当事人、证人到庭。	**第九十四条** 人民法院进行调解，可以由审判员一人主持，也可以由合议庭主持，并尽可能就地进行。 人民法院进行调解，可以用简便方式通知当事人、证人到庭。
第八十七条 人民法院进行调解，可以邀请有关单位和个人协助。被邀请的单位和个人，应当协助人民法院进行调解。	**第九十五条** 人民法院进行调解，可以邀请有关单位和个人协助。被邀请的单位和个人，应当协助人民法院进行调解。
第八十八条 调解达成协议，必须双方自愿，不得强迫。调解协议的内容不得违反法律规定。	**第九十六条** 调解达成协议，必须双方自愿，不得强迫。调解协议的内容不得违反法律规定。
第八十九条 调解达成协议，人民法院应当制作调解书。调解书应当写明诉讼请求、案件的事实和调解结果。 调解书由审判人员、书记员署名，加盖人民法院印章，送达双方当事人。 调解书经双方当事人签收后，即具有	**第九十七条** 调解达成协议，人民法院应当制作调解书。调解书应当写明诉讼请求、案件的事实和调解结果。 调解书由审判人员、书记员署名，加盖人民法院印章，送达双方当事人。 调解书经双方当事人签收后，即具有

法律效力。	法律效力。
第九十条 下列案件调解达成协议，人民法院可以不制作调解书： （一）调解和好的离婚案件； （二）调解维持收养关系的案件； （三）能够即时履行的案件； （四）其他不需要制作调解书的案件。 对不需要制作调解书的协议，应当记入笔录，由双方当事人、审判人员、书记员签名或者盖章后，即具有法律效力。	**第九十八条** 下列案件调解达成协议，人民法院可以不制作调解书： （一）调解和好的离婚案件； （二）调解维持收养关系的案件； （三）能够即时履行的案件； （四）其他不需要制作调解书的案件。 对不需要制作调解书的协议，应当记入笔录，由双方当事人、审判人员、书记员签名或者盖章后，即具有法律效力。
第九十一条 调解未达成协议或者调解书送达前一方反悔的，人民法院应当及时判决。	**第九十九条** 调解未达成协议或者调解书送达前一方反悔的，人民法院应当及时判决。
第九章 财产保全和先予执行	**第九章 保全和先予执行**
第九十二条 人民法院对于可能因当事人一方的行为或者其他原因，使判决不能执行或者难以执行的案件，可以根据对方当事人的申请，作出财产保全的裁定；当事人没有提出申请的，人民法院在必要时也可以裁定采取财产保全措施。 人民法院采取财产保全措施，可以责令申请人提供担保；申请人不提供担保的，驳回申请。 人民法院接受申请后，对情况紧急的，必须在四十八小时内作出裁定；裁定采取财产保全措施的，应当立即开始执行。	**第一百条** 人民法院对于可能因当事人一方的行为或者其他原因，使判决难以执行**或者造成当事人其他损害**的案件，根据对方当事人的申请，**可以裁定对其财产进行保全、责令其作出一定行为或者禁止其作出一定行为**；当事人没有提出申请的，人民法院在必要时也可以裁定采取保全措施。 人民法院采取保全措施，可以责令申请人提供担保，申请人不提供担保的，**裁定**驳回申请。 人民法院接受申请后，对情况紧急的，必须在四十八小时内作出裁定；裁定采取保全措施的，应当立即开始执行。
第九十三条 利害关系人因情况紧急，不立即申请保全将会使其合法权益受到难以弥补的损害的，可以在起诉前向人民法院申请采取财产保全措施。申请人应当提供担保，不提供担保的，驳回申请。 人民法院接受申请后，必须在四十八小时内作出裁定；裁定采取财产保全措施的，应当立即开始执行。 申请人在人民法院采取保全措施后十	**第一百零一条** 利害关系人因情况紧急，不立即申请保全将会使其合法权益受到难以弥补的损害的，可以在**提起诉讼或者申请仲裁前向被保全财产所在地、被申请人住所地或者对案件有管辖权的**人民法院申请采取保全措施。申请人应当提供担保，不提供担保的，**裁定**驳回申请。 人民法院接受申请后，必须在四十八小时内作出裁定；裁定采取保全措施的，

五日内不起诉的，人民法院应当解除财产保全。	应当立即开始执行。 申请人在人民法院采取保全措施后三十日内不**依法提起诉讼或者申请仲裁**的，人民法院应当解除保全。
第九十四条 财产保全限于请求的范围，或者与本案有关的财物。 财产保全采取查封、扣押、冻结或者法律规定的其他方法。 人民法院冻结财产后，应当立即通知被冻结财产的人。 财产已被查封、冻结的，不得重复查封、冻结。	**第一百零二条** 保全限于请求的范围，或者与本案有关的财物。 **第一百零三条** 财产保全采取查封、扣押、冻结或者法律规定的其他方法。人民法院**保全**财产后，应当立即通知被**保全**财产的人。 财产已被查封、冻结的，不得重复查封、冻结。
第九十五条 被申请人提供担保的，人民法院应当解除财产保全。	**第一百零四条** **财产纠纷案件**，被申请人提供担保的，人民法院应当**裁定**解除保全。
第九十六条 申请有错误的，申请人应当赔偿被申请人因财产保全所遭受的损失。	**第一百零五条** 申请有错误的，申请人应当赔偿被申请人因保全所遭受的损失。
第九十七条 人民法院对下列案件，根据当事人的申请，可以裁定先予执行： （一）追索赡养费、扶养费、抚育费、抚恤金、医疗费用的； （二）追索劳动报酬的； （三）因情况紧急需要先予执行的。	**第一百零六条** 人民法院对下列案件，根据当事人的申请，可以裁定先予执行： （一）追索赡养费、扶养费、抚育费、抚恤金、医疗费用的； （二）追索劳动报酬的； （三）因情况紧急需要先予执行的。
第九十八条 人民法院裁定先予执行的，应当符合下列条件： （一）当事人之间权利义务关系明确，不先予执行将严重影响申请人的生活或者生产经营的； （二）被申请人有履行能力。 人民法院可以责令申请人提供担保，申请人不提供担保的，驳回申请。申请人败诉的，应当赔偿被申请人因先予执行遭受的财产损失。	**第一百零七条** 人民法院裁定先予执行的，应当符合下列条件： （一）当事人之间权利义务关系明确，不先予执行将严重影响申请人的生活或者生产经营的； （二）被申请人有履行能力。 人民法院可以责令申请人提供担保，申请人不提供担保的，驳回申请。申请人败诉的，应当赔偿被申请人因先予执行遭受的财产损失。
第九十九条 当事人对财产保全或者先予执行的裁定不服的，可以申请复议一	**第一百零八条** 当事人对保全或者先予执行的裁定不服的，可以申请复议一次。

次。复议期间不停止裁定的执行。	复议期间不停止裁定的执行。
第十章　对妨害民事诉讼的强制措施	**第十章　对妨害民事诉讼的强制措施**
第一百条　人民法院对必须到庭的被告，经两次传票传唤，无正当理由拒不到庭的，可以拘传。	**第一百零九条**　人民法院对必须到庭的被告，经两次传票传唤，无正当理由拒不到庭的，可以拘传。
第一百零一条　诉讼参与人和其他人应当遵守法庭规则。 人民法院对违反法庭规则的人，可以予以训诫，责令退出法庭或者予以罚款、拘留。 人民法院对哄闹、冲击法庭，侮辱、诽谤、威胁、殴打审判人员，严重扰乱法庭秩序的人，依法追究刑事责任；情节较轻的，予以罚款、拘留。	**第一百一十条**　诉讼参与人和其他人应当遵守法庭规则。 人民法院对违反法庭规则的人，可以予以训诫，责令退出法庭或者予以罚款、拘留。 人民法院对哄闹、冲击法庭，侮辱、诽谤、威胁、殴打审判人员，严重扰乱法庭秩序的人，依法追究刑事责任；情节较轻的，予以罚款、拘留。
第一百零二条　诉讼参与人或者其他人有下列行为之一的，人民法院可以根据情节轻重予以罚款、拘留；构成犯罪的，依法追究刑事责任： （一）伪造、毁灭重要证据，妨碍人民法院审理案件的； （二）以暴力、威胁、贿买方法阻止证人作证或者指使、贿买、胁迫他人作伪证的； （三）隐藏、转移、变卖、毁损已被查封、扣押的财产，或者已被清点并责令其保管的财产，转移已被冻结的财产的； （四）对司法工作人员、诉讼参加人、证人、翻译人员、鉴定人、勘验人、协助执行的人，进行侮辱、诽谤、诬陷、殴打或者打击报复的； （五）以暴力、威胁或者其他方法阻碍司法工作人员执行职务的； （六）拒不履行人民法院已经发生法律效力的判决、裁定的。 人民法院对有前款规定的行为之一的单位，可以对其主要负责人或者直接责任人员予以罚款、拘留；构成犯罪的，依法	**第一百一十一条**　诉讼参与人或者其他人有下列行为之一的，人民法院可以根据情节轻重予以罚款、拘留；构成犯罪的，依法追究刑事责任： （一）伪造、毁灭重要证据，妨碍人民法院审理案件的； （二）以暴力、威胁、贿买方法阻止证人作证或者指使、贿买、胁迫他人作伪证的； （三）隐藏、转移、变卖、毁损已被查封、扣押的财产，或者已被清点并责令其保管的财产，转移已被冻结的财产的； （四）对司法工作人员、诉讼参加人、证人、翻译人员、鉴定人、勘验人、协助执行的人，进行侮辱、诽谤、诬陷、殴打或者打击报复的； （五）以暴力、威胁或者其他方法阻碍司法工作人员执行职务的； （六）拒不履行人民法院已经发生法律效力的判决、裁定的。 人民法院对有前款规定的行为之一的单位，可以对其主要负责人或者直接责任人员予以罚款、拘留；构成犯罪的，依法

追究刑事责任。	追究刑事责任。
	第一百一十二条　当事人之间恶意串通，企图通过诉讼、调解等方式侵害他人合法权益的，人民法院应当驳回其请求，并根据情节轻重予以罚款、拘留；构成犯罪的，依法追究刑事责任。
	第一百一十三条　被执行人与他人恶意串通，通过诉讼、仲裁、调解等方式逃避履行法律文书确定的义务的，人民法院应当根据情节轻重予以罚款、拘留；构成犯罪的，依法追究刑事责任。
第一百零三条　有义务协助调查、执行的单位有下列行为之一的，人民法院除责令其履行协助义务外，并可以予以罚款： （一）有关单位拒绝或者妨碍人民法院调查取证的； （二）银行、信用合作社和其他有储蓄业务的单位接到人民法院协助执行通知书后，拒不协助查询、冻结或者划拨存款的； （三）有关单位接到人民法院协助执行通知书后，拒不协助扣留被执行人的收入、办理有关财产权证照转移手续、转交有关票证、证照或者其他财产的； （四）其他拒绝协助执行的。 人民法院对有前款规定的行为之一的单位，可以对其主要负责人或者直接责任人员予以罚款；对仍不履行协助义务的，可以予以拘留；并可以向监察机关或者有关机关提出予以纪律处分的司法建议。	**第一百一十四条**　有义务协助调查、执行的单位有下列行为之一的，人民法院除责令其履行协助义务外，并可以予以罚款： （一）有关单位拒绝或者妨碍人民法院调查取证的； （二）**有关**单位接到人民法院协助执行通知书后，拒不协助查询、**扣押**、冻结、划拨、**变价财产**的； （三）有关单位接到人民法院协助执行通知书后，拒不协助扣留被执行人的收入、办理有关财产权证照转移手续、转交有关票证、证照或者其他财产的； （四）其他拒绝协助执行的。 人民法院对有前款规定的行为之一的单位，可以对其主要负责人或者直接责任人员予以罚款；对仍不履行协助义务的，可以予以拘留；并可以向监察机关或者有关机关提出予以纪律处分的司法建议。
第一百零四条　对个人的罚款金额，为人民币一万元以下。对单位的罚款金额，为人民币一万元以上三十万元以下。 拘留的期限，为十五日以下。 被拘留的人，由人民法院交公安机关看管。在拘留期间，被拘留人承认并改正错误的，人民法院可以决定提前解除拘留。	**第一百一十五条**　对个人的罚款金额，为人民币**十**万元以下。对单位的罚款金额，为人民币**五**万元以上**一百**万元以下。 拘留的期限，为十五日以下。 被拘留的人，由人民法院交公安机关看管。在拘留期间，被拘留人承认并改正错误的，人民法院可以决定提前解除拘留。

第一百零五条 拘传、罚款、拘留必须经院长批准。 拘传应当发拘传票。 罚款、拘留应当用决定书。对决定不服的，可以向上一级人民法院申请复议一次。复议期间不停止执行。	**第一百一十六条** 拘传、罚款、拘留必须经院长批准。 拘传应当发拘传票。 罚款、拘留应当用决定书。对决定不服的，可以向上一级人民法院申请复议一次。复议期间不停止执行。
第一百零六条 采取对妨害民事诉讼的强制措施必须由人民法院决定。任何单位和个人采取非法拘禁他人或者非法私自扣押他人财产追索债务的，应当依法追究刑事责任，或者予以拘留、罚款。	**第一百一十七条** 采取对妨害民事诉讼的强制措施必须由人民法院决定。任何单位和个人采取非法拘禁他人或者非法私自扣押他人财产追索债务的，应当依法追究刑事责任，或者予以拘留、罚款。
第十一章 诉讼费用	**第十一章 诉讼费用**
第一百零七条 当事人进行民事诉讼，应当按照规定交纳案件受理费。财产案件除交纳案件受理费外，并按照规定交纳其他诉讼费用。 当事人交纳诉讼费用确有困难的，可以按照规定向人民法院申请缓交、减交或者免交。 收取诉讼费用的办法另行制定。	**第一百一十八条** 当事人进行民事诉讼，应当按照规定交纳案件受理费。财产案件除交纳案件受理费外，并按照规定交纳其他诉讼费用。 当事人交纳诉讼费用确有困难的，可以按照规定向人民法院申请缓交、减交或者免交。 收取诉讼费用的办法另行制定。
第二编 审判程序	**第二编 审判程序**
第十二章 第一审普通程序	**第十二章 第一审普通程序**
第一节 起诉和受理	第一节 起诉和受理
第一百零八条 起诉必须符合下列条件： （一）原告是与本案有直接利害关系的公民、法人和其他组织； （二）有明确的被告； （三）有具体的诉讼请求和事实、理由； （四）属于人民法院受理民事诉讼的范围和受诉人民法院管辖。	**第一百一十九条** 起诉必须符合下列条件： （一）原告是与本案有直接利害关系的公民、法人和其他组织； （二）有明确的被告； （三）有具体的诉讼请求和事实、理由； （四）属于人民法院受理民事诉讼的范围和受诉人民法院管辖。
第一百零九条 起诉应当向人民法院递交起诉状，并按照被告人数提出副本。 书写起诉状确有困难的，可以口头起	**第一百二十条** 起诉应当向人民法院递交起诉状，并按照被告人数提出副本。 书写起诉状确有困难的，可以口头起

诉，由人民法院记入笔录，并告知对方当事人。	诉，由人民法院记入笔录，并告知对方当事人。
第一百一十条 起诉状应当记明下列事项： （一）当事人的姓名、性别、年龄、民族、职业、工作单位和住所，法人或者其他组织的名称、住所和法定代表人或者主要负责人的姓名、职务； （二）诉讼请求和所根据的事实与理由； （三）证据和证据来源，证人姓名和住所。	**第一百二十一条** 起诉状应当记明下列事项： （一）**原告**的姓名、性别、年龄、民族、职业、工作单位、住所、**联系方式**，法人或者其他组织的名称、住所和法定代表人或者主要负责人的姓名、职务、**联系方式**； **（二）被告的姓名、性别、工作单位、住所等信息，法人或者其他组织的名称、住所等信息；** （三）诉讼请求和所根据的事实与理由； （四）证据和证据来源，证人姓名和住所。
	第一百二十二条 当事人起诉到人民法院的民事纠纷，适宜调解的，先行调解，但当事人拒绝调解的除外。
第一百一十一条 人民法院对符合本法第一百零八条的起诉，必须受理；对下列起诉，分别情形，予以处理： （一）依照行政诉讼法的规定，属于行政诉讼受案范围的，告知原告提起行政诉讼； （二）依照法律规定，双方当事人对合同纠纷自愿达成书面仲裁协议向仲裁机构申请仲裁、不得向人民法院起诉的，告知原告向仲裁机构申请仲裁； （三）依照法律规定，应当由其他机关处理的争议，告知原告向有关机关申请解决； （四）对不属于本院管辖的案件，告知原告向有管辖权的人民法院起诉； （五）对判决、裁定已经发生法律效力的案件，当事人又起诉的，告知原告按照申诉处理，但人民法院准许撤诉的裁定除外；	**第一百二十三条** 人民法院**应当保障当事人依照法律规定享有的起诉权利**。对符合本法第一百**一十九**条的起诉，必须受理。符合起诉条件的，应当在七日内立案，并通知当事人；不符合起诉条件的，应当在七日内**作出**裁定书，不予受理；原告对裁定不服的，可以提起上诉。 **第一百二十四条** 人民法院对下列起诉，分别情形，予以处理： （一）依照行政诉讼法的规定，属于行政诉讼受案范围的，告知原告提起行政诉讼； （二）依照法律规定，双方当事人达成书面仲裁协议申请仲裁、不得向人民法院起诉的，告知原告向仲裁机构申请仲裁； （三）依照法律规定，应当由其他机关处理的争议，告知原告向有关机关申请解决； （四）对不属于本院管辖的案件，告

（六）依照法律规定，在一定期限内不得起诉的案件，在不得起诉的期限内起诉的，不予受理； （七）判决不准离婚和调解和好的离婚案件，判决、调解维持收养关系的案件，没有新情况、新理由，原告在六个月内又起诉的，不予受理。 **第一百一十二条** 人民法院收到起诉状或者口头起诉，经审查，认为符合起诉条件的，应当在七日内立案，并通知当事人；认为不符合起诉条件的，应当在七日内裁定不予受理；原告对裁定不服的，可以提起上诉。	知原告向有管辖权的人民法院起诉； （五）对判决、裁定、**调解书**已经发生法律效力的案件，当事人又起诉的，告知原告**申请再审**，但人民法院准许撤诉的裁定除外； （六）依照法律规定，在一定期限内不得起诉的案件，在不得起诉的期限内起诉的，不予受理； （七）判决不准离婚和调解和好的离婚案件，判决、调解维持收养关系的案件，没有新情况、新理由，原告在六个月内又起诉的，不予受理。
第二节　审理前的准备	第二节　审理前的准备
第一百一十三条 人民法院应当在立案之日起五日内将起诉状副本发送被告，被告在收到之日起十五日内提出答辩状。 被告提出答辩状的，人民法院应当在收到之日起五日内将答辩状副本发送原告。被告不提出答辩状的，不影响人民法院审理。	**第一百二十五条** 人民法院应当在立案之日起五日内将起诉状副本发送被告，被告**应当**在收到之日起十五日内提出答辩状。**答辩状应当记明被告的姓名、性别、年龄、民族、职业、工作单位、住所、联系方式；法人或者其他组织的名称、住所和法定代表人或者主要负责人的姓名、职务、联系方式。**人民法院应当在收到**答辩状**之日起五日内将答辩状副本发送原告。 被告不提出答辩状的，不影响人民法院审理。
第一百一十四条 人民法院对决定受理的案件，应当在受理案件通知书和应诉通知书中向当事人告知有关的诉讼权利义务，或者口头告知。	**第一百二十六条** 人民法院对决定受理的案件，应当在受理案件通知书和应诉通知书中向当事人告知有关的诉讼权利义务，或者口头告知。
	第一百二十七条 人民法院受理案件后，当事人对管辖权有异议的，应当在提交答辩状期间提出。人民法院对当事人提出的异议，应当审查。异议成立的，裁定将案件移送有管辖权的人民法院；异议不成立的，裁定驳回。 **当事人未提出管辖异议，并应诉答辩的，视为受诉人民法院有管辖权，但违反**

	级别管辖和专属管辖规定的除外。
第一百一十五条 合议庭组成人员确定后，应当在三日内告知当事人。	**第一百二十八条** 合议庭组成人员确定后，应当在三日内告知当事人。
第一百一十六条 审判人员必须认真审核诉讼材料，调查收集必要的证据。	**第一百二十九条** 审判人员必须认真审核诉讼材料，调查收集必要的证据。
第一百一十七条 人民法院派出人员进行调查时，应当向被调查人出示证件。 调查笔录经被调查人校阅后，由被调查人、调查人签名或者盖章。	**第一百三十条** 人民法院派出人员进行调查时，应当向被调查人出示证件。 调查笔录经被调查人校阅后，由被调查人、调查人签名或者盖章。
第一百一十八条 人民法院在必要时可以委托外地人民法院调查。 委托调查，必须提出明确的项目和要求。受委托人民法院可以主动补充调查。 受委托人民法院收到委托书后，应当在三十日内完成调查。因故不能完成的，应当在上述期限内函告委托人民法院。	**第一百三十一条** 人民法院在必要时可以委托外地人民法院调查。 委托调查，必须提出明确的项目和要求。受委托人民法院可以主动补充调查。 受委托人民法院收到委托书后，应当在三十日内完成调查。因故不能完成的，应当在上述期限内函告委托人民法院。
第一百一十九条 必须共同进行诉讼的当事人没有参加诉讼的，人民法院应当通知其参加诉讼。	**第一百三十二条** 必须共同进行诉讼的当事人没有参加诉讼的，人民法院应当通知其参加诉讼。
	第一百三十三条 人民法院对受理的案件，分别情形，予以处理： **（一）当事人没有争议，符合督促程序规定条件的，可以转入督促程序；** **（二）开庭前可以调解的，采取调解方式及时解决纠纷；** **（三）根据案件情况，确定适用简易程序或者普通程序；** **（四）需要开庭审理的，通过要求当事人交换证据等方式，明确争议焦点。**
第三节 开庭审理	第三节 开庭审理
第一百二十条 人民法院审理民事案件，除涉及国家秘密、个人隐私或者法律另有规定的以外，应当公开进行。 离婚案件，涉及商业秘密的案件，当事人申请不公开审理的，可以不公开审理。	**第一百三十四条** 人民法院审理民事案件，除涉及国家秘密、个人隐私或者法律另有规定的以外，应当公开进行。 离婚案件，涉及商业秘密的案件，当事人申请不公开审理的，可以不公开审理。

第一百二十一条 人民法院审理民事案件，根据需要进行巡回审理，就地办案。	**第一百三十五条** 人民法院审理民事案件，根据需要进行巡回审理，就地办案。
第一百二十二条 人民法院审理民事案件，应当在开庭三日前通知当事人和其他诉讼参与人。公开审理的，应当公告当事人姓名、案由和开庭的时间、地点。	**第一百三十六条** 人民法院审理民事案件，应当在开庭三日前通知当事人和其他诉讼参与人。公开审理的，应当公告当事人姓名、案由和开庭的时间、地点。
第一百二十三条 开庭审理前，书记员应当查明当事人和其他诉讼参与人是否到庭，宣布法庭纪律。 开庭审理时，由审判长核对当事人，宣布案由，宣布审判人员、书记员名单，告知当事人有关的诉讼权利义务，询问当事人是否提出回避申请。	**第一百三十七条** 开庭审理前，书记员应当查明当事人和其他诉讼参与人是否到庭，宣布法庭纪律。 开庭审理时，由审判长核对当事人，宣布案由，宣布审判人员、书记员名单，告知当事人有关的诉讼权利义务，询问当事人是否提出回避申请。
第一百二十四条 法庭调查按照下列顺序进行： （一）当事人陈述； （二）告知证人的权利义务，证人作证，宣读未到庭的证人证言； （三）出示书证、物证和视听资料； （四）宣读鉴定结论； （五）宣读勘验笔录。	**第一百三十八条** 法庭调查按照下列顺序进行： （一）当事人陈述； （二）告知证人的权利义务，证人作证，宣读未到庭的证人证言； （三）出示书证、物证、视听资料和**电子数据**； （四）宣读鉴定**意见**； （五）宣读勘验笔录。
第一百二十五条 当事人在法庭上可以提出新的证据。 当事人经法庭许可，可以向证人、鉴定人、勘验人发问。 当事人要求重新进行调查、鉴定或者勘验的，是否准许，由人民法院决定。	**第一百三十九条** 当事人在法庭上可以提出新的证据。 当事人经法庭许可，可以向证人、鉴定人、勘验人发问。 当事人要求重新进行调查、鉴定或者勘验的，是否准许，由人民法院决定。
第一百二十六条 原告增加诉讼请求，被告提出反诉，第三人提出与本案有关的诉讼请求，可以合并审理。	**第一百四十条** 原告增加诉讼请求，被告提出反诉，第三人提出与本案有关的诉讼请求，可以合并审理。
第一百二十七条 法庭辩论按照下列顺序进行： （一）原告及其诉讼代理人发言； （二）被告及其诉讼代理人答辩； （三）第三人及其诉讼代理人发言或者答辩；	**第一百四十一条** 法庭辩论按照下列顺序进行： （一）原告及其诉讼代理人发言； （二）被告及其诉讼代理人答辩； （三）第三人及其诉讼代理人发言或者答辩；

（四）互相辩论。 法庭辩论终结，由审判长按照原告、被告、第三人的先后顺序征询各方最后意见。	（四）互相辩论。 法庭辩论终结，由审判长按照原告、被告、第三人的先后顺序征询各方最后意见。
第一百二十八条 法庭辩论终结，应当依法作出判决。判决前能够调解的，还可以进行调解，调解不成的，应当及时判决。	**第一百四十二条** 法庭辩论终结，应当依法作出判决。判决前能够调解的，还可以进行调解，调解不成的，应当及时判决。
第一百二十九条 原告经传票传唤，无正当理由拒不到庭的，或者未经法庭许可中途退庭的，可以按撤诉处理；被告反诉的，可以缺席判决。 **第一百三十条** 被告经传票传唤，无正当理由拒不到庭的，或者未经法庭许可中途退庭的，可以缺席判决。	**第一百四十三条** 原告经传票传唤，无正当理由拒不到庭的，或者未经法庭许可中途退庭的，可以按撤诉处理；被告反诉的，可以缺席判决。 **第一百四十四条** 被告经传票传唤，无正当理由拒不到庭的，或者未经法庭许可中途退庭的，可以缺席判决。
第一百三十一条 宣判前，原告申请撤诉的，是否准许，由人民法院裁定。 人民法院裁定不准许撤诉的，原告经传票传唤，无正当理由拒不到庭的，可以缺席判决。	**第一百四十五条** 宣判前，原告申请撤诉的，是否准许，由人民法院裁定。 人民法院裁定不准许撤诉的，原告经传票传唤，无正当理由拒不到庭的，可以缺席判决。
第一百三十二条 有下列情形之一的，可以延期开庭审理： （一）必须到庭的当事人和其他诉讼参与人有正当理由没有到庭的； （二）当事人临时提出回避申请的； （三）需要通知新的证人到庭，调取新的证据，重新鉴定、勘验，或者需要补充调查的； （四）其他应当延期的情形。	**第一百四十六条** 有下列情形之一的，可以延期开庭审理： （一）必须到庭的当事人和其他诉讼参与人有正当理由没有到庭的； （二）当事人临时提出回避申请的； （三）需要通知新的证人到庭，调取新的证据，重新鉴定、勘验，或者需要补充调查的； （四）其他应当延期的情形。
第一百三十三条 书记员应当将法庭审理的全部活动记入笔录，由审判人员和书记员签名。 法庭笔录应当当庭宣读，也可以告知当事人和其他诉讼参与人当庭或者在五日内阅读。当事人和其他诉讼参与人认为对自己的陈述记录有遗漏或者差错的，有权	**第一百四十七条** 书记员应当将法庭审理的全部活动记入笔录，由审判人员和书记员签名。 法庭笔录应当当庭宣读，也可以告知当事人和其他诉讼参与人当庭或者在五日内阅读。当事人和其他诉讼参与人认为对自己的陈述记录有遗漏或者差错的，有权

申请补正。如果不予补正，应当将申请记录在案。 法庭笔录由当事人和其他诉讼参与人签名或者盖章。拒绝签名盖章的，记明情况附卷。	申请补正。如果不予补正，应当将申请记录在案。 法庭笔录由当事人和其他诉讼参与人签名或者盖章。拒绝签名盖章的，记明情况附卷。
第一百三十四条 人民法院对公开审理或者不公开审理的案件，一律公开宣告判决。 当庭宣判的，应当在十日内发送判决书；定期宣判的，宣判后立即发给判决书。 宣告判决时，必须告知当事人上诉权利、上诉期限和上诉的法院。 宣告离婚判决，必须告知当事人在判决发生法律效力前不得另行结婚。	**第一百四十八条** 人民法院对公开审理或者不公开审理的案件，一律公开宣告判决。 当庭宣判的，应当在十日内发送判决书；定期宣判的，宣判后立即发给判决书。 宣告判决时，必须告知当事人上诉权利、上诉期限和上诉的法院。 宣告离婚判决，必须告知当事人在判决发生法律效力前不得另行结婚。
第一百三十五条 人民法院适用普通程序审理的案件，应当在立案之日起六个月内审结。有特殊情况需要延长的，由本院院长批准，可以延长六个月；还需要延长的，报请上级人民法院批准。	**第一百四十九条** 人民法院适用普通程序审理的案件，应当在立案之日起六个月内审结。有特殊情况需要延长的，由本院院长批准，可以延长六个月；还需要延长的，报请上级人民法院批准。
第四节　诉讼中止和终结	第四节　诉讼中止和终结
第一百三十六条 有下列情形之一的，中止诉讼： （一）一方当事人死亡，需要等待继承人表明是否参加诉讼的； （二）一方当事人丧失诉讼行为能力，尚未确定法定代理人的； （三）作为一方当事人的法人或者其他组织终止，尚未确定权利义务承受人的； （四）一方当事人因不可抗拒的事由，不能参加诉讼的； （五）本案必须以另一案的审理结果为依据，而另一案尚未审结的； （六）其他应当中止诉讼的情形。 中止诉讼的原因消除后，恢复诉讼。 **第一百三十七条** 有下列情形之一的，终结诉讼： （一）原告死亡，没有继承人，或者继承人放弃诉讼权利的；	**第一百五十条** 有下列情形之一的，中止诉讼： （一）一方当事人死亡，需要等待继承人表明是否参加诉讼的； （二）一方当事人丧失诉讼行为能力，尚未确定法定代理人的； （三）作为一方当事人的法人或者其他组织终止，尚未确定权利义务承受人的； （四）一方当事人因不可抗拒的事由，不能参加诉讼的； （五）本案必须以另一案的审理结果为依据，而另一案尚未审结的； （六）其他应当中止诉讼的情形。 中止诉讼的原因消除后，恢复诉讼。 **第一百五十一条** 有下列情形之一的，终结诉讼： （一）原告死亡，没有继承人，或者继承人放弃诉讼权利的；

（二）被告死亡，没有遗产，也没有应当承担义务的人的； （三）离婚案件一方当事人死亡的； （四）追索赡养费、扶养费、抚育费以及解除收养关系案件的一方当事人死亡的。	（二）被告死亡，没有遗产，也没有应当承担义务的人的； （三）离婚案件一方当事人死亡的； （四）追索赡养费、扶养费、抚育费以及解除收养关系案件的一方当事人死亡的。
第五节　判决和裁定	第五节　判决和裁定
第一百三十八条　判决书应当写明： （一）案由、诉讼请求、争议的事实和理由； （二）判决认定的事实、理由和适用的法律依据； （三）判决结果和诉讼费用的负担； （四）上诉期间和上诉的法院。 判决书由审判人员、书记员署名，加盖人民法院印章。	**第一百五十二条**　判决书应当写明**判决结果和作出该判决的理由。判决书内容包括**： （一）案由、诉讼请求、争议的事实和理由； （二）判决认定的事实**和**理由、适用的法律**和理由**； （三）判决结果和诉讼费用的负担； （四）上诉期间和上诉的法院。 判决书由审判人员、书记员署名，加盖人民法院印章。
第一百三十九条　人民法院审理案件，其中一部分事实已经清楚，可以就该部分先行判决。	**第一百五十三条**　人民法院审理案件，其中一部分事实已经清楚，可以就该部分先行判决。
第一百四十条　裁定适用于下列范围： （一）不予受理； （二）对管辖权有异议的； （三）驳回起诉； （四）财产保全和先予执行； （五）准许或者不准许撤诉； （六）中止或者终结诉讼； （七）补正判决书中的笔误； （八）中止或者终结执行； （九）不予执行仲裁裁决； （十）不予执行公证机关赋予强制执行效力的债权文书； （十一）其他需要裁定解决的事项。 对前款第（一）、（二）、（三）项裁定，可以上诉。 裁定书由审判人员、书记员署名，加盖人民法院印章。口头裁定的，记入笔录。	**第一百五十四条**　裁定适用于下列范围： （一）不予受理； （二）对管辖权有异议的； （三）驳回起诉； （四）保全和先予执行； （五）准许或者不准许撤诉； （六）中止或者终结诉讼； （七）补正判决书中的笔误； （八）中止或者终结执行； （九）**撤销或者**不予执行仲裁裁决； （十）不予执行公证机关赋予强制执行效力的债权文书； （十一）其他需要裁定解决的事项。 对前款第**一**项至第**三**项裁定，可以上诉。 **裁定书应当写明裁定结果和作出该裁**

	定的理由。裁定书由审判人员、书记员署名，加盖人民法院印章。口头裁定的，记入笔录。
第一百四十一条 最高人民法院的判决、裁定，以及依法不准上诉或者超过上诉期没有上诉的判决、裁定，是发生法律效力的判决、裁定。	**第一百五十五条** 最高人民法院的判决、裁定，以及依法不准上诉或者超过上诉期没有上诉的判决、裁定，是发生法律效力的判决、裁定。
	第一百五十六条 公众可以查阅发生法律效力的判决书、裁定书，但涉及国家秘密、商业秘密和个人隐私的内容除外。
第十三章 简易程序	**第十三章 简易程序**
第一百四十二条 基层人民法院和它派出的法庭审理事实清楚、权利义务关系明确、争议不大的简单的民事案件，适用本章规定。	**第一百五十七条** 基层人民法院和它派出的法庭审理事实清楚、权利义务关系明确、争议不大的简单的民事案件，适用本章规定。 **基层人民法院和它派出的法庭审理前款规定以外的民事案件，当事人双方也可以约定适用简易程序。**
第一百四十三条 对简单的民事案件，原告可以口头起诉。 当事人双方可以同时到基层人民法院或者它派出的法庭，请求解决纠纷。基层人民法院或者它派出的法庭可以当即审理，也可以另定日期审理。	**第一百五十八条** 对简单的民事案件，原告可以口头起诉。 当事人双方可以同时到基层人民法院或者它派出的法庭，请求解决纠纷。基层人民法院或者它派出的法庭可以当即审理，也可以另定日期审理。
第一百四十四条 基层人民法院和它派出的法庭审理简单的民事案件，可以用简便方式随时传唤当事人、证人。	**第一百五十九条** 基层人民法院和它派出的法庭审理简单的民事案件，可以用简便方式传唤当事人和证人、**送达诉讼文书、审理案件，但应当保障当事人陈述意见的权利。**
第一百四十五条 简单的民事案件由审判员一人独任审理，并不受本法第一百二十二条、第一百二十四条、第一百二十七条规定的限制。	**第一百六十条** 简单的民事案件由审判员一人独任审理，并不受本法第一百**三**十六条、第一百**三十八**条、第一百**四十一**条规定的限制。
第一百四十六条 人民法院适用简易程序审理案件，应当在立案之日起三个月内审结。	**第一百六十一条** 人民法院适用简易程序审理案件，应当在立案之日起三个月内审结。

	第一百六十二条 基层人民法院和它派出的法庭审理符合本法第一百五十七条第一款规定的简单的民事案件，标的额为各省、自治区、直辖市上年度就业人员年平均工资百分之三十以下的，实行一审终审。 **第一百六十三条** 人民法院在审理过程中，发现案件不宜适用简易程序的，裁定转为普通程序。
第十四章 第二审程序	**第十四章 第二审程序**
第一百四十七条 当事人不服地方人民法院第一审判决的，有权在判决书送达之日起十五日内向上一级人民法院提起上诉。 当事人不服地方人民法院第一审裁定的，有权在裁定书送达之日起十日内向上一级人民法院提起上诉。	**第一百六十四条** 当事人不服地方人民法院第一审判决的，有权在判决书送达之日起十五日内向上一级人民法院提起上诉。 当事人不服地方人民法院第一审裁定的，有权在裁定书送达之日起十日内向上一级人民法院提起上诉。
第一百四十八条 上诉应当递交上诉状。上诉状的内容，应当包括当事人的姓名，法人的名称及其法定代表人的姓名或者其他组织的名称及其主要负责人的姓名；原审人民法院名称、案件的编号和案由；上诉的请求和理由。	**第一百六十五条** 上诉应当递交上诉状。上诉状的内容，应当包括当事人的姓名，法人的名称及其法定代表人的姓名或者其他组织的名称及其主要负责人的姓名；原审人民法院名称、案件的编号和案由；上诉的请求和理由。
第一百四十九条 上诉状应当通过原审人民法院提出，并按照对方当事人或者代表人的人数提出副本。 当事人直接向第二审人民法院上诉的，第二审人民法院应当在五日内将上诉状移交原审人民法院。	**第一百六十六条** 上诉状应当通过原审人民法院提出，并按照对方当事人或者代表人的人数提出副本。 当事人直接向第二审人民法院上诉的，第二审人民法院应当在五日内将上诉状移交原审人民法院。
第一百五十条 原审人民法院收到上诉状，应当在五日内将上诉状副本送达对方当事人，对方当事人在收到之日起十五日内提出答辩状。人民法院应当在收到答辩状之日起五日内将副本送达上诉人。对方当事人不提出答辩状的，不影响人民法院审理。 原审人民法院收到上诉状、答辩状，	**第一百六十七条** 原审人民法院收到上诉状，应当在五日内将上诉状副本送达对方当事人，对方当事人在收到之日起十五日内提出答辩状。人民法院应当在收到答辩状之日起五日内将副本送达上诉人。对方当事人不提出答辩状的，不影响人民法院审理。 原审人民法院收到上诉状、答辩状，

应当在五日内连同全部案卷和证据，报送第二审人民法院。	应当在五日内连同全部案卷和证据，报送第二审人民法院。
第一百五十一条 第二审人民法院应当对上诉请求的有关事实和适用法律进行审查。	**第一百六十八条** 第二审人民法院应当对上诉请求的有关事实和适用法律进行审查。
第一百五十二条 第二审人民法院对上诉案件，应当组成合议庭，开庭审理。经过阅卷和调查，询问当事人，在事实核对清楚后，合议庭认为不需要开庭审理的，也可以径行判决、裁定。 第二审人民法院审理上诉案件，可以在本院进行，也可以到案件发生地或者原审人民法院所在地进行。	**第一百六十九条** 第二审人民法院对上诉案件，应当组成合议庭，开庭审理。经过阅卷、调查和询问当事人，**对没有提出新的事实、证据或者理由，**合议庭认为不需要开庭审理的，可以**不开庭审理**。 第二审人民法院审理上诉案件，可以在本院进行，也可以到案件发生地或者原审人民法院所在地进行。
第一百五十三条 第二审人民法院对上诉案件，经过审理，按照下列情形，分别处理： （一）原判决认定事实清楚，适用法律正确的，判决驳回上诉，维持原判决； （二）原判决适用法律错误的，依法改判； （三）原判决认定事实错误，或者原判决认定事实不清，证据不足，裁定撤销原判决，发回原审人民法院重审，或者查清事实后改判； （四）原判决违反法定程序，可能影响案件正确判决的，裁定撤销原判决，发回原审人民法院重审。 当事人对重审案件的判决、裁定，可以上诉。	**第一百七十条** 第二审人民法院对上诉案件，经过审理，按照下列情形，分别处理： （一）原判决、**裁定**认定事实清楚，适用法律正确的，**以判决、裁定方式**驳回上诉，维持原判决、**裁定；** （二）原判决、**裁定认定事实错误或者**适用法律错误的，**以判决、裁定方式**依法改判、**撤销或者变更；** （三）原判决认定**基本**事实不清**的，**裁定撤销原判决，发回原审人民法院重审，或者查清事实后改判； （四）原判决**遗漏当事人或者违法缺席判决等严重**违反法定程序的，裁定撤销原判决，发回原审人民法院重审。 **原审人民法院对发回重审的案件作出判决后，当事人提起上诉的，第二审人民法院不得再次发回重审。**
第一百五十四条 第二审人民法院对不服第一审人民法院裁定的上诉案件的处理，一律使用裁定。	**第一百七十一条** 第二审人民法院对不服第一审人民法院裁定的上诉案件的处理，一律使用裁定。
第一百五十五条 第二审人民法院审理上诉案件，可以进行调解。调解达成协议，应当制作调解书，由审判人员、书记	**第一百七十二条** 第二审人民法院审理上诉案件，可以进行调解。调解达成协议，应当制作调解书，由审判人员、书记

员署名，加盖人民法院印章。调解书送达后，原审人民法院的判决即视为撤销。	员署名，加盖人民法院印章。调解书送达后，原审人民法院的判决即视为撤销。
第一百五十六条 第二审人民法院判决宣告前，上诉人申请撤回上诉的，是否准许，由第二审人民法院裁定。	**第一百七十三条** 第二审人民法院判决宣告前，上诉人申请撤回上诉的，是否准许，由第二审人民法院裁定。
第一百五十七条 第二审人民法院审理上诉案件，除依照本章规定外，适用第一审普通程序。	**第一百七十四条** 第二审人民法院审理上诉案件，除依照本章规定外，适用第一审普通程序。
第一百五十八条 第二审人民法院的判决、裁定，是终审的判决、裁定。	**第一百七十五条** 第二审人民法院的判决、裁定，是终审的判决、裁定。
第一百五十九条 人民法院审理对判决的上诉案件，应当在第二审立案之日起三个月内审结。有特殊情况需要延长的，由本院院长批准。 人民法院审理对裁定的上诉案件，应当在第二审立案之日起三十日内作出终审裁定。	**第一百七十六条** 人民法院审理对判决的上诉案件，应当在第二审立案之日起三个月内审结。有特殊情况需要延长的，由本院院长批准。 人民法院审理对裁定的上诉案件，应当在第二审立案之日起三十日内作出终审裁定。
第十五章 特别程序	**第十五章 特别程序**
第一节 一般规定	第一节 一般规定
第一百六十条 人民法院审理选民资格案件、宣告失踪或者宣告死亡案件、认定公民无民事行为能力或者限制民事行为能力案件和认定财产无主案件，适用本章规定。本章没有规定的，适用本法和其他法律的有关规定。	**第一百七十七条** 人民法院审理选民资格案件、宣告失踪或者宣告死亡案件、认定公民无民事行为能力或者限制民事行为能力案件、认定财产无主案件、**确认调解协议案件和实现担保物权案件，**适用本章规定。本章没有规定的，适用本法和其他法律的有关规定。
第一百六十一条 依照本章程序审理的案件，实行一审终审。选民资格案件或者重大、疑难的案件，由审判员组成合议庭审理；其他案件由审判员一人独任审理。	**第一百七十八条** 依照本章程序审理的案件，实行一审终审。选民资格案件或者重大、疑难的案件，由审判员组成合议庭审理；其他案件由审判员一人独任审理。
第一百六十二条 人民法院在依照本章程序审理案件的过程中，发现本案属于民事权益争议的，应当裁定终结特别程序，并告知利害关系人可以另行起诉。	**第一百七十九条** 人民法院在依照本章程序审理案件的过程中，发现本案属于民事权益争议的，应当裁定终结特别程序，并告知利害关系人可以另行起诉。
第一百六十三条 人民法院适用特别	**第一百八十条** 人民法院适用特别程

程序审理的案件，应当在立案之日起三十日内或者公告期满后三十日内审结。有特殊情况需要延长的，由本院院长批准。但审理选民资格的案件除外。	序审理的案件，应当在立案之日起三十日内或者公告期满后三十日内审结。有特殊情况需要延长的，由本院院长批准。但审理选民资格的案件除外。
第二节　选民资格案件	第二节　选民资格案件
第一百六十四条　公民不服选举委员会对选民资格的申诉所作的处理决定，可以在选举日的五日以前向选区所在地基层人民法院起诉。	**第一百八十一条**　公民不服选举委员会对选民资格的申诉所作的处理决定，可以在选举日的五日以前向选区所在地基层人民法院起诉。
第一百六十五条　人民法院受理选民资格案件后，必须在选举日前审结。 审理时，起诉人、选举委员会的代表和有关公民必须参加。 人民法院的判决书，应当在选举日前送达选举委员会和起诉人，并通知有关公民。	**第一百八十二条**　人民法院受理选民资格案件后，必须在选举日前审结。 审理时，起诉人、选举委员会的代表和有关公民必须参加。 人民法院的判决书，应当在选举日前送达选举委员会和起诉人，并通知有关公民。
第三节　宣告失踪、宣告死亡案件	第三节　宣告失踪、宣告死亡案件
第一百六十六条　公民下落不明满二年，利害关系人申请宣告其失踪的，向下落不明人住所地基层人民法院提出。 申请书应当写明失踪的事实、时间和请求，并附有公安机关或者其他有关机关关于该公民下落不明的书面证明。	**第一百八十三条**　公民下落不明满二年，利害关系人申请宣告其失踪的，向下落不明人住所地基层人民法院提出。 申请书应当写明失踪的事实、时间和请求，并附有公安机关或者其他有关机关关于该公民下落不明的书面证明。
第一百六十七条　公民下落不明满四年，或者因意外事故下落不明满二年，或者因意外事故下落不明，经有关机关证明该公民不可能生存，利害关系人申请宣告其死亡的，向下落不明人住所地基层人民法院提出。 申请书应当写明下落不明的事实、时间和请求，并附有公安机关或者其他有关机关关于该公民下落不明的书面证明。	**第一百八十四条**　公民下落不明满四年，或者因意外事故下落不明满二年，或者因意外事故下落不明，经有关机关证明该公民不可能生存，利害关系人申请宣告其死亡的，向下落不明人住所地基层人民法院提出。 申请书应当写明下落不明的事实、时间和请求，并附有公安机关或者其他有关机关关于该公民下落不明的书面证明。
第一百六十八条　人民法院受理宣告失踪、宣告死亡案件后，应当发出寻找下落不明人的公告。宣告失踪的公告期间为三个月，宣告死亡的公告期间为一年。因	**第一百八十五条**　人民法院受理宣告失踪、宣告死亡案件后，应当发出寻找下落不明人的公告。宣告失踪的公告期间为三个月，宣告死亡的公告期间为一年。因

意外事故下落不明，经有关机关证明该公民不可能生存的，宣告死亡的公告期间为三个月。 公告期间届满，人民法院应当根据被宣告失踪、宣告死亡的事实是否得到确认，作出宣告失踪、宣告死亡的判决或者驳回申请的判决。	意外事故下落不明，经有关机关证明该公民不可能生存的，宣告死亡的公告期间为三个月。 公告期间届满，人民法院应当根据被宣告失踪、宣告死亡的事实是否得到确认，作出宣告失踪、宣告死亡的判决或者驳回申请的判决。
第一百六十九条 被宣告失踪、宣告死亡的公民重新出现，经本人或者利害关系人申请，人民法院应当作出新判决，撤销原判决。	**第一百八十六条** 被宣告失踪、宣告死亡的公民重新出现，经本人或者利害关系人申请，人民法院应当作出新判决，撤销原判决。
第四节 认定公民无民事行为能力、限制民事行为能力案件	第四节 认定公民无民事行为能力、限制民事行为能力案件
第一百七十条 申请认定公民无民事行为能力或者限制民事行为能力，由其近亲属或者其他利害关系人向该公民住所地基层人民法院提出。 申请书应当写明该公民无民事行为能力或者限制民事行为能力的事实和根据。	**第一百八十七条** 申请认定公民无民事行为能力或者限制民事行为能力，由其近亲属或者其他利害关系人向该公民住所地基层人民法院提出。 申请书应当写明该公民无民事行为能力或者限制民事行为能力的事实和根据。
第一百七十一条 人民法院受理申请后，必要时应当对被请求认定为无民事行为能力或者限制民事行为能力的公民进行鉴定。申请人已提供鉴定结论的，应当对鉴定结论进行审查。	**第一百八十八条** 人民法院受理申请后，必要时应当对被请求认定为无民事行为能力或者限制民事行为能力的公民进行鉴定。申请人已提供鉴定**意见**的，应当对鉴定**意见**进行审查。
第一百七十二条 人民法院审理认定公民无民事行为能力或者限制民事行为能力的案件，应当由该公民的近亲属为代理人，但申请人除外。近亲属互相推诿的，由人民法院指定其中一人为代理人。该公民健康情况许可的，还应当询问本人的意见。 人民法院经审理认定申请有事实根据的，判决该公民为无民事行为能力或者限制民事行为能力人；认定申请没有事实根据的，应当判决予以驳回。	**第一百八十九条** 人民法院审理认定公民无民事行为能力或者限制民事行为能力的案件，应当由该公民的近亲属为代理人，但申请人除外。近亲属互相推诿的，由人民法院指定其中一人为代理人。该公民健康情况许可的，还应当询问本人的意见。 人民法院经审理认定申请有事实根据的，判决该公民为无民事行为能力或者限制民事行为能力人；认定申请没有事实根据的，应当判决予以驳回。
第一百七十三条 人民法院根据被认	**第一百九十条** 人民法院根据被认定

定为无民事行为能力人、限制民事行为能力人或者他的监护人的申请，证实该公民无民事行为能力或者限制民事行为能力的原因已经消除的，应当作出新判决，撤销原判决。	为无民事行为能力人、限制民事行为能力人或者他的监护人的申请，证实该公民无民事行为能力或者限制民事行为能力的原因已经消除的，应当作出新判决，撤销原判决。
第五节　认定财产无主案件	第五节　认定财产无主案件
第一百七十四条　申请认定财产无主，由公民、法人或者其他组织向财产所在地基层人民法院提出。 申请书应当写明财产的种类、数量以及要求认定财产无主的根据。	**第一百九十一条**　申请认定财产无主，由公民、法人或者其他组织向财产所在地基层人民法院提出。 申请书应当写明财产的种类、数量以及要求认定财产无主的根据。
第一百七十五条　人民法院受理申请后，经审查核实，应当发出财产认领公告。公告满一年无人认领的，判决认定财产无主，收归国家或者集体所有。	**第一百九十二条**　人民法院受理申请后，经审查核实，应当发出财产认领公告。公告满一年无人认领的，判决认定财产无主，收归国家或者集体所有。
第一百七十六条　判决认定财产无主后，原财产所有人或者继承人出现，在民法通则规定的诉讼时效期间可以对财产提出请求，人民法院审查属实后，应当作出新判决，撤销原判决。	**第一百九十三条**　判决认定财产无主后，原财产所有人或者继承人出现，在民法通则规定的诉讼时效期间可以对财产提出请求，人民法院审查属实后，应当作出新判决，撤销原判决。
	第六节　确认调解协议案件
	第一百九十四条　申请司法确认调解协议，由双方当事人依照人民调解法等法律，自调解协议生效之日起三十日内，共同向调解组织所在地基层人民法院提出。
	第一百九十五条　人民法院受理申请后，经审查，符合法律规定的，裁定调解协议有效，一方当事人拒绝履行或者未全部履行的，对方当事人可以向人民法院申请执行；不符合法律规定的，裁定驳回申请，当事人可以通过调解方式变更原调解协议或者达成新的调解协议，也可以向人民法院提起诉讼。
	第七节　实现担保物权案件
	第一百九十六条　申请实现担保物权，由担保物权人以及其他有权请求实现担保

	物权的人依照物权法等法律，向担保财产所在地或者担保物权登记地基层人民法院提出。
	第一百九十七条　人民法院受理申请后，经审查，符合法律规定的，裁定拍卖、变卖担保财产，当事人依据该裁定可以向人民法院申请执行；不符合法律规定的，裁定驳回申请，当事人可以向人民法院提起诉讼。
第十六章　审判监督程序	第十六章　审判监督程序
第一百七十七条　各级人民法院院长对本院已经发生法律效力的判决、裁定，发现确有错误，认为需要再审的，应当提交审判委员会讨论决定。 最高人民法院对地方各级人民法院已经发生法律效力的判决、裁定，上级人民法院对下级人民法院已经发生法律效力的判决、裁定，发现确有错误的，有权提审或者指令下级人民法院再审。	**第一百九十八条**　各级人民法院院长对本院已经发生法律效力的判决、裁定、**调解书**，发现确有错误，认为需要再审的，应当提交审判委员会讨论决定。 最高人民法院对地方各级人民法院已经发生法律效力的判决、裁定、**调解书**，上级人民法院对下级人民法院已经发生法律效力的判决、裁定、**调解书**，发现确有错误的，有权提审或者指令下级人民法院再审。
第一百七十八条　当事人对已经发生法律效力的判决、裁定，认为有错误的，可以向上一级人民法院申请再审，但不停止判决、裁定的执行。	**第一百九十九条**　当事人对已经发生法律效力的判决、裁定，认为有错误的，可以向上一级人民法院申请再审；**当事人一方人数众多或者当事人双方为公民的案件，也可以向原审人民法院申请再审。当事人申请再审的**，不停止判决、裁定的执行。
第一百七十九条　当事人的申请符合下列情形之一的，人民法院应当再审： （一）有新的证据，足以推翻原判决、裁定的； （二）原判决、裁定认定的基本事实缺乏证据证明的； （三）原判决、裁定认定事实的主要证据是伪造的； （四）原判决、裁定认定事实的主要证据未经质证的；	**第二百条**　当事人的申请符合下列情形之一的，人民法院应当再审： （一）有新的证据，足以推翻原判决、裁定的； （二）原判决、裁定认定的基本事实缺乏证据证明的； （三）原判决、裁定认定事实的主要证据是伪造的； （四）原判决、裁定认定事实的主要证据未经质证的；

（五）对审理案件需要的证据，当事人因客观原因不能自行收集，书面申请人民法院调查收集，人民法院未调查收集的； （六）原判决、裁定适用法律确有错误的； （七）违反法律规定，管辖错误的； （八）审判组织的组成不合法或者依法应当回避的审判人员没有回避的； （九）无诉讼行为能力人未经法定代理人代为诉讼或者应当参加诉讼的当事人，因不能归责于本人或者其诉讼代理人的事由，未参加诉讼的； （十）违反法律规定，剥夺当事人辩论权利的； （十一）未经传票传唤，缺席判决的； （十二）原判决、裁定遗漏或者超出诉讼请求的； （十三）据以作出原判决、裁定的法律文书被撤销或者变更的。 对违反法定程序可能影响案件正确判决、裁定的情形，或者审判人员在审理该案件时有贪污受贿，徇私舞弊，枉法裁判行为的，人民法院应当再审。	（五）对审理案件需要的**主要**证据，当事人因客观原因不能自行收集，书面申请人民法院调查收集，人民法院未调查收集的； （六）原判决、裁定适用法律确有错误的； （七）审判组织的组成不合法或者依法应当回避的审判人员没有回避的； （八）无诉讼行为能力人未经法定代理人代为诉讼或者应当参加诉讼的当事人，因不能归责于本人或者其诉讼代理人的事由，未参加诉讼的； （九）违反法律规定，剥夺当事人辩论权利的； （十）未经传票传唤，缺席判决的； （十一）原判决、裁定遗漏或者超出诉讼请求的； （十二）据以作出原判决、裁定的法律文书被撤销或者变更的； **（十三）**审判人员审理该案件时有贪污受贿，徇私舞弊，枉法裁判行为的。
	第二百零一条　当事人对已经发生法律效力的调解书，提出证据证明调解违反自愿原则或者调解协议的内容违反法律的，可以申请再审。经人民法院审查属实的，应当再审。
	第二百零二条　当事人对已经发生法律效力的解除婚姻关系的判决、**调解书，**不得申请再审。
第一百八十条　当事人申请再审的，应当提交再审申请书等材料。人民法院应当自收到再审申请书之日起五日内将再审申请书副本发送对方当事人。对方当事人应当自收到再审申请书副本之日起十五日内提交书面意见；不提交书面意见的，不影响人民法院审查。人民法院可以要求申	**第二百零三条**　当事人申请再审的，应当提交再审申请书等材料。人民法院应当自收到再审申请书之日起五日内将再审申请书副本发送对方当事人。对方当事人应当自收到再审申请书副本之日起十五日内提交书面意见；不提交书面意见的，不影响人民法院审查。人民法院可以要求申

请人和对方当事人补充有关材料，询问有关事项。	请人和对方当事人补充有关材料，询问有关事项。
第一百八十一条 人民法院应当自收到再审申请书之日起三个月内审查，符合本法第一百七十九条规定情形之一的，裁定再审；不符合本法第一百七十九条规定的，裁定驳回申请。有特殊情况需要延长的，由本院院长批准。 因当事人申请裁定再审的案件由中级人民法院以上的人民法院审理。最高人民法院、高级人民法院裁定再审的案件，由本院再审或者交其他人民法院再审，也可以交原审人民法院再审。	**第二百零四条** 人民法院应当自收到再审申请书之日起三个月内审查，符合本法规定的，裁定再审；不符合本法规定的，裁定驳回申请。有特殊情况需要延长的，由本院院长批准。 因当事人申请裁定再审的案件由中级人民法院以上的人民法院审理，**但当事人依照本法第一百九十九条的规定选择向基层人民法院申请再审的除外**。最高人民法院、高级人民法院裁定再审的案件，由本院再审或者交其他人民法院再审，也可以交原审人民法院再审。
第一百八十二条 当事人对已经发生法律效力的调解书，提出证据证明调解违反自愿原则或者调解协议的内容违反法律的，可以申请再审。经人民法院审查属实的，应当再审。 （本条内容移至新条文第二百零一条）	
第一百八十三条 当事人对已经发生法律效力的解除婚姻关系的判决，不得申请再审。 （本条内容移至新条文第二百零二条）	
第一百八十四条 当事人申请再审，应当在判决、裁定发生法律效力后二年内提出；二年后据以作出原判决、裁定的法律文书被撤销或者变更，以及发现审判人员在审理该案件时有贪污受贿，徇私舞弊，枉法裁判行为的，自知道或者应当知道之日起三个月内提出。	**第二百零五条** 当事人申请再审，应当在判决、裁定发生法律效力后**六个月**内提出；**有本法第二百条第一项、第三项、第十二项、第十三项规定情形**的，自知道或者应当知道之日起六个月内提出。
第一百八十五条 按照审判监督程序决定再审的案件，裁定中止原判决的执行。裁定由院长署名，加盖人民法院印章。	**第二百零六条** 按照审判监督程序决定再审的案件，裁定中止原判决、**裁定、调解书**的执行，**但追索赡养费、扶养费、抚育费、抚恤金、医疗费用、劳动报酬等案件，可以不中止执行**。

第一百八十六条　人民法院按照审判监督程序再审的案件，发生法律效力的判决、裁定是由第一审法院作出的，按照第一审程序审理，所作的判决、裁定，当事人可以上诉；发生法律效力的判决、裁定是由第二审法院作出的，按照第二审程序审理，所作的判决、裁定，是发生法律效力的判决、裁定；上级人民法院按照审判监督程序提审的，按照第二审程序审理，所作的判决、裁定是发生法律效力的判决、裁定。 人民法院审理再审案件，应当另行组成合议庭。	**第二百零七条**　人民法院按照审判监督程序再审的案件，发生法律效力的判决、裁定是由第一审法院作出的，按照第一审程序审理，所作的判决、裁定，当事人可以上诉；发生法律效力的判决、裁定是由第二审法院作出的，按照第二审程序审理，所作的判决、裁定，是发生法律效力的判决、裁定；上级人民法院按照审判监督程序提审的，按照第二审程序审理，所作的判决、裁定是发生法律效力的判决、裁定。 人民法院审理再审案件，应当另行组成合议庭。
第一百八十七条　最高人民检察院对各级人民法院已经发生法律效力的判决、裁定，上级人民检察院对下级人民法院已经发生法律效力的判决、裁定，发现有本法第一百七十九条规定情形之一的，应当提出抗诉。 地方各级人民检察院对同级人民法院已经发生法律效力的判决、裁定，发现有本法第一百七十九条规定情形之一的，应当提请上级人民检察院向同级人民法院提出抗诉。	**第二百零八条**　最高人民检察院对各级人民法院已经发生法律效力的判决、裁定，上级人民检察院对下级人民法院已经发生法律效力的判决、裁定，发现有本法第二百条规定情形之一的，**或者发现调解书损害国家利益、社会公共利益的，**应当提出抗诉。 地方各级人民检察院对同级人民法院已经发生法律效力的判决、裁定，发现有本法第二百条规定情形之一的，**或者发现调解书损害国家利益、社会公共利益的，可以向同级人民法院提出检察建议，并报上级人民检察院备案；也可以**提请上级人民检察院向同级人民法院提出抗诉。 **各级人民检察院对审判监督程序以外的其他审判程序中审判人员的违法行为，有权向同级人民法院提出检察建议。**
	第二百零九条　有下列情形之一的，当事人可以向人民检察院申请检察建议或者抗诉： **（一）人民法院驳回再审申请的；** **（二）人民法院逾期未对再审申请作出裁定的；** **（三）再审判决、裁定有明显错误的。** **人民检察院对当事人的申请应当在三**

	个月内进行审查，作出提出或者不予提出检察建议或者抗诉的决定，当事人不得再次向人民检察院申请检察建议或者抗诉。
	第二百一十条　人民检察院因履行法律监督职责提出检察建议或者抗诉的需要，可以向当事人或者案外人调查核实有关情况。
第一百八十八条　人民检察院提出抗诉的案件，接受抗诉的人民法院应当自收到抗诉书之日起三十日内作出再审的裁定；有本法第一百七十九条第一款第（一）项至第（五）项规定情形之一的，可以交下一级人民法院再审。	**第二百一十一条**　人民检察院提出抗诉的案件，接受抗诉的人民法院应当自收到抗诉书之日起三十日内作出再审的裁定；有本法第**二百**条第一项至第五项规定情形之一的，可以交下一级人民法院再审，**但经该下一级人民法院再审的除外。**
第一百八十九条　人民检察院决定对人民法院的判决、裁定提出抗诉的，应当制作抗诉书。	**第二百一十二条**　人民检察院决定对人民法院的判决、裁定、**调解书**提出抗诉的，应当制作抗诉书。
第一百九十条　人民检察院提出抗诉的案件，人民法院再审时，应当通知人民检察院派员出席法庭。	**第二百一十三条**　人民检察院提出抗诉的案件，人民法院再审时，应当通知人民检察院派员出席法庭。
第十七章　督促程序	**第十七章　督促程序**
第一百九十一条　债权人请求债务人给付金钱、有价证券，符合下列条件的，可以向有管辖权的基层人民法院申请支付令： （一）债权人与债务人没有其他债务纠纷的； （二）支付令能够送达债务人的。 申请书应当写明请求给付金钱或者有价证券的数量和所根据的事实、证据。	**第二百一十四条**　债权人请求债务人给付金钱、有价证券，符合下列条件的，可以向有管辖权的基层人民法院申请支付令： （一）债权人与债务人没有其他债务纠纷的； （二）支付令能够送达债务人的。 申请书应当写明请求给付金钱或者有价证券的数量和所根据的事实、证据。
第一百九十二条　债权人提出申请后，人民法院应当在五日内通知债权人是否受理。	**第二百一十五条**　债权人提出申请后，人民法院应当在五日内通知债权人是否受理。
第一百九十三条　人民法院受理申请后，经审查债权人提供的事实、证据，对债权债务关系明确、合法的，应当在受理	**第二百一十六条**　人民法院受理申请后，经审查债权人提供的事实、证据，对债权债务关系明确、合法的，应当在受理

之日起十五日内向债务人发出支付令；申请不成立的，裁定予以驳回。 债务人应当自收到支付令之日起十五日内清偿债务，或者向人民法院提出书面异议。 债务人在前款规定的期间不提出异议又不履行支付令的，债权人可以向人民法院申请执行。	之日起十五日内向债务人发出支付令；申请不成立的，裁定予以驳回。 债务人应当自收到支付令之日起十五日内清偿债务，或者向人民法院提出书面异议。 债务人在前款规定的期间不提出异议又不履行支付令的，债权人可以向人民法院申请执行。
第一百九十四条　人民法院收到债务人提出的书面异议后，应当裁定终结督促程序，支付令自行失效，债权人可以起诉。	**第二百一十七条**　人民法院收到债务人提出的书面异议后，**经审查，异议成立的，**应当裁定终结督促程序，支付令自行失效。 **支付令失效的，转入诉讼程序，但申请支付令的一方当事人不同意提起诉讼的除外。**
第十八章　公示催告程序	**第十八章　公示催告程序**
第一百九十五条　按照规定可以背书转让的票据持有人，因票据被盗、遗失或者灭失，可以向票据支付地的基层人民法院申请公示催告。依照法律规定可以申请公示催告的其他事项，适用本章规定。 申请人应当向人民法院递交申请书，写明票面金额、发票人、持票人、背书人等票据主要内容和申请的理由、事实。	**第二百一十八条**　按照规定可以背书转让的票据持有人，因票据被盗、遗失或者灭失，可以向票据支付地的基层人民法院申请公示催告。依照法律规定可以申请公示催告的其他事项，适用本章规定。 申请人应当向人民法院递交申请书，写明票面金额、发票人、持票人、背书人等票据主要内容和申请的理由、事实。
第一百九十六条　人民法院决定受理申请，应当同时通知支付人停止支付，并在三日内发出公告，催促利害关系人申报权利。公示催告的期间，由人民法院根据情况决定，但不得少于六十日。	**第二百一十九条**　人民法院决定受理申请，应当同时通知支付人停止支付，并在三日内发出公告，催促利害关系人申报权利。公示催告的期间，由人民法院根据情况决定，但不得少于六十日。
第一百九十七条　支付人收到人民法院停止支付的通知，应当停止支付，至公示催告程序终结。 公示催告期间，转让票据权利的行为无效。	**第二百二十条**　支付人收到人民法院停止支付的通知，应当停止支付，至公示催告程序终结。 公示催告期间，转让票据权利的行为无效。
第一百九十八条　利害关系人应当在公示催告期间向人民法院申报。	**第二百二十一条**　利害关系人应当在公示催告期间向人民法院申报。

人民法院收到利害关系人的申报后，应当裁定终结公示催告程序，并通知申请人和支付人。 申请人或者申报人可以向人民法院起诉。	人民法院收到利害关系人的申报后，应当裁定终结公示催告程序，并通知申请人和支付人。 申请人或者申报人可以向人民法院起诉。
第一百九十九条 没有人申报的，人民法院应当根据申请人的申请，作出判决，宣告票据无效。判决应当公告，并通知支付人。自判决公告之日起，申请人有权向支付人请求支付。	**第二百二十二条** 没有人申报的，人民法院应当根据申请人的申请，作出判决，宣告票据无效。判决应当公告，并通知支付人。自判决公告之日起，申请人有权向支付人请求支付。
第二百条 利害关系人因正当理由不能在判决前向人民法院申报的，自知道或者应当知道判决公告之日起一年内，可以向作出判决的人民法院起诉。	**第二百二十三条** 利害关系人因正当理由不能在判决前向人民法院申报的，自知道或者应当知道判决公告之日起一年内，可以向作出判决的人民法院起诉。
第三编 执行程序	**第三编 执行程序**
第十九章 一般规定	**第十九章 一般规定**
第二百零一条 发生法律效力的民事判决、裁定，以及刑事判决、裁定中的财产部分，由第一审人民法院或者与第一审人民法院同级的被执行的财产所在地人民法院执行。 法律规定由人民法院执行的其他法律文书，由被执行人住所地或者被执行的财产所在地人民法院执行。	**第二百二十四条** 发生法律效力的民事判决、裁定，以及刑事判决、裁定中的财产部分，由第一审人民法院或者与第一审人民法院同级的被执行的财产所在地人民法院执行。 法律规定由人民法院执行的其他法律文书，由被执行人住所地或者被执行的财产所在地人民法院执行。
第二百零二条 当事人、利害关系人认为执行行为违反法律规定的，可以向负责执行的人民法院提出书面异议。当事人、利害关系人提出书面异议的，人民法院应当自收到书面异议之日起十五日内审查，理由成立的，裁定撤销或者改正；理由不成立的，裁定驳回。当事人、利害关系人对裁定不服的，可以自裁定送达之日起十日内向上一级人民法院申请复议。	**第二百二十五条** 当事人、利害关系人认为执行行为违反法律规定的，可以向负责执行的人民法院提出书面异议。当事人、利害关系人提出书面异议的，人民法院应当自收到书面异议之日起十五日内审查，理由成立的，裁定撤销或者改正；理由不成立的，裁定驳回。当事人、利害关系人对裁定不服的，可以自裁定送达之日起十日内向上一级人民法院申请复议。
第二百零三条 人民法院自收到申请执行书之日起超过六个月未执行的，申请	**第二百二十六条** 人民法院自收到申请执行书之日起超过六个月未执行的，申

执行人可以向上一级人民法院申请执行。上一级人民法院经审查，可以责令原人民法院在一定期限内执行，也可以决定由本院执行或者指令其他人民法院执行。	请执行人可以向上一级人民法院申请执行。上一级人民法院经审查，可以责令原人民法院在一定期限内执行，也可以决定由本院执行或者指令其他人民法院执行。
第二百零四条 执行过程中，案外人对执行标的提出书面异议的，人民法院应当自收到书面异议之日起十五日内审查，理由成立的，裁定中止对该标的的执行；理由不成立的，裁定驳回。案外人、当事人对裁定不服，认为原判决、裁定错误的，依照审判监督程序办理；与原判决、裁定无关的，可以自裁定送达之日起十五日内向人民法院提起诉讼。	**第二百二十七条** 执行过程中，案外人对执行标的提出书面异议的，人民法院应当自收到书面异议之日起十五日内审查，理由成立的，裁定中止对该标的的执行；理由不成立的，裁定驳回。案外人、当事人对裁定不服，认为原判决、裁定错误的，依照审判监督程序办理；与原判决、裁定无关的，可以自裁定送达之日起十五日内向人民法院提起诉讼。
第二百零五条 执行工作由执行员进行。 采取强制执行措施时，执行员应当出示证件。执行完毕后，应当将执行情况制作笔录，由在场的有关人员签名或者盖章。 人民法院根据需要可以设立执行机构。	**第二百二十八条** 执行工作由执行员进行。 采取强制执行措施时，执行员应当出示证件。执行完毕后，应当将执行情况制作笔录，由在场的有关人员签名或者盖章。 人民法院根据需要可以设立执行机构。
第二百零六条 被执行人或者被执行的财产在外地的，可以委托当地人民法院代为执行。受委托人民法院收到委托函件后，必须在十五日内开始执行，不得拒绝。执行完毕后，应当将执行结果及时函复委托人民法院；在三十日内如果还未执行完毕，也应当将执行情况函告委托人民法院。 受委托人民法院自收到委托函件之日起十五日内不执行的，委托人民法院可以请求受委托人民法院的上级人民法院指令受委托人民法院执行。	**第二百二十九条** 被执行人或者被执行的财产在外地的，可以委托当地人民法院代为执行。受委托人民法院收到委托函件后，必须在十五日内开始执行，不得拒绝。执行完毕后，应当将执行结果及时函复委托人民法院；在三十日内如果还未执行完毕，也应当将执行情况函告委托人民法院。 受委托人民法院自收到委托函件之日起十五日内不执行的，委托人民法院可以请求受委托人民法院的上级人民法院指令受委托人民法院执行。
第二百零七条 在执行中，双方当事人自行和解达成协议的，执行员应当将协议内容记入笔录，由双方当事人签名或者盖章。 一方当事人不履行和解协议的，人民法院可以根据对方当事人的申请，恢复对	**第二百三十条** 在执行中，双方当事人自行和解达成协议的，执行员应当将协议内容记入笔录，由双方当事人签名或者盖章。 **申请执行人因受欺诈、胁迫与被执行人达成和解协议，或者**当事人不履行和解

原生效法律文书的执行。	协议的，人民法院可以根据当事人的申请，恢复对原生效法律文书的执行。
第二百零八条 在执行中，被执行人向人民法院提供担保，并经申请执行人同意的，人民法院可以决定暂缓执行及暂缓执行的期限。被执行人逾期仍不履行的，人民法院有权执行被执行人的担保财产或者担保人的财产。	**第二百三十一条** 在执行中，被执行人向人民法院提供担保，并经申请执行人同意的，人民法院可以决定暂缓执行及暂缓执行的期限。被执行人逾期仍不履行的，人民法院有权执行被执行人的担保财产或者担保人的财产。
第二百零九条 作为被执行人的公民死亡的，以其遗产偿还债务。作为被执行人的法人或者其他组织终止的，由其权利义务承受人履行义务。	**第二百三十二条** 作为被执行人的公民死亡的，以其遗产偿还债务。作为被执行人的法人或者其他组织终止的，由其权利义务承受人履行义务。
第二百一十条 执行完毕后，据以执行的判决、裁定和其他法律文书确有错误，被人民法院撤销的，对已被执行的财产，人民法院应当作出裁定，责令取得财产的人返还；拒不返还的，强制执行。	**第二百三十三条** 执行完毕后，据以执行的判决、裁定和其他法律文书确有错误，被人民法院撤销的，对已被执行的财产，人民法院应当作出裁定，责令取得财产的人返还；拒不返还的，强制执行。
第二百一十一条 人民法院制作的调解书的执行，适用本编的规定。	**第二百三十四条** 人民法院制作的调解书的执行，适用本编的规定。
	第二百三十五条 人民检察院有权对民事执行活动实行法律监督。
第二十章 执行的申请和移送	**第二十章 执行的申请和移送**
第二百一十二条 发生法律效力的民事判决、裁定，当事人必须履行。一方拒绝履行的，对方当事人可以向人民法院申请执行，也可以由审判员移送执行员执行。 调解书和其他应当由人民法院执行的法律文书，当事人必须履行。一方拒绝履行的，对方当事人可以向人民法院申请执行。	**第二百三十六条** 发生法律效力的民事判决、裁定，当事人必须履行。一方拒绝履行的，对方当事人可以向人民法院申请执行，也可以由审判员移送执行员执行。 调解书和其他应当由人民法院执行的法律文书，当事人必须履行。一方拒绝履行的，对方当事人可以向人民法院申请执行。
第二百一十三条 对依法设立的仲裁机构的裁决，一方当事人不履行的，对方当事人可以向有管辖权的人民法院申请执行。受申请的人民法院应当执行。 被申请人提出证据证明仲裁裁决有下	**第二百三十七条** 对依法设立的仲裁机构的裁决，一方当事人不履行的，对方当事人可以向有管辖权的人民法院申请执行。受申请的人民法院应当执行。 被申请人提出证据证明仲裁裁决有下

列情形之一的，经人民法院组成合议庭审查核实，裁定不予执行： （一）当事人在合同中没有订有仲裁条款或者事后没有达成书面仲裁协议的； （二）裁决的事项不属于仲裁协议的范围或者仲裁机构无权仲裁的； （三）仲裁庭的组成或者仲裁的程序违反法定程序的； （四）认定事实的主要证据不足的； （五）适用法律确有错误的； （六）仲裁员在仲裁该案时有贪污受贿，徇私舞弊，枉法裁决行为的。 人民法院认定执行该裁决违背社会公共利益的，裁定不予执行。 裁定书应当送达双方当事人和仲裁机构。 仲裁裁决被人民法院裁定不予执行的，当事人可以根据双方达成的书面仲裁协议重新申请仲裁，也可以向人民法院起诉。	列情形之一的，经人民法院组成合议庭审查核实，裁定不予执行： （一）当事人在合同中没有订有仲裁条款或者事后没有达成书面仲裁协议的； （二）裁决的事项不属于仲裁协议的范围或者仲裁机构无权仲裁的； （三）仲裁庭的组成或者仲裁的程序违反法定程序的； （四）**裁决所根据的证据是伪造的；** （五）**对方当事人向仲裁机构隐瞒了足以影响公正裁决的证据的；** （六）仲裁员在仲裁该案时有贪污受贿，徇私舞弊，枉法裁决行为的。 人民法院认定执行该裁决违背社会公共利益的，裁定不予执行。 裁定书应当送达双方当事人和仲裁机构。 仲裁裁决被人民法院裁定不予执行的，当事人可以根据双方达成的书面仲裁协议重新申请仲裁，也可以向人民法院起诉。
第二百一十四条 对公证机关依法赋予强制执行效力的债权文书，一方当事人不履行的，对方当事人可以向有管辖权的人民法院申请执行，受申请的人民法院应当执行。 公证债权文书确有错误的，人民法院裁定不予执行，并将裁定书送达双方当事人和公证机关。	**第二百三十八条** 对公证机关依法赋予强制执行效力的债权文书，一方当事人不履行的，对方当事人可以向有管辖权的人民法院申请执行，受申请的人民法院应当执行。 公证债权文书确有错误的，人民法院裁定不予执行，并将裁定书送达双方当事人和公证机关。
第二百一十五条 申请执行的期间为二年。申请执行时效的中止、中断，适用法律有关诉讼时效中止、中断的规定。 前款规定的期间，从法律文书规定履行期间的最后一日起计算；法律文书规定分期履行的，从规定的每次履行期间的最后一日起计算；法律文书未规定履行期间的，从法律文书生效之日起计算。	**第二百三十九条** 申请执行的期间为二年。申请执行时效的中止、中断，适用法律有关诉讼时效中止、中断的规定。 前款规定的期间，从法律文书规定履行期间的最后一日起计算；法律文书规定分期履行的，从规定的每次履行期间的最后一日起计算；法律文书未规定履行期间的，从法律文书生效之日起计算。
第二百一十六条 执行员接到申请执行书或者移交执行书，应当向被执行人发	**第二百四十条** 执行员接到申请执行书或者移交执行书，应当向被执行人发出

出执行通知，责令其在指定的期间履行，逾期不履行的，强制执行。 被执行人不履行法律文书确定的义务，并有可能隐匿、转移财产的，执行员可以立即采取强制执行措施。	执行通知，**并可以立即采取强制执行措施。**
第二十一章 执行措施	**第二十一章 执行措施**
第二百一十七条 被执行人未按执行通知履行法律文书确定的义务，应当报告当前以及收到执行通知之日前一年的财产情况。被执行人拒绝报告或者虚假报告的，人民法院可以根据情节轻重对被执行人或者其法定代理人、有关单位的主要负责人或者直接责任人员予以罚款、拘留。	**第二百四十一条** 被执行人未按执行通知履行法律文书确定的义务，应当报告当前以及收到执行通知之日前一年的财产情况。被执行人拒绝报告或者虚假报告的，人民法院可以根据情节轻重对被执行人或者其法定代理人、有关单位的主要负责人或者直接责任人员予以罚款、拘留。
第二百一十八条 被执行人未按执行通知履行法律文书确定的义务，人民法院有权向银行、信用合作社和其他有储蓄业务的单位查询被执行人的存款情况，有权冻结、划拨被执行人的存款，但查询、冻结、划拨存款不得超出被执行人应当履行义务的范围。 人民法院决定冻结、划拨存款，应当作出裁定，并发出协助执行通知书，银行、信用合作社和其他有储蓄业务的单位必须办理。	**第二百四十二条** 被执行人未按执行通知履行法律文书确定的义务，人民法院有权向**有关**单位查询被执行人的存款、**债券、股票、基金份额等财产**情况。**人民法院**有权**根据不同情形扣押**、冻结、划拨、**变价**被执行人的**财产**。**人民法院**查询、**扣押**、冻结、划拨、**变价的财产**不得超出被执行人应当履行义务的范围。 人民法院决定**扣押**、冻结、划拨、**变价财产**，应当作出裁定，并发出协助执行通知书，**有关**单位必须办理。
第二百一十九条 被执行人未按执行通知履行法律文书确定的义务，人民法院有权扣留、提取被执行人应当履行义务部分的收入。但应当保留被执行人及其所扶养家属的生活必需费用。 人民法院扣留、提取收入时，应当作出裁定，并发出协助执行通知书，被执行人所在单位、银行、信用合作社和其他有储蓄业务的单位必须办理。	**第二百四十三条** 被执行人未按执行通知履行法律文书确定的义务，人民法院有权扣留、提取被执行人应当履行义务部分的收入。但应当保留被执行人及其所扶养家属的生活必需费用。 人民法院扣留、提取收入时，应当作出裁定，并发出协助执行通知书，被执行人所在单位、银行、信用合作社和其他有储蓄业务的单位必须办理。
第二百二十条 被执行人未按执行通知履行法律文书确定的义务，人民法院有权查封、扣押、冻结、拍卖、变卖被执行	**第二百四十四条** 被执行人未按执行通知履行法律文书确定的义务，人民法院有权查封、扣押、冻结、拍卖、变卖被执

人应当履行义务部分的财产。但应当保留被执行人及其所扶养家属的生活必需品。 采取前款措施，人民法院应当作出裁定。	行人应当履行义务部分的财产。但应当保留被执行人及其所扶养家属的生活必需品。 采取前款措施，人民法院应当作出裁定。
第二百二十一条　人民法院查封、扣押财产时，被执行人是公民的，应当通知被执行人或者他的成年家属到场；被执行人是法人或者其他组织的，应当通知其法定代表人或者主要负责人到场。拒不到场的，不影响执行。被执行人是公民的，其工作单位或者财产所在地的基层组织应当派人参加。 对被查封、扣押的财产，执行员必须造具清单，由在场人签名或者盖章后，交被执行人一份。被执行人是公民的，也可以交他的成年家属一份。	**第二百四十五条**　人民法院查封、扣押财产时，被执行人是公民的，应当通知被执行人或者他的成年家属到场；被执行人是法人或者其他组织的，应当通知其法定代表人或者主要负责人到场。拒不到场的，不影响执行。被执行人是公民的，其工作单位或者财产所在地的基层组织应当派人参加。 对被查封、扣押的财产，执行员必须造具清单，由在场人签名或者盖章后，交被执行人一份。被执行人是公民的，也可以交他的成年家属一份。
第二百二十二条　被查封的财产，执行员可以指定被执行人负责保管。因被执行人的过错造成的损失，由被执行人承担。	**第二百四十六条**　被查封的财产，执行员可以指定被执行人负责保管。因被执行人的过错造成的损失，由被执行人承担。
第二百二十三条　财产被查封、扣押后，执行员应当责令被执行人在指定期间履行法律文书确定的义务。被执行人逾期不履行的，人民法院可以按照规定交有关单位拍卖或者变卖被查封、扣押的财产。国家禁止自由买卖的物品，交有关单位按照国家规定的价格收购。	**第二百四十七条**　财产被查封、扣押后，执行员应当责令被执行人在指定期间履行法律文书确定的义务。被执行人逾期不履行的，人民法院**应当拍卖**被查封、扣押的财产；**不适于拍卖或者当事人双方同意不进行拍卖的，人民法院可以委托**有关单位变卖**或者自行变卖**。国家禁止自由买卖的物品，交有关单位按照国家规定的价格收购。
第二百二十四条　被执行人不履行法律文书确定的义务，并隐匿财产的，人民法院有权发出搜查令，对被执行人及其住所或者财产隐匿地进行搜查。 采取前款措施，由院长签发搜查令。	**第二百四十八条**　被执行人不履行法律文书确定的义务，并隐匿财产的，人民法院有权发出搜查令，对被执行人及其住所或者财产隐匿地进行搜查。 采取前款措施，由院长签发搜查令。
第二百二十五条　法律文书指定交付的财物或者票证，由执行员传唤双方当事人当面交付，或者由执行员转交，并由被交付人签收。	**第二百四十九条**　法律文书指定交付的财物或者票证，由执行员传唤双方当事人当面交付，或者由执行员转交，并由被交付人签收。

有关单位持有该项财物或者票证的，应当根据人民法院的协助执行通知书转交，并由被交付人签收。 有关公民持有该项财物或者票证的，人民法院通知其交出。拒不交出的，强制执行。	有关单位持有该项财物或者票证的，应当根据人民法院的协助执行通知书转交，并由被交付人签收。 有关公民持有该项财物或者票证的，人民法院通知其交出。拒不交出的，强制执行。
第二百二十六条 强制迁出房屋或者强制退出土地，由院长签发公告，责令被执行人在指定期间履行。被执行人逾期不履行的，由执行员强制执行。 强制执行时，被执行人是公民的，应当通知被执行人或者他的成年家属到场；被执行人是法人或者其他组织的，应当通知其法定代表人或者主要负责人到场。拒不到场的，不影响执行。被执行人是公民的，其工作单位或者房屋、土地所在地的基层组织应当派人参加。执行员应当将强制执行情况记入笔录，由在场人签名或者盖章。 强制迁出房屋被搬出的财物，由人民法院派人运至指定处所，交给被执行人。被执行人是公民的，也可以交给他的成年家属。因拒绝接收而造成的损失，由被执行人承担。	**第二百五十条** 强制迁出房屋或者强制退出土地，由院长签发公告，责令被执行人在指定期间履行。被执行人逾期不履行的，由执行员强制执行。 强制执行时，被执行人是公民的，应当通知被执行人或者他的成年家属到场；被执行人是法人或者其他组织的，应当通知其法定代表人或者主要负责人到场。拒不到场的，不影响执行。被执行人是公民的，其工作单位或者房屋、土地所在地的基层组织应当派人参加。执行员应当将强制执行情况记入笔录，由在场人签名或者盖章。 强制迁出房屋被搬出的财物，由人民法院派人运至指定处所，交给被执行人。被执行人是公民的，也可以交给他的成年家属。因拒绝接收而造成的损失，由被执行人承担。
第二百二十七条 在执行中，需要办理有关财产权证照转移手续的，人民法院可以向有关单位发出协助执行通知书，有关单位必须办理。	**第二百五十一条** 在执行中，需要办理有关财产权证照转移手续的，人民法院可以向有关单位发出协助执行通知书，有关单位必须办理。
第二百二十八条 对判决、裁定和其他法律文书指定的行为，被执行人未按执行通知履行的，人民法院可以强制执行或者委托有关单位或者其他人完成，费用由被执行人承担。	**第二百五十二条** 对判决、裁定和其他法律文书指定的行为，被执行人未按执行通知履行的，人民法院可以强制执行或者委托有关单位或者其他人完成，费用由被执行人承担。
第二百二十九条 被执行人未按判决、裁定和其他法律文书指定的期间履行给付金钱义务的，应当加倍支付迟延履行期间的债务利息。被执行人未按判决、裁定和其他法律文书指定的期间履行其他义务的，	**第二百五十三条** 被执行人未按判决、裁定和其他法律文书指定的期间履行给付金钱义务的，应当加倍支付迟延履行期间的债务利息。被执行人未按判决、裁定和其他法律文书指定的期间履行其他义务的，

应当支付迟延履行金。	应当支付迟延履行金。
第二百三十条 人民法院采取本法第二百一十八条、第二百一十九条、第二百二十条规定的执行措施后，被执行人仍不能偿还债务的，应当继续履行义务。债权人发现被执行人有其他财产的，可以随时请求人民法院执行。	**第二百五十四条** 人民法院采取本法第二百**四十二**条、第二百**四十三**条、第二百**四十四**条规定的执行措施后，被执行人仍不能偿还债务的，应当继续履行义务。债权人发现被执行人有其他财产的，可以随时请求人民法院执行。
第二百三十一条 被执行人不履行法律文书确定的义务的，人民法院可以对其采取或者通知有关单位协助采取限制出境，在征信系统记录、通过媒体公布不履行义务信息以及法律规定的其他措施。	**第二百五十五条** 被执行人不履行法律文书确定的义务的，人民法院可以对其采取或者通知有关单位协助采取限制出境，在征信系统记录、通过媒体公布不履行义务信息以及法律规定的其他措施。
第二十二章　执行中止和终结	**第二十二章　执行中止和终结**
第二百三十二条 有下列情形之一的，人民法院应当裁定中止执行： （一）申请人表示可以延期执行的； （二）案外人对执行标的提出确有理由的异议的； （三）作为一方当事人的公民死亡，需要等待继承人继承权利或者承担义务的； （四）作为一方当事人的法人或者其他组织终止，尚未确定权利义务承受人的； （五）人民法院认为应当中止执行的其他情形。 中止的情形消失后，恢复执行。	**第二百五十六条** 有下列情形之一的，人民法院应当裁定中止执行： （一）申请人表示可以延期执行的； （二）案外人对执行标的提出确有理由的异议的； （三）作为一方当事人的公民死亡，需要等待继承人继承权利或者承担义务的； （四）作为一方当事人的法人或者其他组织终止，尚未确定权利义务承受人的； （五）人民法院认为应当中止执行的其他情形。 中止的情形消失后，恢复执行。
第二百三十三条 有下列情形之一的，人民法院裁定终结执行： （一）申请人撤销申请的； （二）据以执行的法律文书被撤销的； （三）作为被执行人的公民死亡，无遗产可供执行，又无义务承担人的； （四）追索赡养费、扶养费、抚育费案件的权利人死亡的； （五）作为被执行人的公民因生活困难无力偿还借款，无收入来源，又丧失劳动能力的； （六）人民法院认为应当终结执行的	**第二百五十七条** 有下列情形之一的，人民法院裁定终结执行： （一）申请人撤销申请的； （二）据以执行的法律文书被撤销的； （三）作为被执行人的公民死亡，无遗产可供执行，又无义务承担人的； （四）追索赡养费、扶养费、抚育费案件的权利人死亡的； （五）作为被执行人的公民因生活困难无力偿还借款，无收入来源，又丧失劳动能力的； （六）人民法院认为应当终结执行的

其他情形。	其他情形。
第二百三十四条 中止和终结执行的裁定，送达当事人后立即生效。	**第二百五十八条** 中止和终结执行的裁定，送达当事人后立即生效。
第四编 涉外民事诉讼程序的特别规定	**第四编 涉外民事诉讼程序的特别规定**
第二十三章 一般原则	**第二十三章 一般原则**
第二百三十五条 在中华人民共和国领域内进行涉外民事诉讼，适用本编规定。本编没有规定的，适用本法其他有关规定。	**第二百五十九条** 在中华人民共和国领域内进行涉外民事诉讼，适用本编规定。本编没有规定的，适用本法其他有关规定。
第二百三十六条 中华人民共和国缔结或者参加的国际条约同本法有不同规定的，适用该国际条约的规定，但中华人民共和国声明保留的条款除外。	**第二百六十条** 中华人民共和国缔结或者参加的国际条约同本法有不同规定的，适用该国际条约的规定，但中华人民共和国声明保留的条款除外。
第二百三十七条 对享有外交特权与豁免的外国人、外国组织或者国际组织提起的民事诉讼，应当依照中华人民共和国有关法律和中华人民共和国缔结或者参加的国际条约的规定办理。	**第二百六十一条** 对享有外交特权与豁免的外国人、外国组织或者国际组织提起的民事诉讼，应当依照中华人民共和国有关法律和中华人民共和国缔结或者参加的国际条约的规定办理。
第二百三十八条 人民法院审理涉外民事案件，应当使用中华人民共和国通用的语言、文字。当事人要求提供翻译的，可以提供，费用由当事人承担。	**第二百六十二条** 人民法院审理涉外民事案件，应当使用中华人民共和国通用的语言、文字。当事人要求提供翻译的，可以提供，费用由当事人承担。
第二百三十九条 外国人、无国籍人、外国企业和组织在人民法院起诉、应诉，需要委托律师代理诉讼的，必须委托中华人民共和国的律师。	**第二百六十三条** 外国人、无国籍人、外国企业和组织在人民法院起诉、应诉，需要委托律师代理诉讼的，必须委托中华人民共和国的律师。
第二百四十条 在中华人民共和国领域内没有住所的外国人、无国籍人、外国企业和组织委托中华人民共和国律师或者其他人代理诉讼，从中华人民共和国领域外寄交或者托交的授权委托书，应当经所在国公证机关证明，并经中华人民共和国驻该国使领馆认证，或者履行中华人民共和国与该所在国订立的有关条约中规定的证明手续后，才具有效力。	**第二百六十四条** 在中华人民共和国领域内没有住所的外国人、无国籍人、外国企业和组织委托中华人民共和国律师或者其他人代理诉讼，从中华人民共和国领域外寄交或者托交的授权委托书，应当经所在国公证机关证明，并经中华人民共和国驻该国使领馆认证，或者履行中华人民共和国与该所在国订立的有关条约中规定的证明手续后，才具有效力。

第二十四章　管　辖	第二十四章　管　辖
第二百四十一条　因合同纠纷或者其他财产权益纠纷，对在中华人民共和国领域内没有住所的被告提起的诉讼，如果合同在中华人民共和国领域内签订或者履行，或者诉讼标的物在中华人民共和国领域内，或者被告在中华人民共和国领域内有可供扣押的财产，或者被告在中华人民共和国领域内设有代表机构，可以由合同签订地、合同履行地、诉讼标的物所在地、可供扣押财产所在地、侵权行为地或者代表机构住所地人民法院管辖。	**第二百六十五条**　因合同纠纷或者其他财产权益纠纷，对在中华人民共和国领域内没有住所的被告提起的诉讼，如果合同在中华人民共和国领域内签订或者履行，或者诉讼标的物在中华人民共和国领域内，或者被告在中华人民共和国领域内有可供扣押的财产，或者被告在中华人民共和国领域内设有代表机构，可以由合同签订地、合同履行地、诉讼标的物所在地、可供扣押财产所在地、侵权行为地或者代表机构住所地人民法院管辖。
第二百四十二条　涉外合同或者涉外财产权益纠纷的当事人，可以用书面协议选择与争议有实际联系的地点的法院管辖。选择中华人民共和国人民法院管辖的，不得违反本法关于级别管辖和专属管辖的规定。	
第二百四十三条　涉外民事诉讼的被告对人民法院管辖不提出异议，并应诉答辩的，视为承认该人民法院为有管辖权的法院。	
第二百四十四条　因在中华人民共和国履行中外合资经营企业合同、中外合作经营企业合同、中外合作勘探开发自然资源合同发生纠纷提起的诉讼，由中华人民共和国人民法院管辖。	**第二百六十六条**　因在中华人民共和国履行中外合资经营企业合同、中外合作经营企业合同、中外合作勘探开发自然资源合同发生纠纷提起的诉讼，由中华人民共和国人民法院管辖。
第二十五章　送达、期间	**第二十五章　送达、期间**
第二百四十五条　人民法院对在中华人民共和国领域内没有住所的当事人送达诉讼文书，可以采用下列方式： （一）依照受送达人所在国与中华人民共和国缔结或者共同参加的国际条约中规定的方式送达； （二）通过外交途径送达； （三）对具有中华人民共和国国籍的	**第二百六十七条**　人民法院对在中华人民共和国领域内没有住所的当事人送达诉讼文书，可以采用下列方式： （一）依照受送达人所在国与中华人民共和国缔结或者共同参加的国际条约中规定的方式送达； （二）通过外交途径送达； （三）对具有中华人民共和国国籍的

受送达人，可以委托中华人民共和国驻受送达人所在国的使领馆代为送达； （四）向受送达人委托的有权代其接受送达的诉讼代理人送达； （五）向受送达人在中华人民共和国领域内设立的代表机构或者有权接受送达的分支机构、业务代办人送达； （六）受送达人所在国的法律允许邮寄送达的，可以邮寄送达，自邮寄之日起满六个月，送达回证没有退回，但根据各种情况足以认定已经送达的，期间届满之日视为送达； （七）不能用上述方式送达的，公告送达，自公告之日起满六个月，即视为送达。	受送达人，可以委托中华人民共和国驻受送达人所在国的使领馆代为送达； （四）向受送达人委托的有权代其接受送达的诉讼代理人送达； （五）向受送达人在中华人民共和国领域内设立的代表机构或者有权接受送达的分支机构、业务代办人送达； （六）受送达人所在国的法律允许邮寄送达的，可以邮寄送达，自邮寄之日起满**三**个月，送达回证没有退回，但根据各种情况足以认定已经送达的，期间届满之日视为送达； （七）**采用传真、电子邮件等能够确认受送达人收悉的方式送达；** **（八）**不能用上述方式送达的，公告送达，自公告之日起满**三**个月，即视为送达。
第二百四十六条 被告在中华人民共和国领域内没有住所的，人民法院应当将起诉状副本送达被告，并通知被告在收到起诉状副本后三十日内提出答辩状。被告申请延期的，是否准许，由人民法院决定。	**第二百六十八条** 被告在中华人民共和国领域内没有住所的，人民法院应当将起诉状副本送达被告，并通知被告在收到起诉状副本后三十日内提出答辩状。被告申请延期的，是否准许，由人民法院决定。
第二百四十七条 在中华人民共和国领域内没有住所的当事人，不服第一审人民法院判决、裁定的，有权在判决书、裁定书送达之日起三十日内提起上诉。被上诉人在收到上诉状副本后，应当在三十日内提出答辩状。当事人不能在法定期间提起上诉或者提出答辩状，申请延期的，是否准许，由人民法院决定。	**第二百六十九条** 在中华人民共和国领域内没有住所的当事人，不服第一审人民法院判决、裁定的，有权在判决书、裁定书送达之日起三十日内提起上诉。被上诉人在收到上诉状副本后，应当在三十日内提出答辩状。当事人不能在法定期间提起上诉或者提出答辩状，申请延期的，是否准许，由人民法院决定。
第二百四十八条 人民法院审理涉外民事案件的期间，不受本法第一百三十五条、第一百五十九条规定的限制。	**第二百七十条** 人民法院审理涉外民事案件的期间，不受本法第一百**四十九**条、第一百**七十六**条规定的限制。
第二十六章 财产保全	
第二百四十九条 当事人依照本法第九十二条的规定可以向人民法院申请财产保全。	

利害关系人依照本法第九十三条的规定可以在起诉前向人民法院申请财产保全。	
第二百五十条 人民法院裁定准许诉前财产保全后，申请人应当在三十日内提起诉讼。逾期不起诉的，人民法院应当解除财产保全。	
第二百五十一条 人民法院裁定准许财产保全后，被申请人提供担保的，人民法院应当解除财产保全。	
第二百五十二条 申请有错误的，申请人应当赔偿被申请人因财产保全所遭受的损失。	
第二百五十三条 人民法院决定保全的财产需要监督的，应当通知有关单位负责监督，费用由被申请人承担。	
第二百五十四条 人民法院解除保全的命令由执行员执行。	
第二十七章 仲 裁	**第二十六章 仲 裁**
第二百五十五条 涉外经济贸易、运输和海事中发生的纠纷，当事人在合同中订有仲裁条款或者事后达成书面仲裁协议，提交中华人民共和国涉外仲裁机构或者其他仲裁机构仲裁的，当事人不得向人民法院起诉。 当事人在合同中没有订有仲裁条款或者事后没有达成书面仲裁协议的，可以向人民法院起诉。	**第二百七十一条** 涉外经济贸易、运输和海事中发生的纠纷，当事人在合同中订有仲裁条款或者事后达成书面仲裁协议，提交中华人民共和国涉外仲裁机构或者其他仲裁机构仲裁的，当事人不得向人民法院起诉。 当事人在合同中没有订有仲裁条款或者事后没有达成书面仲裁协议的，可以向人民法院起诉。
第二百五十六条 当事人申请采取财产保全的，中华人民共和国的涉外仲裁机构应当将当事人的申请，提交被申请人住所地或者财产所在地的中级人民法院裁定。	**第二百七十二条** 当事人申请采取保全的，中华人民共和国的涉外仲裁机构应当将当事人的申请，提交被申请人住所地或者财产所在地的中级人民法院裁定。
第二百五十七条 经中华人民共和国涉外仲裁机构裁决的，当事人不得向人民法院起诉。一方当事人不履行仲裁裁决的，对方当事人可以向被申请人住所地或者财	**第二百七十三条** 经中华人民共和国涉外仲裁机构裁决的，当事人不得向人民法院起诉。一方当事人不履行仲裁裁决的，对方当事人可以向被申请人住所地或者财

产所在地的中级人民法院申请执行。	产所在地的中级人民法院申请执行。
第二百五十八条 对中华人民共和国涉外仲裁机构作出的裁决，被申请人提出证据证明仲裁裁决有下列情形之一的，经人民法院组成合议庭审查核实，裁定不予执行： （一）当事人在合同中没有订有仲裁条款或者事后没有达成书面仲裁协议的； （二）被申请人没有得到指定仲裁员或者进行仲裁程序的通知，或者由于其他不属于被申请人负责的原因未能陈述意见的； （三）仲裁庭的组成或者仲裁的程序与仲裁规则不符的； （四）裁决的事项不属于仲裁协议的范围或者仲裁机构无权仲裁的。 人民法院认定执行该裁决违背社会公共利益的，裁定不予执行。	**第二百七十四条** 对中华人民共和国涉外仲裁机构作出的裁决，被申请人提出证据证明仲裁裁决有下列情形之一的，经人民法院组成合议庭审查核实，裁定不予执行： （一）当事人在合同中没有订有仲裁条款或者事后没有达成书面仲裁协议的； （二）被申请人没有得到指定仲裁员或者进行仲裁程序的通知，或者由于其他不属于被申请人负责的原因未能陈述意见的； （三）仲裁庭的组成或者仲裁的程序与仲裁规则不符的； （四）裁决的事项不属于仲裁协议的范围或者仲裁机构无权仲裁的。 人民法院认定执行该裁决违背社会公共利益的，裁定不予执行。
第二百五十九条 仲裁裁决被人民法院裁定不予执行的，当事人可以根据双方达成的书面仲裁协议重新申请仲裁，也可以向人民法院起诉。	**第二百七十五条** 仲裁裁决被人民法院裁定不予执行的，当事人可以根据双方达成的书面仲裁协议重新申请仲裁，也可以向人民法院起诉。
第二十八章 司法协助	**第二十七章 司法协助**
第二百六十条 根据中华人民共和国缔结或者参加的国际条约，或者按照互惠原则，人民法院和外国法院可以相互请求，代为送达文书、调查取证以及进行其他诉讼行为。 外国法院请求协助的事项有损于中华人民共和国的主权、安全或者社会公共利益的，人民法院不予执行。	**第二百七十六条** 根据中华人民共和国缔结或者参加的国际条约，或者按照互惠原则，人民法院和外国法院可以相互请求，代为送达文书、调查取证以及进行其他诉讼行为。 外国法院请求协助的事项有损于中华人民共和国的主权、安全或者社会公共利益的，人民法院不予执行。
第二百六十一条 请求和提供司法协助，应当依照中华人民共和国缔结或者参加的国际条约所规定的途径进行；没有条约关系的，通过外交途径进行。 外国驻中华人民共和国的使领馆可以向该国公民送达文书和调查取证，但不得	**第二百七十七条** 请求和提供司法协助，应当依照中华人民共和国缔结或者参加的国际条约所规定的途径进行；没有条约关系的，通过外交途径进行。 外国驻中华人民共和国的使领馆可以向该国公民送达文书和调查取证，但不得

违反中华人民共和国的法律，并不得采取强制措施。 除前款规定的情况外，未经中华人民共和国主管机关准许，任何外国机关或者个人不得在中华人民共和国领域内送达文书、调查取证。	违反中华人民共和国的法律，并不得采取强制措施。 除前款规定的情况外，未经中华人民共和国主管机关准许，任何外国机关或者个人不得在中华人民共和国领域内送达文书、调查取证。
第二百六十二条 外国法院请求人民法院提供司法协助的请求书及其所附文件，应当附有中文译本或者国际条约规定的其他文字文本。 人民法院请求外国法院提供司法协助的请求书及其所附文件，应当附有该国文字译本或者国际条约规定的其他文字文本。	**第二百七十八条** 外国法院请求人民法院提供司法协助的请求书及其所附文件，应当附有中文译本或者国际条约规定的其他文字文本。 人民法院请求外国法院提供司法协助的请求书及其所附文件，应当附有该国文字译本或者国际条约规定的其他文字文本。
第二百六十三条 人民法院提供司法协助，依照中华人民共和国法律规定的程序进行。外国法院请求采用特殊方式的，也可以按照其请求的特殊方式进行，但请求采用的特殊方式不得违反中华人民共和国法律。	**第二百七十九条** 人民法院提供司法协助，依照中华人民共和国法律规定的程序进行。外国法院请求采用特殊方式的，也可以按照其请求的特殊方式进行，但请求采用的特殊方式不得违反中华人民共和国法律。
第二百六十四条 人民法院作出的发生法律效力的判决、裁定，如果被执行人或者其财产不在中华人民共和国领域内，当事人请求执行的，可以由当事人直接向有管辖权的外国法院申请承认和执行，也可以由人民法院依照中华人民共和国缔结或者参加的国际条约的规定，或者按照互惠原则，请求外国法院承认和执行。 中华人民共和国涉外仲裁机构作出的发生法律效力的仲裁裁决，当事人请求执行的，如果被执行人或者其财产不在中华人民共和国领域内，应当由当事人直接向有管辖权的外国法院申请承认和执行。	**第二百八十条** 人民法院作出的发生法律效力的判决、裁定，如果被执行人或者其财产不在中华人民共和国领域内，当事人请求执行的，可以由当事人直接向有管辖权的外国法院申请承认和执行，也可以由人民法院依照中华人民共和国缔结或者参加的国际条约的规定，或者按照互惠原则，请求外国法院承认和执行。 中华人民共和国涉外仲裁机构作出的发生法律效力的仲裁裁决，当事人请求执行的，如果被执行人或者其财产不在中华人民共和国领域内，应当由当事人直接向有管辖权的外国法院申请承认和执行。
第二百六十五条 外国法院作出的发生法律效力的判决、裁定，需要中华人民共和国人民法院承认和执行的，可以由当事人直接向中华人民共和国有管辖权的中级人民法院申请承认和执行，也可以由外	**第二百八十一条** 外国法院作出的发生法律效力的判决、裁定，需要中华人民共和国人民法院承认和执行的，可以由当事人直接向中华人民共和国有管辖权的中级人民法院申请承认和执行，也可以由外

国法院依照该国与中华人民共和国缔结或者参加的国际条约的规定，或者按照互惠原则，请求人民法院承认和执行。	国法院依照该国与中华人民共和国缔结或者参加的国际条约的规定，或者按照互惠原则，请求人民法院承认和执行。
第二百六十六条 人民法院对申请或者请求承认和执行的外国法院作出的发生法律效力的判决、裁定，依照中华人民共和国缔结或者参加的国际条约，或者按照互惠原则进行审查后，认为不违反中华人民共和国法律的基本原则或者国家主权、安全、社会公共利益的，裁定承认其效力，需要执行的，发出执行令，依照本法的有关规定执行。违反中华人民共和国法律的基本原则或者国家主权、安全、社会公共利益的，不予承认和执行。	**第二百八十二条** 人民法院对申请或者请求承认和执行的外国法院作出的发生法律效力的判决、裁定，依照中华人民共和国缔结或者参加的国际条约，或者按照互惠原则进行审查后，认为不违反中华人民共和国法律的基本原则或者国家主权、安全、社会公共利益的，裁定承认其效力，需要执行的，发出执行令，依照本法的有关规定执行。违反中华人民共和国法律的基本原则或者国家主权、安全、社会公共利益的，不予承认和执行。
第二百六十七条 国外仲裁机构的裁决，需要中华人民共和国人民法院承认和执行的，应当由当事人直接向被执行人住所地或者其财产所在地的中级人民法院申请，人民法院应当依照中华人民共和国缔结或者参加的国际条约，或者按照互惠原则办理。	**第二百八十三条** 国外仲裁机构的裁决，需要中华人民共和国人民法院承认和执行的，应当由当事人直接向被执行人住所地或者其财产所在地的中级人民法院申请，人民法院应当依照中华人民共和国缔结或者参加的国际条约，或者按照互惠原则办理。
第二百六十八条 本法自公布之日起施行，《中华人民共和国民事诉讼法（试行）》同时废止。	**第二百八十四条** 本法自公布之日起施行，《中华人民共和国民事诉讼法（试行）》同时废止。

后　记

《关于修改〈中华人民共和国民事诉讼法〉的决定》已于2012年8月31日由第十一届全国人民代表大会常务委员会第二十八次会议通过。新的《民事诉讼法》将于2013年1月1日起实施。

此次《民事诉讼法》修改涉及70多个条文的调整，约占整部法律的四分之一。针对目前民事案件数量日益增多，新的案件类型不断出现，司法实践中暴露出的新问题、新矛盾，《民事诉讼法》均作了修改。其增加了公益诉讼和小额诉讼的程序设计，完善了民事证据制度、第二审程序和再审程序，并强化了检察监督的职能，使得宪法所规定的检察监督职权得以具体落实。

为方便读者更加深入、系统地理解和适用新《民事诉讼法》，本书对《民事诉讼法》的修正内容进行了重点梳理、研究和分析，详细阐述了如何理解和把握有关当事人诉讼权利保障制度、公益诉讼和小额诉讼的程序设计、民事证据制度、民事检察监督制度、审判监督制度以及民事执行制度等规定和内容。

中国人民大学法学院教授、博士研究生导师汤维建担任本书的主编，负责全书的统稿工作，并予以最后审定。其他专家和学者也付出了诸多努力，具体分工如下：第二章由浙江工商大学法学院讲师、法学博士邹建撰写；第三章由山东大学法学院副教授、硕士研究生导师、法学博士张海燕，广东外语外贸大学法学院教授、硕士研究生导师、法学博士常廷彬撰写；第四章由北京市青年政治学院副教授、硕士研究生导师、法学博士于静撰写；第五章由苏州大学法学院教授、博士研究生导师、法学博士张永泉撰写；第六章由北京市人民检察院检察员、法学博士温军，河南省人民检察院、法学博士李先伟撰写；第七章由广西大学法学院教授、博士研究生导师、法学博士吴小英，广西大学法学院副教授、硕士研究生导师、法学博士黄俊阳撰写；第八章由中国政法大学民商经济法学院教授、博士研究生导师、法学博士谭秋桂撰写。

由于时间所限，在编写工作中难免有所疏漏，敬请读者批评指正。

丛书编委会

2012年12月

图书在版编目（CIP）数据

新民事诉讼法理解与适用/汤维建主编 . —北京：中国检察出版社，2013. 1
ISBN 978 - 7 - 5102 - 0747 - 1

Ⅰ. ①新…　Ⅱ. ①汤…　Ⅲ. ①民事诉讼法 - 法律解释 - 中国②民事诉讼法 - 法律适用 - 中国　Ⅳ. ①D925. 105

中国版本图书馆 CIP 数据核字（2012）第 249887 号

新民事诉讼法理解与适用

汤维建/主编

出版发行：中国检察出版社
社　　址：北京市石景山区鲁谷东街 5 号（100040）
网　　址：中国检察出版社（www. zgjccbs. com）
电　　话：(010)68630385(编辑)　68650015(发行)　68636518(门市)
经　　销：新华书店
印　　刷：三河市燕山印刷有限公司
开　　本：720 mm×960 mm　16 开
印　　张：22. 75 印张　插页 4
字　　数：420 千字
版　　次：2013 年 1 月第一版　　2013 年 1 月第一次印刷
书　　号：ISBN 978 - 7 - 5102 - 0747 - 1
定　　价：60. 00 元